图书期刊著作权的法律保护

徐康平等　著

学苑出版社

图书在版编目(CIP)数据

图书期刊著作权的法律保护/徐康平等著. —北京：学苑出版社，2010.1

ISBN 978-7-5077-3489-8

Ⅰ. ①图… Ⅱ. ①徐… Ⅲ. ①著作权法—中国 Ⅳ. ①D923.41

中国版本图书馆 CIP 数据核字（2010）第 010190 号

责任编辑：郑泽英 林 霖
设计制作：北京鑫华印前科技有限公司
出版发行：学苑出版社
社 址：北京市丰台区南方庄 2 号院 1 号楼
邮政编码：100079
网 址：www.book001.com
电子信箱：xueyuan@public.bta.net.cn
销售电话：010-67675512、67678944、67601101（邮购）
经 销：全国新华书店
印 刷 厂：北京长阳汇文印刷厂
开本尺寸：880×1230 1/32
印 张：13.375
字 数：323 千字
版 次：2010 年 4 月北京第 1 版
印 次：2010 年 4 月北京第 1 次印刷
定 价：35.00 元

撰写人（按姓氏笔画）：

王　冠　王　飒　王桂菊　王振友
孙　敬　李　扬　冷荣芝　张宝贵
施　璟　徐康平　徐铭勋　程　乐
廖　青

前　言

随着我国市场经济的发展，图书期刊市场也日益繁荣，我国已经逐步成为世界图书期刊出版发行的大国。这不仅拉动了我国文化产业的发展，也丰富着人们的精神生活。但在图书期刊市场繁荣发展的同时，仍存在不少涉及侵权的事件，这些问题极大地影响了图书期刊市场的健康发展，不仅损害了出版社的声誉和利益，也侵害了著作权人的合法利益。面对这些不时出现的图书期刊著作权纠纷和其中的著作权法律问题，广大作者及出版社编辑目前还难以做到提前发现问题、提前预防，也还没有找到一种有效的防范措施，避免可能发生的纠纷，减少不必要的损失。为此，我们针对在图书期刊出版发行中常见的著作权纠纷，编写了此书。

本书的出版，将为广大出版界的编辑提供预防著作权纠纷的实用参考。使之在编辑图书期刊时，能更多地了解《中华人民共和国著作权法》对图书期刊著作权的保护内容，力求做到提前预知、提前预防，防患于未然，减少纠纷和损失。最终保护作者和图书、期刊出版者的合法权益，使图书期刊市场健康发展。

本书根据我国2010年2月26日修订、2010年4月1日实施的最新《著作权法》和相关的法律、法规，以及人民法院的司法判例，同时还吸收了国内其他学者的研究成果，从《中华人民共和国著作权法》的角度对图书期刊中的著作权纠纷问题和防范措施进行了深入的分析和探讨。本书的写作体例采用理论、案例、解读等综合形式，力求使读者既能从理论上明白，又能从实例中获取经验，做到举一反三，触类旁通，具有较强的理论性和实务性。读者对象为编辑、教师、作者和其他相关行业的人员。

由于图书期刊著作权纠纷所涉及的理论和实务问题都相当专业，而作者的水平有限，加之时间仓促，本书中的疏漏和错误在所难免，敬请读者批评、指正。

作者

2010年4月

目 录

第一章

图书期刊概述

一、内容综述

（一）图书期刊的含义及特点

1. 图书的含义和特点

根据新闻出版总署2007年12月26日通过、2008年5月1日起施行的《图书出版管理规定》第2条的规定，图书是指书籍、地图、年画、图片、画册，以及含有文字、图画内容的年历、月历、日历，以及由新闻出版总署认定的其他内容载体形式。

根据上述定义，结合我国有关的著作权法律、法规，图书具有以下几个方面的特点：

（1）图书属于相关内容的载体形式

普通意义上的图书，是大家比较熟悉的文字图书，如各种专业论著、小说、童话、故事等图书。也有大量的图片类图书，比如各种艺术画册、摄影作品集等等。目前，各种信息大量涌现，在读者面对大量的信息和信息媒介表现出阅读疲劳的情况下，为了满足读者的不同阅读需求，减轻读者的阅读负担，大量图文并茂的图书出现在图书市场上。可见，如果简单地按照图书所载的内容来划分，图书包括文字图书、图片或图画图书以及图文并茂图书。无论是哪种图书形式，图书本身都是文字、图片作品或文字、图片作品的有形载体。

(2) 图书所载的内容有些属于知识产权保护的作品，有些不属于知识产权保护的作品

按照我国《中华人民共和国著作权法》(以下简称《著作权法》)的规定，符合法定条件的文字作品、美术、艺术作品、摄影作品、工程设计图、产品设计图、地图、示意图等图形作品和模型作品等都属于著作权的客体。所谓符合法定条件，是指作品属于文学、艺术和科学领域，需具有独创性，并且能以某种有形形式复制。图书所记载和表现的内容可以是属于《著作权法》保护的符合法定条件的作品，如作者创作的具有独创性的小说、专业论文等等，也可以是不受《著作权法》保护的诸如历法、通用数表、通用表格和公式等内容。

总之，图书所包含的内容既有受《著作权法》保护的作品，也有不受《著作权法》保护的内容。图书所包含内容的不同对于图书出版者的权利义务有不同的影响。

(3) 有些图书涉及的作品属于单一著作权人，有的图书是属于多个著作权人作品的集合体

很简单，如果图书是属于某一作者单个主体的论著，那么，图书出版者只涉及和单个著作权人的关系。但是，目前，大量的图书内容都是多个著作权人共同创作的作品，这就使得图书出版者要处理和多个著作权人的法律关系。

(4) 图书所载的内容包含作品的著作权

根据《著作权法》的规定，创作作品的作者对其所创作的作品享有著作权。所以，对于通过图书所表现的各种作品，创作作品的作者享有著作权。

(5) 图书的出版者对其版式设计享有著作邻接权

在作者对其通过图书形式表现的作品享有著作权的基础上，根据我国《著作权法》的规定，图书出版者对其所出版图书的

版式设计享有权利，出版者有权许可或者禁止他人使用其出版物的版式设计。出版者对图书的版式设计是在利用他人作品出版图书的基础上产生的，是作品的传播者在传播作品的过程中通过创造性劳动产生的成果，属于我国《中华人民共和国著作权法实施条例》（以下简称《著作权法实施条例》）第 26 条规定的著作邻接权的范畴。

2. 期刊的含义和特点

根据国家新闻出版总署 1988 年发布的《期刊管理暂行规定》（以下简称《暂行规定》）第 2 条的规定，期刊是指有固定名称，用卷、期或年、月顺序编号成册的连续出版物。

根据《暂行规定》和我国有关著作权的法律法规，期刊具有以下几个方面的特点：

（1）期刊和图书一样属于出版物，属于作品的表现形式

和图书相比，期刊是连续性出版物。但无论是连续性出版物还是非连续性出版物，图书和期刊都属于相关内容的有形载体。

（2）期刊所载的内容和内容的表现形式较图书复杂

期刊按照所表现的内容可以分为文学类期刊、艺术类期刊、科学技术类期刊，除此之外，还有大量的综合类期刊。无论是专业的期刊，还是综合类期刊，期刊所涉及的作品的内容、种类和表现形式都具有多样性。比如，文学类的期刊中，就有小说、散文、诗歌等不同表现形式的作品，作品的内容更是有可能涵盖政治、经济、社会等各个方面。而在艺术类期刊中，各种艺术形式的作品也会不同程度地同时出现。综合类期刊中的作品内容和形式更是具有多样性。而大部分图书中都只涉及某一具体领域的内容，作品的表现形式也较为统一。

（3）期刊会涉及大量的作者

由于期刊的出版具有连续性，因而从所能表现的内容上来说具有大容量的特点，可以不断展现大量作者的大量作品。这就使

得期刊所涉及的作者的范围较为广泛、数量庞大。虽然大量的图书也会涉及多个作者的问题，但是，相比较而言，某一期刊所涉及的作者的数量远大于某一图书所涉及的作者的数量。所以，期刊的出版者需要协调与更多的作品作者的关系。

(4) 期刊的出版者享有著作邻接权

期刊属于汇编作品。汇编若干作品、作品的片段或者不构成作品的数据或者其他材料，对其内容的选择或者编排体现独创性的作品，为汇编作品。期刊根据自己的性质和特点，将不同内容的作品按照一定的规则进行筛选、排列，形成自己的整体，符合汇编作品的要件。所以，期刊可以按照汇编作品享有著作邻接权。根据《著作权法》的规定，汇编作品的著作权由汇编人享有，但行使著作权时，不得侵犯原作品的著作权。另外，根据《著作权法实施条例》的规定，期刊的出版者和图书的出版者一样对其版式设计享有著作邻接权。

根据《暂行规定》，期刊分为正式期刊和非正式期刊。凡经新闻出版行政管理部门审核批准、履行登记注册手续，领取“报刊登记证”，编入“国内统一刊号”的期刊，即视为正式期刊。正式期刊的发行分为“公开”和“内部”两种。公开发行的正式期刊可以在国内外公开征订、销售；内部发行的正式期刊只能在国内按指定范围征订、发行，不得在社会上公开征订、陈列和销售，禁止向国外发行。凡持有“内部报刊准印证”，用于本系统、本单位指导工作、交流经验、交换信息，并在行业内部进行交换的资料性、非商品性内部期刊，称为“非正式期刊”。非正式期刊不编入“国内统一刊号”，不得公开发行、陈列，不准销售，不得进行任何经营活动。

(二) 图书期刊受保护的条件

通过对图书期刊含义和特点的分析可以看出，图书期刊既涉及图书期刊所表现的“作品”的著作权保护，也涉及自身的著作权及著作邻接权保护。对图书期刊所涉及的“作品”的保护以及对汇编作品著作权的保护，《著作权法》及相关法律法规中规定得非常明确，在此不作讨论。图书、期刊出版者要想享受《著作权法》规定的邻接权保护需要具备以下几个方面的条件：

1. 主体合法

根据国务院2001年12月发布、2002年2月1日施行的《出版管理条例》，报纸、期刊、图书、音像制品和电子出版物等应当由出版单位出版。设立出版图书期刊的单位需要具备下列条件并报有关行政部门批准：

（1）有出版单位的名称、章程；

（2）有符合国务院出版行政部门认定的主办单位及其主管机关；

（3）有确定的业务范围；

（4）有30万元以上的注册资本和固定的工作场所；

（5）有适应业务范围需要的组织机构和符合国家规定的资格条件的编辑出版专业人员；

（6）法律、行政法规规定的其他条件。

审批设立出版单位，除符合上述条件外，还应当符合国家关于出版单位总量、结构、布局的规划。

设立出版单位，由其主办单位向所在地省、自治区、直辖市人民政府出版行政部门提出申请；省、自治区、直辖市人民政府出版行政部门审核同意后，报国务院出版行政部门审批。

另外，《出版管理规定》第30条规定：“任何单位和个人不得伪造、假冒出版单位名称或者报纸、期刊名称出版出版物。”

可见，图书、期刊的出版者获得著作邻接权保护的前提条件是具备合法的主体资格，主体合法是图书、期刊出版者享有著作邻接权的前提条件。

2. 内容合法

除对图书期刊的出版者提出资格要求外，《出版管理条例》还对图书期刊的内容作出了明确的要求。《出版管理条例》规定出版单位实行编辑责任制度，保障出版物所刊载的内容符合条例的规定，并且明确规定任何出版物不得含有下列内容：

（1）反对宪法确定的基本原则的；

（2）危害国家统一、主权和领土完整的；

（3）泄露国家秘密、危害国家安全或者损害国家荣誉和利益的；

（4）煽动民族仇恨、民族歧视，破坏民族团结，或者侵害民族风俗、习惯的；

（5）宣扬邪教、迷信的；

（6）扰乱社会秩序，破坏社会稳定的；

（7）宣扬淫秽、赌博、暴力或者教唆犯罪的；

（8）侮辱或者诽谤他人，侵害他人合法权益的；

（9）危害社会公德或者民族优秀文化传统的；

（10）有法律、行政法规和国家规定禁止的其他内容的。

另外，《出版管理条例》还规定：以未成年人为对象的出版物不得含有诱发未成年人模仿违反社会公德的行为和违法犯罪的行为的内容，不得含有恐怖、残酷等妨害未成年人身心健康的内容。

如果违反上述规定，图书、期刊出版者的权利不但得不到法律保护，还会面临承担被责令限期停业整顿，没收出版物、违法所得，罚款或被吊销许可证等法律责任。

3. 出版、发行的形式及程序合法

根据《出版管理条例》的规定，出版物必须按照国家的有关规定载明作者、出版者、印刷者或者复制者、发行者的名称、地址，书号、刊号或者版号，出版日期、刊期以及其他有关事项。

出版物的规格、开本、版式、装帧、校对等必须符合国家标准和规范要求，保证出版物的质量。这是条例对于图书期刊及其他出版物的形式要求。只有符合该形式要求的出版物才依法享有权利。

另外，《出版管理条例》还对不同情况下出版物的出版做出了程序性的要求：

（1）出版计划和重大选题的备案要求

《出版管理条例》第20条规定：图书出版社、音像出版社和电子出版物出版社的年度出版计划及涉及国家安全、社会安定等方面的重大选题，应当经所在地省、自治区、直辖市人民政府出版行政部门审核后报国务院出版行政部门备案；涉及重大选题，未在出版前报备案的出版物，不得出版。具体办法由国务院出版行政部门制定。期刊社的重大选题，应当依照前款规定办理备案手续。

（2）向有关单位和部门送交样本要求

《出版管理条例》第23条规定：出版单位发行其出版物前，应当按照国家有关规定向国家图书馆、中国版本图书馆和国务院出版行政部门免费送交样本。

出版单位未将其年度出版计划和涉及国家安全、社会安定等方面的重大选题备案或者未依照规定送交出版物的样本的，由出版行政部门责令改正，给予警告；情节严重的，责令限期停业整顿或者由原发证机关吊销许可证。可见，图书期刊的出版者遵守相应的程序性规定是其获得法律保护、避免法律制裁的另一重要条件。

（三）不受法律保护的图书期刊

根据我国《出版管理条例》以及有关法律法规的规定，下列图书期刊不受法律保护：

1. 主体不符合法律要求的图书期刊不受法律保护

如前所述，图书期刊的出版主体符合法律规定是图书期刊享受法律保护的前提条件，任何不符合出版图书期刊条件的主体所出版的图书期刊不受法律保护。

2. 出版内容违反法律规定的图书期刊不受法律保护

为了维护出版市场的健康发展，为了使图书期刊可以为社会提供健康、文明的内容，我国在很多法律、法规及规范性文件中都对图书、期刊等出版物的内容作出了明确的要求，明确禁止图书期刊出现法律禁止出现的内容。如果图书期刊出现法律禁止出现的内容则属违法，不但不受法律保护，图书期刊的出版者还将面临法律的制裁。

3. 出版发行程序不符合法律规定的图书期刊不受法律保护

如前所述，图书期刊的出版发行需要遵循法律规定的程序，如果图书期刊的出版主体违反法定程序出版图书期刊，所出版的图书期刊也属于“非法”出版，不受法律保护。

4. 侵犯他人合法权益的图书期刊不受法律保护

根据我国民法的基本原理，任何主体在享有和行使自己权利的同时不得侵害他人的合法权益。出版者对图书期刊的权利是建立在对他人合法作品的传播基础上的权利，根据法律的规定，出版者或者作为期刊出版者的汇编者在行使自身权利的时候不得侵犯原著作权人的合法权利。另外，图书、期刊出版者还可能侵犯他人著作权之外的其他权利如肖像权、名誉权等。如果出现侵权，则应当承担相应的法律责任。

二、经典案例评析

（一）主体不合法的出版案

【基本案情】

2007 年下半年，重庆市车站码头等地出现了多种以军事题材为主的非法报刊，不但文字东拼西凑，内容耸人听闻，而且严重扰乱了报刊市场秩序。当年8月29日，重庆市公安局对此立案调查。

2007年9月7日，执法人员在位于重庆市渝中区菜袁路的重庆德林传媒有限公司（以下简称德林公司）查获一特大非法报刊经营窝点，现场收缴45个品种，涉嫌非法报刊7万余份(册)，经鉴定，其中31个品种为非法报刊。

执法部门将该案主要犯罪嫌疑人潘江、彭琴夫妇抓获，并由此牵出一个涉及全国29个省（区、市）、以家族成员组成的特大犯罪团伙。

据查，德林公司于2004年6月25日注册，由潘江担任法人代表，其妻彭琴担任监事。该公司本来只有零售图书、报刊的经营资格，但却违反国家出版、发行的有关规定，于2004年11月3日与不具备出版资格的上海东东广告有限公司（以下简称东东公司）和陕西华商数码信息股份有限公司重庆分公司（以下简称华商重庆分公司）签订协议，由华商重庆分公司负责印刷《新世纪国际报道》，德林公司负责该报西南片区的发行。

2005年3月22日，国家新闻出版总署认定《新世纪国际报道》为非法报刊，此后，德林公司与东东公司将该报更名为《新世纪报道》。彭琴在明知上述情况之下，仍然继续将该报发给重庆、四川、云南等地经营者。至2007年6月，该公司共计销售《新世纪报道》82万多份。

据了解，德林公司还在未经审批且无出版物出版、批发资格的情况下，于2005年7月至2007年6月，先后以《武汉商报》、《汉江商报》、《消费者导报》的刊号出版非法报纸《国际时事周刊》、《大星期》，并交华商重庆分公司印刷，共计销售58万多份。此外，该公司还于2006年10月至2007年7月，通过彭琴从北京林某、陈某处购进《军事时讯》、《军事大参考》、《国际军事纵横》等14种非法报刊21万多份，批发给市内经营者。

2007年12月11日，重庆市五中院对该制售非法报刊特大团伙网络案作出一审判决：德林公司犯非法经营罪，判处罚金40万元；潘江判处有期徒刑10年，并处罚金20万元；彭琴判处有期徒刑5年，并处罚金10万元。

【案件评析】

这是一起典型的图书期刊主体违法案例，违法主体不具备出版图书期刊的主体资格却违法、大量出版图书期刊，其违法性主要体现在以下几个方面：

首先，德林公司并没有依法取得图书期刊的出版资格。根据《出版管理条例》及有关法规和部门规章的规定，出版主体除须具备法定条件并依法设立外，还应当取得国务院出版行政部门的许可，取得出版许可证。未依法取得出版许可证的，不得从事出版物的出版活动。而本案中的德林公司只具有图书的批发和零售资格，而没有依法取得出版资格。其在没有出版资格的情况下出版的出版物属于“非法出版物”，这是本案最主要的违法情节。

除主体不合法之外，本案中还存在出版内容违法的情况。按照《出版管理条例》的要求，出版物的内容应当符合法律规定，出版主体应当保证出版物内容的健康，保证出版物的质量。而在该案中，德林公司非法出版的报刊文字东拼西凑，内容耸人听闻，不符合《出版管理条例》对出版物的内容要求。

再有，本案所涉出版物的内容属于军事题材，其内容涉及国家安全、社会安定等重大问题，应当经省、自治区、直辖市人民政府出版行政部门审核后报国务院出版行政部门备案，未在出版前备案的出版物不得出版。

可见，该案中存在多种违法情形，但是，主体不合法是该案的主要违法事实。

（二）内容违法的图书出版案

【基本案情】

1994年3月，湖北省云梦县个体书商陈建国以牟利为目的，编制了淫秽图书《奇异的性婚俗》内容底稿、目录和内容提要，伪造了“河南人民出版社付印通知单”底样。1995年5月，陈建国在陕西省西安市骊声电脑排版服务部让被告人张文声制作《奇异的性婚俗》一书的内文版底片。张文声在陈没有任何委印手续的情况下，按陈的要求制作了《奇异的性婚俗》内文版底片80张，打印了陈建国伪造的“河南人民出版社付印通知单”2份，收费560元。同年10月，陈建国从挂历征订单和扑克牌上选择了裸体图画，配以格调低下的文字，设计成了《奇异的性婚俗》一书的封面版底样；伪造了河南人民出版社关于《奇异的性婚俗》一书系正式出版物的“证明”，并加盖了伪造的“河南人民出版社出版科”的印章。尔后，陈建国与被告人王红有商定合伙出版发行《奇异的性婚俗》一书，由陈建国负责制版和出版手续，王红有负责印刷及发行，所需费用各自垫付，获利二人均分。

1995年11月2日，王红有在明知没有跨省委印手续的情况下，携带《奇异的性婚俗》一书的全部底片和陈建国伪造的“河南人民出版社付印通知单”和“证明”，到河北省满城县燕龙印刷有限公司找到被告人刘金柱，联系印刷。刘在明知本公司不具备承印外省正式出版物的资格和没有跨省委印手续的情况下承接了印刷业务。次日，刘金柱到保定市文化局新闻出版处找到被告人何建平，办理印刷《奇异的性婚俗》一书的“准印证”。何建平也明知刘金柱的印刷厂没有承印外省正式出版物的资格，且《奇异的性婚俗》一书没有跨省委印手续，违章给刘金柱开具了准印该书15 000册的“准印证”。截至1995年11月20日，刘金柱实际共印《奇异的性婚俗》成书 77 440 册，并按王红有提供的单位发货，共收印刷费等 10.3 万元。同时，被告人古永明以其书刊发行部的名义协助王红有制作了《奇异的性婚俗》一书的征订单，并提供账号让王使用。古又将《奇异的性婚俗》3 200 册运到北京书商党世明处。至案发前，《奇异的性婚俗》一书发行至全国 36 个城市，共计 62 080 册。经有关部门鉴定，《奇异的性婚俗》确属淫秽出版物。因该书有侮辱伊斯兰教的内容，各地穆斯林群众纷纷提出强烈抗议。

河北省保定市中级人民法院经过公开审理认为，被告人陈建国、王红有以牟利为目的，伙同被告人刘金柱、张文声、古永民非法制作、贩卖淫秽物品，其行为均已构成制作、贩卖淫秽物品罪，并造成严重的社会危害后果。根据我国刑法的有关规定，对 5 名被告人分别判处了无期徒刑、有期徒刑并处罚金、没收违法所得等处罚。

【案件评析】

这是一起在全国造成严重影响并引起社会普遍关注的案件。将陈建国等 5 名被告人的行为定性为制作、贩卖淫秽物品罪是非常正确的。

在该案中，被告人的行为明显违反我国出版的有关法律法规，并且数额巨大，影响恶劣，已经触犯了刑法的相关规定，应当接受刑事处罚。

首先，各被告人并没有出版图书期刊等出版物的合法资格。

其次，各被告人制作、传播的出版物内容违法。根据《出版管理条例》第 26 条的规定，任何出版物不得包含宣扬淫秽、赌博、暴力或者教唆犯罪的内容，不得包含危害社会公德或者民族优秀文化传统的内容。而本案中被告人制作、传播的《奇异的性婚俗》中包含大量的淫秽内容，而且还包含侮辱伊斯兰教的内容，这些都对于社会公共利益的维护、民族优秀文化的传播产生不利影响。

再有，在本案中，还存在大量的造假行为，这些造假行为严重破坏市场竞争秩序，也属于我国包括刑法在内的各类法律打击的对象。

从案件的处理依据来看，全国人大常委会《关于惩治走私、制作、贩卖、传播淫秽物品的犯罪分子的决定》第2条规定："以牟利为目的制作、复制、出版、贩卖、传播淫秽物品的，处三年以下有期徒刑或者拘役，并处罚金；情节严重的，处三年以上十年以下有期徒刑，并处罚金；情节特别严重的，处十年以上有期徒刑或者无期徒刑，并处罚金或者没收财产。情节较轻的，由公安机关依照治安管理处罚条例的有关规定处罚。""为他人提供书号，出版淫秽书刊的，处三年以下有期徒刑或者拘役，并处或者单处罚金；明知他人用于出版淫秽书刊而提供书号的，依照前款的规定处罚。"从上述规定可以看出，本案法院将陈建国等5名被告人的行为确认为制作、贩卖淫秽物品罪，是正确的。

（三）非法转让版号的出版案

【基本案情】

贵州音像教材出版社是贵州省三家正规音像出版单位之一，2009年5月却因违法出卖版号被国家新闻总署吊销了执照。这家成立于1988年的老牌音像出版社的生命也由此结束。堂堂正规音像出版社以合作出版之名行买卖版号之实，走上出版"黄碟"的"不归路"，这让很多人都禁不住叹息。

担任贵州音像教材出版社社长的赵学明，是一位曾经多年从事电教工作的老教师，2005年开始担任贵州音像教材出版社的社长。赵学明说，一直以来出版社生存艰难，其担任出版社的社长之后，为了"创收"，以"合作出版"的形式将版号出卖给一些不具备出版资格的制作主体，这些制作主体将样盘交给其审查时，他虽然也认为内容有些“不太高雅、有点低俗”，但是，考虑每个版号给的钱比较多，同时可以多完成一些出版任务，就同意出版了。这样，打着“合作出版”的幌子，有了正规出版社的版号，“人体艺术”光盘堂而皇之地登上了货架。《激情魅力》、《花蕾窦开》、《柔情似水》、《情窦初开》、《酒醉情迷》等富含挑逗的名称和低俗不堪的封面的“人体艺术”系列光盘就这样在合法的外衣下在市场上传播。

赵学明说，“人体艺术”光盘也是临时雇用的业务员“跑”来的“合作出版”项目，合作方是广州市永洲音像制品有限公司。“从来没有见过永洲公司的任何人，以‘人与自然’的选题向省新闻出版局申报批准后，每个版号收了 3 000 元‘审读费’，共收取了 3 万元。”赵学明说。

【案件评析】

这是一起典型的正规出版单位违规出让版号的案件。在该案中，贵州音像出版社是一家有着二十多年历史的正规出版社，在效益不好的情况下，出版社不是根据市场调整出版策略、提高出版质量，而是以“合作出版”的形式转让版号，导致一些低俗音像制品流入市场，自己也因此被吊销执照。

新闻出版总署于 1997 年就出台了《关于严格禁止买卖书号、刊号、版号等问题的若干规定》，明确规定凡是以管理费、书号费、刊号费、版号费或其他名义收取费用……使其以出版单位的名义牟利，均按买卖书号、刊号、版号查处。在该案中，贵州音像教材出版社并没有实际承担对出版物的创作、审查义务，而是由“合作方”实际制作光盘，出版社仅提供通过正规途径取得的版号。该行为属于典型的买卖版号的行为，应当根据规定接受处罚。

（四）侵犯他人著作权的图书出版案

【基本案情】

原告胡守云诉称：其夫刘西林先生于1943年完成了《解放区的天》这一歌曲的创作，该曲被广为传唱，成为家喻户晓的经典革命歌曲。被告宁波出版社于1996年4月出版的《“七·一”金曲》一书中使用《解放区的天》并且署名为“佚名词，陈志昂曲”。该书使用《解放区的天》未征得刘西林先生的同意，被告宁波出版社出版发行该作品的行为及被告北京新华图书有限责任公司的发行行为侵犯了刘西林先生的著作权，并对刘西林先生的名誉造成了一定的侵害。由于刘西林先生已于1998年12月4日去世，我作为刘西林先生著作权的唯一继承人，特向法院提起诉讼，要求：判令被告宁波出版社支付赔偿费2 718元，并与被告北京新华图书有限责任公司共同承担连带责任；判令被告北京新华图书有限责任公司支付赔偿费400元，并与被告宁波出版社共同承担连带责任；判令两被告向原告赔礼道歉并消除其侵权行为造成的影响。

被告宁波出版社辩称：首先，我社在出版《“七·一”金曲》时对《解放区的天》不是未署名，而是署“佚名词，陈志昂曲”，因为当时确实不知道作词者为谁，谈不上知其名而不署，故不构成对刘西林先生署名权的侵害。其次，我社没有侵害刘西林先生的作品使用权和获得报酬权。该曲被公开使用50余年，从未见作者有未经同意不得使用的声明。依据著作权法的有关规定，在作者未作特别声明的情况下，使用他人作品是允许的，但应向作者支付报酬。我社在《“七·一”金曲》后面附了一个编后语，其中说明：“希望词曲作者见到此书后，主动与宁波出版社联系，以便寄样书和稿酬。”在我们不知道词曲作者的联系地址，无法与他们联系的情况下，这种处理办法应该是得当的。而且，当时我们根本不知道刘西林先生和《解放区的天》的关系，怎么谈得上侵害其获得报酬权呢？到目前为止我们还找不到一个对《解放区的天》署名为刘西林的版本，这说明刘西林先生的作者身份并不为很多人所知。所以，即使刘西林先生为《解放区的天》的著作权人的事实随时间推移广为人知，我社也因没有知情不改、继续出版的事实，而未构成对刘西林先生著作权的侵害，故请求法院驳回原告的诉讼请求。

被告北京新华图书有限责任公司辩称：我们是销售商，所销售的图书都是从有图书批发权的国家承认的正式渠道进货，《“七·一”金曲》一书是否有侵权行为我们不清楚。在接到胡守云的民事起诉状后，我们即对此案涉及的《“七·一”金曲》一书进行了下架封存、停止销售的处理，因而不应承担侵权责任。

法院在审理过程中确认了刘西林对于《解放区的天》的著作权，也确认了胡守云的合法继承人身份以及诉讼的主体资格。也确认了被告出版、发行、销售《“七·一”金曲》一书的事实及未支付《解放区的天》使用费情况：该书在编写时通过参考若干歌曲集选编使用了《解放区的天》，并署名为“佚名词，陈志昂曲”。虽然在编后语中写道：“……特别是我们来不及和所有词、曲作者取得联系，希望词曲作者见到此书后，主动与宁波出版社联系，以便寄样书和稿酬。”但是，在出书后一直到原告提起诉讼长达两年之久从未主动或通过音乐著作权协会向陈志昂先生支付有关该曲的使用费。被告北京新华图书有限责任公司于1998年从浙江省店进了《“七·一”金曲》20本，属平销。其在接到胡守云的民事起诉状后，即对此案涉及的《“七·一”金曲》一书进行了下架封存、停止销售的处理。

在确认上述事实的基础上，法院作出了如下判决：被告宁波出版社停止出版发行未对《解放区的天》予以正确署名的

《“七·一”金曲》一书；被告北京新华图书有限公司停止销售未对《解放区的天》予以正确署名的《“七·一”金曲》一书；被告宁波出版社于本判决生效后7日内向原告胡守云书面致歉并赔偿原告胡守云350元。

【案件评析】

在该案中，被告宁波出版社的出版、发行行为及被告北京新华图书有限公司的销售行为是否构成对刘西林著作权的侵犯，是原被告双方争议的焦点，而确认刘西林是否为《解放区的天》的作者又是解决该焦点问题的前提。法院查明的事实确认了刘西林对《解放区的天》依法享有著作权。依据法律的有关规定，民事侵权行为的构成由违法行为、损害事实、行为人过错、损害事实与违法行为之间有因果关系四个要件构成。换言之，只要满足这四个要件的行为，就必须承担侵权民事责任的法律后果。被告宁波出版社在其出版发行的《“七·一”金曲》中使用了《解放区的天》，且误署名为“佚名词，陈志昂曲”，对刘西林的著作权造成了客观侵害。对此事实，被告宁波出版社并无异议，有异议的是其认为在主观上并无过错，没有加害的故意，故不应承担侵权责任。法院认为，依照法律的有关规定，过错包括故意和过失。故意是指行为人明知自己的行为会造成损害后果，而希望或放任这种后果的发生。过失是指行为人应知自己的行为后果，但由于过于自信而轻信不会发生或疏忽大意，没有采取措施致使损害发生。因此，在判断行为人有无过错时，既要看其应不应当知道，还要看其能否知道。被告宁波出版社辩称在出版《“七·一”金曲》时参考的各种版本的歌曲集，对《解放区的天》不是未署名，就是署“佚名词，陈志昂曲”，当时确实不知道作词者为谁，谈不上知其名而不署或署错名。但按照现行《著作权法》第32条第2款的规定，使用他人作品是要支付报酬的，被告宁波出版社即使编书时不知刘西林是《解放区的天》的作者，在出版书后支付陈志昂报酬的过程中也能知悉《解放区的天》的真正作者是刘西林而不是陈志昂。因为陈志昂先生早在1985年就已公开否定他是《解放区的天》的作者，而肯定了刘西林是《解放区的天》作者的事实。音乐报纸杂志也多次公开刊登文章解释这一历史事实被误署名的缘由及以讹传讹的后果。被告宁波出版社只要依法向陈志昂支付报酬，陈志昂就会向其澄清该事实，被告宁波出版社也就会及时主动地予以修正。而被告宁波出版社在出书后一直到原告提起诉讼长达两年之久未主动或通过音乐著作权协会向陈志昂支付有关该曲的使用费，使误署名一事不能得到及时的纠正。这足以说明被告宁波出版社在出书的前后均未尽足够的注意义务，以致造成了对《解放区的天》作者的误署名及对刘西林著作权侵害的后果。所以，被告宁波出版社在主观上是有过错的，其出版发行的行为侵犯了刘西林的署名权和获得报酬权，故应依法承担停止侵权、公开赔礼道歉和赔偿损失的侵权责任。但因其主观过错程度轻，故在具体承担侵权责任时予以考虑。

对于原告主张两被告应负连带责任一节，法院认为，被告北京新华图书有限责任公司作为图书销售商，所销售的图书都是从有图书批发权的国家承认的正式渠道进货，无论在进货还是在销货中，都很难知悉《“七·一”金曲》一书有侵犯《解放区的天》作者著作权的行为。而且，在其接到原告胡守云的民事起诉状后，即对此案涉及的《“七·一”金曲》一书进行了下架封存、停止销售的处理。故其在主观上没有共同过错，不应与出版商被告宁波出版社一起承担连带赔偿责任，但应承担停止销售的法律责任。

这是一起典型的图书期刊侵犯作者著作权的案例。在案件中，图书的出版者宁波出版社出版的《“七·一”金曲》属于汇编作品，根据《著作权法》及有关法律法规的规定，汇编作品不得侵犯原著作权人的著作权。署名权是著作权人的重要人身权，而且没有保护期限的限制，在著作权人死亡之后，其署名权的保护由其继承人行使。所以，在本案中，被告宁波出版社在使用作者的作品时没有正确署名的行为构成侵权，应当承担侵权责任。另外，作者对其作品的财产权利享受保护的期限截止到作者死后第 50 年的 12 月 31 日，本案作者的死亡时间是 1998 年 12 月 4 日，其著作财产权的保护期限截止到 2048 年的 12 月 31 日，至被告宁波出版社使用其作品时，其著作财产权仍应受到保护，该著作财产权亦由其继承人行使。所以，作为作者著作权的继承人，胡守云女士可以依法提起诉讼维护作者的合法著作权益。

（五）侵犯图书期刊著作权及版式设计专有权案

【基本案情】

原告《公路》杂志社是《公路》杂志的编辑出版者，对其编辑作品和期刊的版式设计享有著作权，而被告人重庆维普资讯公司未经许可亦未支付报酬，以营利为目的，将《公路》杂志 1999 年第 1—12 期、2000 年第 1—3 期的 235 篇文章中的 229 篇共 23 301 000 字扫描录入制作为《数据库》光盘，使用量占所载文章的 97.5%，侵犯了《公路》杂志社编辑作品的著作权。维普公司在制作《数据库》光盘的同时，亦将《公路》杂志的字体设计、格式编排等一并原样收录，使得《公路》杂志的文章被维普公司以营利为目的使用，无偿占有了《公路》杂志社付出的创造性劳动，构成对《公路》杂志社版式设计专有使用权的侵犯。于是，原告《公路》杂志社将被告重庆维普资讯有限公司诉至法院，要求停止侵害并且赔偿损失。

被告人重庆维普资讯有限公司辩称：被告人在国家和地方版权行政管理部门指导和帮助下，依据国家版权行政管理部门的规章，就《数据库》制品与重庆版权局、中国著作权使用报酬收转中心重庆代理处签订了《著作权委托书》，与中国版权保护中心集体管理部签订了《制作数字化制品许可合同》，履行了应尽的保护著作权人合法权益的法定义务，因而不构成侵权；另外，被告人无侵权的故意或过失，《数据库》使用的是过期刊物，没有给原告造成损失，因而被告不应承担赔偿责任。

北京市第一中级人民法院经审理后认定：《公路》杂志社作为《公路》杂志社的编辑者，对作品进行选择、编排，付出了独创性劳动，《公路》杂志是受《著作权法》保护的编辑作品，《公路》杂志社是该杂志的著作权人。维普公司未经许可亦未支付报酬，以营利为目的使用原告《公路》杂志社的作品，侵犯了《公路》杂志社编辑作品的著作权；维普公司在制作《数据库》光盘的同时，亦将《公路》杂志的字体设计、格式编排等一并原样收录，构成对《公路》杂志社版式设计专有使用权的侵犯。维普公司没有证据证明《公路》杂志社是著作权集体管理组织的成员，因此维普公司即使与著作权集体管理组织在本案诉争事实发生后补充签订了著作权使用许可协议，仍不能视为已经获得《公路》杂志社的许可。

基于上述认定，北京市第一中级人民法院作出了被告停止侵权、赔偿原告损失的判决。

【案件评析】

这是一起以图书、期刊出版者为著作权人的侵权纠纷案件。

根据《著作权法》及相关法律规定，编辑作品由编辑人享有著作权。《公路》杂志社对《公路》杂志所刊载的作品进行选择、编排，付出了创造性劳动，是该杂志的著作权人和版式设计专有使用权人。除法律另有规定外，使用他人作品应当同著作权人或者著作权人授权其行使著作权的集体管理组织订立合同或者取得许可。所以，维普公司要使用《公路》杂志制作《数据库》，应当取得《公路》杂志社的许可并支付报酬。

在该案中，维普公司使用《公路》杂志制作《数据库》没有取得《公路》杂志社的许可。虽然维普公司在事后就制作《数据库》的许可问题与重庆市版权局、中国著作权使用报酬收转中心重庆代理处、中国版权保护中心版权集体管理部签订了有关合同，并向中国著作权使用报酬收转中心、中国版权保护中心版权集体管理部支付著作权使用费，但《公路》杂志社没有授权上述机构行使著作权及版式设计专有使用权，所以，维普公司使用《公路》杂志的行为仍然是未经著作权人许可的行为，应当承担法律规定的侵权责任。所以，法院判决维普公司构成对《公路》杂志社著作权及版式设计专有权的侵犯并要求判令其承担停止侵权、赔偿损失的判决是正确的。

（六）图书、期刊出版者名义被冒用的侵权案

【基本案情】

原告北京创世星国际影视文化有限公司，被告北京图书大厦有限责任公司、吉林文化音像出版社、吉安市定安科技发展有限公司

“ESTARS ENTERTAINMENT”（巨星有限公司）是经合法授权代表美国独立电影电视联盟会员在中华人民共和国境内许可使用电影《THE DEATH AND LIFE OF BOBBYZ》播放权、以录像带或光盘形式的复制权和发行权的组织。

2007 年 10 月 30 日，原告与“ESTARS ENTERTAINMENT”订立一份合约，依据合约，原告向“ESTARS ENTERTAINMENT”支付 4 万美元，获得电影《THE DEATH AND LIFE OF BOBBYZ》在中华人民共和国境内以录像带或光盘形式复制发行该电影的排他性的权利。

2007 年 12 月 9 日，原告在北京图书大厦购买到《导火毒BOBBY》光盘一张，光盘内存的是电影《THE DEATH AND

LIFE OF BOBBYZ》的复制品。涉案光盘的来源识别码是"ifpiCC328"，该识别码为被告吉安市定安科技发展有限公司专有，涉案光盘出版社是被告吉林文化音像出版社。原告认为被告的侵权行为使原告合法享有的权利完全丧失了市场，并造成巨大经济损失。于是诉至法院，要求判令被告北京图书大厦、被告吉林文化音像出版社、被告吉安市定安科技发展公司停止销售《导火毒 BOBBY》光盘；判令三被告共同赔偿经济损失 10 万元。

被告北京图书大厦有限责任公司辩称，我公司具有合法的音像制品经营权，原告所称的音像制品是通过正规渠道所进的商品，在进货时已经对该音像制品进行了审核。涉案光盘已经下架，不同意原告诉讼请求。

被告吉林文化音像出版社书面答辩称，我社既未出版、复制、发行、涉案光盘；也未委托定安科技公司复制、加工涉案光盘，正如原告所调查的，是他人盗用我社名义以及我社已经出版制品的文号，复制发行了涉案光盘，故不同意原告对我社的诉讼请求。

被告吉安市定安科技发展有限公司未作答辩。

法院经审理查明："ESTARS ENTERTAINMENT"（巨星有限公司）是唯一合法的版权代表及授权方，指定授权北京创世星国际影视文化有限公司作为影片《THE DEATH AND LIFE OF BOBBYZ》在中华人民共和国境内的独家进口和发行方，授权期限至 2014 年 2 月 1 日。

2007 年 12 月 9 日，原告在北京图书大厦购买到《导火毒 BOBBY》光盘一张，光盘内存的是影片《THE DEATH AND LIFE OF BOBBYZ》的复制品。涉案光盘 SID 识别码是"ifpiCC328"，该识别码为被告吉安市定安科技发展有限公司专有，涉案光盘盘面上记载的出版社是被告吉林文化音像出版社，合同登记号是"国权像字 27 - 2007 - 0236 号"，文化部批准文号是"文像进字（2007）248 号"。

根据查明的事实，北京市西城区人民法院认为，原告享有影片《THE DEATH AND LIFE OF BOBBYZ》在中华人民共和国境内的独家进口和发行权利，他人未经原告许可不得复制、发行含有涉案影片的音像制品。

诉讼中通过对《导火毒BOBBY》光盘SID码的鉴定、查询，可以认定被告吉安市定安科技发展有限公司是《导火毒BOBBY》光盘的生产者。被告吉安市定安科技发展有限公司未经权利人许可复制发行影片《THE DEATH AND LIFE OF BOBBYZ》DVD光盘，并将光盘投入市场，侵犯了原告权利。对于由此给原告带来的经济损失应予赔偿。

以现有证据不足以认定被告吉林音像出版社出版发行了涉案侵权光盘。故对原告要求被告吉林文化音像出版社承担侵权责任，无事实依据，不予支持。

被告北京图书大厦有限责任公司销售了涉案侵权光盘，但其在诉讼中举证证明了所销售的涉案侵权光盘有合法来源，其主观上并无过错，故其可免于承担损害赔偿责任，但应当立即停止销售涉案侵权光盘。

基于上述认定，法院作出如下判决：被告北京图书大厦有限责任公司于判决生效之日起，停止销售影片《导火毒BOBBY》光盘；被告吉安市定安科技发展有限公司自本判决生效之日起，停止复制、发行影片《导火毒BOBBY》光盘；被告吉安市定安科技发展有限公司赔偿原告北京创世星国际影视文化有限公司经济损失7万元。

【案件评析】

该案的情节比较简单，法院的认定比较准确。以下简单地从原告的权利、三个被告行为的性质及法律责任对该案进行分析：

首先，原告是合法的权利主体。原告北京创世星国际影视文化有限公司以许可协议等证据证明了自己对涉案作品在中华人民共和国境内的独家进口和发行权利，该种权利受法律保护，其他主体未经许可复制涉案作品的行为构成对原告上述权利的侵犯，应当依法承担停止侵害、消除影响以及赔偿损失等法律责任。

其次，在该案中，被告吉安市定安科技发展有限公司未经许可发行、复制原告享有独占性权利的涉案作品，是原告合法权利的直接侵权主体。

再次，作为涉案作品的销售主体，北京图书大厦有限责任公司销售侵权商品的行为对原告的利益也构成侵害。但是，由于图书大厦对于作品的来源已经提供了有效证据，可以充分证明其对侵权商品的销售不存在过错，因而可以不用承担经济赔偿责任，只需要承担停止侵害及停止销售侵权商品的责任就可以了。

最后，在本案中，我们关注的是作品的出版主体——吉林音像出版社，它在本案中属于被冒用名义的主体，由于实际并没有实施侵权行为，所以，法院并没有判令这个名义上的侵权主体承担法律责任。

三、风险提示和防范措施

从我国有关图书期刊出版的规定及实际发生的案例可以看出，图书、期刊的出版者在图书期刊的出版过程中会面临各种法律风险，稍不注意就可能成为违法出版的主体。所以，图书、期刊的出版者要明确各种风险并在此基础上采取相应的防范措施。

下面我们从不同方面讨论图书、期刊出版者可能面临的风险和应采取的防范措施：

（一）图书、期刊出版者主体非法的风险及防范

1. 图书期刊出版主体非法的风险及法律责任

我国对图书期刊等出版物的出版实施行政许可制度，要出版

图书期刊等出版物，需要设立符合法定条件并取得出版许可证的出版主体，其他任何主体不具备出版图书期刊的资格。不具备出版资格的主体出版图书期刊等出版物的即为“非法”出版，会面临被法律制裁的风险。

根据《出版管理条例》第55条的规定，未经批准，擅自设立出版物的出版、印刷或者复制、进口、发行单位，或者擅自从事出版物的出版、印刷或者复制、进口、发行业务，假冒出版单位名称或者伪造、假冒报纸、期刊名称出版出版物的，由出版行政部门、工商行政管理部门依照法定职权予以取缔；依照刑法关于非法经营罪的规定，依法追究刑事责任；尚不够刑事处罚的，由出版行政部门没收出版物，违法所得和从事违法活动的专用工具、设备，违法经营额1万元以上的，并处违法经营额5倍以上10倍以下的罚款，违法经营额不足1万元的，并处1万元以上5万元以下的罚款；侵犯他人合法权益的，依法承担民事责任。

上述规定是不具备出版资格的主体擅自出版图书期刊时应当承担法律责任的主要依据，也是出版主体面临的“非法”出版的风险。

2. 图书期刊出版主体非法风险的防范措施

针对上述风险，最好的防范措施就是依据法定条件和程序获得图书期刊等出版物的出版资格。做好与出版主体资格相关的登记和备案工作，并对自身的出版行为作出规范。

（1）依法获得图书期刊出版资格

设立出版图书期刊的单位需要具备《出版管理条例》规定的条件并报有关行政部门批准，还应当符合国家关于出版单位总量、结构、布局的规划。

设立出版单位，由其主办单位向所在地省、自治区、直辖市人民政府出版行政部门提出申请；省、自治区、直辖市人民政府出版行政部门审核同意后，报国务院出版行政部门审批。

国务院出版行政部门应当自收到设立出版单位的申请之日起90日内，作出批准或者不批准的决定，并由省、自治区、直辖市人民政府出版行政部门书面通知主办单位；不批准的，应当说明理由。

设立出版单位的主办单位应当自收到批准决定之日起60日内，向所在地省、自治区、直辖市人民政府出版行政部门登记，领取出版许可证。登记事项由国务院出版行政部门规定。

出版单位经登记后，持出版许可证向工商行政管理部门登记，依法领取营业执照。

完成上述申请和登记活动后，出版主体依法取得出版资格和经营的主体资格，方可开展被许可的出版活动。报社、期刊社、图书出版社、音像出版社、电子出版物出版社等应当具备法人条件，经核准登记后，取得法人资格，以其全部法人财产独立承担民事责任。依照《出版管理条例》第9条第3款的规定，视为出版单位的报纸编辑部、期刊编辑部不具有法人资格，其民事责任由其主办单位承担。

（2）依法办理变更和注销登记手续

出版单位变更名称、主办单位或者其主管机关、业务范围，合并或者分立，出版新的报纸、期刊，或者报纸、期刊变更名称、刊期的，也应当由其主办单位向所在地省、自治区、直辖市人民政府出版行政部门提出申请；省、自治区、直辖市人民政府出版行政部门审核同意后，报国务院出版行政部门审批。经审批后到原登记的工商行政管理部门办理相应的登记手续。

出版单位除前述所列变更事项外的其他事项的变更，应当经主办单位及其主管机关审查同意，向所在地省、自治区、直辖市人民政府出版行政部门申请变更登记，并报国务院出版行政部门备案后，到原登记的工商行政管理部门办理变更登记。

出版单位终止出版活动的，应当向所在地省、自治区、直辖市人民政府出版行政部门办理注销登记，并报国务院出版行政部门备案后，到原登记的工商行政管理部门办理注销登记。

图书出版社、音像出版社和电子出版物出版社自登记之日起满180日未从事出版活动的，报社、期刊社自登记之日起满90日未出版报纸、期刊的，由原登记的出版行政部门注销登记，并报国务院出版行政部门备案。因不可抗力或者其他正当理由发生上述情形的，出版单位可以向原登记的出版行政部门申请延期。

可见，图书期刊的出版主体在出现法定情形时应依法进行相应的变更和注销登记，否则，也可能成为“非法”出版主体。

（3）做好出版资格管理

根据《出版管理条例》第22条的规定，出版单位不得向任何单位或者个人出售或者以其他形式转让本单位的名称、书号、刊号或者版号、版面，并不得出租本单位的名称、刊号。如果具有图书期刊出版资格的主体违反上述规定不但会导致前述案例（三）的违法情形，无论转让刊号的主体还是购买刊号的主体都会成为违法出版的“违法主体”。

根据《出版管理条例》第56条的规定，明知或者应知他人出版含有条例规定的禁止内容的出版物而向其出售或者以其他形式转让本出版单位的名称、书号、刊号、版号、版面，或者出租本单位的名称、刊号，触犯刑律的，依照刑法有关规定，依法追究刑事责任；尚不够刑事处罚的，由出版行政部门责令限期停业整顿，没收出版物、违法所得，违法经营额1万元以上的，并处违法经营额5倍以上10倍以下的罚款；违法经营额不足1万元的，并处1万元以上5万元以下的罚款；情节严重的，由原发证机关吊销许可证。

所以，图书期刊出版主体应当做好自身的出版资格管理，不向任何单位或者个人出售或者以其他形式转让本单位的名称、书号、刊号或者版号、版面，并不得出租本单位的名称、刊号。

（二）内容非法的风险及防范

1. 图书期刊内容非法的风险及法律责任

图书期刊的内容是否符合社会主义精神文明的需要，是否会对社会主义精神文明建设起积极的作用，促进科学文化艺术的发展，是国家对图书期刊管理的重要内容。为了保证图书期刊市场的健康发展，让图书期刊为社会主义精神文明建设服务，促进我国文学、艺术、科学产业的发展，我国法律从不同的角度对图书期刊的内容作出规范。如果图书期刊的出版者违反法律法规对于出版内容的规定，就会面临出版物被认定“非法”的风险，最典型的内容违法的出版物就是包含《出版管理条例》规定的禁止出现的内容的出版物，如包含淫秽、暴力、危害国家安全、危害民族团结等等内容的出版物。

如果出版物的内容出现《出版管理条例》禁止出现的内容，则要根据《出版管理条例》第56条承担法律责任：触犯刑律的，依照刑法有关规定，依法追究刑事责任；尚不够刑事处罚的，由出版行政部门责令限期停业整顿，没收出版物、违法所得，违法经营额1万元以上的，并处违法经营额5倍以上10倍以下的罚款；违法经营额不足1万元的，并处1万元以上5万元以下的罚款；情节严重的，由原发证机关吊销许可证。

2. 图书期刊内容违法风险的防范措施

明确法律法规对图书期刊内容的禁止性规定是出版主体防范因出版物“内容非法”而被制裁的风险的前提条件。

防范出版物“内容非法”，出版主体还需要明确以下几个方面的问题并采取防范措施：

（1）明确法律法规对于出版物内容的总体要求

我国《著作权法》规定，著作权人行使著作权，不得违反宪法和法律，不得损害公共利益。

《出版管理条例》对出版物内容的总体要求是坚持以马克思列宁主义、毛泽东思想和邓小平理论为指导，传播和积累有益于提高民族素质、有益于经济发展和社会进步的科学技术和文化知识，弘扬民族优秀文化，促进国际文化交流，丰富和提高人民的精神生活。

图书期刊出版主体如果明确了国家对于出版物内容的总体要求，就可以准确把握出版的方向。这对于防范出现出版内容违法具有重要意义。

（2）明确国家鼓励出版的出版物内容

根据《出版管理条例》第49条的规定，国家支持、鼓励下列优秀的、重点的出版物的出版：

① 对阐述、传播宪法确定的基本原则有重大作用的；

② 对在人民中进行爱国主义、集体主义、社会主义教育和弘扬社会公德、职业道德、家庭美德有重要意义的；

③ 对弘扬民族优秀文化和及时反映国内外新的科学文化成果有重大贡献的；

④ 具有重要思想价值、科学价值或者文化艺术价值的。

另外，《出版管理条例》第50条规定：国家对教科书的出版发行，予以保障。国家扶持少数民族语言文字出版物和盲文出版物的出版发行。国家对在少数民族地区、边疆地区、经济不发达地区和在农村发行出版物，实行优惠政策。

上述规定体现了国家鼓励出版的内容，如果图书期刊的出版主体积极出版国家鼓励出版的出版物，不但可以获得国家的支持和享受规定的优惠措施，还可以有效地避免出现“内容非法”的风险。

（3）对出版内容严格审查

无论出版主体所出版的是否属于上述鼓励范围内的出版物，出版主体都需要严格履行对出版内容的审查义务，对出版内容严把编审关。这是保证出版质量、防止出现出版内容粗制滥造的重要措施，也是保证出版物内容不违反法律规定的重要措施。

（三）出版程序非法的风险及防范

1. 出版程序非法的风险及法律责任

程序控制是内容控制的保证，所以，在《出版管理条例》中规定了对出版者出版活动的程序性要求。主要的程序性要求是出版者要将其年度出版计划和重大选题按照规定的程序报国务院出版行政部门备案，未经出版前备案的出版物，不得出版。另外，出版单位还应当在发行其出版物前，按照国家的有关规定向国家图书馆、中国版本图书馆和国务院出版行政部门免费送交样本。无论是年度出版计划和重大选题的备案，还是要求出版者向有关单位和部门送交样本，都是国家在出版物的出版环节设置的控制性程序，属于法律的强制性规定。如果出版主体违反上述程序性规定，也将面临遭受法律制裁的风险。

依据《出版管理条例》第 61 条的规定，出版主体出现上述程序性违法行为，未将其年度出版计划和涉及国家安全、社会安定等方面的重大选题备案或者未按照规定向有关单位和部门报送出版物样本的，由出版行政部门责令改正，给予警告；情节严重的，责令限期停业整顿或者由原发证机关吊销许可证。

2. 出版程序非法的防范措施

在我国，无论是司法主体、执法主体，还是普通的社会主体，在法律适用和法律遵守的过程中都存在“重实体、轻程序”的思想，以至于很多程序性规定在法的实施过程中起不到应有的控制作用，程序性违法在实践中大量存在。

图书期刊的出版者要防范出版程序非法，除了需要明确《出版管理条例》中对于图书期刊出版的程序性要求外，还需要提高对出版程序要求的认识，从思想上解决对程序性要求的“忽视”。只有具备了遵守程序性规定的法律意识，出版主体才会在自己的实际出版活动中关注并遵守有关的程序性规定，防范程序性违法行为发生，才能够有效避免出版物因出版程序“违法”而成为“非法”出版物。

（四）侵犯他人著作权的风险及防范

1. 图书期刊侵犯他人著作权的风险及法律责任

前面已经提到，图书期刊著作权是在他人作品著作权的基础上产生的著作邻接权，图书期刊的出版发行势必会涉及他人已有的著作权，期刊的这个问题表现得更为突出。因为，图书的出版合同通常需要图书出版者和作品的作者签订图书出版合同，图书出版者和作品的作者依据图书出版合同划分对图书的权利和义务，即使出现纠纷，通常也只是基于出版合同发生的合同纠纷，较少出现典型的侵犯著作权的纠纷。而期刊则不同，根据我国《著作权法》第22条的规定，期刊在下列情形下可以不经著作权人许可，不向其支付报酬而使用作者的作品，但应当指明作者的姓名、作品名称，并且不得侵犯著作权人依法享有的其他权利：

（1）为报道时事新闻而不可避免地再现或者引用已经发表的作品；

（2）刊登其他报纸、期刊、广播电台、电视台等媒体已经发表的关于政治、经济、宗教问题的时事性文章，但作者声明不许刊登、播放的除外；

（3）刊登在公众集会上发表的讲话，但是作者声明不许刊登的除外。

另外，根据《著作权法》第23条的规定，作品刊登后，除著作权人声明不得转载、摘编外，其他报刊可以转载或者作为文摘、资料刊登，但是应当按照规定向著作权人支付报酬。

上述规定都可以说明期刊出版者可以在不和作品作者签订合同甚至在不和作者接触、不了解作品作者具体信息的情况下使用作品。这给期刊出版者侵犯他人著作权形成了极大的风险。期刊出版者可能因为未经许可使用须经作者许可方可使用的作品而侵犯他人的著作权，也可能基于法定许可使用他人作品但是侵犯了作者获得报酬的权利。

总之，无论是图书还是期刊的出版者，如果侵犯作者的著作权，就应当依法承担侵权的法律责任。这些法律责任既包括对被侵权主体承担的停止侵害、消除影响、赔礼道歉、赔偿损失等民事责任，也包括没收违法所得、罚款、吊销出版许可证等行政法律责任，还包括触犯我国刑法的有关规定之后应当承担的刑事责任。

2. 侵犯他人著作权的防范措施

图书、期刊出版者在使用他人作品的过程中，要防止侵犯他人著作权，需要做好以下几个方面的工作：

(1) 正确行使使用作品的权利

为了保证作品的传播，促进图书期刊业的发展，无论是我国《著作权法》还是其他的相关法律法规都规定了图书期刊在使用作者作品时的权利，这些权利是图书、期刊出版者使用作品的界限，明确了自身权利的界限，可以有效地避免对他人著作权的侵犯。

根据《著作权法》的规定，图书出版者出版图书应当与作品的作者签订图书出版合同，并且支付报酬。图书出版者是否取得作品的专有出版权由合同约定。图书出版者对著作权人交付出版的作品，按照图书出版合同享有的专有出版权受法律保护，他人不得出版该作品。图书出版合同约定图书出版者享有专有出版权但没有明确其具体内容的，视为图书出版者享有在合同有效期限内和在合同约定的地域范围内以同种文字的原版、修订版出版图书的专有权利。图书出版者经作者许可，可以对作品修改、删节。

从上述权利可以看出，在出版合同中，约定图书出版者享有专有出版权的，出版者享有专有出版权，另外，经作者许可，图书出版者可以对作品进行修改、删节。

据此，图书出版者要防范对作者著作权的侵犯，应当同作者签订专有出版合同，并支付报酬，若要对作品进行修改、删节，则需要经作者的许可。

期刊出版者对作品的权利，在前面我们已经有所介绍，在这里不再介绍。因为期刊对于作品的使用范围和弹性都较大，所以，期刊的出版者就更应当明确自己可以在什么范围内对作品享有“合理使用”的权利，使用时不需要经作者许可，也不需要支付报酬；也需要明确自己在什么范围内可以依据“法定许可”使用作品，使用作品时不需要经过作者许可，但是要支付报酬。只有在明确了自己“合理使用”和享受“法定许可”的范围之后，才可以正确合理地使用作品，避免对作者著作权的侵犯。

另外，在使用的过程中，还要注意对作者发表权、署名权、获得报酬权的保护。

（2）明确并认真履行在使用作品过程中的义务

无论是图书出版者还是期刊出版者，还必须要明确自己在使用他人作品过程中的义务。承担并履行有关的注意和保护义务，是图书、期刊出版者避免侵犯作者著作权的重要内容。

涉及图书、期刊出版者可能侵犯作者的著作权的义务主要有以下几个方面：

① 图书、期刊出版者在对作品合理使用过程中承担的义务

在对作品的“合理使用”中，图书、期刊的出版者使用作者的作品时虽然可以不经许可，也不必支付报酬，但是，应当指

明作者姓名、作品名称，并且不得侵犯著作权人依法享有的其他权利。而且，需要注意的是，“合理使用”仅限于对已经发表的作品的使用，对于没有发表的作品以及作者声明不许刊登、播放的作品，图书、期刊出版者不得“合理使用”，否则将侵犯作者的发表权。

② 图书、期刊出版者依据作品的法定许可使用作品时应承担的义务

在作品的“法定许可”中，图书、期刊出版者在使用他人作品时，除承担上述表明作者、作品名称等义务外，还须承担向作者支付报酬的义务。而且，“法定许可”涉及的作品也是已经发表的作品，对于没有发表的作品以及著作权人声明不得转载、摘编的作品，图书、期刊出版者不得依据“法定许可”使用。

③ 图书、期刊出版者在专有许可合同中承担的义务

图书、期刊出版者除依据作品的“合理使用”和“法定许可”使用作品外，还有大量的情形是和作品的作者签订专有许可合同并依据合同使用作者的作品。图书、期刊出版者应当依据专有许可合同承担相应的义务，如报酬支付义务、维护作品完整的义务、重印、再版作品的通知义务以及图书脱销状态下的重印、再版义务等等。这些都是关系到作者的著作权能否实现的义务，图书、期刊出版者应当认真履行。

④ 图书、期刊出版者在使用作品的过程中应承担的其他义务

图书期刊的出版是否合法以及出版物的质量，对于作品作者著作权的实现也有重要影响，所以，图书、期刊出版者在使用作品出版图书期刊的过程中还应当承担依法出版、保证出版质量、尽职查明作品来源和作者信息等义务。另外，图书、期刊出版者还可能依据有关法律法规或者合同的约定承担其他义务，在此不作具体介绍。

图书、期刊出版者在明确了上述可能侵犯作者著作权的义务

之后，尊重著作权人的合法权利，认真履行有关义务，是图书、期刊出版者防范对作者著作权侵犯的重要措施。

（3）和著作权集体管理组织建立稳定的联系

明确自己的权利界限和具体的义务是图书、期刊出版者保护作者著作权的基本出发点，合理行使权利和认真履行义务是防范对作者著作权构成侵犯的基本措施。面对数量庞大的作品和广泛的作者范围，图书、期刊出版者要想详细地了解作品及作者的相关信息并且及时向作者履行有关的义务如报酬支付义务等具有很大的难度，无形之中会增加图书、期刊出版者使用作品的成本。一方面为了尽可能获取丰富的作品来源，另一方面为了防止自己对作品的使用行为侵犯作者的著作权，图书、期刊出版者应当和著作权集体管理组织建立联系。一方面可以通过著作权集体管理组织获得丰富的作品来源，另一方面可以通过著作权集体管理组织协调和作者的关系，避免因为和大量作者发生关系而产生的高使用成本和高侵权风险。所以，和著作权集体管理组织建立稳定联系是图书、期刊出版者避免著作权侵权的另一重要方法。

除做好以上几个方面的工作外，图书、期刊出版者要防范对作者著作权的侵犯还需要做到订立规范、具体的作品许可使用合同，及时支付作品稿酬，以善意、合理方式对作品提出建议等等工作，这些都是图书、期刊出版者在使用作品过程中保护作者著作权、防范侵权的重要措施。

（五）图书期刊自身著作权及版式设计专有权被侵犯的风险及防范

1. 图书期刊自身著作权和版式设计专有权面临的侵权风险

（1）被盗版风险

在我国知识产权执法和司法保护都存在很大不足的情况下，图书期刊被盗版的风险是非常大的。我们经常看到某一图书出版后不久，大小书摊上就出现了价格十分低廉的盗版图书，虽然图书、期刊出版者反盗版的手段不断更新，国家各部门打击盗版的力度不断加大，越来越多的盗版制作和销售团伙、网点被依法取缔，但是，不能回避的事实是：盗版依然猖獗！盗版图书期刊不但严重侵害了作品作者的著作权，也严重侵害了图书、期刊出版者基于图书期刊而产生的著作权和著作邻接权。

(2) 被以其他方式传播的风险

图书期刊属于出版时间相对较长、传播速度较慢的作品传播方式。在网络面前，图书期刊的出版方式显然是迎来了严峻挑战：作品的网络传播不但迅速，而且随着各种输入技术越来越多地应用，作品利用网络传播也变得越来越容易。于是，电子书、电子期刊、网络小说等作品的表现形式在网络上都先后出现。作品网络传播形式的出现对于传统意义上的图书期刊来说替代意义明显，所以，无论对于图书、期刊出版者还是作品作者的利益都会产生重要影响。如果把未经许可的网络制作和传播也界定为盗版，那么，网络环境下的盗版更加容易，并且影响范围更大。所以，这也是图书、期刊出版者面临的重要侵权风险。

除未经许可被利用网络传播的风险外，图书期刊还可能面临未经许可被制作成音像制品等形式传播的风险。

(3) 版式设计被侵权的风险

如果说盗版和以其他方式传播是对图书期刊作品的整体侵权，既侵害了图书、期刊出版者的合法权益，也侵犯了图书期刊所传播的作品的著作权。那么，其他主体单纯利用图书、期刊出版者版式设计的行为则单独侵犯了图书期刊出版主体的版式设计专有权。

出版者权是指出版者对其出版物的版式设计所享有的专有权利。根据我国《著作权法》第36条的规定，出版者有权许可或者禁止他人使用其出版物的版式设计。出版者的版式设计专有权的保护期限为10年，截止于使用该版式设计的图书、期刊首次出版后第10年的12月31日。

2. 图书、期刊出版者防范自身著作权和版式设计专有权被侵权的措施

图书、期刊出版者要防范自身著作权和版式设计专有权被侵权，应当做好以下几个方面的工作：

（1）不断应用新的反盗版技术，防范盗版侵权

虽然日新月异的反盗版技术遭遇了层出不穷的盗版手段，但是，毕竟反盗版技术可以在一定程度上打击盗版，维护图书期刊作品的合法权益。所以，图书、期刊出版者还是要尽量应用新的反盗版技术，维护自身合法权益，也维护作品作者的著作权。

（2）不断开发新的作品传播方式，综合利用各种传播手段传播作品

面对来自网络、音像制品等传播媒介和传播方式的挑战，图书期刊出版主体也不能够固守陈规，坚持采用单一的纸质出版物形式出版图书期刊，而是应当采用电子期刊、音像制品等新型作品传播方式传播作品。这可以在一定程度上留住读者群体，尽量降低网络“盗版”等盗版形式给图书期刊造成的影响。电子报纸、电子图书以及网络版报纸的出现可以说是图书期刊出版主体应对网络环境的新举措。

（3）通过司法手段维护合法权益

在盗版、版式设计侵权频发的现实环境下，单纯依靠图书期刊出版主体自身采取措施保护其著作权和版式设计专有权是不够的。在必要时，图书期刊出版主体一定要通过司法诉讼的方式打击侵权，维护自身的合法权益。

根据我国《著作权法》和《民事诉讼法》的有关规定，在涉及著作权及著作邻接权的诉讼中，权利人享有申请诉前责令停止侵权和财产保全以及申请诉前证据保全的权利。

《著作权法》第49条规定：著作权人或者与著作权有关的权利人有证据证明他人正在实施或者即将实施侵犯其权利的行为，如不及时制止将会使其合法权益受到难以弥补的损害的，可以在起诉前向人民法院申请采取责令停止有关行为和财产保全的措施。

《著作权法》第50条规定：为制止侵权行为，在证据可能灭失或者以后难以取得的情况下，著作权人或者与著作权有关的权利人可以在起诉前向人民法院申请保全证据。人民法院接受申请后，必须在48小时内作出裁定；裁定采取保全措施的，应当立即开始执行。人民法院可以责令申请人提供担保，申请人不提供担保的，驳回申请。申请人在人民法院采取保全措施后15日内不起诉的，人民法院应当解除保全措施。

第二章

图书期刊作者的权利

一、内容综述

本章主要介绍图书期刊作者的权利内容，依据我国的著作权法，图书期刊作者的权利由作者的人身权利和经济权利两部分构成。

在英美法系国家，尤其注重对于作者经济权利的保护，而不大重视对于作者人身权利的规定和保护。而在大陆法系国家，立法上则更加重视对于作者人身权利的保护，甚至认为作者的人身权利比经济权利更加重要。

我国的著作权法属于大陆法系，在行文的规定上，先规定作者的人身权利，然后是经济权利，把作者的人身权利置于更加重要的位置上。

本章将具体介绍图书期刊作者的著作权内容，依次剖析每一项权利的获得和行使，并通过经典案例评析，分析出版物的侵权风险，并提出防范措施。

（一）图书期刊作品的著作权及作者

著作权是指基于作者创作的文学、艺术和科学等作品依法所产生的权利。图书期刊作品的著作权是指基于作者所创作出的图书期刊中的作品而依法享有的权利。对此，我们可以从以下几个方面理解图书期刊作品的著作权：

（1）作品是图书期刊著作权以及一切与图书期刊著作权有关的权利产生的前提和基础，没有作品，自然就无所谓基于作品产生的图书期刊著作权。

（2）图书期刊作品是基于作者的创作活动而产生的，离开了作者的创作活动，就不可能产生图书期刊作品。

（3）图书期刊著作权是依法产生的权利，只有符合法律规定，这种权利才会受到保护。

图书期刊的作者，本书所指的是完成图书期刊中作品的人。根据《著作权法》的规定，创作作品的公民是作者。由法人或者其他组织主持，代表法人或者其他组织意志创作，并由法人或者其他组织承担责任的作品，法人或者其他组织视为作者。如无相反证明，在作品上署名的公民、法人或者其他组织为作者。作者的著作权自图书期刊作品完成时自动产生。这里的权利产生，仅仅以图书期刊作品的完成为要件，不需要经过任何机关的登记或授权，也与作品是否公开发表无关。这是著作权的自动获得原则，是世界上绝大多数国家实行的著作权的获得方式，也是伯尔尼公约的三大原则之一，即“版权自动获得原则”。

图书期刊作品的作者，即使其作品未发表，仍然享有该作品的人身权利和经济权利。假如有人未经作者同意，擅自将作者还不愿意发表的图书期刊作品交给出版社出版，则不仅侵犯了作者的复制权、发行权（经济权利），而且侵犯了作者的发表权（人身权利）。

图书期刊的作者，就其完成作品的阶段性来说，不是只有整部作品全部完成，作者才享有著作权。其中的一编、一章，甚至一节的完成，作者就这一部分都享有著作权。也就是说，假如有人把其中一部分篇章未经作者同意而出版，同样是侵犯了作者的上述权利。

（二）图书期刊作者的人身权利

图书期刊作者的人身权利，亦称作者的精神权利，在著作权中占据着非常重要的位置。本节将具体介绍其概念及构成。

人身权利是指作者就作品中所体现的人格或精神所享有的权利①。在创作作品的过程中，作者都不同程度地将自己的思想、情感、人格等融入了作品之中。应当说，作品是创作者人格与精神的产物，有关这种人格或精神的权利，也只能由作者本人专属享有。

著作权人的人身权利包括作者的发表权、署名权、修改权、保护作品完整权，这是著作权人最基本的权利。

1. 发表权

根据我国《著作权法》第 10 条第 1 款，发表权是指“决定作品是否公之于众的权利”。作品是否发表、何时发表、以什么形式发表，都完全取决于著作权人，他人无权干涉。至少在作者健在期间，他人无权替代作者作出发表与否的有关决定。

在我国，期刊的出版形式分为“正式期刊”与“非正式期刊”。所谓“正式发表”是指将作品发表在有期刊登记证和国家统一刊号的正式期刊上；而“非正式发表”则是指作品发表在有内部报刊准印证而没有编入国家统一刊号的非正式期刊或内部交流资料上。

发表权属于一次用尽的权利，一旦作者自己或委托他人将作品公之于众，这项权利也就用尽了。对于作者来说，作品的内容与质量直接和作者的学术修养、专业水平、表达能力以及风格等有关，往往会对作者的声誉甚至社会地位产生正面或负面影响。因此，严谨的作者一般会非常慎重地行使其发表权。已发表的文

① 李明德著：《著作权法》，法律出版社，第 70 页。

章，如果没有作者的特殊声明，其他报纸、杂志是可以转载的。《著作权法实施条例》第 30 条规定：“著作权人依照《著作权法》第 33 条第 2 款声明不得转载、摘编其作品的，应当在报纸、期刊刊登该作品时附带声明。”如无声明，则视为授权转载。

然而现实生活中，也确实存在一些作者“一稿多投”的现象，而《著作权法》又没有明令禁止作品的一稿多投。也就是说这种做法虽然不道德，但似乎并没有违法。如何把单纯的道德约束上升到法律层面的制约，唯一的办法是图书期刊单位和作者签订“使用（或转让）合同”，详细制定合同的具体内容。同时在技术方面，对有疑点的稿件，利用互联网进行查重。目前，很多高校或科研院所的局域网上已经放有汇集了大部分期刊全文的《中国期刊网》或《数字化期刊全文数据库》，为查重工作提供了便利。

2. 署名权

署名权是指，为表明作者身份，向大众宣告自己与该作品之间的关系，著作权人在作品上署名的权利。《著作权法》第 10 条第 2 项也规定：“署名权，即表明作者身份，在作品上署名的权利。”具体包括以下几方面内容：（1）作者有权决定在作品上署名的方式：署真名还是署笔名，甚至不署名；（2）禁止非作品的创作者在作品上署名；（3）有多名作者的情况下，确定排名顺序；（4）禁止他人未经许可将自己的名字署在非本人创作的作品上。

署名权是作者人身权中专属性最强的一种权利，通过署名，作者向世人宣告了他与作品的自然关系。大陆法系中将署名权称为“身份权”，所表达的就是这样一种自然身份关系。因此，《著作权法》予以特别保护，如该法第 47 条第 3 款规定，没有参加创作，为谋取个人名利，在他人作品上署名的，已构成侵权行为，需承担相应的民事责任。

可能出版社、杂志社都曾遇到过这样的情况：某些没有参与作品创作的人却在作品上署名；有的作品被署上某学者的名字，发表后，该学者声称署名并没有得到其本人的同意；合作作品的顺序常被作者改动；等等。图书期刊编辑处理这些问题应当把握住的是，署名权的行使完全由作者来定，署谁的名字，按什么顺序，编辑绝不能越俎代庖。如果确实对作者署名有疑义，也仅仅是提出意见供作者参考，不能代为改动，否则，就会侵犯作者的署名权。

凡是在作品上署名的均为作者，合作作品的著作权由署名的作者共同享有，排名不分先后。《著作权法实施条例》第 9 条规定："合作作品不可以分割使用的，其著作权由各合作作者共同享有，通过协商一致行使；不能协商一致，又无正当理由的，任何一方不得阻止他方行使除转让以外的其他权利，但是所得收益应当合理分配给所有合作作者。"

3. 保护作品完整权和修改权

(1) 保护作品完整权

保护作品完整权是指作者有权保护作品不受歪曲、篡改和割裂的权利，这种歪曲、篡改和割裂会有损于作者的声誉。《伯尔尼公约》第 6 条规定，作者有权反对任何人对其作品所进行的，有损其声誉的歪曲、割裂或其他更改。我国《著作权法》第 10 条第 4 项规定："保护作品完整权，即保护作品不受歪曲、篡改的权利。"与《伯尔尼公约》的规定不同，我国《著作权法》规定的保护作品完整权，并没有"有损作者声誉"的限制，这样容易导致作者不加限制地滥用这项精神权利。

实务中对什么情况下属于"歪曲、篡改、割裂"了作品的内容，没有明确的标准，所以，图书期刊的编辑们在对文稿进行修改时，需要特别注意，不能随心所欲地删改，文字性的修改没有问题，但大刀阔斧地删改段落、思想，以致"歪曲、篡改、割裂”了作品的原意，就有侵犯著作权人的“保护作品完整权”的危险。一般来讲，报社、杂志社与出版社对于作品的修改权限略有不同，出版社一般不会大篇幅地修改作品的内容，如果需要部分修改，也必定会征求作者的意见。而报社、杂志社的作品时效性比较强，反复征求作者的意见或是要求作者自行修改的话，则很可能错过最佳的发表时机。所以，只要不是完全歪曲、颠覆原作品的主要内容和思想，报社、杂志社的编辑是可以对文章进行段落上的修改的。

(2) 修改权

我国的《著作权法》与很多国家的相比，在规定作者的人身权利时，多了一项修改权。《著作权法》第 10 条第 3 项规定：“修改权，即修改或者授权他人修改作品的权利。”一方面，作者可以自己修改，也可以授权他人修改自己的作品；另一方面，作者可以禁止他人对自己作品的修改。《著作权法》第 34 条同时规定：“图书出版者经作者许可，可以对作品修改、删节；报社、期刊社可以对作品作文字性修改、删改，但对内容的修改应当经过作者许可。”

对图书期刊编辑来说，主要涉及对作品进行修改的权限问题。一般按照行业习惯，一旦投稿，就意味着作者把作品的文字性修改权赋予了图书期刊编辑，对于不涉及实质性内容的文字性修改，不需要经过作者许可。而若是作品的实质内容需要修改，即便编辑运用相关知识可以认定原作的内容有问题，或结论不当，也应当请作者本人修正或经作者许可后代为改动。整个修改过程中，应尽量和作者沟通，付印前的清样一定交作者审校并签名，以确定作者对作品修改的认可。这样可以最大限度地减少作者和出版社、期刊社之间因对作品修改问题而引发的纠纷。

（三）图书期刊作者的财产权利

作者的财产权利作为著作权内容另一不可或缺的组成部分，与人身权不同的是，财产权可以转让，可以许可他人使用，使用人或被转让人应当依照《著作权法》有关规定支付相应的报酬。以下将具体介绍财产权的概念、内容及图书期刊编辑应当注意的方面。

图书期刊作者的财产权利，又称经济权利，是指著作权人所享有的使用、处分其作品并获得经济利益的权利。其财产属性具体体现在，作者通过许可使用或转让而获得报酬，亦可以继承。

我国《著作权法》中列举了12种具体形式的使用权，附加一种“应当由著作权人享有的其他权利”作为补充，把目前还没有出现而今后可能会出现的其他形式的财产权都囊括了进来。下面将具体介绍几种与图书期刊作者及编辑密切相关的财产权利。

1. 复制权和发行权

复制权是作者所享有的许可或者禁止他人以印刷、复印、翻拍等方式复制自己作品的权利。我国《著作权法》第10条第5项规定：“复制权，即以印刷、复印、拓印、录音、录像、翻录、翻拍等方式将作品制作一份或者多份的权利。”对于图书期刊的作者来说，复制权是其他财产权的基础，是著作权人获取报酬的主要来源。

发行权是作者享有的许可或者禁止他人以出售、赠与和散发等方式发行自己作品的原件或复制件的权利[①]。《著作权法》第10条第6项规定：“发行权，即以出售或赠与方式向公众提供作品的原件或者复制件的权利。”

---

① 李明德、许超著：《著作权法》，法律出版社，第88页。

作者一旦自己或者授权他人公开行使了发行权，则对已经发行的作品复制件将不再有任何支配权利，这就是“发行权一次用尽”原理。他人获得了作品的复制件后，可以销售、转借、转卖，或者以其他方式处置，作者无权干涉。但发行权的一次用尽也不是绝对的，往往受到地域的限制，如一位中国作者的作品在中国以中文出版，同时授权他人在美国以英文出版，则该作者可以不允许英文版在中国销售，同时不允许中文版在美国销售。

2. 演绎权

演绎权是指作者许可他人在自己作品的基础上创作作品的权利。在我国《著作权法》所规定的各项经济权利中，翻译权、改编权、摄制权和汇编权等四种权利属于演绎权的范畴。

（1）翻译权

翻译权是指作者享有的许可或者禁止他人将其作品从一种语言文字转换成另一种语言文字的权利。《著作权法》第 10 条第 15 项规定：“翻译权，即将作品从一种语言文字转换成另一种语言文字的权利。”要想翻译原著作权人的作品，必须得到著作权人的授权，同时向其支付报酬。我国《著作权法》还规定了两种特殊情况下，可以不经许可，也不用向其支付报酬，即将中国作者已发表的汉语言文字作品翻译成少数民族文字在国内出版和将已发表的作品改成盲文出版，这属于对作品的“合理使用”。

当今国际的文化交流日益频繁，出版社、杂志社若能有先见之明，在与作者订立出版合同时，获得作者对翻译权的授权，将大大提升该出版机构的国际竞争力。否则，当需要将某些作品翻译出版时，就只能苦于没有作者的授权而错失良机。

（2）改编权

改编权是指作者享有的，许可或者禁止他人改编自己作品的权利。《著作权法》第 10 条第 14 项规定：“改编权，即改变作品，创作出具有独创性的新作品的权利。”改编也是创作，是在原有作品基础上创作出新的作品来，改编者在进行改编之前，或者商业性地利用改编作品之前，都应当获得原著作权人的许可。图书期刊编辑在发行改编作品时，应当审查该作品是否取得了原著作权人的授权同意。

（3）摄制权

严格来说，摄制权是改编权的一种。是指作者享有的，许可或禁止他人将自己的作品摄制为电影的权利。《著作权法》第 10 条第 13 项规定：“摄制权，即以摄制电影或者以类似摄制电影的方法将作品固定在载体上的权利。”

（4）汇编权

汇编权是指作者享有的，许可或者禁止他人将自己的作品收入某一汇编作品的权利。《著作权法》第 10 条第 16 项规定：“汇编权，即将作品或者作品的片段通过选择或者编排，汇集成新作品的权利。”他人在创作汇编作品时，应当获得原有作品权利人的许可。不过，按照《著作权法实施条例》，当作者投稿时，即意味着将其作品的汇编权许可出版社和杂志社使用，不用签订书面许可使用合同；而当文章发表后，只要作者没有事先声明“不得转载、摘编”，其他报纸、杂志就可以转载、摘编，不过要向作者支付报酬。

3. 信息网络传播权

信息网络传播权，是指著作权人所享有的，将作品通过有线或者无线的方式公开传播给社会公众的权利。2001 年 10 月 27 日修订的《著作权法》，专门在著作权人的财产权中增加了“信息网络传播权”，明确了该权利属于著作权人的专有权之一。如果他人未经著作权人许可，将其享有著作权的作品通过网络向公众传播，就会侵犯著作权人的信息网络传播权。

二、经典案例评析

（一）侵犯作者信息网络传播权案

【基本案情】

《非线性控制系统观测器研究》一文（以下简称《非》文）系高某于2001年7月在某大学创作完成的博士学位论文，该文字数为150千字。高某曾于2002年3月4日向其博士学位授予单位某大学出具学位论文版权使用授权书，称其完全了解该大学有关保留、使用学位论文的规定，同意学校保留并向国家有关部门或机构递交论文的复印件和电子版，允许论文被查阅和借阅，并授权学校可以将《非》文的全部或部分内容编入有关数据库进行检索，可以采用影印、缩印或扫描等复制手段保存和汇编《非》文。该大学学位评定委员会办公室曾于2006年9月与B研究所签订共建学位论文数据库的协议书，双方约定该大学学位评定委员会办公室同意汇集其所拥有的全部硕士、博士学位论文并提交B研究所进行全文电子化处理，且同意B研究所将全部学位论文以有偿许可的方式收录入学位论文数据库，进行数字化处理汇编并通过网络进行交流传播，以及以电子出版物形式出版发行；该大学学位评定委员会办公室提供的学位论文的著作权归属其所界定的著作权人，且其应享有学位论文的使用授权，B研究所享有学位论文数据库的整体版权等。

中国科学技术情报研究所系B研究所之前称。国务院学位委员会办公室曾于1984年4月20日向各学位授予单位发出名为“关于寄送博士和硕士学位论文的通知”的（84）学位办字011号文件，内容主要包括：为充分发挥我国博士和硕士学位论文的作用，做好学位论文的保管和交流，国家科委科技情报研究所和中国社会科学院情报研究所将分别建立自然科学和社会科学方面的博士和硕士学位论文文献库以供各单位查阅使用；

B研究所与A公司曾于2003年12月22日签订关于开发学位论文数据库的协议书，主要内容包括：B研究所委托A公司开发学位论文数据库；B研究所的开放式数据（裸数据）不对外提供，只作为国家战略性数字化文献资源由B研究所资产管理部门封存保管；B研究所日常服务所使用的数据库为镜像产品，该产品不用于网络服务，只限于开展公益性阅览服务；B研究所向A公司无偿出借学位论文馆藏印刷样本以供开发建设数据库使用，B研究所委托A公司与学位授予单位签订有关建库和服务使用的知识产权协议书，收集的资料归B研究所所有；在B研究所未获得国家专项资金资助情况下，A公司发生的数据库建设费用可以向镜像产品用户收取加工成本服务费；A公司受B研究所委托负责与各学位授予单位以B研究所名义签订知识产权协议；A公司应在向镜像产品用户收取的加工成本、服务费中提取适当比例的知识产权费用，发生知识产权纠纷的处理费用由A公司承担等。

B研究所曾于2007年3月在A公司所经营的网站上发布“关于学位论文加入《中国学位论文全文数据库》的邀请函”，称B研究所系科技部直属的法定的学位论文收藏单位，其为适应信息网络技术的快速发展和国内科研教学工作的需要而自2003年开始开发建设学位论文数据库，其向博士、硕士发出邀请并希望得到博士、硕士学位论文作者的许可以将相关学位论文加入学位论文数据库，并向博士论文或博士后研究报告的作者支付80元现金以及300元面值的“某数据资源系统授权人阅读卡”作为报酬，向硕士论文或同等学力论文的作者支付30元现金以及200元面值的“某数据资源系统授权人阅读卡”作为报酬等。

A公司制作的关于学位论文数据库的宣传资料内容包括：该数据库系我国收录论文数量最多的论文全文数据库，2006年论文全文收录数量将达60余万篇；该数据库收录我国500多家学位授予单位的学位论文，涉及全国211重点高校、中科院、工程院、农科院、医科院、林科院等机构的重点精选博硕士论文；重点收录2000年以来的学位论文并将逐年回溯月度追加，依托丰富馆藏可提供1977年以来的学位论文全文传递服务；学位论文库来源于国家法定的论文收藏单位B研究所；其版权合作规范，尊重作者版权，以多种方式有效解决版权问题；

A公司向国家图书馆以及高等院校图书馆等图书馆用户提供学位论文数据库，图书馆用户可在各自内部局域网免费提供在线浏览或者下载学位论文数据库内容的服务。A公司与国家图书馆连续5年所签订的5份合同均约定国家图书馆仅可在内部局域网的IP范围内使用学位论文数据库以及A公司仅向国家图书馆收取每篇学位论文2元的开发成本费等，且约定A公司拥有学位论文数据库所涉数据及软件的著作权，A公司在国家图书馆建立学位论文数据库的镜像站点以向国家图书馆内部局域网开放，国家图书馆享有在规定时限和IP范围内的学位论文数据库使用权，协议有效期均为1年等。

高某认为A公司的行为侵犯了其著作权，高某曾在北京市某公证处公证人员监督之下对国家图书馆在其内部局域网提供在线浏览或者下载《非》文的服务之情况进行证据保全，《非》文电子文件之中名为“文摘”的文件的“属性”显示“PDF”项下的“文件创建时间”，高某认为该“文件创建时间”即为A公司将《非》文收录入学位论文数据库的起始时间，A公司对此不予认可。

【案件评析】

本案例是一个比较典型的侵犯作者信息网络传播权的例子。

本案的焦点问题是，A公司在网络上以营利为目的公开高某的论文，是否取得了合法授权，对高某是否构成侵权。具体分析如下：

1. 高某系《非》文之作者，对该文享有著作权

《非》文作为学位论文文字作品有其特殊性，高某在创作《非》文期间虽曾接受其学位授予单位以及导师等多方支持和帮助，但著作权法明确规定作品之著作权原则上属于作者，且职务作品之著作权亦原则上由作者享有，A公司亦未举证证明《非》文系主要利用法人或者其他组织的物质技术条件创作且由法人或者其他组织承担责任的工程设计图、产品设计图、地图、计算机软件等职务作品，或者《非》文系法律、行政法规规定著作权由法人或者其他组织享有的职务作品，或者高某与其学位授予单位之间对于《非》文著作权归属存在特别约定；故应当确认高某对《非》文享有著作权。

2. A公司的行为系商业使用，应当取得著作权人的授权

A公司与B研究所签订协议后将B研究所提供的学位论文复制、加工、汇编为学位论文数据库，并向用户提供该数据库以使用于用户内部局域网，尽管用户主要为国家图书馆以及高等院校图书馆，但A公司系采取出售方式向用户提供该数据库，结合学位论文数据库宣传资料所载内容，A公司在学位论文数据库中收录相关论文系对相关论文的商业性使用。虽A公司已通过技术措施限制学位论文数据库用户仅可在内部局域网的IP范围内使用该数据库，但仍不排除公众通过学位论文数据库用户内部局域网获得相关论文之可能性，A公司对相关论文传播范围之限制并未达到使得公众不能在其个人选定的时间和地点获得相关论文之程度，故学位论文数据库并不同于传统图书馆，A公司对相关论文的商业性使用不属于著作权法所规定的图书馆合理使用作品之范畴。A公司将相关论文收录入学位论文数据库，并向用户

提供该数据库以使用于用户内部局域网，已涉及对相关论文的复制、汇编和信息网络传播，且如相关论文尚未发表，A公司此举亦已涉及对相关论文的发表，故A公司应取得相关论文著作权人之许可。国务院学位委员会办公室确定B研究所为自然科学方面的博士和硕士学位论文文献库建立单位，B研究所建立的学位论文文献库应仅限于保管相关学位论文并供各单位查阅使用之目的，故A公司开发和经营学位论文数据库之行为并不适用国务院学位委员会办公室（84）学位办字011号文件，A公司辩称其行为系履行国家赋予B研究所的法定职责，缺乏事实与法律依据。

3. 高某曾经有过书面授权行为

高某曾在提交学位论文的同时向其学位授予单位某大学出具学位论文版权使用授权书，称其完全了解该大学有关保留、使用学位论文的规定，同意学校保留并向国家有关部门或机构递交论文的复印件和电子版，允许论文被查阅和借阅，并授权学校可以将《非》文的全部或部分内容编入有关数据库进行检索，可以采用影印、缩印或扫描等复制手段保存和汇编《非》文，故该大学据此有权以将《非》文收录入数据库之方式发表、传播《非》文。同时该授权书并未明示该大学有权进行转授权，但因该大学并非从事发表、传播作品工作的媒体，其对《非》文进行发表、传播通常需通过授权他人之方式，故该授权书应解释为高某并未禁止该大学转授权。且该大学已授权B研究所将其所拥有的全部学位论文以有偿许可方式收录入学位论文数据库，故A公司依据其与B研究所所签合同在学位论文数据库中收录《非》文并向用户提供该数据库，A公司之行为已经高某之合法授权。

综合上述层层分析，高某称A公司将《非》文收录入学位论文数据库并向用户提供该数据库之行为侵犯其对《非》文所享有的发表权、复制权、汇编权、信息网络传播权等项著作权，缺乏事实与法律依据。高某要求A公司承担停止侵权、公开致歉、赔偿经济损失、精神损失以及诉讼合理支出费用等侵权责任，均不应予以支持。

法院最终判决驳回原告高某对被告A数据股份有限公司的全部诉讼请求。

（二）侵犯摄影作品作者的署名权、复制权、获得报酬权案

【基本案情】

原告吴筑清系国家档案局档案科学技术研究所退休干部，被告炎黄春秋杂志社。原告吴筑清诉称：被告未经原告同意，在公开出版发行的多期《炎黄春秋》杂志中擅自使用原告的父亲——中国著名摄影家吴印咸处于法律保护期内的包括“毛泽东与徐特立”、“中共七大”、“毛泽东与马海德”、“张闻天”、“延安文艺座谈会”、“在七大主席台上”等14幅摄影作品，被告使用上述摄影作品既未署名也未支付报酬，侵害了原告及作者吴印咸享有的署名权、修改权、获得报酬权、复制权等相关权利。原告为此诉至法院，请求判令被告：承担侵权赔偿26 000元及原告为制止侵权所支付的合理开支1 756元；停止侵权行为；在《中国摄影报》上刊登侵权事实经过；承担本案诉讼费用。

被告炎黄春秋杂志社辩称：原告应就各个独立的“侵权行为”分别起诉，本次起诉应予驳回。原告不具有诉讼主体资格，没有证据证明其与涉案作品的作者之间存在权利继承关系。除“延安文艺座谈会”一幅作品外，原告未能证明涉案其他作品作者系吴印咸。原告起诉已经超过诉讼时效，被告对涉案作品的使用时间分别为1992年9月、1995年2月、1998年5月、1998年

7月、1999年6月……2006年5月、2007年4月，原告对权利的主张多数已超过两年的诉讼时效。涉案作品均创作于20世纪三四十年代，并在同期已经公开发表，至今已有60余年，已经超出法定保护期限，被告的使用行为不构成侵权。被告的使用方式是在对特定历史事件或人物进行文字描述时适当配以涉案作品，故该使用行为属于合理使用，不构成侵权。综合以上意见，不同意原告的诉讼请求，请求法院予以驳回。

北京市西城法院经审理查明以下事实：

(1) 原告吴筑清的父亲吴印咸拍摄了涉案12幅摄影作品，分别为："毛泽东与徐特立"、"中共七大"、"毛泽东与马海德"、"张闻天"、"延安文艺座谈会"、"在七大主席台上"、"赴重庆谈判（归来）"、"与民主党派人士"、"艰苦创业"、"胡耀邦"、"王稼祥"、"和战友"。

(2) 黑龙江人民出版社于1981年1月出版了《吴印咸摄影集（上）》一书，该书中收录了"毛泽东与徐特立"、"在七大主席台上"、"赴重庆谈判（归来）"、"张闻天"、"艰苦创业"、"胡耀邦"6幅摄影作品。

(3) 陕西旅游出版社1993年10月出版了《毛泽东在延安》一书，该书收录了摄影作品"毛泽东与马海德"、"与民主党派人士"、"王稼祥"、"和战友"4幅作品，其中作品"毛泽东与马海德"的创作时间为1939年。

(4) 中国文化报1987年5月13日第三版上载有吴印咸作品"延安文艺座谈会"。

(5) "中共七大"拍摄于1945年，在中国摄影出版社出版的《百年吴印咸》上发表。

(6) 作品"王稼祥"首次发表于人民出版社1985年出版的《回忆王稼祥》一书中。

(7) 炎黄春秋杂志社分别在1992年9月（总8期）、1995

年2月（总35期）、1998年5月（总74期）、1998年7月（总76期）、1999年6月（总87期）、1999年8月（总89期）、2000年4月（总97期）、2002年3月（总120期）、2002年4月（总121期）、2002年5月（总122期）、2004年11月（总152期）、2006年5月（总170期）、2007年4月（总181期）中使用了上述12幅作品，未署作者姓名。北京市公证处对国家图书馆收藏的《炎黄春秋》杂志中使用涉案作品的情况进行了公证。

（8）吴印咸于1994年9月8日去世，其配偶亦去世，吴印咸有一子一女，其子为吴恒，其女为吴筑清，即本案原告。吴印咸之子吴恒于2005年8月去世，吴恒的配偶张凤环及其子女吴含光、吴新新、吴新莉均出具声明，表示在吴筑清依法维护吴印咸著作权的所有案件中，放弃所涉及的被侵权作品的继承权。

另，在本案诉讼中，原告自动放弃对作品“中共七大”著作权中财产权利部分的主张。

基于查明的上述事实，法院作出如下判决：被告炎黄春秋杂志社侵权行为成立，于判决生效之日起停止使用涉案摄影作品“毛泽东与徐特立”、“中共七大”、“张闻天”、“延安文艺座谈会”、“在七大主席台上”、“赴重庆谈判（归来）”、“与民主党派人士”、“艰苦创业”、“胡耀邦”、“王稼祥”、“和战友”；消除影响并赔偿原告吴筑清经济损失14 400元及合理诉讼支出1 706.4元。

【案件评析】

该案是一起侵犯作者对摄影作品著作权的案件，我们可以从以下几个方面对案件进行分析：

1. 涉案摄影作品的作者系吴印咸，吴印咸对涉案作品享有著作权

依据我国《著作权法》的规定，如无相反证明，在作品上

署名的公民为作者。在该案中，摄影作品在黑龙江人民出版社1981年出版的《吴印咸摄影集（上)》、陕西旅游出版社1993年10月出版的《毛泽东在延安》以及中国摄影出版社出版的《百年吴印咸》等书中的使用记录均可以证明作者为吴印咸。

2. 涉案的11幅作品未超过保护期，仍受法律保护

在该案中，涉案的作品，除一幅作品超过保护期不受法律保护外，其他11幅作品仍处于受法律保护的期间内，依法应受到法律保护，未经权利人许可擅自使用的，构成对作品著作权的侵犯，要承担赔偿责任。

摄影作品的发表权及著作权中的财产权利的保护期为50年，截止于作品首次发表后第50年的12月31日，但作品自创作完成后50年内未发表的，不再保护。在该案中，吴印咸是涉案12幅摄影作品的作者，但是，涉案作品中“毛泽东与马海德”创作于1939年，原告提供的现有证据表明其首次发表于1993年，可以认定自该作品创作完成后50年内没有发表，法律不再保护。涉案的其他作品均在创作完成后50年内发表，作品的保护期限截止于作者死亡后第50年的12月31日，作者的死亡时间是1994年9月8日，其生前作品的保护期限应截止到2044年的12月31日，目前仍处在法律的保护期内。

3. 作者死亡后，其著作权由合法继承人享有和行使

根据我国《著作权法》的规定，作者死亡后，其著作权中的署名权、修改权和保护作品完整权由作者的继承人保护，著作权中的财产权利由作者的继承人享有。在该案中，依据原告提供的证据材料，吴印咸去世后，除吴筑清外其他继承人均明确表示在维护吴印咸著作权的案件中放弃所涉及作品的继承权。因此，吴筑清作为涉案摄影作品著作权的继承人有权提起本案诉讼。

4. 炎黄春秋杂志社未经许可使用作者作品的行为构成侵权

基于前述的分析，摄影作品作者吴印咸对其摄影作品享有著

作权，11幅作品仍处在法律的保护期限内，炎黄春秋杂志社未征得权利人的许可，在其出版的多期《炎黄春秋》杂志中使用了涉案摄影作品，未署作者姓名，亦未向权利人支付报酬，侵犯了吴印咸的著作权。作者的合法继承人、原告吴筑清对除“毛泽东与马海德”、“中共七大”以外的10幅作品所享有的复制权及获得报酬权，炎黄春秋杂志社对此应承担停止侵权、赔偿原告经济损失的法律责任。

可见，北京市西城区人民法院对案件所作的判决结果是有充分的法律依据的，是非常正确的。

（三）作者与出版社共同侵权案

【基本案情】

2003年4月7日，雷某（甲方）与A出版社（乙方）订立《出版协议》，约定：甲方授权乙方在合同有效期内，在中国以图书和电子版形式出版发行《中国乐器博物馆》一书（以下简称《乐》书）的专有使用权；图书必须达到出版要求，内容要有广泛性、代表性，文字要精炼通畅；所选乐器的种类要达到一定数量，原则上要有图片，图片要清晰；甲方保证拥有授予乙方的权利，因上述权利的行使侵犯他人著作权的，甲方承担全部责任并赔偿因此给乙方造成的损失，乙方可以终止合同；乙方采用一次性买断的方式向甲方支付稿酬35 000元，甲方另外给乙方联系厂家赞助，同时，乙方把厂家赞助所得收入的10%作为报酬支付甲方；乙方应在《乐》书出版后半年内向甲方付清稿酬；协议自双方签字之日起生效，有效期10年。协议订立后，雷某向A出版社提供了《古琴珍萃》、《乐器图鉴》等图书，供该社扫描后在《乐》书中使用相关摄影作品。

2005年1月，A出版社出版《乐》书，字数600千字，定价128元，印数3 500册，封面注明雷某编著，封底载明该书

“共收录精美图片近 1 300 幅”，附录中载有相关赞助厂家的图片、联系方式等。双方当事人认可：雷某为该书联系到上海民族乐器一厂等相关厂家的赞助费共计 28 500 元，其中 10% 作为雷某的报酬；A 出版社以 6 折的价格对外发行《乐》书。

2005 年 1 月，雷某从 A 出版社领取了《乐》书 20 本，并使用其联系赞助费所得的报酬以 6 折价格向 A 出版社购得《乐》书 37 本。

2005 年 7 月，董某曾与雷某一起到 A 出版社，就《乐》书使用董某摄影作品的问题与 A 出版社协商，但未达成一致意见。同月，雷某向 A 出版社发出《终止出版图书协议函》，称 A 出版社延迟《乐》书出版时间且在图书出版后未支付稿酬，故要求终止《出版协议》，同时要求 A 出版社履行付酬义务。本案审理过程中，雷某主张该函到达 A 出版社时，双方协议即已解除；A 出版社不认可该主张，但同意解除该协议。双方一致同意该协议解除的效力不溯及解除前的权利义务关系。

2006 年 2 月，雷某再次致函 A 出版社，要求该社付酬。但 A 出版社至今未付。

同年，董某以侵犯著作权为由将 A 出版社诉至法院。案件审理过程中，雷某被追加为第三人。法院经审理后认为，雷某未经许可在其编著的《乐》书中使用了董某享有著作权的摄影作品 481 幅，而 A 出版社明知上述摄影作品的作者另有其人，在未核实授权的情况下仍对该书予以出版、发行，最终导致侵权结果的发生，二者共同侵犯了董某的著作权。由此判令 A 出版社和雷某停止侵权并共同赔偿董某经济损失及因诉讼支出的合理费用共计 8 万元。宣判后，A 出版社提起上诉。中院判决驳回上诉，维持原判。

2007 年 8 月 9 日，法院执行董某案判决，从 A 出版社银行账户中扣划 86 486 元。

另，本案审理过程中，法院组织双方当事人到A出版社对《乐》书库存情况进行了勘验，双方确认库存《乐》书共计1 937本。对于《乐》书的销售数量，A出版社称该社实际仅销售了781册《乐》书，另有300册样书和赠书。雷某对此不予认可，认为样书和赠书有50册足矣，其他图书均应被销售了。

A出版社主张该社为出版《乐》书支出排版费20 000元、出片费12 672元、印装费81 904元、封面设计费1 500元、编辑费和校对费4 800元，雷某对上述费用不持异议。此外，A出版社还主张该社因《乐》书支出了办公费1万元和人员工资2万元，但未提交相应证据，雷某亦不予认可。

【案件评析】

本案焦点问题是：在A出版社和雷某因董某案被判令停止侵权、赔偿损失的情况下，双方就《出版协议》中的相关权利义务如何处理，即A出版社是否应依约向雷某支付稿酬，以及雷某是否应就董某案的侵权后果向A出版社承担赔偿损失的违约责任。分析如下：

1. A出版社依法享有先履行抗辩权

按照《出版协议》约定，雷某的稿酬应于图书出版后半年内付清。因《乐》书出版时间为2005年1月，故A出版社付酬义务履行完毕的时间应为2005年7月。但本案证据表明，此时董某已就未经许可使用其摄影作品的问题找到了A出版社，且双方协商未果。因此，A出版社有理由认为雷某此前向该社提供的稿件可能存在权利瑕疵，并有导致纠纷的危险。在这种情况下，该社有理由暂不履行支付稿酬的义务。后经董某案的审理，人民法院最终认定《乐》书所用481幅董某的摄影作品未经许可，A出版社和雷某共同构成侵权。A出版社已不能继续发行《乐》书，其合同目的亦无法实现，导致这一结果发生的重要原因之一就是雷某未依约提供拥有合法授权的稿件，违反了双方关于授权的约定。依据合同法的规定，当事人互负债务，有先后履行顺序的，先履行一方履行债务不符合约定的，后履行一方有权拒绝其相应的履行要求。因此，A 出版社拒绝向雷某支付稿酬具有法律依据。尽管目前尚无证据证明雷某所提供的稿件在文字部分具有不符合约定之处，但《乐》书作为一本图文并茂的图书，其文字与图片内容均占据非常重要的地位，形成难以分割的统一整体。现该书的近 1 300 幅图片中，有 481 幅属于未经许可侵权使用，足以影响《乐》书整体的出版、发行，致使 A 出版社的合同目的全部难以实现。故对于雷某有关单独支付文字部分稿酬的请求，法院不予支持。

2. 雷某应就其侵权行为向出版社承担违约责任，但并非全责，出版社亦有一定过错，应承担相应责任

另据《出版协议》约定，雷某应保证拥有授予 A 出版社的权利，因行使该权利导致侵犯他人著作权的，雷某承担全部责任并赔偿因此给 A 出版社造成的损失。据此，雷某应就董某案的侵权结果，向 A 出版社承担违约责任。至于具体的责任范围，则须对“承担全部责任”的约定进行解释后予以确定。对合同条款的解释，应以双方订约的真实目的为基础，并须符合常理、体现公平。根据《出版协议》相关条款的表述，约定雷某“承担全部责任”的本意应是向其明确文责自负，即雷某须对图书内容负责，并就其自身的过错和行为引发的后果承担全部责任。同时，没有任何理由可以认为，雷某在此一并承诺对 A 出版社的过错和行为也愿负责，因为这既不合常理又显失公平。在董某案中，不可否认的是，雷某作为该书主编和文字图片内容的提供者，未获得董某许可即将大量图片在《乐》书中使用，对侵权发生具有不可推卸的责任。但同时应当看到，A 出版社作为专业出版单位，在明知雷某既非摄影作品作者又未出示任何授权证明的情况下，仍将其他公开出版物中的图片直接扫描用于《乐》

书的出版，亦具有明显过错。可见，侵权结果的发生并非雷某一人之过，A 出版社同样负有重大责任。二者的行为和过错，如有其一能够避免，当不致引起侵权的发生。至于何者在其中起到了更加重要的作用，则难以进行区分，故法院认定雷某与 A 出版社对于侵权的发生负同等责任。因此，雷某所须承担的“全部责任”，应为侵权行为所致经济损失的一半。对 A 出版社要求雷某独自承担全部经济损失的请求，法院不予支持。

3. 赔偿数额的计算问题

实际经济损失数额，应以 A 出版社的相关支出与赔偿之和，扣除赞助与售书获利后计算得出。关于支出与赔偿，双方认可该社为出版《乐》书支出排版费 20 000 元、出片费 12 672 元、印装费 81 904 元、封面设计费 1 500 元、编辑费和校对费 4 800 元，支付雷某赞助费的 10% 作为报酬（后为购书所用），并因董某案被人民法院执行 86 486 元，共计 210 212 元，法院对此予以确认。A 出版社另主张曾支出办公费 1 万元和人员工资 2 万元，但缺乏证据证明，且雷某不予认可，法院不予采信。关于获利，双方当事人认可 A 出版社共获赞助费 28 500 元；以定价 128 元的 6 折价格对外发行《乐》书；全部 3 500 册中现有 1 937 本库存，雷某另认可有 50 册用于样书和赠书。由此可以得出该社因《乐》书共获利 144 698. 4 元。A 出版社主张实际售出图书数量仅为 781 册，另有 300 册作为赠书和样书，但未提交相应证据，雷某亦予以否认，故法院不予采信。根据以上事实，法院认定事实上出版社的全部经济损失为 65 513. 6 元，雷某应就其违约行为向该社赔偿 32 756. 8 元。笔者特意细化以上关于赔偿数额的分析，目的是方便图书期刊的编辑们在遇到同类问题时，可以大致判断需要承担的责任程度、具体数额，以便采取合理的诉讼策略。

综上，法院依据《中华人民共和国著作权法》以及《中华人民共和国民事诉讼法》的相关规定判决驳回原告雷某的全部诉讼请求。

（四）侵犯汇编权案

【基本案情】

原告张某和郑某共同起诉称，1997 年至 1998 年间，华中理工大学出版社出版了《中国插图素材光盘大系》系列光盘（以下简称《素材光盘》）。光盘中的插图系其二人共同创作，依法共同享有著作权。2007 年 1 月至 3 月间，其二人发现北京 A 书局有限公司（以下简称 A 公司）销售有上海 B 出版公司（以下简称 B 公司）2001 年 8 月出版的《好词佳句妙段图画词典》（上、下卷，以下简称《图画词典》）。B 公司未经其二人许可，在该词典插图中使用二人画作达 178 幅，共 201 幅次，占其插图总数的近 1/4，侵犯了二人的著作权。A 公司销售该词典，亦应承担侵权责任。请求人民法院判令：1. A 公司和 B 公司停止侵权、销毁库存的《图画词典》，B 公司停止出版该词典，A 公司停止销售该词典；2. A 公司和 B 公司赔偿二原告经济损失及合理支出 13 338 元、侵权赔偿金 136 662 元；3. A 公司和 B 公司在《新华日报》和《法制日报》上公开发表声明，向二原告赔礼道歉、消除影响。

被告 A 公司辩称，该公司销售的《图画词典》是通过与正规出版单位即 B 公司订立销售合同购入的，该公司作为图书销售者没有过错，不应承担侵权责任。如果人民法院认定该书内容侵权，该公司同意停止销售。

被告 B 公司辩称，张某和郑某不能证明其二人为《素材光盘》中画作的作者，光盘上插图绘制的署名为“开元、巧瑜等”，与二原告不一致。该公司认可《图画词典》使用了《素材光盘》中的作品 178 幅，共 201 幅次，但数量应占全书插图总数的 1/6 而非1/4。该公司与《图画词典》的作者订立了合同，尽到合理的注意义务。张某和郑某关于侵权赔偿金数额的计算缺乏依据，所主张的合理支出，除从住所地到北京的费用外，其他均与本案没有关系。该公司已经停止出版《图画词典》，不同意销毁库存。

经法院审理查明：

1. 关于《素材光盘》及其作者

郑某曾用名为郑巧瑜，与张某系夫妻关系。

1997年7月，华中理工大学出版社（后更名为华中科技大学出版社）出版了《素材光盘》的“动物卷Ⅰ”和“动物卷Ⅱ”。1998年1月，该社出版了《素材光盘》的“卡通人物卷”。上述三卷均包含光盘一张，署名均为“插图绘制：开元、巧瑜等”。

华中科技大学出版社对上述光盘的出版情况出具了《证明》一份，主要内容为：该社1997年至1998年出版的《中国插图素材光盘大系》五卷（动物Ⅰ、动物卷Ⅱ、植物卷、生活卷和卡通人物卷）为正式出版物；光盘版权页上注明“插图绘制：开元、巧瑜等”。

对光盘插图的署名情况，张某和郑某共同出具了《关于〈中国插图素材光盘大系〉署名的说明》一份，称《素材光盘》各卷的绘图作者均为其二人；姜堰市文化馆亦曾出具《证明》一份，主要内容为：该馆张某（副研究馆员）是《素材光盘》的第一作者；该作品作为个人创作成果该单位予以认可，并于1999年连同其他作品申报副高职称被获得批准；其妻郑某是上述光盘的第二作者，协助张某共同创作；张某发表作品时常用“开元”二字署名。

2. 关于《图画词典》

2007年1月19日、2月25日和3月28日，张某先后从A公司购得《图画词典》三套。该词典由B公司出版，无张某或郑某的署名，版权页载明：2001年8月第1版，2003年12月第4次印刷，印数18 001—26 000册，定价35元（上下册）。该词典使用了《素材光盘》“动物卷Ⅰ”、“动物卷Ⅱ”和“卡通人物卷”中的插图178幅，共201幅次，约占全书插图总量的1/4。全书基本上为每页一幅插图，每幅插图约占版面的1/6。

A公司称其所销售的《图画词典》系从B公司购入。B公司表示认可。

3. 关于诉讼支出

张某因本案支出律师费10 500元，其与郑某另向本院提交了往来于泰州、九江、杭州、北京等地的火车票、公交车票、出租车票等交通支出票据若干，以及于A公司购买图书的发票三张。此外，张某还提交了《误工说明》一份，主要内容为，其是姜堰市图书馆培训班素描课老师，每逢周六、周日授课；2007年3月25日和3月31日因请假去杭州、北京取画稿原件和联系律师，不能正常授课，误工损失讲课金642.5元。姜堰市图书馆科教文体培训中心在该说明“情况属实”字样上加盖了印章。

【案件评析】

本案系图书出版社在汇编作品时，所选择的素材没有获得原作者的授权，侵犯了著作权人的汇编权。本案的几个重点问题分析如下：

1. 关于涉案作品及权属问题

涉案插图属于以线条和色彩等构成的美术作品，对其著作权应当依法予以保护。我国《著作权法》规定，如无相反证明，在作品上署名的公民即为作者；除法律另有规定外，作者对作品享有著作权。本案中，《素材光盘》中插图作者虽然未直接署名为张某和郑某，而是“开元、巧瑜等”，但二人提交的证据表明：二人持有涉案作品的画稿原件；郑某曾用名为郑巧瑜；张某发表作品时常用“开元”二字署名，曾使用包括《素材光盘》

在内的作品申报职称并获批准。上述证据相互关联、相互印证，与张某和郑某的陈述亦相符合，且作者使用自己姓名中“名”的部分进行署名也在常理之中，故在无相反证据的情况下，本院认定张某和郑某为涉案美术作品的著作权人。

2. 关于B公司是否构成侵权

除法律另有规定外，使用他人作品应当获得著作权人的许可。本案中，双方当事人对《图画词典》使用了《素材光盘》“动物卷Ⅰ”、“动物卷Ⅱ”和“卡通人物卷”中的插图178幅，共201幅次不持异议，但无任何证据证明该使用获得了著作权人张某和郑某的授权，亦未为二人署名，故属侵权使用。B公司提交的《图书出版合同》、《情况说明》及光盘等证据，均不能证明该公司已对该书稿件的来源、内容等尽到了合理的注意义务，其作为专业出版单位，对侵权结果的发生具有过错，应当依法承担侵权责任。

3. 关于本案民事责任的承担

就B公司而言，应当停止使用张某和郑某的涉案美术作品，即停止出版、发行含有上述美术作品的《图画词典》，同时，对于由其侵权行为给二原告造成的经济损失，应当予以赔偿。关于赔偿数额，因二原告经济损失和B公司违法所得的具体数额均难以确定，法院将根据涉案美术作品被使用的数量和方式、《图画词典》的定价等事实，结合B公司的过错、侵权程度、损害后果等因素，参照有关美术出版物的稿酬标准等，酌情予以确定。张某和郑某主张的误工费以及购书费、交通费、律师费等支出，其中部分缺乏关联性与合理性，法院不予支持；其中合理的部分，属于因诉讼发生的损失或合理开支，B公司依法应当承担，具体数额，根据案情予以酌定。此外，由于B公司出版《图画词典》时未为张某和郑某署名，侵犯了二者的署名权，故应承担公开致歉的责任，但无须在数家媒体重复致歉。二原告未提交证据证明 B 公司的侵权行为给其造成何种不良影响，故对有关消除影响的诉讼请求，法院不予支持。

就 A 公司而言，其所销售的《图画词典》系正规出版单位出版的正规出版物，亦有合法的进货渠道，该公司作为图书销售者，已经尽到了合理的注意义务，不应承担侵权责任。但鉴于涉案《图画词典》中含有侵犯二原告著作权的内容，A 公司应当停止对该图书的销售。

另，因通过判令停止出版、发行和销售涉案《图画词典》，已能达到制止侵权的效果，故对张某和郑某有关销毁库存的诉讼请求，法院不再予以支持。

综上，法院依据《中华人民共和国著作权法》以及《最高人民法院关于审理著作权民事纠纷案件适用法律若干问题的解释》的相关规定作出了责令被告 B 公司停止侵权、消除影响、赔偿原告经济损失及合理费用共计 3 万元，被告 A 公司停止销售侵权图书的判决。

（五）侵犯署名权案

【基本案情】

今年 39 岁的胡先生，是中央电视台的记者，1996 年他曾应《中国科技画报》创刊号之约，撰写了文章《全球变暖——目前的和未来的灾难》。2007 年，胡先生在网上查询中无意间发现，自己的这篇文章被用在了 2003 年全国高考语文试卷的现代阅读第二大题中，并做了增删和调整。对此胡先生一直没有接到任何通知或报酬，因此其以侵犯著作权为由将教育部考试中心告上了法院。

对于这突如其来的官司，教育部考试中心反驳道，其受国家教委委托命题，组织高考试卷出题属于公务行为，不是社会性工作和商业活动，根据法律规定可以不支付报酬。

法院经审理认为，教育部考试中心出高考试题的行为，是一种执行公务的行为，显然不属于商业行为，因此在高考试卷的合理范围内使用著作权人作品，可以不经许可，不支付报酬。此外，由于高考出题是一项有着严格保密要求和技术要求的公务活动，其涉及的公共利益较之著作权人要明显重要，在这种情况下对著作权进行有条件的限制，并不会构成对作者修改权和署名权的侵害。据此，法院认定，教育部考试中心采取文学鉴赏类文章署名、语用性文章不署名的操作方式，有其合理性，并不构成侵权。但法院同时也指出，出于对著作权人的尊重和感谢，教育部考试中心今后可考虑在高考结束后，以发函或致电形式对作者进行相应的告知和感谢。

负责审理此案的法官事后分析说，我国著作权法虽然以保护作者利益为立法目的之一，但同时公共利益也是非常重要的考量因素，在公共利益比著作权人的利益明显重要时，法律就会允许有条件地限制著作权人的相关权利，以取得公共利益与私人利益之间的平衡。本案中，涉及的是全国高考，因其具有保密的严格要求，事先征询相关作者的修改意见就变得不具有可行性，为确保通过高考可以选拔出高素质人才的公共利益的需要，高考出题者考虑高考试题的难度要求、篇幅要求和背景要求等特点，对文章进行一定的修改增删，以适应出题角度和技巧的要求，并不构成对作者修改权的侵害。

此外，就署名权而言，虽然著作权法规定使用作品应该指明作者姓名和作品名称，但为作者署名仅仅是一般的原则性规定。实践中，在某些情况下，基于条件限制、现实需要或者行业惯例，容许特殊情况下的例外存在。高考命题者在考虑高考所涉文章是否署名时，必然要充分考虑考生的利益。高考的时间非常紧张、考生注意力非常有限，文学鉴赏类文章署名或注明出处会给考生提供一些有用信息，有助于考生作出对诸如文章作者的思想感情、历史背景等试题的正确判断，而语用性文章署名给考生提供的多是无用信息，出题者出于避免考生浪费不必要的时间注意无用信息等考虑，采取不署名的方式也是适当的，且在国内及国外的相关语言考试中，语用性文章不署名的也已经是惯例。在判决中，法院同时也建议，出于对著作权人的尊重和感谢，考试中心可以考虑今后能否在高考结束后，以发函或致电形式对作者进行相应的告知和感谢。

【案件评析】

本案确实点出了一个很长时间在社会普遍存在却真正关注不多的问题，即考试试卷使用他人作品不署名的问题。前文分析过《著作权法》保护作者的精神权利时间上没有限制为永久保护，无论是得到著作权人许可还是合理使用包括法定许可，都需要尊重和保护作者的精神权利，具体的就是署名权、保护作品完整权和修改权。作者的精神权利要受保护，而且无论是否合理使用，那么是否也就意味着绝无例外呢？本案的判决就告诉了我们这么一个例外。

分析法院的判决中谈及不署名的正当性时强调一点就是考生利益，而这里面的考生利益我们也似乎可以把它解读成公共利益。前面在谈到著作权保护期限的意义时，也谈到了设立此项制度的核心价值取向就是公共利益的取舍，公共利益的存在需要著作权人在社会大众的需求面前适当退让，对于公众的一些行为要有一定的容忍义务，这正好即所谓的“容忍比自由更重要”。

上述是从理论层面来考量这个问题，那么从具体的法律角度有没有相应的法律依据来支撑这种说法呢？我们不妨看一下《中华人民共和国著作权法实施条例》第 19 条的规定，“使用他人作品的，应当指明作者姓名、作品名称，但是，当事人另有约定或者由于作品使用方式的特性无法指明的除外”。这一规定就给使用他人作品不署名而免责开了一个口子，也可以说是对署名权的一个限制。从规定来看，免责存在两种可能性：一为有约定；二为作品使用方式的特性。本案中由于高考时间紧张，考生注意力有限，命题者出于避免考生浪费不必要的时间注意无用信息等考虑，采取了不署名的方式，应该是属于第二种情况即作品使用的方式进行的免责。

针对出版社来说更有意义的应该是第一项的以合同约定而免责。因为毕竟出版社所出版图书期刊的这种作品使用方式，要想达到涉及公共利益不便署名的情形非常困难，现实中几乎不可能。而事先通过合同进行约定，排除署名的问题就是相对简洁的办法。如果出版社所出版的图书期刊不便署名或担心出现遗漏，就可以在和作者签订出版合同时作出约定，这样就可以避免今后出现法律纠纷。

（六）侵犯署名权和保护作品完整权案

【基本案情】

原告朱恒力诉称：2005 年 12 月，《游北京逛西城》一书由中国文联出版社出版，原告为该书提供手绘地图 10 幅、照片 30 余幅，在该书版权页的手绘地图及图片摄影两栏均有原告的署名。2007 年 5 月，原告见到冠有国防出版社的副牌（第二社名）名称“新时代出版社”的英文版《游北京逛西城》，其中在“STROLLING”卷配有原告享有著作权的手绘地图 10 幅，在“STROLLING”及“DISCOVERY”卷共 34 次使用原告摄影的照片 28 幅，但在版权页上却将手绘地图和图片摄影栏及此二项中原告的名字删掉，更为严重的是，在侵权图书“STROLLING”卷第 140—141 页，原告摄影的一张新华门照片被擅自割裂，不仅侵害了原告的保护作品完整权，而且严重歪曲了新华门的形象，造成恶劣影响。英文版《游北京逛西城》版权页标明该书策划人为王建平。而该被告是在接触《游北京逛西城》中文版后且明知该书中配有原告手绘地图及摄影作品的情况下，在策划时故意删掉了绘图作者和摄影作者两栏及原告的名字，并将自己的名字列于版权页的“策划”之中。该行为表明该被告有侵占他人创作果实的主观恶意。被告国防出版社在使用其副牌名称“新时代出版社”出版英文版《游北京逛西城》之前没有尽到合理的审查义务，没有告知原告获得授权，也未给原告署名和支付报酬。两被告严重侵犯了原告的作品发表权、署名权、获得报酬权和保护作品完整权。故诉至法院，请求判令：1. 两被告就侵权之事情向原告公开赔礼道歉；2. 两被告赔偿原告人民币 6 万元（包括经济损失 56 000 元、精神损失赔偿费 4 000 元）及调查取证费用 25 元。

被告王建平辩称：王建平所实施的都是职务行为，在职务中的行为是属于北京市西城区旅游局（以下简称西城旅游局）承担责任，把王建平列为被告不适格，请法院驳回对方起诉。被告国防出版社辩称：在出版英文版图书时已经尽到了注意义务，西城旅游局提供了会议记录和北京皮特曼技术中心（以下简称皮特曼中心）的协议书、已支付相关使用费的发票，我社审查了照片图片的来源，与西城旅游局的出版合同第二条已经明确了著作权的归属。请求驳回原告的诉讼请求。

法院经审查查明：2005 年 6 月 20 日，西城旅游局召开第八次局务会，会议记录显示：会议议程中包括发现西城指南一项工作，根据区里要求加快宣传推介力度，尽快完成《发现西城》中、英文版旅游指南的编印工作。2005 年 11 月，西城旅游局（甲方）与皮特曼中心（泠风文化工作室，乙方）签订协议书，主要内容包括：甲方计划在 2005 年出版宣传西城旅游资源丛书，邀请乙方参加全面策划。经乙方提议，本套丛书定名为《游北京逛西城》。该丛书总计三册（分别定名为《漫步》、《发现》、《追忆》），其中，《漫步》、《发现》分册由乙方单独撰写并由其负责联系国家级出版社以本版书形式出版，甲方不再另行支付稿费。《追忆》分册的出版视情况再行商定。该丛书图片主要由甲方提供，并由其向原作者支付片酬，如因著作权出现矛盾，由甲方负责解决；对于书中尚缺的部分图片及手绘地图由乙方负责组织约稿。甲方同意在该丛书出版后以5.5折码洋价格购买图书，各分册购买数不低于5 000册，购书款在开印之前付给出版社。甲方要求制作的1 000册精装书材料及印刷所需费用21 700元由其另行承担，承印出版社不再单独出版该丛书精装本。因该丛书的特殊性，为确保图书质量，甲方委托乙方作为该丛书全权统筹，同时委托乙方负责图书的设计及监制，各项费用共计54 100元。

2005年12月，由泠风撰写的《游北京逛西城》（上漫步、下发现）由中国文联出版社出版，书号ISBN 7－5059－5140－8，总定价73.60元。泠风在《感悟西城》中提到：感谢朱恒力、张长江等同志屡次专门出行为本书补拍照片。该书的版权页及封底注明：作者：泠风，出版、发行：中国文联出版社，策划：西城旅游局，手绘地图：恒力，图片提供：西城旅游局，图片摄影：刘伊丁、恒力、张长江、毕铭、刘合群等。朱恒力称署名“恒力”即指本人，并提供了相应的图片小样，主张其当时进行了该书中10幅手绘地图的绘制工作，并拍摄了一些图片，是该书中景山妙观亭下之槐树、景山少年宫正门、北海图1—10、团城、团城渎山大玉海、团城承光殿白玉佛、团城承光殿一角、团城白袍大将军、大高玄殿、大高玄殿之三座山、无戕柱牌坊、老北图华表、老北图石狮、月坛1—2、地质博物馆之萤石、地质博物馆外馆、地质博物馆水晶王、中南海新华门共计28张照片的作者。

2006年8月，西城旅游局（甲方）与新时代出版社（乙方）签订《图书出版合同》，就出版《游北京逛西城（英文版)》达成协议。主要内容为：第一条甲方在合同有效期内将作品的中文本专有使用权授予乙方。乙方有权以各种版本形式独家出版发行，并享有作品的封面、版式设计权。第二条甲方保证拥有第一条授予乙方的权利，保证作品不侵犯他人著作权和其他权利。如发现有剽窃、抄袭等侵犯他人权益的行为，甲方承担全部责任并赔偿由此给乙方造成的经济损失，乙方有权终止本合同。甲方承认乙方对著作权归属和侵权事项已经尽到了明示的责任和义务。第四条在合同有效期内，甲方同意将本作品著作权的下列权利授予乙方或委托乙方转授第三方，乙方应将所得净收益的50%向甲方支付著作权使用费。(1) 外文版翻译权、中国大陆地区以外发行权。(2) 中文繁体字版出版权、中国大陆地区以外发行权。(3) 对作品的改编、摘编、选编、翻译、注释、整理后产生的音像作品和数字化制品、网络版制品的制作、出版、发行权。第五条甲方交付的书稿应有著作权人的签章。合作作品应确定署名顺序并指定签约人、主编或统稿人，并应有全体参编或核编人员署名认可的书面意见作为本合同的附件。职务作品应由法人或非法人单位确定署名方式。委托作品应附加书面委托合同书。第八条本作品的著作方式及署名方式：(1) 著作方式：编著；(2) 署名次序：以作者交稿为准。署名方式一经确定，不宜变更。如有特殊情况需要变更署名或次序时，甲方应事先书面通知乙方，经双方协商同意后执行。第十九条本合同自双方签字盖章之日起生效，有效期为十年。补充条款：甲方支付乙方出版费用共计人民币13.998万元，其中9月25日前支付7万元，余款6.998万元于11月25日前付清。乙方于11月15日前出版该书，出版后，乙方向甲方赠书（上、下册）各4 950册。2006年11月，《游北京逛西城》的英文版《Visiting Beijing@ Strolling Around Xicheng District》的Strolling和Discovery两个分册出版、发行，书号：ISBN 7－5042－0924－4，定价60元。该书版权页注明：策划：王建平；出版、发行：新时代出版社。该书封底的勒口并提到：为更好地宣传西城区的特色旅游资源，2005 年底，西城旅游局出版了《游北京逛西城》，受到广大旅游爱好者及旅游行业人士的喜爱和好评。为了让国外朋友也能深入西城、了解西城、感受西城的独特旅游文化魅力，西城旅游局在《游北京逛西城》内容更新的基础上，翻译出版了《Visiting Beijing@Strolling Around Xicheng District》。本书图文并茂，以 Strolling（漫步）、Discovery（发现）两种形式深入挖掘西城区文化内涵，提炼出西城旅游文化的精髓，为旅客提供旅游导引，能够让游客在"Strolling（漫步）"中品味，在"Discovery（发现）"中向往，在轻松阅读中了解那些不为人知的西城秘密，感受西城独特的文化魅力。本书在写作过程中得到冷风、恒力等人的大力支持，在此一并表示感谢。总策划：王建平；执行：刘军、王顺；图片提供：西城旅游局。该书中使用了中文版的 10 幅手绘地图，并使用了朱恒力主张著作权的 28 张照片，其中团城、景山妙观亭下之槐树、中国地质博物馆、月坛的照片以照片、位图形式各使用 1 次，北图华表的照片以照片形式使用 3 次，以位图的形式使用 1 次。另外，《STROLLING》分册的第 140—141 页对中文版《漫步》一册第 136—137 页的新华门照片进行了剪切，使新华门的形象不再完整。经查，国防出版社的副牌为新时代出版社。

庭审中，原告表示，西城旅游局曾通过皮特曼中心给过中文版图书请人拍摄照片的钱，但没有支付英文版的钱。出英文版的事情其并不知道。被告王建平提供了光盘，意图证明中英文图书中照片的来源，原告认可光盘是原告的委托代理人刘云萍（笔名冷风）履行皮特曼中心与西城旅游局的合同时，交给西城旅游局的，光盘中是《游北京逛西城》中文版图书的所有内容，包括涉案图片。原告并称，当时皮特曼中心在编辑时，发现西城旅游局提供的一些照片不适合出版，就让张长江、刘伊丁、朱恒力等人去相关景点补拍了一些照片，用在了书中，由于存在有些图片西城旅游局提供，有些图片是皮特曼中心相关人员拍摄的情况，《游北京逛西城》中文版分别进行了图片提供和图片摄影的署名。被告王建平亦认可，《游北京逛西城》一书后来出英文版的事，未告知原告等人，也未支付报酬。被告国防出版社认可《游北京逛西城》英文版是由中文版翻译而来，中英版是整体配套的图书。

法院经审理后认为，原告提供的《游北京逛西城》中文版图书、摄影作品小样、电子文件光盘证明，涉案 10 幅手绘地图、28 幅照片为原告的作品。被告认为《游北京逛西城》中文版图书并未明确表明哪几张照片为原告所拍摄，手绘地图、照片的署名均为恒力而非朱恒力，从而否认原告的著作权人身份，但法院认为，原告所言恒力即朱恒力的简称、笔名的说法具有合理性，被告未提供相关证据证明“恒力”另有其人，根据证据规则，法院认定原告是涉案 10 幅手绘地图和 28 幅照片的著作权人。

国防出版社在其副牌新时代出版社出版的《游北京逛西城》英文版中使用了原告的手绘地图和拍摄的图片，未征得原告同意，未为原告署名，亦未支付稿酬，构成侵权。出版社辩称已尽合理审查义务，审查了西城旅游局提交的协议和票据，但法院认为，西城旅游局与皮特曼中心的合同中并未涉及英文版图书的问题，相关费用亦无法看出包含英文版，且原告等亦不知晓《游北京逛西城》一书出英文版的情况，被告亦认可未就此告知原告等，应认为《游北京逛西城》的英文版使用原告的图片仍需要告知原告并向其支付稿酬。作为专业的出版社，被告在审查手绘地图和图片来源时应看到了之前已出版的《游北京逛西城》中文版图书，该书中明确标明图片摄影包括原告恒力等，手绘地图为恒力，而其在出版英文版时却以交稿为准确定署名，将原告朱恒力等的署名去掉，未进行核实、提出异议和要求更正，应认为其对稿件的来源和署名、所编辑出版物的内容等并未尽到合理注意义务，在其出版图书中并对新华门的照片进行了破坏性的剪切，侵犯了原告的署名权、获得报酬权和保护作品完整权，应承担相应侵权责任。因原告的相关照片和手绘地图已在中文版中发表过，故被告的行为并未侵犯原告的发表权。原告并起诉要求王建平承担侵权责任，法院认为，被告王建平提供的会议纪要、协议书、发票以及原告提供的《游北京逛西城》中文版图书、英文版的说明等显示，策划、出版《游北京逛西城》的中英文版图书是西城旅游局的意志，并非王建平个人的行为，属于王建平履行职务的行为，应由西城旅游局对此承担责任，而不应由王建平个人承担责任，且策划并非《著作权法》意义上的署名。故朱恒力起诉要求王建平承担侵权责任，于法无据，法院不予支持。最终根据上述认定法院判决被告出版社刊登道歉文章，并赔偿原告经济损失。

【案件评析】

我们可以从以下几个方面来认识本案所涉及的问题：

1. 一部作品的中文版和英文版在《著作权法》上是两个彼此独立的作品，各自拥有独立的著作权，对待处理上不能把两者混为一体，不能当然认为有中文版的授权就自动得到了英文版的授权，这一点在出版发行图书期刊时一定要注意到。本案中被告新时代出版社辩称自己已尽到了审查义务被驳回的根据也就在于此。西城旅游局和皮特曼公司所签订的合同里只涉及了中文版的内容，并没有关于英文版的授权信息，正是因为这一点被告的抗辩不被法院认可。

2. 被告新时代出版社不认可原告是照片的著作权人，最终经法院查明确认原告在中文版图书中署的是自己的笔名，从而以此认定了原告对摄影作品的著作权。回到前文中谈到过的署名权问题，署名权包含的内容很广泛，作者不仅有署名的权利也有不署名的权利，原告可以署真名也可以署笔名，所以署笔名也是作者行使自己署名权的方式之一，不能仅认为只有署真名才是行使署名权。

3. 本案的另一个问题是被告王建平在策划上署自己名的行为如何定性。策划顾名思义是对图书的编辑发行起到整体把握作用的人。策划人并没有亲自编写图书，只能算是对创作起到帮助作用的人，所以策划不是著作权人。《著作权法》中的署名权是授予作者在图书期刊上标记自己名字的权利，这一权利的行使并不妨害其他对作者创作起到帮助作用的人在其他位置上署名的权利，这样的署名只要没有起到让公众错误地认识作者是谁，就不能认为是侵犯作者的署名权。

4. 原告的新华门照片在被告使用过程中被裁剪，出现了新华门照片被割裂的状况。原告就这个情况还起诉被告侵犯了其保护作品完整性的权利。保护作品完整性权利属于作者的精神权利，不受著作权保护期的限制。被告在使用照片时将原本完好的照片割裂开，使作品的完整性被篡改歪曲，构成了侵权行为。

5. 原告起诉的发表权被侵犯这一诉讼请求被法院驳回。发表权本身是作者精神权利的一项，但是它的受保护时间又是有限制的，这一点是它的特殊性。发表权属于一次用尽的权利，一部作品只能被发表一次，一旦被发表后就不存在侵犯该作品发表权的情形。本案中原告的相关作品在中文版中已经被使用编辑成书出版，所以不可能再被侵犯发表权。

三、风险提示和防范措施

（一）对图书、期刊出版者的风险提示

图书、期刊出版者在出版使用作品的过程中，会面临下列

风险：

1. 未经许可利用网络传播作品，侵犯作者的著作权

图书、期刊出版者，如果未取得作者的授权，在网络上发表、传播学位论文，侵犯了作者的复制权、汇编权和信息网络传播权。期刊、杂志社的电子版面，以及一些涉足网络出版的公司，需要对此特别注意。

在“侵犯作者信息网络传播权案”中，法院未支持高某的诉求，原因就在于涉案的论文有证据表明作者已经授权，同意学校保留并向国家有关部门或机构递交论文的复印件和电子版，允许论文被查阅和借阅，并不禁止学校转授权，故A公司的商业性使用行为并未侵犯高某的著作权。

2. 对作品内容审查不严，可能和作者构成共同侵权

图书、期刊出版者在出版和使用作者提供的作品时，如果作者提供的稿件中的素材涉嫌侵权，出版社负有一定的核实义务，若有证据证明出版社明知这一事实而仍然出版，应当与作者共同承担责任。

如“作者与出版社共同侵权案”中出版社明知雷某不是摄影作者，又不能提供图片授权的情况下，仍将其他公开出版物中的图片直接扫描用于出版，法院判决出版社与雷某共同承担侵权责任。

3. 未经原作品著作权人的许可而汇编其作品的，可能构成侵权

根据《著作权法》的规定，汇编作品的著作权人对汇编作品享有著作权，但是，其行使著作权时，不得侵犯原作品作者的著作权。所以，图书出版社在出版汇编作品时，对素材的选择及加工需要特别注意，获得著作权人授予的汇编权至关重要。很多出版社在编辑汇编作品时，常顺手借用多年前已经出版的图书、刊物上的部分素材，而未取得原著作权人的授权，亦未支付合理

报酬。如此导致的侵权，实为著作权观念淡薄所致。

4. 图书、期刊出版者疏于对自身权利的保护，版式设计权利易受到侵害

目前，无论是《著作权法》中，还是司法实践中，都已经认可了图书、期刊出版者对其出版物具有著作权和版式设计专有权。其中图书期刊版式设计专用权已经成为图书、期刊出版者的一项重要权利，该权利对于图书、期刊出版者进行版式设计创新和吸引社会公众具有重要意义，所以，图书、期刊出版者对该项权利应当有足够的重视并采取有效的保护措施。但是，现实中，很多出版社、杂志社却经常忽略自己这项著作权的保护，以至自己的合法权利受到侵害，遭受不必要的损失。所以，在这里要提醒图书、期刊界，应当有图书期刊版式设计专有权的权利意识，当他人侵权时，合法捍卫自己的权益，而不是听之任之。

（二）图书、期刊出版者防范风险的措施

图书、期刊出版者要防范上述风险，需要做好以下几个方面的工作：

1. 出版或使用作品应当获得合理授权

图书、期刊出版者无论以何种方式使用作品，尤其是通过网络传播作品，应当在使用作品前取得作者的书面授权，若通过其他机构获得作品的，可要求该机构出示作者的书面授权许可。在与作者签订使用许可合同时，在合同中明确约定商业性使用的许可，包括网络传播，如此，在诉讼中即可举证证明存在授权，最大限度地规避举证不能的风险。报纸、杂志中的文章一般不签订许可合同，可以在征稿启事中要求作者投稿即授权商业性使用。

2. 对所出版或使用的作品内容进行严格审查

为了防范与作者共同构成对他人著作权的侵犯，图书、期刊

出版者应当对所出版或使用的作品内容进行审慎、严格的审查。对于认定创作素材是否存在侵权风险，图书期刊的编辑可运用网络数据库查重，发现有疑点的图片，可以要求作者说明来源，更重要的是，在许可使用合同中约定，作者须保证其享有合法的著作权，若发生侵权，由作者个人承担侵权责任。

3. 使用汇编作品或者创作汇编作品时，应当获得原作品作者的许可

获得原著作权人授予的汇编权，对于出版社编辑汇编作品来说至关重要。可通过原作的出版机构查找著作权人，支付一定的报酬，取得合理使用权。若找不到原著作权人的情况下，在素材的选择方面，应尽量选择一些已经进入公共领域的作品。

第三章

图书期刊著作权的归属

一、内容综述

（一）图书期刊著作权的主体

1. 著作权的主体概述

（1）著作权主体的概念和种类

著作权主体，又称著作权人，是指依法享有著作权的人。根据我国《著作权法》第 9 条的规定，著作权人包括作者以及其他依法享有著作权的公民、法人或者其他组织。根据该规定，著作权主体分为自然人作者和非自然人作者。

自然人作者，是指直接创作作品的自然人，而且是指对作品的产生有实质性贡献的自然人，那些仅仅为他人创作进行组织工作、提供咨询意见、物质条件或者进行其他辅助工作的人，均不是对作品的创作作出实质性贡献的人，不能成为作者，也就不能成为著作权的主体。

非自然人也可以成为著作权的主体。根据我国《著作权法》第 11 条的规定，由法人或者其他组织主持，代表法人或者其他组织意志创作，并由法人或者其他组织承担责任的作品，法人或者其他组织视为作者。虽然法人或其他组织并不能进行实质意义上的创作，但是，为了保证法人的意志得以表达和获得保护，无论是保护知识产权的国际公约，还是各国的知识产权保护制度，均将法人和其他组织列为著作权的主体，规定其对符合法定条件的作品享有著作权。同时，实际上对作品进行创作的自然人不再享有著作权，而是根据有关制度和规定享有其他的权利，如获得物质报酬的权利、署名权等等。

（2）其他著作权人

其他著作权人，是指作者以外的其他依法享有著作权的公民、法人、其他组织和国家。包括因继承而取得著作权的人、因合同而取得著作权的人、外国人以及国家。其中，国家是著作权的特殊主体。国家成为著作权人主要有几种情况：一是国家通过著作权转让合同成为著作权人，二是国家接受赠与成为著作权人，三是国家依据法律规定直接享有某一作品的著作权。根据《著作权法》第 19 条的规定，著作权属于法人或者其他组织的，法人或者其他组织变更、终止后，其著作财产权利在《著作权法》规定的保护期限内，没有承受其权利义务的法人或其他组织的，由国家享有。此外，按照我国《继承法》的规定，公民死亡后，其著作财产权无人继承又无人受遗赠的，归国家所有。这些规定就是国家取得著作权的法律依据。

2. 图书期刊著作权的主体

图书期刊著作权的主体有狭义和广义之分。狭义的图书期刊著作权主体仅包括图书、期刊出版者权利的主体，即基于图书期刊本身而享有著作权或者著作邻接权的主体，如图书、期刊出版者对其自己创作的汇编作品、演绎作品的著作权，对其图书期刊版式设计享有的邻接权等等。图书、期刊出版者作为这些权利的主体时，即属于狭义上的图书期刊著作权的主体。

广义上的图书期刊著作权主体，还应当包括图书期刊所表现或传播的作品的著作权主体，即图书期刊中作品的作者。为了能够较明确地界定图书期刊的著作权主体，并且为了准确区分不同的著作权归属，本章所指的图书期刊著作权主体是广义上的图书期刊著作权主体。据此，图书期刊著作权的主体包括：

(1) 图书、期刊的出版者

在出现下列作品时，图书、期刊的出版者会成为著作权人：

① 自行组织主持创作的作品

出版者作为法人，可以自行组织主持作品的创作。该类作品即属于体现法人意志并由法人承担责任的作品，根据《著作权法》的规定，出版者作为作品创作的组织者和责任承担者时就是该类作品的著作权人。

② 组织创作的汇编作品

《著作权法》第 14 条规定："汇编若干作品、作品的片段或者不构成作品的数据或者其他材料，对其内容的选择或者编排体现独创性的作品，为汇编作品，其著作权由汇编人享有，但行使著作权时，不得侵犯原作品的著作权。"

从该规定可以看出，汇编作品虽然可能是在他人作品的基础上产生的，但是，如果汇编作品有其独创性，其创作人即对汇编作品享有著作权，只是这种著作权的行使受到原作品著作权的限制。目前，有大量的图书期刊就属于在他人作品基础上产生的汇编作品，图书期刊的出版者也因此而对其汇编作品享有著作权，成为汇编作品的著作权人。

③ 其职员完成的应当由单位享有著作权的职务作品

图书、期刊出版者的职员创作完成的被认定为职务成果的作品，如果按照法律规定或者依据合同约定应当由单位享有和行使著作权的，图书、期刊出版者即属于该作品的著作权人。

④ 委托或合作完成的作品

这是图书、期刊出版者基于合同成为著作权人的情形。图书、期刊出版者可以与作品的创作者签订委托创作合同或者合作创作合同，并且基于合同的约定取得委托作品或者合作作品的著作权，成为著作权人。

⑤ 图书、期刊出版者成为著作权人的其他情形

除上述情形外，图书、期刊的出版者还可能基于著作权转让合同、出版社的合并、分立等情形而成为著作权人。

(2) 图书期刊中作品的作者

图书期刊作为作品的传播载体和表现形式，会涉及大量的作品，这些作品的作者依法对其创作的作品享有著作权，因此也是在相关图书期刊中享有著作权的著作权人。

另外，图书期刊的著作权主体，也包括一些特殊主体，如基于继承而取得著作权的主体，基于企业合并、分立而取得著作权的主体，基于合同而取得著作权的主体以及国家，等等。

（二）图书期刊著作权的归属

图书期刊著作权的归属会涉及以下几种具体情况：

1. 作者独创作品的著作权归属

图书、期刊出版者作为作品的传播主体，会涉及大量独创作品。确定这些作品著作权归属的主要法律依据是《著作权法》第 11 条的规定。根据《著作权法》第 11 条的规定：著作权属于作者。创作作品的公民是作者。由法人或者其他组织主持，代表法人或者其他组织意志创作，并由法人或者其他组织承担责任的作品，法人或者其他组织视为作者。如无相反证明，在作品上署名的公民、法人或者其他组织为作者。

从上述规定可以看出，在通常情况下，作品的著作权属于创作作品的作者。而且根据《著作权法》的规定，创作是指直接产生文学、艺术或者科学作品的智力劳动，仅为他人创作进行组织工作，提供咨询意见、物质条件等，由于其行为不具有创造性而不能成为作者。这一点在最高人民法院《关于审理著作权民事纠纷案件适用法律若干问题的解释》中也有体现。该解释第

13 条规定："除《著作权法》第 11 条第 3 款规定的情形外，由他人执笔，本人审阅定稿并以本人名义发表的报告、讲话等作品，著作权归报告人或者讲话人享有。著作权人可以支付执笔人适当的报酬。"

另外，法人或其他组织主持创作的、反映其意志并由其承担责任的作品由其享有著作权。

在实际生活中，确认原创作品的著作权归属，通常会以署名的方式来认定：作品的著作权归属于在作品上署名的公民、法人或者其他组织。这是识别作者的较为简便的方法。当然，实质上可能存在冒名的情形。如果有确凿的证据足以证明作品的署名人并非作者，则以实际创作人作为作品的著作权人，而不是形式上的署名者。图书、期刊出版者在出版或使用有关作品时也应当注意审查作品的实际创作者，这是确认作品著作权归属的最基本依据。

2. 职务作品及非职务作品著作权的归属

职务作品及非职务作品的著作权归属主要依据《著作权法》第 16 条确定。职务作品和非职务作品按照下列规则确定著作权的归属：

（1）法定范围的职务作品由单位享有著作权

根据《著作权法》第 16 条第 1 款的规定，公民为完成法人或者其他组织工作任务所创作的作品是职务作品。有下列情形之一的职务作品，作者享有署名权，著作权的其他权利由法人或者其他组织享有，法人或其他组织可以给予作者奖励：

① 主要是利用法人或者其他组织的物质技术条件创作，并由法人或者其他组织承担责任的工程设计图、产品设计图、地图、计算机软件等职务作品。

② 法律、行政法规规定或者合同约定著作权由法人或者其他组织享有的职务作品。

根据上述规定，如果属于法定范围内的职务作品，除作者享有署名权外，作品的其他著作权由法人或其他组织享有。

（2）其他职务作品由作者享有著作权

根据《著作权法》第16条的规定，除前述两种规定情形下的职务作品的著作权由单位享有外，其他职务作品的著作权由作者享有。

由于职务作品的产生是和作者在单位的本职工作或者单位交办的任务有关的，所以，《著作权法》在规定法定范围外的职务作品由作者享有著作权的同时，也规定了用人单位对该类职务作品的权利或利益。《著作权法》第16条还规定，作为用人单位的法人或者其他组织可以在其业务范围内优先使用该作品，作品完成的两年内，未经单位同意，作者不得许可第三人以与单位使用的相同方式使用该作品。《著作权法实施条例》第12条规定，职务作品完成两年内，经单位同意，作者许可第三人以与单位使用的相同方式使用作品所获报酬，由作者与单位按约定的比例分配。作品完成两年的期限，自作者向单位交付作品之日起计算。

可见，作者对于规定范围之外的职务作品享有著作权，但其著作权受到一定限制，同时单位对该类职务作品享有一定的经济利益。

（3）非职务作品由作者享有著作权

非职务作品的著作权归属于作品的创作者，这是著作权保护的基本要求和基本出发点。所以，公民创作的与工作和单位交办的任务无关的作品，由其本人享有著作权。任何单位和个人都不得限制其著作权的取得和行使。

3. 委托作品的著作权归属

委托作品是受他人委托而创作的作品。委托作品产生的前提条件是委托关系的存在。委托作品的创作，是作者接受委托人的委托，按照合同约定履行义务。图书、期刊出版者在委托创作合同关系中对于委托作品的权利义务主要由委托合同确定。

我国《著作权法》对于委托作品著作权归属的规定体现了民法的“意思自治”原则和《著作权法》中“著作权属于作者”的基本原则。《著作权法》第17条规定：“受委托创作的作品，著作权的归属由委托人和受托人通过合同约定。合同未明确约定或者没有订立合同的，著作权属于受托人。”根据这一规定，委托作品的著作权归属有两种情况：

第一种情况是委托双方对作品的著作权归属有约定的，按照合同的约定确定著作权的归属。这一规定体现了民法中的“意思自治”原则。委托合同属于民事合同，尊重当事人的意思自治是民法的基本原则，在作为民事合同的委托合同中，如果当事人对于有关事项做出了约定，法律就应当尊重当事人的约定。另外，著作权是允许当事人在规定范围内自由处分的民事权利，当事人可以在合同中对著作权的归属做出约定。所以，当事人如果在委托合同中对委托作品的著作权归属作出约定，则按照其约定确定著作权的归属。

第二种情况是当事人没有在委托合同中对委托作品的著作权归属作出明确约定或者没有订立合同的，著作权由受托人享有。这体现了《著作权法》中“著作权属于作者”的基本思想。一般说来，承担创作工作的是受托人，受托人是创作委托作品的作者，根据《著作权法》中“著作权属于作者”的规定和思想，在没有合同或者合同未明确约定的情况下，受托人享有著作权。

在受托人取得委托作品著作权的情形下，为了平衡委托双方的权利义务关系，最高人民法院在《关于审理著作权民事纠纷案件适用法律若干问题的解释》第12条中规定：按照著作权法第17条规定委托作品著作权属于受托人的情形，委托人在约定的使用范围内享有使用作品的权利；双方没有约定使用作品范围的，委托人可以在委托创作的特定目的范围内免费使用该作品。

4. 合作作品的著作权归属

合作作品，是指两人以上合作创作的作品，即两个人以上主观上有合意，客观上有合作，并共同实施创作行为所形成的一种作品。合作作品有两个构成要件：一是共同创作的合意，即创作各方有共同创作的意愿；二是共同创作的行为。关于共同的创作行为，是指合作各方都对作品做出了创造性的工作。合作作品的作者必须是参加创作的人，没有参加创作的人，不能成为合作作品的作者。所谓“参加创作”，是指对作品的思想观点、表达形式付出了创造性的智力劳动，或者构思策划，或者执笔操作，如果没有对作品付出创造性的劳动，也不能成为合作作者。

在日常生活中有两种情况值得注意：一种是有些单位的领导人、权威人士或者编辑，只对某个作品提供点修改意见，谈不上参与创作，甚至连作品看都没有细看，便示意或者强迫作者署上他的名字，作者出于无奈，违心地表示同意，这样的人显然不是合作作者。另一种情况是，有些作者为了提高自己的声誉和作品的价值，主动请求未参与创作的名人、权威署名为作者，这种情况下，那些未参与创作的名人、权威也不能成为合作作者。

在界定了合作作品和作品的合作者之后，要确定合作作品著作权的归属，主要依据的是《著作权法》第 13 条的规定：“两人以上合作创作的作品，著作权由合作作者共同享有。没有参加创作的人，不能成为合作作者。合作作品可以分割使用的，作者对各自创作的部分可以单独享有著作权，但行使著作权时不得侵犯合作作品整体的著作权。”

从该规定可以看出，我国《著作权法》对于合作作品的著作权归属，排除了当事人的约定，即相关主体不能够以约定的方式确定著作权的归属，合作作品的著作权直接依据法律规定由合作作者共同享有。

另外，为了便利各著作权人行使著作权，对于可以分割行使著作权的作品，法律规定了作者对各自创作作品的著作权，但要求各著作权人单独行使自己作品的著作权时，不得侵犯合作作品整体的著作权。

图书、期刊出版者在作为合作作品的创作主体以及使用、出版主体时，应当根据上述规定确定合作作品著作权的归属和使用规则。

5. 演绎作品的著作权归属

演绎作品，是指对已有作品进行改编、翻译、注释、整理等而产生的作品。演绎作品是在已有作品的基础上经过创造性劳动而派生出来的作品，是传播原作品的重要方法。演绎作品虽然是原作品的派生作品，但并不是简单地复制原作品，而是以新的表达形式来表现原作品，是需要演绎者在正确理解、把握原作品的基础上，通过创造性劳动产生的新作品。正是因为演绎作品中包含了演绎者的创造性劳动，演绎作品才成为各国著作权法律以及有关知识产权国际公约中著作权的保护对象。

演绎的具体形式主要有改编、翻译、注释、整理，但不限于这四种形式。基于不同的演绎方式，演绎作品包括改编作品、翻译作品、整理作品以及注释作品。对于演绎作品的著作权归属，《著作权法》第 12 条规定：“改编、翻译、注释、整理已有作品而产生的作品，其著作权由改编、翻译、注释、整理人享有，但行使著作权时不得侵犯原作品的著作权。”该规定是图书、期刊出版者确定演绎作品著作权归属时的基本法律依据。

在明确演绎作品著作权的同时，必须要注意的是：演绎作品是在已有作品的基础上产生的，是以原作品为基础的，因此，除法律规定的“合理使用”的范围外，在著作权保护期内，演绎原作品，需要征得原作者以及其他对原作品享有著作权的权利人的同意。除法律另有规定外，未经著作权人许可，以改编、翻译、注释等方式使用作品的，应当承担侵权的民事责任。在实践中，取得原作品的演绎权，通常需要演绎者与原作者签订演绎合同，明确权利义务，并依照约定支付报酬。这是在演绎环节对原作品著作权的保护规定。

另外，演绎作品创作完成之后，在行使著作权时，也不得侵犯原作品的著作权，包括尊重原作者的署名权，尊重原作品的内容，不得歪曲、篡改原作品等，否则可能导致对原作品的侵权而承担民事责任。可见，和一般作品的著作权相比，演绎作品的著作权具有对原作品著作权的依赖性，并不是完整的著作权，不能独立行使。

演绎作品著作权对原作品著作权的依赖性在很多法律规定中都有体现，如《著作权法》第35条规定："出版改编、翻译、注释、整理、汇编已有作品而产生的作品，应当取得改编、翻译、注释、整理、汇编作品的著作权人和原作品的著作权人许可，并支付报酬。"第37条第2款规定："使用改编、翻译、注释、整理已有作品而产生的作品进行演出的，应当取得改编、翻译、注释、整理作品的著作权人和原作品的著作权人许可，并支付报酬。"第40条第2款规定："录音录像制作者使用改编、翻译、注释、整理已有作品而产生的作品，应当取得改编、翻译、注释、整理作品的著作权人和原作品著作权人许可，并支付报酬。"这些规定都体现了演绎作品著作权所受到的来自原作品著作权的限制。只有当原作品著作权的保护期届满，或者原作品的著作权人放弃其著作权时，演绎作者对演绎作品才享有独立的著作权。

6. 汇编作品的著作权归属

汇编作品是将两个以上的作品、作品的片段或者不构成作品的数据或者其他材料进行选择、汇集、编排而产生的新作品。包括百科全书、词典、选集、全集、期刊、报纸等。汇编人在内容的选择、安排上付出了创造性劳动，因此，享有汇编作品的著作权。如果在内容的选择与安排上没有体现独创性，只是简单地将作品或者材料拼凑在一起，则不认为产生了新作品，也不构成汇编作品。

对于汇编作品著作权的归属，《著作权法》第 14 条规定："汇编若干作品、作品的片段或者不构成作品的数据或者其他材料，对其内容的选择或者编排体现独创性的作品，为汇编作品，其著作权由汇编人享有，但行使著作权时，不得侵犯原作品的著作权。"

可见，汇编作品作为一个整体，由汇编人享有著作权。但是，由于大量汇编作品也是在他人已有作品的基础上进行选择、编排产生的，所以，汇编作品的著作权和演绎作品的著作权一样涉及对原作品著作权的依赖和保护问题。首先，汇编人汇编有著作权的作品，应当经过原作品著作权人的许可，并支付报酬，还应当尊重原作品著作权人的人身权。即使是汇编已过保护期的作品，也应当尊重原作品作者的人身权。其次，汇编人在行使其对汇编作品的著作权时，不得侵犯原作品的著作权。

在实践中，可能存在可以分割使用的汇编作品。对于汇编作品中可以单独使用的部分，其作者对该部分作品享有著作权。例如，《中国大百科全书》的法学部分作者就有许多人，他们每个人对自己创作的那部分作品单独享有著作权，都有权单独使用自己创作的那部分作品。同合作作品一样，单独使用自己作品的作者不得侵犯汇编者的著作权。

7. 版式设计著作邻接权的归属

版式设计，是指书刊在发排前，对原稿内容各部分排版格式的确定和技术处理。包括版心的大小，序言、目录、正文、图表、附录等各部分和各级标题、书眉（中缝）、页码、引文、注文等的排列顺序，字体、字号、字行间距，以及版面布局和配置装饰等所有版面形式的编排设计。

合理的版式设计，可使原稿的性质、体例、结构、层次得以清晰地、有条不紊地表达出来，并与开本、装订形式和封面、插图风格和谐一致，使读者在阅读和使用时感到方便实用、美观悦目。版式设计也是印刷厂拣字拼版的依据，使排字、印刷、装订工作都能顺利进行，印刷材料和纸张能够得到合理的充分的利用。可见，版式设计从其性质上来讲，是为了使作品传播达到较好的效果而作的一种形式上的设计，活动本身不是作品的创作，也不产生新的作品。所以，版式设计本身不属于著作权的保护对象，只能受邻接权保护。

图书、期刊出版者对于其版式设计享有专有使用权。根据《著作权法》第 36 条的规定，图书、期刊出版者有权许可或者禁止他人使用其出版的图书、期刊的版式设计。该专有使用权受保护的期限是 10 年，截止于使用该版式设计的图书、期刊首次出版后第 10 年的 12 月 31 日。

8. 其他情形下的著作权归属

除上述著作权归属的情形外，还有以下几种著作权归属的情形需要图书、期刊出版者予以关注和明确：

（1）原件所有权转移的美术作品著作权的归属

《著作权法》第 18 条规定："美术等作品原件所有权的转移，不视为作品著作权的转移，但美术作品原件的展览权由原件所有人享有。"图书、期刊出版者涉及美术作品的出版和使用，则需要明确该种情形下的著作权归属。

作品的所有权与作品的著作权不是一回事。作品原件所有权的转移，不视为作品著作权的转移。取得作品原件的所有权，不等于就取得了该作品的著作权。当然，法律也规定了一种例外情况，即美术作品的原件所有人享有对美术作品原件的展览权。这是专门针对美术类作品作出的适合实际需要的规定。作品原件在所有人手里，再强调著作权人有展览权，在实际上很难行得通。

对于图书、期刊出版者来说，关注的通常是美术作品的出版和使用，一般不涉及美术作品的展览。

(2) 作者死亡或者组织变更、终止后的著作权归属

如果出版或者使用的是作者已经死亡或者法人、其他组织已经变更、终止的作品，图书、期刊出版者应当依据《著作权法》第19条的规定确定该类作品的著作权归属。

根据《著作权法》第19条的规定，公民死亡之后，其作品在法定保护期内的著作财产权依照继承法的相关规定转移。著作权属于法人或者其他组织的，法人或者其他组织变更、终止后，其法定保护期限内的著作财产权，由承受其权利义务的法人或其他组织享有；没有承受其权利义务的法人或者其他组织的，由国家享有。

需要注意的是，这里所说的作者死亡或者组织变更、终止之后著作权的归属，仅指著作财产权的归属。著作人身权不得继承，不可让与。作者死亡后，他人不得删除、改变作者对其作品的署名。作品的修改权，未经作者授权，他人不得行使。

(3) 当事人合意以特定人物经历为题材完成的自传体作品的著作权归属

自传体作品，是叙述自己生平和经历的作品，多为文字作品，如图书和文章。自传体作品以事实为依据，并不妨碍作品可以具有创造性。完成自传体作品，可能是主人公自行撰写，不涉及他人，但自传体作品在他人参与下完成的情形也是常见的。在存在其他参与人的情形下，自传体作品的著作权归属也是图书、期刊出版者在出版或使用作品时必须要明确的问题。

根据最高人民法院《关于审理著作权民事纠纷案件适用法律若干问题的解释》第14条的规定，当事人合意以特定人物经历为题材完成的自传体作品，当事人对著作权权属有约定的，依其约定；没有约定的，著作权归该特定人物享有，执笔人或整理

人对作品完成付出劳动的，著作权人可以向其支付适当的报酬。

（4）不同作者就同一题材创作的作品著作权的归属

在实践中，不同作者就同一题材特别是重大历史或者社会题材创作的作品，常常会发生作品的某些内容和表达雷同的情形，当事人常常为是构成抄袭剽窃还是合法独立创作发生争议。

实际上，对于相同的主题任何人都应当享有充分的自由和空间进行创作。如果人为地对某些题材、史实、资料等进行垄断，会窒息作者的创作，并不是著作权立法的精髓和本意。一般地说，对于体现重大社会、历史题材的作品都要使用一些客观历史史实，任何人都不可能凭空杜撰。因此，一些作品在记述人物、时间、事件等内容时所反映的客观史实和所利用的史料部分相同，不能作为构成剽窃的根据。而不同作品在创作风格、文学处理等表达形式上体现作者的创作特点，则突出地表现了作品的独创性。具有独创性的作品不会因为题材相同而不受《著作权法》的保护，甚至被列为侵权作品。

所以，在处理不同作者就同一题材创作的作品的著作权归属问题时，最高人民法院《关于审理著作权民事纠纷案件适用法律若干问题的解释》第 15 条规定："由不同作者就同一题材创作的作品，作品的表达系独立完成并且有创造性的，应当认定作者各自享有独立著作权。"这一方面体现了《著作权法》对于受保护的作品的要求，也符合"著作权属于作者"的立法思想，为依法公正合理处理这类纠纷提供了法律依据。

（三）图书期刊著作权的取得

1. 著作权的取得原则

著作权的取得原则是针对著作权的最初取得而言的，它表明著作权因何种事实而对特定权利主体发生效力。著作权的取得原则有以下三种：自动取得原则；登记注册取得原则和其他取得原则。

我国《著作权法》在著作权的取得上参照国际通行做法，采用了自动取得原则，即著作权自作品创作完成之日起自动产生。基于该原则，图书期刊作品的创作者自作品创作完成之日起即对有关作品享有著作权。

2. 图书期刊著作权的取得方式

(1) 图书、期刊出版者取得著作权的方式

图书、期刊出版者取得著作权主要有以下几种方式：

① 通过组织主持创作作品取得著作权

图书、期刊出版者作为法人可以根据自己的需要进行各类作品的创作，取得在其组织主持下创作并由其承担责任的作品的著作权。

② 依法或依合同取得员工的职务作品的著作权

如前所述，对于其职工创作完成的规定范围内的职务作品，图书、期刊出版者享有著作权。除法定范围内的职务作品外，图书、期刊出版者还可以在与员工签订的劳动合同中约定员工创作的其他职务作品的著作权归属，取得有关职务作品的著作权。

③ 通过委托合同或者合作创作合同取得著作权

图书、期刊出版者也可以成为作品的委托创作合同或者合作创作合同的主体。图书、期刊出版者如果是合作创作合同的主体，则依法取得合作作品的著作权；如果属于委托合同的主体，则可以通过在合同中确定作品著作权归属的方式取得著作权。

④ 通过转让合同取得著作权

著作权作为一项权利是可以在规定范围内自由处分的，也是可以转让的。著作权人可以通过签订转让合同的方式转让著作权，因此，通过转让合同取得作品的著作权也成为图书、期刊出版者取得著作权的方式之一。

⑤ 在企业合并、分立过程中取得著作权

图书、期刊出版者作为企业合并、分立过程中的主体，可能基于企业著作权的合并和分割而取得著作权。

⑥ 以其他方式取得著作权

除上述取得方式外，图书、期刊出版者还可能因为接受赠与、遗赠等原因取得著作权。

综合以上著作权取得的方式，图书、期刊出版者取得著作权的方式主要有两类：原始取得和继受取得。自行创作取得、取得员工创作的职务作品、合作创作作品等取得著作权的方式属于原始取得方式。而通过转让合同、合并、分立、接受赠与等方式取得著作权的方式属于继受取得方式。

（2）作者取得著作权的方式

和图书、期刊出版者取得著作权相比，作品作者取得著作权的方式主要是创作取得，即作者通过创作完成作品的方式取得所创作作品的著作权。

当然，作者取得著作权的方式也包括基于委托合同、转让合同取得作品著作权。除此之外，自然人可以通过继承、遗赠等取得著作权。

由于作者取得著作权的方式可以在不同作品的著作权归属中得到确认，所以，这里不再赘述。

二、经典案例评析

（一）创作作品的著作权归属及侵权案

【基本案情】

原告，俞进军，中国人民武装警察部队政治部文工团干事；被告，杨凡，中国人民武装警察部队政治部文工团演员；被告，崔麟，北京人民艺术剧院演员。

2000年北京电影制片厂（后更名为中国电影集团公司第一制片分公司，以下简称制片分公司）提出了筹拍电视连续剧《中国特警》的可行性报告，策划为：杨凡、崔麟、高敏茹。2000年11月21日，北京电影制片厂提出了拍摄方案。

杨凡、崔麟因工作忙，且不会使用电脑，欲寻一人执笔创作《中国特警》剧本。此间遇到俞进军，因俞进军称擅长文学创作，又对杨凡、崔麟关于《中国特警》的创意和素材感兴趣，故三人决定合作。2001年3月28日，俞进军与杨凡、崔麟签订协议书，协议书主要内容为：杨凡、俞进军、崔麟三人本着精诚团结，互惠互利，保证各自基本利益前提下，共同合作，策划并创作20集电视连续剧《中国特警》。并约定剧本作者为俞进军，杨凡出任男主角，崔麟出任主线贯穿人物角色，三人均为策划人。保证俞进军创作费每集人民币1万元。

2001年6月5日，俞进军在未告知杨凡、崔麟的情况下，与制片分公司的制片人高敏茹签订版权购买合同书，约定制片分公司在3年内享有对俞进军的电视连续剧《中国特警》（暂定名）剧本进行创作、改编、审定及拍摄的权利，制片分公司支付俞进军创作版权费，每集8 000元，按三期支付。签约后，俞进军执笔，创作完成了剧本一稿，制片分公司送武警总部审读，并先后支付俞进军稿酬8万元。2001年12月6日，武警总部电视艺术中心副主任丁临一出具了审读意见，指出了剧本的不足，认为该剧本尚需较大内容的修改。

杨凡、崔麟在得知俞进军独自将《中国特警》剧本与制片分公司签订协议后，认为俞进军与制片分公司订立合同时，剧本尚未完成，故俞进军出卖的是杨凡、崔麟的创意和素材。因俞进军违反了三人协议，杨凡、崔麟遂通知俞进军，解除与俞进军的合作关系。杨凡、崔麟并将该情况通知了高敏茹，高敏茹遂决定与俞进军解除合同。

2001年12月17日，俞进军与制片分公司签订了解除原“剧本《中国特警》版权购买合同书”的协议。次日，俞进军与海南重德影视文化传播有限公司（以下简称重德公司）签订版权购买合同书，约定俞进军将《中国特警》（暂定名）的（电视、影视）剧本的创作、改编、审定及拍摄权出售给重德公司。重德公司支付给制片分公司8万元版权费。俞进军于2001年12月17日出具收到重德公司稿酬8万元的收条。

2002年8月2日，俞进军签署了一份声明，主要内容为：本人俞进军于2001年12月18日与重德公司签订的《中国特警》“版权购买合同书”声明作废。有关20集电视连续剧《中国特警》的版权归属问题与本人无关。并由此而派生出的一切副产品（包括出书、音像制品等）均与本人无关。本人俞进军特与重德公司郑重声明：放弃《中国特警》版权所有权，及署名权，并保留重德公司给付的80 000元稿酬所有权（个人所得税由本人承担）。

俞进军提出，该声明系在杨凡、崔麟的威胁下被迫签署的。

就俞进军签署该弃权声明的缘由，杨凡、崔麟称，俞进军系在杨凡、崔麟不知情的情况下与重德公司签约的。杨凡、崔麟认为俞进军与制片分公司签约出售的是其剧本一稿，而一稿只是由俞进军执笔，其创作素材、情节构思均是杨凡、崔麟口述给俞进军的，因此一稿是合作作品，俞进军不应独自享有制片分公司支付的8万元稿酬，故杨凡、崔麟向俞进军追索稿酬。为了达到独吞稿酬的目的，俞进军主动签署了弃权声明，保证以后不再干预拍摄。该声明针对的是重德公司，而非杨凡、崔麟。重德公司给付俞进军稿酬只是为了锁定《中国特警》这个题材。因俞进军同意解除与重德公司的协议，杨凡、崔麟为使《中国特警》得以拍摄，同意不再追究稿酬问题。

2002年4月4日，国家广播电影电视总局（简称广电总局）

授予北京电影学院电视剧制作中心《中国武装特警》电视剧制作许可证。2002 年 7 月 19 日，武警总部政治部宣传部致函广电总局，认为电视连续剧《中国特警》剧本通过审读，可以拍摄。现该电视剧已录制完成。

该剧本拍摄完成之后，俞进军向法院提起诉讼，主张其对《中国特警》剧本享有著作权。

而被告杨凡、崔麟主张，电视剧《中国特警》的拍摄依据是二人创作的《中国特警》剧本二稿，俞进军只参与创作过一稿，根本不存在俞进军创作的二稿，所以，不同意俞进军对剧本二稿享有著作权。

俞进军和杨凡、崔麟均认可俞进军创作的剧本一稿与其作为电视剧《中国特警》拍摄依据的二稿的内容有较大差异。

俞进军为证明其属于二稿的创作作者，提供了剧本的打印稿证据以及证人证言等。但其证据效力被法院依据有关规则否认。杨凡、崔麟也提供了手稿、创作细节、证人证言等证据证明二者的创作者身份，其证据被二审法院确认具有证明效力。

基于查明的事实，二审法院判决确认了杨凡、崔麟对剧本二稿的著作权，驳回了俞进军对剧本二稿享有著作权的诉讼请求。

【案件评析】

本案看起来非常复杂，但是实际上却非常简单，就是要确定创作作品的归属，即谁对该剧剧本享有著作权。

根据《著作权法》的规定，著作权属于创作作品的作者。而且，作品的创作者是对作品的创作作出实质性贡献的人，仅仅为作品的创作做一些辅助性工作的人不能够成为作品的作者，也不能对作品享有著作权。

在本案中，俞进军对《中国特警》剧本主张享有著作权。我们可以按照下列步骤来分析案件，得出案件所涉作品的著作权归属。

首先，要明确案件所涉及的作品。只有在明确作品的基础上才可能对作品的作者作出准确的界定。在该案中，原告俞进军和被告杨凡、崔麟均承认剧本存在一稿和二稿，而且，由于双方都承认剧本一稿和二稿存在明显的差异，所以，二者应该属于不同的作品，而不是同一作品。在该案中，原被告对于一稿属于合作作品也并没有争议，存在争议的作品是作为电视剧《中国特警》拍摄依据的剧本二稿。原告俞进军对电视剧《中国特警》的拍摄依据即剧本二稿主张享有著作权。所以，该案涉及的作品是《中国特警》剧本二稿，而不涉及其他作品或者剧本版本的著作权归属问题。

其次，在明确了存在著作权争议的作品后，需要确定谁进行了涉案作品的创作活动，谁是涉案作品的创作者。根据《著作权法》确定作品著作权归属的要求，有关主体要主张对作品的著作权，需要提供进行作品创作的有关证据。在该案中，原告俞进军和被告杨凡、崔麟都提供了相关证据以证明各自进行了涉案作品的创作活动。

原告俞进军为证明其是创作剧本二稿的作者，主要提供了剧本、审读意见、商借函以及证人证言。由于其提供的剧本系打印件，在存在从他处取得该剧本的可能性的情况下，仅凭持有剧本不能证明该剧本是俞进军创作的。所提供的证人丁临一的审读意见中，并没有关于剧本作者或者剧本创作过程的内容，因此也不能证明俞进军是剧本的作者。俞进军所提供的证据商借函，经法院审查也不能证明存在制片分公司借用俞进军从事剧本二稿创作的事实。为俞进军出具证言的证人未出庭作证，在杨凡、崔麟对他们的证言提出异议，并且没有其他证据佐证这些证人证言的情况下，法院也无法对这些证人证言予以采信。

可见，俞进军提供的证据均不能证明其参与了剧本二稿的创作活动，是剧本二稿的作者，基于一稿产生的三人之间的合作创作关系，不能自动延伸到和一稿有着根本不同的二稿创作上。所以，俞进军主张对剧本二稿的著作权，无论从创作活动上，还是从合同关系上，都没有依据。

杨凡、崔麟为证明其是创作剧本二稿的作者，提供了4集剧本的手写原稿，以及剧本1—6稿的打印件，同时，参与创作或提供素材的刘壮、李吉荣、徐春雷、梁行永、王德权等提供了证人证言，证明争议剧本主要由杨凡、崔麟创作完成。这些证据多为直接证据，与俞进军提供的证据相比，具有较高的证明力，因此，杨凡、崔麟是争议剧本的作者，对该作品享有著作权。

综上分析，二审法院依据《著作权法》的规定将著作权主体确认为从事作品创作活动的杨凡、崔麟，驳回无法证明自己从事了涉案作品创作的俞进军的著作权请求，在法律上是有充分的法律依据的，是正确的。

（二）演绎作品的著作权归属及侵权案

【基本案情】

原告王文喜系中国农业大学学生，应学校的要求，写了《我的成长过程》一文交给校方，该文由王文喜执笔并署名，讲述了本人家境的贫困和艰难的求学过程。原告刘庆江在中国农业大学具体负责贫困生工作，曾对《我的成长过程》一文进行了修改润色。

被告何建明是作家，受共青团中央的委托，为写一篇反映高校贫困生的报告文学接受中国农业大学的邀请，于1998年4月29日到该校进行实地采访。该校领导将贫困生所写的材料提供给何建明看，并安排刘庆江负责接待。学校领导向刘庆江介绍了何建明的作家身份，并说明了作家采访意图。随后刘庆江接受了何建明的采访，其在向何建明详细介绍该校贫困生的情况时，重点介绍了王文喜的情况，并提供了相关材料。

1998年1月10日，《中国作家》杂志1998年第6期刊登了何建明撰写反映高校贫困生不畏艰难困苦，自强不息奋斗经历的报告文学《落泪是金》，全文共计20余万字。其中第一章第15页至第17页涉及《我的成长过程》一文，何建明采取与王文喜对话的方式，以第一人称“我”（即王文喜），向读者讲述了一个出生于中国贫困农民家庭的孩子所走过的漫长而凄怆的求学道路，即有改动地使用了《我的成长过程》一文的文字内容约5 000字。

二位原告认为被告何建明及中国作家杂志社未经同意使用《我的成长过程》一文，侵犯其作品的发表权和改编权。

被告何建明坚持其取得并使用《我的成长过程》一文是经过中国农业大学校领导的认可及王文喜、刘庆江同意的，但王文喜、刘庆江否认曾同意何建明在其报告文学中使用《我的成长过程》一文。

被告中国作家杂志社认为，其对于所刊登的文章是否侵犯他人著作权没有义务进行实质审查，也没有可能进行实质审查，因此其刊登《落泪是金》一文没有任何主观过错，也没有法定过错，没有侵犯原告的著作权，不应承担法律责任。

北京市第二中级人民法院经审理认定：《我的成长过程》一文由王文喜执笔并署名，鉴于王文喜、刘庆江一致主张该文经过刘庆江的修改、加工、完善，是由二人共同创作完成，故应确认二人均享有著作权。未经二人许可，任何人不得以任何形式使用该作品，中国农业大学校领导无权处分该作品的发表、使用等相关权利。何建明主张《我的成长过程》一文属于中国农业大学拥有的资料，其使用该资料经过了校领导的认可，系合法使用，缺乏法律依据。应认定何建明未经王文喜、刘庆江的许可，将二人未曾发表的合作作品用于其《落泪是金》报告文学作品中，构成了对二人作品的抄袭、剽窃，也构成了对二人作品发表权的侵犯。对此，何建明应承担赔礼道歉、赔偿损失的法律责任。中国作家杂志社刊登何建明的报告文学《落泪是金》，亦应承担相应的法律责任。

北京市第二中级人民法院依照《中华人民共和国著作权法》认定二被告的行为构成侵权，责令停止侵权行为，并在《中国作家》杂志上刊登致歉声明并赔偿二被告的经济损失共计6 000元。

何建明、中国作家杂志社不服一审判决，向北京市高级人民法院提起上诉。

北京市高级人民法院经过审理认定了有关的侵权事实，责令二被告停止侵权行为，并根据侵权影响等因素对二被告承担责任的方式以及赔偿的数额进行了调整：二被告赔偿原告经济损失共计600元，鉴于何建明与中国作家杂志社的侵权情节轻微，且何建明的报告文学《落泪是金》发表后，使数以万计原来生活和学习困难的贫困大学生得到了社会各界的关怀，并获得了多方资助。故对于王文喜要求公开赔礼道歉的请求，未予支持。

【案件评析】

该案是一起演绎作品的作者和杂志社共同侵犯原作品作者著作权的案件。如果我们可以准确地界定不同作品的著作权归属，就可以避免类似侵权案件的发生。

首先，在该案中，《我的成长过程》的著作权属于作者，而不属于组织作品创作的中国农业大学。根据《著作权法》的规定，只有法定范围内的作品才属于应当由法人享有著作权的作品，这些作品包括：①主要是利用法人或者其他组织的物质技术条件创作，并由法人或者其他组织承担责任的工程设计图、产品设计图、地图、计算机软件等职务作品；②法律、行政法规规定或者合同约定著作权由法人或者其他组织享有的职务作品。而该案所涉的作品既不属于《著作权法》规定范围内的工程设计图、产品设计图、地图、计算机软件等作品，也不属于约定由中国农业大学享有著作权的作品，因此，作品的著作权应当属于作者。由于《我的成长过程》由王文喜完成，并由刘庆江作了修改润色，可以认定属于二人的合作作品。而且，在案件中二人对于《我的成长过程》属于合作作品并无异议，所以，应当认定属于二人的合作作品。对此，一审法院和二审法院都作了认定。

其次，该案中的《落泪是金》属于演绎作品。演绎作品是对已有作品进行改编、翻译、注释、整理等而产生的新作品。改编是指在原有作品的基础上，通过改变作品的表现形式或者用途，创作出具有独创性的新作品。何建明的报告文学《落泪是金》其中第一章第 15 页至第 17 页是在《我的成长过程》一文的基础上进行的再创作，其改变了原作的表现形式，系具有独创性的新作品即改编作品。根据《著作权法》的规定，演绎作品的著作权由演绎者享有，但是不得侵犯原作品的著作权。所以，何建明的《落泪是金》中的部分内容是在《我的成长过程》基础上产生的演绎作品，其著作权应当由何建明享有，但是，其在行使著作权时不得侵犯原作者王文喜、刘庆江的著作权。

基于上述著作权归属的分析可以认定：何建明在对其演绎作品《落泪是金》行使著作权时，应当征得原作品著作权人王文喜、刘庆江的同意，并且支付报酬。否则，即构成对二人著作权的侵犯。另外，由于《我的成长过程》属于合作作品，而且属于不可分割使用的作品，其著作权应由王文喜、刘庆江共同行使，何建明要改编作品应当征得二人的同意，而不能仅仅以已经征得其中一人的同意就否认构成侵权。根据案件的事实，人民法院认定何建明侵犯刘庆江获得报酬的权利，侵犯王文喜发表权、改编权是正确的。

根据《著作权法》第 35 条的规定，图书期刊的出版者出版改编、翻译、注释、整理、汇编已有作品而产生的演绎作品时，应当取得改编、翻译、注释、整理、汇编作品的著作权人和原作品的著作权人许可，并支付报酬。而在该案中，中国作家杂志社在使用何建明的改编作品时，并没有取得改编作品的原作品著作权人的许可，因而构成对原作品著作权人著作权的侵犯。作为图书期刊的出版者，当然有义务对其发表作品的来源和著作权情况进行实质审查，所以，中国作家杂志社以没有实质审查义务进行抗辩，缺乏法律依据。法院认定其构成对王文喜、刘庆江著作权的侵犯并要求其和何建明共同承担赔偿责任是正确的。

（三）职务作品的著作权归属及侵权案

【基本案情】

原告孟昭瑞，系解放军画报社退休记者，在抗美援朝期间，其作为随军记者拍摄了一些反映抗美援朝战争的照片。其所在的单位解放军画报社留存了上述照片。2003 年 8 月，原告发现被告人民出版社出版了标注为“中国军事博物馆编”的《抗美援朝战争》一书，该书中使用了 9 幅原告抗美援朝期间随军拍摄的摄影作品。该书使用原告的上述作品未经原告许可，也未向原告支付报酬，于是原告将作为编者的中国军事博物馆和出版者的人民出版社诉至法院，要求法院确认两被告侵犯了其对作品享有的署名权、复制权、发行权、获得报酬权、保护作品完整权，判令人民出版社停止出版、发行《抗美援朝战争》一书，向原告支付作品使用费及律师费共 22 500 元，承担本案的诉讼费用，并在《新闻出版报》、《中国摄影报》上向原告赔礼道歉、消除影响。

被告军事博物馆答辩称：涉案 9 幅摄影作品为职务作品，著作权应归属解放军画报社；涉案 9 幅照片系我单位从解放军画报社取得，而非从原告处取得；我单位出版涉案图书没有盈利，故请求驳回原告的诉讼请求。

被告人民出版社答辩称：涉案9幅摄影作品为职务作品，著作权应归属解放军画报社；《抗美援朝战争》一书是由军事博物馆署名并承担责任的作品，我社出版该书有军事博物馆的合法授权，并与军事博物馆签订了《图书出版合同》，我社已经履行了合理的注意义务，不应承担侵权责任；我社出版涉案图书没有盈利。故请求驳回原告的诉讼请求。

北京市第二中级人民法院经审理后认定：孟昭瑞退休前系解放军画报社记者，在抗美援朝期间，其作为随军记者拍摄的包括涉案9幅摄影作品在内的一些反映抗美援朝战争的照片属于职务作品。依据我国《著作权法》的相关规定，如无法律规定及约定，职务作品的著作权由作者享有。孟昭瑞作为该作品的拍摄者，其依法享有该摄影作品的著作权。人民出版社未经许可，在其出版、发行的《抗美援朝战争》一书中使用了孟昭瑞享有著作权的9幅摄影作品，未给孟昭瑞署名，且未向孟昭瑞支付稿酬，侵犯了孟昭瑞对涉案9幅摄影作品享有的署名权、复制权、发行权、获得报酬权，应承担相应的民事责任。

基于上述认定，法院认为原告孟昭瑞请求法院判令人民出版社停止侵权、赔礼道歉、消除影响、赔偿经济损失及因本案诉讼支出的合理费用的诉讼主张，理由正当，应予支持。综合考虑被告侵权的方式、范围、主观过错程度等因素，根据案件的具体情况，北京市第二中级人民法院依照《著作权法》的有关规定作出了责令被告停止侵权、赔礼道歉、赔偿经济损失和其他合理支出共计6 400元的判决。

【案件评析】

这是一起关于职务作品著作权归属的案件，在该案中，如果被告明确了职务作品以及职务作品的著作权归属等相关问题，就可以有效地避免侵权，避免承担侵权的不利后果。

根据我国《著作权法》的规定，公民为完成法人或者其他组织工作任务所创作的作品是职务作品。在该案中，原告孟昭瑞作为解放军画报社的记者，随军拍摄的反映抗美援朝战争的照片是在工作过程中为完成工作任务而创作的作品，属于职务作品。这一点并无争议。

但是，对于职务作品的著作权归属，根据《著作权法》的规定，可以分为两种情况：

第一，法定范围内的职务作品的著作权归属，或者说特殊职务作品的著作权归属：由所在单位享有著作权，作者仅享有署名权和获得必要物质报酬的权利。这里法定范围内的职务作品或者特殊的职务作品是《著作权法》第 16 条规定的职务作品情形，前面已经介绍，这里不再赘述。

第二，其他职务作品的著作权归属：由作者享有著作权，但未在一定范围内享有优先权和使用权。《著作权法》第 16 条规定的两种情形之外的职务作品的著作权由作者享有。但是，单位在其业务范围内可以优先使用该作品，在作品完成两年内，未经单位同意，作者不得许可第三人以与单位相同的方式使用作品。如果经单位同意，作者许可第三人以与单位相同的方式使用作品所获报酬，由作者和单位按照约定的比例分配。可见，对于一般的职务作品，作者所在单位仅仅在一定范围内享有优先权和使用权，而不享有著作权。

很显然，该案孟昭瑞所创作的摄影作品虽然属于职务作品，但是并不属于应当由所在单位享有著作权的职务作品。所在单位解放军画报社也就无权就所涉作品向军事博物馆及人民出版社进行相应的许可。

在明确了案件所涉作品的著作权归属之后，我们再来看一下该案中两被告人的行为：

被告军事博物馆作为图书的编辑者，应对作品内容承担法律责任。无论其作品《抗美援朝战争》属于原创作品还是演绎作品、汇编作品，作品中涉及他人作品的使用时，不得侵犯原作品作者的著作权，即应当征得原作品作者的许可、正确表明原作品作者的身份，并且支付报酬。而在该案中，中国军事博物馆在编写《抗美援朝战争》中使用原告孟昭瑞的摄影作品时，未征得作者的许可、未标明作者的姓名，也未支付报酬，显然构成了对原告著作权的侵犯。

根据法律规定，被告人民出版社作为图书出版者，在出版改编、翻译、注释、整理、汇编已有作品而产生的作品时，应当取得改编、翻译、注释、整理、汇编作品的著作权人和原作品著作权人的许可，并支付报酬。所以，在该案中，被告人民出版社不但应当和图书的编辑者军事博物馆签订《图书出版合同》，解决相关的许可、报酬支付等事项，还应当取得《抗美援朝战争》所涉及的原作品著作权人的许可，并支付报酬。否则，即构成对原作品著作权人的侵犯。

（四）翻译作品的著作权归属及侵权案

【基本案情】

原告，郅溥浩，系中国社会科学院外国文学研究所研究员；被告，中央编译出版社，北京图书大厦有限责任公司。原告起诉被告中央编译出版社未经许可使用出版其翻译作品，并且未正确署名、未支付报酬，因而侵犯了其对翻译作品的署名权、复制权、发行权以及获得报酬权等著作权；被告北京图书大厦有限责任公司销售侵权图书，应当和中央编译出版社共同承担侵权责任。

原告郅溥浩参与翻译了 1999 年 9 月由北京燕山出版社出版的《一千零一夜》一书，是书中阿拉伯民间故事“国王山鲁亚尔和宰相女儿山鲁佐德”、“贾尼姆和姑图·谷鲁比”、“聂尔曼和努尔美的故事”、“睡着的人和醒着的人”、“卡玛尔·宰曼王子和白都伦公主”、“阿里沙琳和女奴珠曼丽”、“一对殉情的恋人”、“终身不笑者的故事”、“一对牧民夫妇的故事”、“一个阿曼青年的爱情故事”、“一个自称偷窃者和他心爱姑娘的故事”等11个故事的翻译者，享有所译作品的著作权。

2005年5月10日，北京燕山出版社（乙方）与郅溥浩（甲方）签订图书出版合同，合同约定乙方向甲方支付稿酬按人民币80元/千字计算。

2004年11月27日，北京海淀区贝景文化发展有限公司（甲方）与中央编译出版社（乙方）签订书稿转让协议，甲方将包括《一千零一夜》在内的40部书稿的专有出版权和翻译文本使用权转让给乙方，并保证上述权利不侵犯任何第三方之权益，对于由此导致的权利纠纷，甲方承担一切责任。

中央编译出版社于2005年8月出版《一千零一夜》一书，该书版权页记载：李曼西编译，中央编译出版社出版发行，ISBN 7-80211-136-6，2005年8月第1版第1次印刷。该书使用了郅溥浩所翻译的上述11个故事，使用字数171千字。该书由北京图书大厦有限责任公司进行了销售。

在发现上述情形后，原告将中央编译出版社和北京图书大厦有限责任公司诉至法院，要求确认两被告构成对原告著作权的侵犯，并赔偿原告的各项损失。

一审法院北京市西城区人民法院经审理后认定：郅溥浩参与翻译、由北京燕山出版社出版的《一千零一夜》一书出版发行时间为1999年9月，至今并未超过著作权保护期；中央编译出版社出版的作品与北京燕山出版社出版的、郅溥浩翻译的作品具有相同或相似的情节、语句，构成对郅溥浩著作权的侵犯。中央编译出版社作为翻译作品的图书出版者，在译者李曼西身份不详、作品权属不清的情况下，由北京海淀区贝景文化发展有限公司处转让得来《一千零一夜》书稿，未尽其必要的审查注意义务，出版该书，已构成未经许可情况下的使用。书中被控侵权部分均与郅溥浩所译作品基本相同或相似，译者并非李曼西，而中央编译出版社却以译者李曼西名义出版发行，侵犯了郅溥浩对其作品依法享有的署名权、复制权、发行权以及获得报酬权。

另外，《一千零一夜》是著名的阿拉伯民间文学，属于世界名著，流传时间久远，曾被译成多种文字，其中翻译者的创造性劳动起了重要作用。中央编译出版社的上述侵权行为严重侵犯了翻译者的署名权，给郅溥浩造成了精神伤害，应就其行为向郅溥浩公开赔礼道歉，予以精神抚慰。同时，郅溥浩有权要求其支付一定数额的精神损害抚慰金。

北京图书大厦销售了涉案侵权图书，但其在诉讼中举证证明了所销售的涉案图书有合法来源，主观上并无过错，故其可不承担损害赔偿责任，但应当立即停止销售涉案侵权图书。

基于上述认定，北京市西城区人民法院对该案做出了责令中央编译出版社停止侵权、公开赔礼道歉、向原告支付精神抚慰金4 000元、赔偿原告经济损失和合理支出共计44 818.7元的判决。

中央编译出版社不服该判决，向北京市第一中级人民法院提起上诉。北京市第一中级人民法院认为原审判决认定事实清楚，适用法律正确，因此作出了驳回上诉，维持原判的终审判决。

【案件评析】

该案是一起涉及翻译作品是否享有著作权以及著作权归属的案件。

翻译，是指将作品从一种语言文字转换成另一种语言文字。同种语言之间的转写，如将汉字转写成汉语拼音，不构成翻译，而是复制。著作权法所说的翻译，是指自然语言之间的转换，例如将英文转换成中文。翻译作品通常指文字作品或者口述作品等语言类作品的再创作。由于翻译活动属于在他人作品上进行的再创作活动，所以，《著作权法》在确认原作品作者著作权的同时，也确认作品翻译者对其创作作品的权益，即作品的翻译者对其翻译作品享有著作权，但是，作品的翻译者对其翻译作品行使著作权时，不得侵犯原作品的著作权。

对于该案中的翻译作品是否存在著作权、著作权的归属以及侵权赔偿的问题，主要存在以下几个争议焦点：

1. 北京燕山出版社出版的郅溥浩翻译的《一千零一夜》中的11个故事是否受我国《著作权法》的保护

《一千零一夜》系阿拉伯国家的古老传说，其原著由于已经超过《著作权法》对作品著作权的保护期限而进入公有领域，任何人都可以使用。但是，翻译《一千零一夜》所产生的作品只要在《著作权法》规定的保护期限之内就应当获得保护，他人未经翻译作品的著作权人的许可不得复制、发行该作品。本案中，郅溥浩主张著作权的《一千零一夜》中的11个故事由北京燕山出版社于1999年出版，而被控侵权图书于2005年出版，因此截至被控侵权行为发生之时，郅溥浩主张著作权的作品仍在《著作权法》规定的保护期内。综上，北京燕山出版社出版的郅溥浩翻译的《一千零一夜》中的11个故事受我国《著作权法》的保护。

2. 中央编译出版社出版《一千零一夜》是否构成对郅溥浩著作权的侵犯

在著作权侵权判断中，被控侵权行为应当符合下列两个要件：一是被告接触过原告主张著作权的作品；二是被控侵权作品与原告主张著作权的作品构成实质性相似。

首先，北京燕山出版社于1999年出版了郅溥浩参与翻译的《一千零一夜》，早于被控侵权图书的出版时间，因此可以推定中央编译出版社接触过郅溥浩主张著作权的图书；其次，中央编译出版社虽然列举了被控侵权图书与郅溥浩翻译的《一千零一夜》中11个故事之间的一些区别，但这些区别属于在具体表达方式上的细微改变，仍构成实质性相似。因此，中央编译出版社出版《一千零一夜》构成对郅溥浩著作权的侵犯。

3. 中央编译出版社出版《一千零一夜》一书是否尽到了合理审查义务

中央编译出版社称其与北京海淀区贝景文化发展有限公司签有被控侵权图书的书稿转让协议，因此尽到了合理审查义务。对此，法院认为：首先，中央编译出版社未经著作权人郅溥浩的许可，出版被控侵权图书的行为本身即构成了对著作权人复制权和发行权的侵犯。即使中央编译出版社与北京海淀区贝景文化发展有限公司之间有关于被控侵权图书著作权权属纠纷责任承担方面的约定，其也属于中央编译出版社与北京海淀区贝景文化发展有限公司之间的约定，中央编译出版社不能以此对抗郅溥浩所享有的著作权。其次，北京燕山出版社早在1999年9月就出版了郅溥浩等翻译的《一千零一夜》一书，且《一千零一夜》一书在国内流传广泛，作为正规出版单位的中央编译出版社更应当知道该事实，但其于2005年8月出版被控侵权的《一千零一夜》一书，其主观上明显存在过错。

综上，中央编译出版社仅以与北京海淀区贝景文化发展公司签订有书稿转让合同并且约定由侵权责任的承担条款就主张尽到了合理审查义务，没有法律和事实依据，因此，法院认定中央编译出版社没有尽到谨慎审查义务是正确的。

4. 原审法院判决的赔偿数额是否适当

中央编译出版社认为一审法院确定的侵权赔偿数额过高，而且不应当承担精神损害赔偿金。根据《著作权法》第48条的规定，侵犯著作权或者与著作权有关的权利的，侵权人应当按照权利人的实际损失给予赔偿；实际损失难以计算的，可以按照侵权人的违法所得给予赔偿。赔偿数额还应当包括权利人为制止侵权行为所支付的合理开支。因此，在确定赔偿数额的时候，首先应当计算著作权人的实际损失，所以，中央编译出版社上诉称应当优先适用侵权人的获利计算赔偿数额的理由缺乏法律依据。在本案中，郅溥浩受到的实际损失包括中央编译出版社使用涉案作品而应向其支付的稿酬、由于本案诉讼所支付的合理支出等。

关于精神损害赔偿，被告中央编译出版社认为其行为没有给郅溥浩造成任何名誉的贬损和精神伤害，因此不应当承担精神损害赔偿责任。而法院认为，郅溥浩主张著作权的《一千零一夜》中的11个故事系原创作品，且翻译难度较大，社会普及程度较高，中央编译出版社不但未给作者署名，且更改了作者署名，将译者署名为李曼西，容易使读者对《一千零一夜》真正的翻译作者产生误认，对郅溥浩享有的精神权利造成损害，应当承担精神损害赔偿责任。并且，综合考虑涉案作品的知名程度、涉案侵权行为的情节、过错程度并参考涉案作品的在先许可使用费标准以及郅溥浩为本诉讼支出的合理费用等因素确定了精神抚慰金的数额，这符合对著作权保护的基本要求，数额也并无不当。

（五）合作创作作品的著作权归属案

【基本案情】

原告张瑞华诉称：2005年11月22日，原告张瑞华、冯石宝作为乙方与被告博地亚公司（甲方）签订《合作协议书》，约定合作开发《全国中小学教育信息管理系统》网络版软件。《全国中小学教育信息管理系统》共包含五个部分，《全国中小学教育技术装备信息管理系统》作为其中一个组成部分，是原告数十年从事教育技术装备工作的心血凝结，是原告花费大量时间、精力进行研发的，因此该协议书约定，《全国中小学教育技术装备信息管理系统》由原告单独享有著作权。在该套软件研发完成后，原告数次向被告要求到国家版权局以原告名义对《全国中小学教育技术装备信息管理系统》进行注册登记，但被告一直以各种理由拒绝。直到2008年1月31日，原告才得知被告已经将该部分软件以其公司的名义向版权保护中心进行了著作权登记，并获得了登记证书，该软件的登记名称为《全国中小学教育技术装备网络管理系统V2.0》。被告的行为严重违反了协议约定，侵犯了原告所享有的著作权，故诉至法院请求判令：(1)确认原告为《全国中小学教育技术装备网络管理系统V2.0》的著作权人；(2)被告博地亚公司以书面形式向原告赔礼道歉；(3)被告博地亚公司承担本案诉讼费。

被告博地亚在以下四个方面提出辩解意见：

首先，在签订协议书时，原告曾承诺进行技术投入，共同研发涉案软件系统。但协议签订后，被告发现原告不具有任何技术能力，只有一些教育技术装备方面的经验，于是被告又另找他人进行系统的开发。合同之所以约定涉案软件著作权归原告所有，是以原告履行了投入研发技术及销售、管理等资源的合同义务为前提的，而实际上原告根本不懂软件的研发，根本不能投入任何技术，没有履行合同约定的义务。原告既然没有履行合同义务，也就没有理由享有合同权利。

其次，原告的诉讼请求不符合法律规定。原告混淆了法律对软件著作权的保护范围，根据《计算机软件保护条例》之相关规定，对计算机软件只保护计算机程序及其相关文档，而原告并没有参与软件程序和文档的编写，其从事中小学教育装备管理的经验不是计算机软件著作权的保护对象；涉案软件是由中国教育协会下达的任务书研发的项目，根据条例规定，软件著作权应由被告享有。并且，根据版权登记管理的规定，原告不能取得在名称中冠以“全国”字样的涉案软件著作权登记。

再次，涉案软件的开发资金、开发设备等物质条件完全是由被告提供的，开发人员也是被告聘请的，对所开发软件承担责任的也是被告，且原告在软件开发期间所参与的工作是一种职务行为，由被告支付其工资。故根据条例规定，涉案软件著作权应归属被告。

最后，由于包括原告在内的乙方的违约行为，拖延了涉案软件的开发时间，给被告造成了损失。

被告博地亚公司基于上述答辩意见不同意原告的诉讼请求。

法院经审理查明：2005 年 11 月 22 日，原告张瑞华、冯石宝二人（乙方）与被告（甲方）签订合作协议，约定："甲、乙双方经过充分探讨、研究、协商，就《全国中小学教育信息管理系统》网络版软件项目达成长期全面合作开发、运营协议。本软件包括《全国中小学教育技术装备信息管理系统》、《全国中小学卫生体育信息管理系统》、《全国中小学学生学籍与教师档案管理系统》、《全国中小学校长办公管理系统》和《全国中小学图书馆管理系统》等五个部分。"

该协议第 5 条约定："《全国中小学教育信息管理系统》网络版软件的开发人员由甲乙双方推荐，并经由甲乙双方共同决定聘请。"第 7 条约定："根据国务院 2001 年底颁布 2002 年 1 月 1 日开始实行的《计算机软件保护条例》，本项目研发的《全国中小学教育信息管理系统》系列软件的版权作如下安排：(1)《全国中小学教育信息管理系统》网络版软件中的《全国中小学教育技术装备信息管理系统》网络版软件由乙方张瑞华注册版权，该项版权归张瑞华所有。同时，该项版权所有权人应就《全国中小学教育技术装备信息管理系统》与甲方签订独家使用及继续开发的授权协议书，上述版权在项目合作期间归甲方独家使用，任何其他单位及个人不得私自销售和继续开发。项目合作终结时，甲方持有的上述版权独家使用权自然消失。(2) 本项目软件的其余四个部分，即《全国中小学卫生体育信息管理系统》、《全国中小学学生学籍和教师档案管理系统》、《全国中小学校长办公管理系统》和《全国中小学图书馆管理系统》网络版软件，研发完成后均由甲方注册版权，版权归甲方所有，任何其他单位和个人不得私自销售和继续开发。”第9条约定：“项目开发经营部由甲方赵敦敏任经理，全面管理该项目并主管该项目的财务，甲方吴锦生任行政助理，负责项目开发经营部行政后勤管理；乙方冯石宝任执行经理，负责日常业务及该项目产品的推广和销售，乙方张瑞华任技术开发副经理，负责项目技术开发。”

协议签订后，各方开始依约进行《全国中小学教育信息管理系统》网络版软件的开发工作。在软件开发过程中，被告未以原告不具有计算机程序编写能力为由向其提出相关要求，也没有要求变更或者解除合同，亦未以此为由拒绝履行合同。

2005年12月至2008年1月，原告在被告公司任技术副经理，其任职期间的主要工作是根据其以往的工作经验向软件设计人员提供具体设计思想和指导。

2007年3月18日，中国教育学会“十一五”科研规划重点课题，《钱学森大成智慧教育思想研究与实践》总课题组向被告下发重点子课题立项通知。2007年3月19日，该总课题组（甲方）与被告（乙方）签订协议，约定甲方同意乙方将涉案软件在中小学管理中的应用研究列入甲方总课题组的研究计划，并正式批准乙方承担相应的子课题研究。

2007年11月，《全国中小学教育信息管理系统》网络版软件研发工作完成后，被告在事先未通知原告并征得其许可的情况下，以被告的名义向中国版权保护中心申请了《全国中小学教育技术装备信息管理系统》网络版软件的计算机软件著作权登记。2007年11月28日，被告取得了著作权登记证书（登记号为2007SRBJ3027），登记软件名称为：《全国中小学教育技术装备网络管理系统 V2.0》。

基于认定的上述事实，法院认为双方签订的合作开发合同合法有效，双方对于作品著作权归属的约定对双方具有约束力，被告博地亚公司的抗辩理由均不能否定该约定。于是作出了著作权归原告张瑞华所有，被告博地亚公司向原告赔礼道歉并承担本案的诉讼费用的判决。

【案件评析】

这是一起合作创作作品著作权归属案，案件的原被告双方签订有合作创作合同，合同中对合作所产生的作品的著作权归属有明确的约定，双方应当按照合同的约定履行：确定各自的著作权并且承担相应的责任。

我们可以从以下几个方面对案件中被告的抗辩理由作简单的分析：

首先，被告以原告未履行合同规定的创作义务为由主张原告不应享有著作权，该主张既没有法律上的依据也没有事实上的依据。

依据《计算机软件保护条例》第10条之规定，由两个以上的自然人、法人或者其他组织合作开发的软件，其著作权的归属由合作开发者签订书面合同约定。根据该规定，只要双方签订的是合作开发合同，并且在合同中约定了作品的著作权归属，作品的著作权就根据双方的约定确定，而不去考量合作者的创作活动和贡献大小。所以，被告博地亚公司以原告没有履行合同规定的创作义务为由否定合同中对著作权归属的约定，是没有法律根据的。

另外，被告博地亚公司也没有提供原告张瑞华没有履行合同约定的创作义务的事实证据。被告称原告未能按照协议约定履行投入研发技术等义务，不但未提供充分的证据，而且，被告在协议履行过程中并未以此为由要求变更或者解除合同。所以，说原告没有履行合同约定的创作义务没有事实依据。而法院查明的事实是，原告在整个软件研发期间均在被告公司任技术副经理职务，直接参与了整个研发过程，这直接反驳了被告的抗辩主张。

其次，被告博地亚公司主张涉案作品属于职务作品的主张也没有依据。这主要是因为在双方签订的协议中已经明确约定甲方（被告博地亚公司）与乙方（原告张瑞华、冯石宝）系合作开发涉案软件，涉案软件著作权归原告张瑞华享有，所以被告关于涉案软件是职务作品的答辩意见，没有事实依据。

再次，被告博地亚公司主张原告不能取得著作权的其他抗辩意见，也不影响原告对涉案作品著作权的取得。

被告博地亚公司称，软件著作权保护的是计算机程序及其有关文档，原告的相关工作经验的确不在受保护之列，因而不能取得著作权。涉案作品能否取得著作权是著作权的客体问题，而不是权利归属问题，软件著作权保护什么与著作权归谁享有并不存在关联。所以，被告博地亚公司的该项抗辩意见不影响原告依照合同约定取得作品的著作权。

被告博地亚公司的抗辩意见中还称，其作品是在执行国家下达的任务过程中产生的。本案中《合作协议书》的签订日期是2005年11月22日，而总课题组向被告下达立项通知和协议签订分别是在2007年3月18日和3月19日，被告无权处分已经协议约定归属于原告的涉案软件著作权。且被告亦未举出充分证据证明涉案软件的开发属于国家机关下达的任务。

被告辩称根据版权登记管理的规定，原告不能取得名称中含有“全国”字样的涉案软件著作权登记。该抗辩理由也与本案无关。很明显，涉案作品是否可以以“全国”字样进行著作权登记，是著作权登记管理的问题，并不涉及作品的著作权归属，所以，被告的答辩意见也不影响原告对著作权的取得。

综上，被告的各项答辩意见均不成立，原告可以依据合作创作合同的约定取得涉案作品的著作权。法院对于案件的处理结果是正确的。

（六）委托创作作品的著作权归属案

【基本案情】

原告北京路野表达文化发展有限公司（以下简称路野公司）诉称：2007年9月5日，原告与被告杨彪武签订《图书约稿协议书》，双方约定：原告向被告约稿《干得好不如嫁得好》一书，书稿应达到齐、清、定的标准，符合国家规定的出版要求。全稿字数为18万字，稿件所有权和著作权归原告所有，稿费按照每千字90元计算。原告分3次向被告支付稿酬，被告完成书稿的写作提纲及样章经原告验收合格后，由原告向被告支付全部稿酬的50%，即8 100元，被告完成全部书稿并验收合格后，向被告支付全部稿酬的20%，即3 240元，待图书出版后三个月内，向被告支付其余全部稿酬，即4 860元。双方还约定，在图书目录确定后，被告应在25个工作日内交齐全部成稿，成稿应基本符合国家规定的图书出版要求，并不得侵犯他人的版权，否则被告应承担因此给原告及出版社造成的所有经济损失（低于应付稿酬的1倍）。

协议签订后，原告向被告支付了预付稿酬8 100元，但被告却以种种理由拒绝向原告提供写作提纲及样章，在原告多次催促下，被告以时间紧为由，反而提出要求原告为其提供素材与提纲的要求。当原告把供其参考的素材、提纲交给被告后，被告将这部分素材几乎原封不动地打印出来，作为作品应付了事。原告拒绝了被告的上述行为，并多次找到被告要求协商解决此事，但被告一直拒绝退还预付的稿酬8 100元。

原告认为被告的行为严重违反了原被告之间的约定、侵犯了原告所享有的合法权益，故诉至法院请求判令：（1）解除原被告双方所签订的《图书约稿协议书》；（2）判令被告退还原告预付的稿酬 8 100 元；(3) 被告承担本案诉讼费。

被告杨彪武辩称：被告已经按照约定履行了合同义务，如期向原告提供了稿件，而且也得到了原告的认可。即使是专家对于 18 万字的作品也需要加入大量材料和案例来充实，所以被告不可能做到不引素材完全原创。原告关于被告交付的稿件是将其提供的素材原封不动打印出来的说法并不属实，实际上是原告向被告提供《天生情人 16 种》一书作为素材，并告知被告其对该书享有授权，要求被告将该书内容加入以充实稿件，所以被告才将《天生情人 16 种》中的大量内容加入到书稿中。这部分引用内容大约有 5 万字，约占稿件全部内容的 1/3。被告已经完全履行了合同义务，因此不同意原告的诉讼请求。

法院经审理确认了原告所述的双方签订《图书约稿协议书》的事实以及协议书的内容。并查明：2007 年 9 月 29 日，被告通过电子邮件的方式向原告提交了《干得好不如嫁得好》的第四、五章作为样章。此后，被告又在样章的基础上，完成了整部书稿的写作，并向原告提交。2008 年 2 月 9 日，原告在收到被告提交的书稿并审阅后，通过电子邮件方式向被告提出修改意见。在该邮件中，原告认为被告所提交的稿件大量抄袭，且存在逻辑混乱等问题，并提出要求被告在 25 天内完成重新写作的要求。此后，双方就此问题未能达成一致。

另查，《天生情人 16 种》一书系 2003 年由中信出版社、辽宁教育出版社共同出版，该书版权页注明：著者（美）亚历山大·阿维拉、书号：ISBN 7－5382－6701－8/C·234、字数 121 千字。诉讼中，原告主张被告所提交书稿中存在大量对《天生情人 16 种》一书的抄袭。将被告提交书稿与《天生情人 16 种》一书进行对比，被告的全部书稿约为 18 万字，其中约 5 万字系全文摘自《天生情人 16 种》，约占书稿总字数的 1/3。

基于查明的上述事实，法院认为，原被告之间所签订的图书约稿协议书系双方当事人的真实意思表示，且未违反法律、行政法规的强制性规定，应属有效协议。各方当事人均应按照协议的约定行使权利、履行义务。原告作为约稿单位向被告约稿，其合同目的显然是要将所约稿件出版，并以此获取商业运作机会、赚取利润。根据本案查明的事实，被告所提交书稿中近1/3的内容系原文摘抄他人享有著作权的作品，被告的上述行为显然违反了双方所签协议中“乙方撰写书稿，不得侵犯他人版权”之约定。被告的违约行为已经致使合同目的不能实现，故原告要求解除双方签订的图书约稿协议并退还预付稿费的请求，应予支持。关于被告所提出的原告向其提供素材书目《天生情人16种》，并告知被告其对该书享有授权，要求被告将该书内容加入书稿的答辩意见，因被告未能在诉讼中提交充分证据予以证明，所以不予采信。

基于上述事实和认定，法院作出了解除原告路野公司与被告杨彪武于2007年9月5日签订的关于《干得好不如嫁得好》一书的《图书约稿协议书》；被告杨彪武于判决生效之日起10日内退还原告北京路野表达文化发展有限公司预付的稿酬8 100元的判决。

【案件评析】

这是一起著作权委托创作合同履行纠纷案，实际并没有涉及著作权的归属。但是，我们仍然可以简单地分析一下案件所涉及的问题和作品的著作权归属。

首先，原告路野公司与被告签订的《图书约稿协议书》属于委托创作作品合同，双方应当严格履行合同规定的权利义务。该案中，原告按照合同的约定履行了先期支付稿酬的义务，那么，在作品创作完成并符合要求之前，主要的义务就是由被告创作并交付符合约定的、不侵犯他人合法权利的作品。而本案被告在提交作品时，不但出现不按时提交作品的情形，所提交的作品还大量抄袭他人作品，属于提交作品不符合约定并且侵犯了他人的合法权利，明显属于合同约定的违约行为，应当就该违约行为承担相应的合同责任，即按照约定赔偿原告经济损失。

其次，如果出现符合规定的作品，该作品的著作权应当由原告享有。案件纠纷中没有体现著作权归属纠纷，是因为委托创作的作品没有最终形成。如果形成了最终的创作作品，作品的著作权应当按照约定由原告路野公司享有。因为双方在合同中已经明确约定："稿件的所有权和署名权归甲方。"

（七）以相同历史题材创作的作品著作权归属案

【基本案情】

原告贾英华称，30 多年前的"文革"时期，他在北京鼓楼后一个红卫兵司令部发现了一本抄家抄来的溥仪自传——《我的前半生》，一时如获至宝，拿回家趴在被窝里一口气读完，已是天光破晓。溥仪的后半生怎么样了呢？这个没读过几年书的少年突然之间对"末代皇帝"产生了好奇。正是这种好奇影响了他的一生。

早在 70 年代初，溥仪遗孀李淑贤曾与贾英华在北京东城区东四地区为邻居，两家关系较好，经常往来。贾英华曾帮助李淑贤整理溥仪的日记及其他遗留文字，并整理李淑贤的一些口述资料。

但是，对溥仪感兴趣的并非贾英华一人，1979 年，吉林省《社会科学战线》的领导与李淑贤洽谈了关于编写、出版溥仪后半生一书和有关资料事宜，随后，当时任编辑工作的王庆祥参与了约稿工作。

1980 年 6 月，李淑贤改变了与贾英华合作创作溥仪后半生传记作品的初衷，同意由王庆祥与其合作，并把存放在李淑贤处的溥仪日记、其他文稿，以及出自贾英华手笔的整理成果（包括溥仪编年、写作线索、溥仪病历摘抄、李淑贤口述回忆资料）全部交王庆祥带走。其中仅贾英华整理的李口述资料即有两万余字。王庆祥获取资料后，于同年 10 月就完成了《溥仪的后半生》初稿。

在李淑贤改变初衷时，贾英华曾要求仍旧参与创作溥仪后半生一书，但被拒绝。

自此，贾英华便决心独自创作。他自费采访了 300 余人，包括溥仪“后半生”开始的目睹者（即与溥仪一道被特赦、一道从抚顺到北京的人），到“后半生”结束时的目睹者（溥仪去世时守候在病榻旁的人），查阅了大量档案资料（包括有关的新闻报道等）。其收集、笔录的文字已超千万。

1984 年，《末代皇帝的后半生》一书初稿完成。其间又经出版社及其他方面的一些人士提出修改意见，几经修改，于 1988 年 9 月向解放军出版社交付定稿，1989 年 6 月出版。1990 年，该书获中国图书金钥匙奖。

1990 年 11 月，李淑贤与王庆祥向北京市西城区法院起诉，状告贾英华的《末代皇帝的后半生》一书，抄袭了《溥仪的后半生》一书达 70% 以上，构成侵犯版权，要求被告公开赔礼道歉，销毁存书，不再印刷出版，赔偿经济损失等。

法院经过整整两年的审理后认为：贾英华在创作《末代皇帝的后半生》过程中，经过长期搜集、整理，获得了对溥仪生平的广泛了解，以此构成了该书的主要内容。这些内容不是抄自原告作品。当必须表现特定历史人物的客观真实时，原、被告所用有关史料部分相同，不能作为抄袭的依据。贾英华在创作中，以部分溥仪日记等作为写作线索和事实依据，多是在书中以自己独有的文学形式表达；其中直接引用部分远未超过合理限度（并且都指明了出处）。因此，这种引用方式，既不违反《著作权法》，也不违反该书发表时（《著作权法》尚未颁布时）我国有关的法律、政策规定。因此判决贾英华不构成侵权，驳回原告的诉讼请求。

对此判决，双方均未提起上诉。

【案件评析】

这是一起利用相同历史题材进行文学艺术创作的案例。该案发生在我国《著作权法》颁布之前，对案件的处理在我国《著作权法》颁布实施之初，可以说，对我国当时的知识产权保护提出了严峻的考验。该案的处理经历了相当长的时间，引起了广泛的关注，也有过非常大的争议。但是，最终的判决结果却是创造了我国知识产权审判的里程碑，表明我国当时在某些领域已经具备了较高的知识产权审判水平。

依据现行《著作权法》对作品保护的基本思想、原则以及最高人民法院的司法解释来分析，该案的判决确实非常符合《著作权法》所体现的鼓励创作、促进传播的立法主旨。

首先，保护以历史或历史性人物的经历作为题材创作的文学艺术作品的著作权。文学、艺术和科学作品属于《著作权法》保护的对象。无论作品的内容是历史的还是自然的，只要体现作者的创作，包含创作者的创意和智力性劳动，就可以享受法律的保护。这是鼓励文学艺术创作的基本出发点和基本要求。基于这一要求，对于不同作者以历史或以历史性人物的经历作为题材创作的文学作品也应给予《著作权法》保护。

其次，为了鼓励历史或历史性人物题材作品的创作，历史以及历史性人物的经历不能够成为《著作权法》保护的对象，以相同内容进行创作产生的作品不因内容相同而构成侵权。这样可以鼓励社会主体对历史和历史人物的经历进行挖掘、整理，有利于历史资料的整理和传播。

以历史或人物传记等题材创作的文学艺术作品具有特殊性。因为历史和人物经历具有不可复制、不能篡改的特性，因此，在以这些内容作为创作的题材时，内容相同不会成为侵权的理由。另外，历史以及历史性重要人物的传记作为人类共同的财富，所有人都应该有权利、有机会对其进行文学艺术领域的创作。所以，历史以及历史性重要人物的经历不会列入《著作权法》保护的范畴。任何主体都可以以历史和历史性重要人物的经历作为自己文学艺术创作的素材，各不同的创作主体仅因主题相同，在多数情况下，不会发生侵权问题。在公众中有过重大影响的历史事件、人物，可以成为人们反复以各种形式描写和进行各种艺术创作的对象。

在本案中，作为晚清末代皇帝的溥仪，他的经历反映了新旧两个社会、两种制度的交替过程，已经不仅仅是一个普通人物的经历，而是属于历史性题材。所以，任何人都可以通过自己的了解、调查获取有关的资料，并且在资料的基础上进行文学艺术方面的创作。各不同主体以相同的内容进行创作，只要构思不同，创意不同，体现不同的创作过程和创作成果，就不会构成侵权。例如，写溥仪的后半生，既可以从他由抚顺回北京写起，也可以从他晚年病危时，倒叙起生前的一幕幕这样来写。对于内容相同但是创意、创作手法不同的作品，不能够仅仅因为题材相同就认定构成侵权。

曾亲自旁听了此案审理过程的国际版权学会顾问、知识产权界权威郑成思先生当时曾提出看法。在一审判决之后不久，郑成思曾说过，该案审判庭的工作是具有国际水平的。

今天看来，该案的判决虽然发生在我国知识产权保护的初期，但是，却是较好地体现了知识产权保护的核心思想，被称为是里程碑式的判决并不为过。

（八）本人口述、由他人执笔的自传体作品的著作权归属案

【基本案情】

原告：李淑贤，爱新觉罗·溥仪的遗孀。被告：李文达，公

安部离休干部。

晚清末代皇帝爱新觉罗·溥仪在东北抚顺战犯管理所服刑时，由其口述，其弟溥杰执笔，写过一份题为《我的前半生》的自传体悔罪材料。1960年群众出版社将此材料少量印刷成册，供有关部门参阅。中央领导同志阅后，指示公安部派人帮助修改整理此材料。公安部领导即指示群众出版社帮助溥仪修改、正式出版该材料。公安部领导及部属的群众出版社领导选定了李文达具体完成这一任务。拟修改书稿及由李文达具体帮助做此工作均征得了溥仪的同意。

1960年4月至5月间，李文达在香山饭店为溥仪整理修改稿件。在附近工作的溥仪每天来向李文达口述，与李文达磋商，并直接撰写写作提纲，审阅李改后的稿件。经过两个月的时间，整理出16章24万字的修改稿。群众出版社为李文达、溥仪提供了工作条件。初稿完成后，公安部某领导表示基本上同意改写的观点和方法。同时指出这是个雏形，写得粗糙，还需占有更多的材料认真加工。

1960年7月至8月，李文达等赴东北实地调查，收集了大量丰富、生动的材料。1961年3月底李文达提出“我的前半生修改二稿大纲”。1961年8月，《我的前半生》的修改工作已进行了一半。为了汇报修改工作进展情况和征求意见，1961年8月15日群众出版社的几位编委召开了《我的前半生》修改情况汇报会，会上李文达先简要汇报了修改工作过程，然后谈到修改计划。与会者进行了讨论，对主题、回忆录的形式，对溥仪思想性格的反映，强调内容真实性等提出了重要的意见。在以后的撰写工作中，仍由李文达执笔，溥仪回忆口述、提供材料（包括绘出了御膳时的场景，宫内服饰等细节图），以及对写成稿件的审阅修改。在此期间，李文达亦进行了大量的收集资料，编写大事记，构思，内容安排，执笔撰写的工作。

1962年3月《我的前半生》修改二稿完成。同年6月印出了《我的前半生》的3卷本。在广泛征求专家、领导等各方面意见的基础上，又进行了修改。于同年10月印出了2卷本。在此基础上，于1964年3月正式出版了当事人发生著作权争议的《我的前半生》一书。该书以爱新觉罗·溥仪署名。

事后溥仪写下了“四载精勤如一日，挥毫助我书完成；为党事业为人民，赎罪立功爱新生”的条幅赠给李文达。此外在溥仪生前的日记中有多处李文达“帮助其修改整理书稿”的记载。1964年群众出版社将《我的前半生》首版稿酬11 700余元，由溥仪和李文达各得一半。

1967年溥仪逝世。1981年9月《我的前半生》重印。1984年为与意大利以及香港新昆仑营业有限公司改编拍摄《我的前半生》一书，李淑贤、李文达、群众出版社发生了谁享有该书著作权的争议。1985年11月4日国家版权局以（85）权字第6号文答复公安部，《我的前半生》的版权应“归溥仪与李文达共有”。

李淑贤对国家版权局的处理仍有异议，于是，1987年6月以李文达侵害溥仪《我的前半生》一书著作权为由向北京市中级人民法院起诉，要求确认溥仪是该书唯一作者，李淑贤是该书著作权的合法继承人；并要求李文达停止侵害，公开声明挽回影响、赔偿损失。

但北京市中级人民法院以该纠纷已经国家版权局处理为由，不予受理。李淑贤遂于1987年12月向最高人民法院院长申诉。后经最高人民法院研究并一再督促下，北京中级人民法院于1989年4月25日受理了此案。

案件受理后，李文达在诉讼答辩中称：李文达对此书付出了创造性劳动，是该书的合作作者之一，对该书享有著作权。

由于案情复杂，并且在政治上有重要影响，所以，北京市中级人民法院通过北京市高级人民法院就案情以及案件的处理向最高人民法院进行请示。在提出对此案拟判决意见中，拟确认《我的前半生》一书的著作权为溥仪、李文达共同享有，即该书为溥仪、李文达合作的作品。其理由主要是李文达参与了作品的创作，没有署名不代表其不是作者，也不代表其放弃了对该书的著作权，而且，群众出版社将稿酬的一半支付给李文达实际上是将其视为作者等等。

最高人民法院接到上述请示后，除征求有关主管机关、专家学者等意见外，组成合议庭对此案进行了审查。经过对全案证据材料等的审查，在对重要事实进行确认的基础上对案件作出如下批复：《我的前半生》一书是溥仪的自传体作品，在该书的写作出版过程中，李文达根据组织指派，曾帮助溥仪修改出书，并付出了辛勤的劳动。但在当时的历史条件下，李文达与溥仪之间不存在共同创作该书的合作关系。因此，根据本案的具体情况，以认定溥仪为《我的前半生》一书的作者并享有该书的著作权为宜。

1995 年 1 月 26 日北京市中级人民法院作出一审判决：李文达与溥仪之间不存在共同创作该书的合作关系，溥仪为《我的前半生》一书的作者，并享有该书的著作权。

虽然之后被告李文达的继承人等又向北京市高级人民法院提起了上诉，但是，北京市高级人民法院作出了驳回上诉、维持原判的终审判决。

至此，一场长达 10 年、惊动了从中级人民法院到最高人民法院三级法院的著作权纠纷落下帷幕。

【案件评析】

本案是我国发生较早、影响最大的著作权纠纷案件，被称为“天字第一号”著作权纠纷大案。此案从起诉到终审判决历时近 10 年，惊动了从地方法院到最高审判机关等三级法院，并得到了最高人民法院两届首席大法官的关注。三级法院依照宪法和法律赋予的权力分别作出了具有法律拘束力的批复、一审判决和终审判决。从此案的受理立案到依法作出终审判决，我们似乎可以看到人民法院对著作权等知识产权这种较新的民事权利进行保护的不断发展的历史轨迹。

今天，著作权或称版权属于一种民事权利，当此种权利受到侵犯，权利人依法可以向人民法院提起诉讼要求司法救济，人民法院应当依法受理，而不能以行政机关作出过处理，就拒不收案，这已经没有任何争议，已经成为人们的共识了。然而，当年在此案中，当事人花费了多大的精力，甚至惊动了最高法院的首席大法官，才得以立上了一个民事案件。接着是10年的诉讼，一方当事人去世了，一方当事人也风烛残年，但终于打出了对我国知识产权司法保护颇有意义的几条司法原则：一是司法审判机关进行的诉讼，是处理知识产权纠纷案件的最终程序，对于侵犯包括著作权在内的知识产权的，不管行政机关等作出何种处理，当事人不服依法起诉的，人民法院应当对当事人的诉权进行保护，应当依法给予司法救济。二是对合作作品的认定应当注意要有合作作者合作创作的合意以及合作创作的事实。三是对于传记文学作品著作权归属的处理原则。传记文学作品固然可以由被传记人和作家合作写作，其著作权可与被传记人共有。但对于由特定人口述创作自己生平的自传体文学作品，署名为本人，又无书面约定是与他人合作创作共享著作权的，不论参与写作的人或组织做了何种工作，均应认定署名者即自传的特定个人为著作权人为宜。参加写作的人员要求确认合作作品的不予支持，但可区别情况适当取得经济报酬。按照这个原则处理这类纠纷，既保护了作者的著作权，也保护了参加写作人员的合法权益。对于处理历史上遗留的纠纷尤其应当注意。

可见，该案对于我国知识产权制度的完善起到了十分重要的作用。抛开制度层面上的问题，从著作权归属的角度来分析该案，案件争议的焦点就在于被告是否对于作品的创作作出了实质性的贡献，能否构成合作作者。

自传体作品，是叙述自己生平和经历的作品。完成自传体作品，可能是主人公自行撰写完成，也可能是在其他参与人的参与下共同完成。自行撰写完成的情况下，不会存在著作权归属的争议。在存在参与人的情况下，则可能出现著作权归属的问题以及由此引发的争议。参与人可以是辅助人、合作人，但一般不能是作品委托合同的受托人，因为，对于自传体作品来说，“自传”是根据个人的亲身经历事实为基础创作完成的，并不是小说，完全由受托人进行创造“自传体”，属于事实不能。如果确实是由于受托人的“创造”而完成“自传作品”，那么对于读者等大众只能是欺骗行为。因此，不可能是通过委托创作合同来完成自传体作品。

根据“作品属于作者”的基本原则，自传体作品的辅助人因为只为作品的产生进行了“辅助性”的工作而不能成为作品的作者，也不能享有作品的著作权。而自传体作品的合作人则会因为与自传体作者“本人”的合作而取得创作者的地位，对所创作作品享有著作权。

本案所涉及的作品就属于自传体作品，所以，溥仪作为“本人”，理所应当地成为作品的作者，这毋庸置疑。而李文达是否可以成为著作权人的关键就在于他是作品创作过程中的辅助人还是合作人。

最高人民法院对于作品创作以及李文达身份的认定应当说是尊重历史和现实的。我们不能够说一个重要历史人物的生平、经历以及思想改造等是可以由他人参与“创作”的内容。而且，从当时的历史背景和现实材料也可以明确地判断李文达就是受组织的指派在辅助、协助溥仪完成对自己经历和思想历程的整理，而不是主动地参与作品的创作。无论从创作的合意，还是共同的创作行为，该案中的被告李文达都是欠缺的，因此，李文达不是作品的合作者，不能以合作者的身份取得作品的著作权。

当然，如果李文达在帮助溥仪完成其自传体作品的过程中曾经和溥仪约定著作权的归属或者有在作品上署名的事实，从尊重当事人意思自治的基本法律原则出发，其著作权也会得到法律的尊重。但是，案件当中也没有这样的情节和证据。于是，李文达就彻底失去了取得著作权的最后机会。

案件引发广泛争议并惊动三级法院、多个部门，不仅因为作品本身具有特殊性，还因为我们当时的法律制度还不完善，处理很多问题还找不到明确法律依据。随着我国著作权保护制度的完善，对于该类作品的著作权归属已经有了明确的规定。

最高人民法院《关于审理著作权民事纠纷案件适用法律若干问题的解释》第 14 条规定："当事人合意以特定人物经历为题材完成的自传体作品，当事人对著作权权属有约定的，依其约定；没有约定的，著作权归该特定人物享有，执笔人或整理人对作品完成付出劳动的，著作权人可以向其支付适当的报酬。"

可见，假如案件发生在现在，问题的处理就简单多了。

三、风险提示和防范措施

图书、期刊出版者，作为作品的传播主体，明确所传播作品的著作权归属是其尊重和保护作者著作权的前提，也是避免自身的出版作品的行为侵犯他人著作权的基础。要避免侵犯他人著作权，保证所出版发行的图书期刊作品不侵犯他人的著作权，需要关注以下几个方面的问题并采取相应的防范措施。

（一）使用原创作品侵犯著作权的风险及防范

图书、期刊出版者在出版图书期刊的过程中，会涉及大量原创作品的使用和出版，在出版和使用这些原创作品时，图书、期刊的出版者除了要关注作品的风格、类型、质量等与出版效果有密切联系的内容之外，还要关注与著作权有关的侵权风险并做好相应的防范措施。

图书、期刊出版者使用和出版原创作品的侵权风险主要表现在不能准确界定作品作者上。如果不能准确界定原创作品的作者，就可能侵犯真正作者的著作权。这种侵权可能是图书、期刊出版者在使用作品时的单独侵权，例如，图书、期刊出版者拿到作品，不清楚作品的作者，就擅自将作品进行不正确的署名并且使用。在这种侵权中，图书、期刊出版者是著作权的直接侵权主体。

另外，图书、期刊出版者还可能和其他的主体构成共同侵权，这种侵权主要是图书、期刊出版者对所出版的作品没有尽到谨慎、严格的审查义务而导致的。例如，实际作品的创作者是甲，而乙把作品拿给图书、期刊出版者，并将作品作为自己的作品，图书、期刊出版者未尽到尽职审查义务而将作品作为乙的作品使用和出版，这种情形下，图书、期刊出版者就和乙共同构成了对作品作者著作权的侵犯。

无论是单独的侵权，还是和其他主体对作者著作权的共同侵权，图书、期刊出版者要避免对作者著作权的侵犯，就必须要明确原创作品的著作权归属。

根据《著作权法》的规定，只有实际创作作品的人才是作品的作者，才是法律规定的著作权主体。图书、期刊出版者要使用他人创作的作品，就应当按照法律规定为实际作者署名、取得实际作品作者的许可，并按照规定向其支付报酬。

可见，要避免对原创作品的著作权侵权，图书、期刊出版者要严格审查作品的来源，明确作品真实的创作主体。只有准确界定作品的创作主体，才可以有效避免在使用原创作品时侵权行为的发生。

（二）使用演绎作品侵犯他人著作权的风险及防范

由于演绎作品是在他人原创作品的基础上产生的新作品，作品所涉及的著作权既包括原创作品作者的著作权，也包括演绎作者对于演绎作品的著作权。所以，图书、期刊出版者在使用和出版演绎作品时，可能会面临侵犯两个层次的著作权问题。其中，侵犯原创作品著作权的可能性更大一些，这主要是因为图书、期刊出版者在使用或出版演绎作品时，通常会接触演绎作品的作者并和演绎作品的作者签订类似出版合同或者使用许可合同，这样可以在一定程度上避免侵权。但是，对于演绎作品背后原创作品的著作权问题，图书、期刊出版者可能会由于审查问题而没有注意到原创作品的著作权，结果在使用演绎作品之后侵犯原作品的著作权。如前述的王文喜、刘庆江诉何建明、中国作家杂志社著作权侵权纠纷案中的情形。

为了避免在使用演绎作品时对他人著作权的侵犯，图书、期刊出版者应当做好以下两个方面的工作：

首先，要对所使用的作品性质作出详细的了解和准确的判断。如果是原创作品，通常只涉及作者的著作权，而如果是演绎作品，则可能会涉及原作者、演绎者这两类创作主体的著作权。而且，汇编作品则可能会涉及更多的作品作者。在这种情况下，准确界定作品的性质是判断作品著作权主体的前提。所以，图书、期刊出版者要通过与作品提供者了解、专业查询等多种方式了解作品的信息，确定作品的性质。

其次，在确定作品属于演绎作品之后，图书、期刊出版者除了要对演绎作品的创作者的著作权给予尊重和保护，如对作品的演绎者要正确署名、征得许可、支付报酬等等，还要充分了解原作品作者的信息，做好对原作品著作权的尊重和保护工作，如及时和原作品作者联系，征得许可、正确署名、支付报酬等等。

（三）使用职务作品的侵权风险及防范

这里所指的职务作品既包括图书、期刊出版者自己的员工所创作的职务作品，也包括其他主体所创作的职务作品。要防范在使用职务作品过程中对作品著作权的侵权，图书、期刊出版者需要正确处理以下两个方面的问题：

1. 正确使用自己员工的职务作品

图书、期刊出版者作为专业的作品传播和使用主体，其很多员工的工作和作品的传播、使用有关，在作品的传播和使用过程中，改编作品、采访作品、汇编作品等表现形式的职务作品会大量出现。图书、期刊出版者在使用这些作品的过程中就会面临自己员工的职务作品的使用问题。如果不能正确处理使用这些职务作品过程中的有关问题，则可能会发生侵犯职工对职务作品著作权的情形。

为了避免在使用自己员工的职务作品的过程中发生侵权，正确使用自己员工的职务作品，图书、期刊出版者应当做好以下几个方面的工作：

(1) 根据《著作权法》及相关法律、法规界定职务作品著作权的归属

根据《著作权法》的规定，由法人或者其他组织主持，代表法人或者其他组织一直创作，并由法人或者其他组织承担责任的作品，法人或者其他组织视为作者。根据该规定，由图书、期刊出版者组织主持，代表图书、期刊出版者意志创作的并由图书、期刊出版者承担责任的作品，本身就属于图书、期刊出版者的作品，由图书、期刊出版者享有著作权。

另外，根据《著作权法》第16条的规定，公民为完成法人或者其他组织工作任务所创作的作品是职务作品。并且规定法定范围内的职务作品，才由单位享有和行使著作权。

根据上述两方面的规定，图书、期刊出版者可以准确界定其职工创作的作品的著作权归属：法定范围内的职务作品由图书、期刊出版者享有著作权，其他职务作品，由创作完成作品的员工作为作者享有著作权。

需要提醒的是，法律规定应当由法人或者其他组织享有著作权的作品包括“合同约定著作权由法人或者其他组织享有的职务作品”。这里的合同包括合作创作合同、委托合同等创作合同，也包括法人或其他组织与其员工签订的劳动合同。法人和其他组织可以在其与员工的劳动合同中约定所产生的职务作品的著作权归属。如果有类似约定，则图书、期刊出版者可以依据约定取得和行使员工所创作的职务作品的著作权。

（2）正确使用员工职务作品，尊重和保护员工对其职务作品的著作权

在明确了职务作品著作权的归属之后，图书、期刊出版者就不难确定对于员工职务作品的使用。

图书、期刊出版者作为用人单位，职务作品的著作权归属和使用是两个不同的问题。图书、期刊出版者对于法定范围内、应当由其享有著作权的作品，可以在法律规定的权利范围内享有和行使著作权。对于著作权应当由员工享有的职务作品，图书、期刊出版者不享有著作权，但是享有法律规定范围内的权利。这些权利包括优先使用权和禁止权。图书、期刊出版者对于著作权属于员工的职务作品在其业务范围内有优先使用的权利，这是图书、期刊出版者对于员工职务作品的优先使用权；在作品完成两年内，作者不得许可第三人以与单位使用的相同方式使用该作品，这是图书、期刊出版者对于员工职务作品使用的禁止权或者限制权。

需要提醒的是，图书、期刊出版者在使用应当由员工享有著作权的职务作品时，不能因为享有优先使用权和一定范围内的限制权就不尊重和保护员工的著作权，也应当履行正确署名、征得许可、支付报酬、保护作品完整等方面的义务。

还有，就是图书、期刊出版者对于员工职务作品的使用不应当施加不合理限制。为了保证法人或其他组织对员工所创作的职务作品的合理利益，《著作权法》规定了法人或其他组织对员工使用其职务作品的限制，即作品完成的两年内，未经单位同意，作者不得许可第三人以与单位使用的相同方式使用该作品。图书、期刊出版者在享有对员工职务作品的上述权利的同时，不应当对员工著作权实施其他不合理限制，比如，不得限制员工将其作品允许其他单位以与自己不同的使用方式使用该作品，不应该在两年之后仍然限制员工将作品允许其他单位以与自己相同的方式使用，等等。

2. 正确使用其他法人和组织员工的职务作品

图书、期刊出版者除了涉及自己员工的职务作品外，也会遇到使用其他非本单位员工在其所在单位创作的职务作品的情形。要正确使用该类职务作品，图书、期刊出版者需要处理好以下几个方面的问题：

首先，也是要明确该类职务作品的著作权归属。这是图书、期刊出版者正确使用作品的前提条件。决定了图书、期刊出版者在使用该类作品获得许可时应当面对的权利主体。

其次，要正确获得该类职务作品的使用许可。这是尊重和保护权利人的著作权，防范侵权的重要措施。如果所涉及的职务作品在依据法律或者合同的约定属于应当由法人或其他组织享有著作权的作品，图书、期刊出版者在使用或出版该作品时，需要从作为著作权的法人或其他组织处取得许可、签订有关合同并支付报酬；而如果所涉及的职务作品的著作权属于进行相关创作的自然人，图书、期刊出版者要使用和出版该作品则必须直接获得作为著作权人的自然人的许可，不能够以从有关法人或其他组织处取得作品作为获得作品使用许可的理由，否则就会构成侵权。如孟昭瑞与人民出版社、军事博物馆的著作权侵权纠纷案件中的情况。

再次，就是在使用应当由自然人享有著作权的职务作品时，也需要注意该著作权人所在单位的权利。否则，也可能会出现不正当使用作品、侵犯所在单位权利的情形。比如，作品的创作者在职务作品完成的两年内，未经所在单位的同意而将作品许可给图书、期刊出版者使用，就违反了《著作权法》第 16 条的规定，作为作品的使用或出版主体，图书、期刊出版者也面临违法使用作品、应承担相应法律责任的境地。

所以，图书、期刊出版者在使用或出版其他单位作者的职务作品时，不但需要明确作品的著作权归属，还需要明确作品完成的时间。如果著作权属于作者的作品完成的时间还未超过两年，则需要关注作品的使用方式；如果以与作者所在单位使用的相同方式使用作品，则需要确认该种使用获得了作者所在单位的同意。

只有处理好上述问题之后，才可以保证对所涉及的职务作品的使用不构成对著作权人和其所在单位权利的侵犯。

（四）合作创作和委托创作作品合同履行中的风险及防范

合作创作和委托创作是图书、期刊出版者获得作品的重要途径。图书、期刊出版者作为专业的作品使用主体，对于作品的创作也有着独到的见解和视角，所以，为了获得符合自身发展和利益需求的作品，图书、期刊出版者可能和不同的作品创作者签订作品委托创作或合作创作合同。在作品委托创作或合作创作合同中，图书、期刊出版者的主要风险是作品创作不成功和著作权归属纠纷。

如果图书、期刊出版者创作选题出现问题，或者在选择创作者时出现对作者创作能力的错误判断，则容易出现创作不成功的风险。创作选题太难、无法完成或者创作者能力太差、无法完成创作选题，这都是图书、期刊出版者在委托创作或合作创作过程中可能出现的问题。要防范该类风险，图书、期刊出版者需要做到的是：在确定创作选题时，要反复论证，不但要保证选题具有市场和经济意义，还要保证选题具有科学性、可创造性；在选择创作者时，要充分了解和审查创作者的创作能力，并不是作者的创作能力越高越好，但是，至少要保证所选择的创作者的创作能力和创作选题相适应，能够顺利完成作品的创作。

在委托创作或合作创作中的另一类重要法律风险就是作品的著作权归属纠纷。如果图书、期刊出版者和作品的创作者在委托创作或者合作创作过程中没有对作品的著作权归属作出约定或者约定不明确，就容易出现作品的著作权归属纠纷。不过，这一类风险的防范较简单，只需要图书、期刊出版者提高合同意识，在合作创作或委托创作合同中对作品的著作权归属作出明确约定并且按照合同的约定履行合同就可以有效地防范该类风险的发生。

（五）建立规范的作品审查制度，对所出版和使用的作品进行严格审查

要防范对不同作品的著作权的侵犯，尊重和保护不同作品的著作权人的著作权，图书、期刊出版者应当建立规范的作品审查制度，对所出版和使用的作品进行严格的审查。只有在严格审查的基础上，才可以对作品著作权的归属作出准确界定，并且进行正确的使用。综合前面的分析我们可以看出，图书、期刊出版者对作品的审查应当包括以下几个方面：

首先，图书、期刊出版者在使用或出版作品时，要对所涉及的作品作者的创作活动进行审查，以保证作者属于《著作权法》上所确定的可以享有著作权的作者，即通过对作者的审查，明确真正的著作权主体。

其次，图书、期刊出版者还要对所使用和出版的作品的内容进行严格审查。这种审查，一方面是要保证所使用和出版的内容符合法律规定，另一方面也是其所使用或出版的内容不侵犯他人著作权的重要保证。

最后，图书、期刊出版者也要对作品的使用方式进行严格的审查。这种审查除了是在使用职务作品时对作者所在单位权利的关注需要外，也是确定自己使用权利的需要，比如，图书、期刊出版者可以未经许可使用他人已经发表的作品，但是需要支付报酬。所以，如果是他人已经公开发表的作品，自己在图书期刊中使用，则属于法律规定的“法定许可”使用，无需征得著作权人的许可，但是需要支付报酬。而对于他人尚未公开发表的作品，则不能依据“法定许可”直接进行使用。

第四章

图书期刊著作权的保护期限

一、内容综述

（一）图书期刊著作权保护期限概述

1. 著作权保护期限的含义

著作权的保护期限是《著作权法》对于作者著作权给予法律保护的时间界限，在此期间内作者的相应著作权利受《著作权法》保护，超过这一期限后，相应权利不再受保护。著作权保护期限实际上是法律对于作者著作权的一种限制。在著作权的保护期限内，作者对于自己的作品享有发表、复制、演绎、传播等相关权利，其他人员使用受保护的作品要经过作者的许可，并且要在许可的范围内使用该作品，否则即可能构成侵权。

2. 图书期刊著作权保护期限的特点

图书期刊本质上依然属于《著作权法》中作品的范畴，在受《著作权法》保护期限的限制上与一般其他作品并无特别不同，但是由于图书期刊作品自身的一些特点，导致了所适用的保护期限有一定的复杂性。图书期刊作品有自身不同于其他著作权法上作品的特点，大体上可归为两类：一类就是单一作者的出版物，即整本图书或期刊由一位作者完成，这种作品多见于图书类，像一般的小说等图书均属此类。另一类就是汇编类的作品，通常来讲期刊类作品（也包括一部分图书）多属于此类，这种类型的出版物在著作权法上属于汇编作品，也即意味着出版者对整个期刊享有汇编作品的著作权，而对于整本图书或期刊里面的内容则由具体的作者享有著作权，这种作品有双重的著作权。既然存在这样的特点，反映在著作权保护期上也会出现不一样的情况。

一般而言，单一作者的出版物并无特别之处，适用一般的著作权保护期即可，特别之处在于汇编类作品的保护期。在这类图书期刊中，其中每篇文章内容的著作权保护期根据具体的作者来确定（适用自然人作品的期限还是法人作品的期限），出版社则对所出版的图书期刊单独享有一个著作权保护期。这个保护期因为此类汇编作品著作权通常归属于出版社算作法人作品，所以保护期计算多与自然人作品不同。

3. 图书期刊著作权保护期限的意义

对包括图书期刊在内的各种著作权法上的作品设立著作权保护期限是各国国内相关著作权立法以及相关国际条约规定的通行做法，几乎各个国家的著作权法都有相关保护期的规定，在国际条约如《保护文学和艺术作品伯尔尼公约》中也对著作权的保护期限作出了规定。著作权保护期限从根本上说是在平衡作者的著作权利益和社会公众利益后作出的一种价值选择。

一方面，社会需要文化事业的兴旺蓬勃发展，鼓励作者多出作品出好作品，在这一前提下给作者一定的物质奖励作为回报有利于社会的发展。法律赋予作者相应的著作权，并让权利人独占享受其独创性智力成果所带来的利益，这种著作权制度的设计正是在这一需要下应运而生的产物。

另一方面，任何作品都是在前人成果基础上新探索的产物，任何具有独创性的作品的内容不可能全都是作者的独创性成果，其中必然蕴涵着前人的智慧，由此对于社会给予的贡献也需要通过某种形式予以肯定。所以无限制地保护作者的著作权有悖于社会公共利益，并且还会造成相应领域进一步发展的高成本，反而不利于整个社会的进步。

在这种情况下，通过对著作权保护时间进行限制就有效地平衡了著作权人和社会公众之间的利益，这种给予一定的期限限制的法律规定是符合社会公共利益的价值取向的，更有利于整个社会的发展。

（二）图书期刊著作权保护期限的法律规定

1. 人身权利的保护期限

我国《著作权法》根据对作者所反映利益的不同，将著作权区分为人身权和财产权，两者的保护期限规定不一样。其中，针对著作人身权的保护期限不受时间限制。在《著作权法》第20条中规定："作者的署名权、修改权、保护作品完整权的保护期不受限制。"对人身权不做期限限制主要是考虑到作者和其作品之间基于人格利益的紧密联系。每一部作品的完成都凝结着作者的心血和汗水，是作者创造性智力活动的成果。永久性地授予作者在其作品上署名、保护作品不被肆意修改等权利都属于对作者精神上的一种褒奖和对劳动成果的一种尊重。

虽然作者的人身权利受到了永久的保护，但是对于自然人作者而言毕竟是有生命终止的时候。一旦作者去世，人身权利的维护就要依靠作者的亲属或继承人。需要注意的是，这里面的亲属或继承人是代作者维护其人身权利，而不是继承作者的人身权利转而自己成为其人身权利的享有者，因为人身权利永久归属于作者本人，是不能被继承的。由于人身权利保护的永久性，下面将对人身权利期限作出具体分析。

（1）署名权保护期限

根据《保护文学和艺术作品的伯尔尼公约》第6条第2款的规定，署名权是昭示作者与作品关系的权利。在我国《著作权法》第10条也规定："署名权，即表明作者身份，在作品上署名的权利。"这里面的署名还要做更广义的理解，作者有在自己作品上署名的权利，也有不在自己作品上署名的权利，有署真名的权利也有署笔名的权利（注意：不能署其他具体人名，否则即可能构成侵权）。

署名权属于作者的人身权利，它的保护期不受法律限制，任何时候侵犯作者署名权都可能构成侵权。署名权保护主要指：在使用作者的作品时，要尊重原作者的署名权，保持原作品的署名状态。具体来讲就是，如果原作者有署名的，使用时要保持原作品署名状态，不得任意修改署名、变换署名，甚至署他人名，这些都是侵犯署名权的具体情形。

（2）保护作品完整的权利期限

根据《保护文学和艺术作品的伯尔尼公约》第6条第2款的规定，作者有权反对任何人对其作品所进行的有损声誉的歪曲、割裂或其他更改。我国《著作权法》第10条规定："保护作品完整权，即保护作品不受歪曲、篡改的权利。"从国际公约和中国国内法的规定上看，保护作品完整的权利主要体现在两个方面：其一在于字面理解的"保护作品完整"，重点在于维持作品的完整性；其二在于只有歪曲、篡改原作品的破坏其完整性的行为才属于这里的侵权行为，如果是出于其他目的对作品所进行的修改，没有造成对原作品内容的歪曲和篡改，则不属于侵犯保护作品完整性的侵权行为，这点要和作者的修改权区分开来。

本项权利依然属于作者的人身权利，它的保护期限也同样不受限制。在图书期刊的编辑出版过程中，对于原始稿件的选择和使用要特别注意防范此点。尤其要注意现实中有时会出现所谓的"恶搞"，把别人已经出版发行的各种作品拿来后自己重新加工改造一番，造成原作品被改得面目全非，原作者所要表达的情感和思想立意遭到扭曲，这种情况就属于典型的侵犯保护作品完整性权利的侵权行为。

（3）修改权的保护期限

修改权是中国《著作权法》中特有的一项著作人身权利。《著作权法》第 10 条规定：“修改权，即修改或者授权他人修改作品的权利。”由此可见，修改权包含两项内容，自己修改和授权他人修改的权利。修改权也同样属于作者的人身权利范畴，保护期限没有限制。

对于图书期刊的编辑来说，修改作品是出版之前一项重要的环节，许多优秀的作品都是在经过无数次的修改后才得以符合出版要求的。而对于达到出版所需的要求来说，出版社往往比作者更有发言权，所以授权他人修改也正是为符合这个目的而设。《著作权法》第 33 条规定：“图书出版者经作者许可，可以对作品修改、删节；报社、期刊社可以对作品作文习性修改、删改，但对内容的修改应当经过作者许可。”这条规定更具体地规范了在出版图书期刊过程中，对于修改权的适用。

（4）发表权的保护期限

《著作权法》第 10 条第 1 款，发表权是指“决定作品是否公之于众的权利”。发表权属于一次性权利，一旦作者自己或委托他人将作品公之于众，发表权也就丧失了。发表权本身属于作者的人身权利范畴，但与署名权、保护作品完整性权和修改权不同的是，它是有一定的期限限制的，之所以这样限定，也是为了防止作者无限制地行使自己的发表权利来干扰作品的正常使用，这可以说是人身权利保护期的一个特例。在现实中作者发表权往往等不到期限到头就可能由于各种原因而丧失，最通常的原因就是作者自己将作品公开，还有一些其他情形实践中也被认为是作者丧失了发表权。例如：作者已将未发表的作品的著作权转让；作者将未发表的美术摄影作品的原件转让，这通常被认为是著作权不能对抗物权的一个例子；还有就是作者同意将其作品拍摄成电影或作为电影之一部分，此时，作者不得以侵犯其发表权来反对向公众提供该电影作品。

根据《著作权法》规定，发表权的保护期为作者终生及其死亡后50年，如果是合作作品的按最后去世作者计算。在法人作品的情形下，依据《著作权法》的规定，“自作品完成创作后五十年内未发表的，本法不再保护”。可以看出，法人作品发表权的保护期限是自作品创作完成后的50年内。

《著作权法实施条例》第17条规定：“作者生前未发表的作品，如果作者未明确表示不发表，作者死亡后可以由继承人或受遗赠人行使发表权。如果既没有继承人又无人受遗赠，则由作品原件的所有人行使发表权。”在实施条例中更加明确细化了发表权的行使方式，在作者生前没有不发表意思的情形下，就推定作者许可发表，这样也是为了让更多的优秀作品能够公开面世。

对于图书、期刊出版者来说，在处理发表权问题时，遇到的主要就是“遗作”的问题，即作者生前尚未发表作品的发表权问题。根据《著作权法实施条例》的规定，如果作品原件的所有权和继承人是一个人的话，只需得到他的许可即可；如果原件所有权人与继承人是不同主体，作者的继承人或受遗赠的人在决定作品许可使用上的权利要高于作品原件的所有权人，而出版主体要想出版发行“遗作”，又必须得到原件，这其实就是要求出版主体在出版“遗作”时要得到继承人和所有权人的双重授权许可。

2. 财产权利的保护期限

(1) 财产权利的内容

财产权利通常理解为作者或其他著作权人所享有的利用作品并获得经济利益的权利。财产权利的内容可谓十分广泛，涉及发行、复制、出租、演绎、表演、广播、展览等等，但是大体上可以分为三类权利，即复制权、演绎权、传播权（或称表演权）。

复制权按字面意思理解就是将作品再次复制的权利，但实际上还既包括传统的印刷复制，也包括利用现代科技在计算机中的复制，既包括平面到立体的复制也包括立体到平面的复制。出版社遇到的最常见著作财产权利就是复制权。演绎权是指让他人将自己的作品进行加工演绎的权利，例如翻译、改编或拍摄电影电视剧都属于演绎。传播权是指对作品以各种手段传播的权利，包括现场表演，也包括机械表演传播。这相对出版社出版图书期刊而言涉及较少。

（2）公民或自然人作品的财产权保护期限

根据我国《著作权法》第 21 条的规定，公民或自然人作品著作财产权利的保护期为作者终生及其死亡后 50 年，截止于作者死亡后第 50 年的 12 月 31 日；如果是合作作品，截止于最后死亡的作者死亡后第 50 年的 12 月 31 日。这里需要注意的是，虽然公民通常意指有中华人民共和国国籍的人，但是这里的公民也包括外国人和无国籍人。

（3）法人或者其他组织作品的财产权保护期限

中国是世界上少数承认法人作者的国家之一，事实上法人或其他组织可以成为著作权的享有者在世界各国没有争议，但是成为作者是有很大争议的。关键的两点就是人身权利和法人或其他组织不存在后权利谁来维护的问题。人身权利问题姑且不论，主要谈谈后一个问题。法人或其他组织一旦被注销登记在法律上不存在后，因为不可能有像自然人那样的继承人或受遗赠的人，法人或其他组织的作品将面临无人维权的麻烦。这也是很多国家著作权法不规定法人作品的原因所在。由于法人或其他组织很难用类似“作者有生之年”或者“死亡后”的时间点来确定著作权归属时间，又因为法人或其他组织普遍存续时间较自然人短，所以法律以相关作品的发表或者完成时间作为保护时间的起算点。

我国《著作权法》第 21 条规定：“法人或者其他组织的作品、著作权（署名权除外）由法人或者其他组织享有的职务作品，其发表权本法第10条第1款第（五）项至第（十七）项规定的权利的保护期为50年，截止于作品首次发表后第50年的12月31日，但作品自创作完成后50年内未发表的，本法不再保护。”

在出版图书期刊审核作品保护期时就要注意区分自然人作品和法人及其他组织作品的保护期计算不一致的情况。自然人以作者死亡时间开始起算，而法人及其他组织的作品从作品首次发表开始起算，这两点计算的不同也导致了类似的作品往往因为作者的不同导致了保护期间的巨大差异，一般来说自然人作者的实际保护期通常长于法人及其他组织作品。

（4）作者身份不明的作品保护期如何计算

作者身份不明的作品一般来说是指假名作品、笔名作品或者不署名的作品。前面讲过作者的署名权，作者可以在自己的作品上署名或不署名，也可以署真名或署假名。这本来是作者行使自己署名权范围内应有的内容，但是由于作者没有署真实姓名可能会造成作者身份不明的情况出现，这样作者的著作权保护可能就会出现一些问题。根据保护期限的一般原则，保护期为作者终生及死亡后50年。在作者身份不明的情况下，作者的财产权保护期限如何计算就成了问题。从世界各国的立法来看，这种情况下可以根据作品的发表时间来计算。

我国在《著作权法实施条例》中对于作者身份不明的情况如何处理作出了规定。该条例第18条规定：作者身份不明的作品，其发表权和各项经济权利的保护期限，截止于作品首次发表后第50年的12月31日。一旦作者身份确定，则依据《著作权法》第21条的相关规定予以保护。

3. 作品受保护期限过后的状态

对于原来受保护的作品一旦超过法律规定的保护期限，就进入了通常所称的“公共领域”。保护期过后，在公共领域内的作品就属于社会的公共作品，属于社会共有物。他人使用该作品不需要经权利人许可，也无需支付报酬。当然对于超过保护期的作品，他人使用并非纯粹不受限制，而是依然要受到关于作者署名权、保护作品完整性等人身权利的限制，只是对于作品的发表、复制、演绎、传播等相关财产权利不再予以保护。

根据50年的保护期计算，在20世纪50年代前已故去的很多作家的优秀作品都已经过了保护期进入了公共领域，出版社在出版图书期刊时可以考虑这些经典作品。

4. 与图书出版权期限的差别

《著作权法》第31条规定："图书出版者对著作权人交付出版的作品，按照合同约定享有的专有出版权受法律保护，他人不得出版该作品。"专有出版权，是指出版社与著作权人签订图书出版合同后，著作权人将该作品的出版权许可该出版社独家使用的权利。专有出版权是与非专有出版权相对的法律概念。

图书出版合同的有效期是图书出版合同的主要条款之一。原《著作权法》第31条规定："合同约定图书出版者享有专有出版权的期限不得超过10年，合同期满可以续订。"修改后的《著作权法》取消了这一期限的限制，这意味着可以由图书、期刊出版者和作者双方在合同中自行约定期限。图书出版合同的期限一般从合同成立时起算，至约定的期限终了时止。如果在合同中约定了专有出版权的期限，图书、期刊出版者的专有出版权就应当按照约定的期限执行。图书出版合同的期限即是合同发生效力的期限，出版社在图书出版合同规定期限之外出版该作品的行为没有法定的依据，有可能构成侵权，要承担相应的法律责任。

图书出版权的期限来自于合同的约定，而著作权保护期限来自于法律的规定，这是二者最根本的不同之处。实践中出版权的有效期限来自于著作权人的许可授权，在这一期限内出版社有权利出版销售相应的图书期刊作品。但是这要以所授权作品仍在著作权保护期范围内为要件，著作权人不能把已过保护期的作品的出版权授予出版社，而且著作权人与出版社约定的出版权期限要在著作权保护期限之内，超过这一期限超过部分的内容属于无效的约定。

5. 保护期限与诉讼时效的差别

在法律中还有“诉讼时效”的制度，它与著作权的保护期适用范围并不相同，实务中不要将两者混淆。诉讼时效是指权利人在他人侵犯了自己的权利后，请求法院予以保护的期间。如果权利人在时效期间内没有主张权利或提起诉讼，则会丧失请求法院保护的权利。在这种情况下，权利人虽然依然在实体上享有著作权，但是在程序上却丧失了胜诉的权利。诉讼时效主要限制权利人请求司法救济的时间，督促当事人尽快行使权利，以提高诉讼效率节省司法成本。具体诉讼时效和著作权保护期限的差异，有如下两点区别：首先，时效的期间除法律明确规定外，还有中止和中断后重新计算的情况出现；而著作权的保护期限不存在中止和中断问题，作品一经完成或发表保护期限就开始起算。依据《民法通则》的规定时效存在中止即暂时中止计算的情况，还存在中断的情况，即时效重新起算的情况。可见时效的期间不同于保护期限的计算，充满了弹性，可以有很大的变动空间。其次，诉讼时效届满后权利人仅丧失胜诉权，实体权利仍然予以保留；而著作权保护期限届满后，相关著作财产权即为消灭，作者仅享有著作人身权。

最高人民法院于2002年10月发布的《关于审理著作权民事纠纷案件适用法律若干问题的解释》第28条规定：“侵犯著作权的诉讼时效为两年，自著作权人知道或者应当知道侵权行为之日起计算。权利人超过两年起诉的，如果侵权行为在起诉时仍在持续，在该著作权保护期内，人民法院应当判决被告停止侵权行为；侵权损害赔偿数额应当自权利人向人民法院起诉之日起向前推两年计算。”

综合上述司法解释分析，会发现一些已过著作权保护期但仍处于诉讼时效之内的情况，在这种情况下权利人仍可以通过司法途径保护自己的权利，所以并不是说著作权保护期过后，权利人就不能再起诉侵权，后面将结合案例来具体说明。

总结下来，著作权保护期限有两大特点：其一，保护期限确定且不变；其二，财产权有期限限制而人身权无期限限制。

二、经典案例评析

（一）医药类图书中药方的著作权保护期案

【基本案情】

某市中医世家传人李成梁于2006年偶然看到一本名为《骨科伤科验心法汇编集》（以下简称《心法》）的书，发现书中刊载了李成梁父亲李旭梁所创秘方——正骨敷药方（又名“枯君散”）。书中不仅刊载了“枯君散”的药方，连其中各种药物的配方比例及制法也一并刊载。经了解，该书出版单位为A出版社，主编为出版社员工张天鹏。李成梁调查清楚后认为A出版社未经许可擅自出版此书，侵犯了其父李旭梁受法律保护的著作权。随后便找到A出版社协商解决此事，由于双方意见分歧较大难以达成一致，其后李成梁便向当地法院起诉A出版社擅自出版刊载其父李旭梁所创的“枯君散”药方，认为这种行为侵犯了其父对药方“枯君散”的著作权。对于李成梁的起诉，A出版社称该药方是当地卫生工作者协会提供的，出处来源于该协会早年编著的《中医秘方验方汇编》一书当中，该出版社不存在对原告的侵权行为。

经法院查明，原告李成梁所称的“枯君散”药方确为其父亲李旭梁所创，李旭梁曾将此药方记载于自家传承的家书之中。1952年原告父亲李旭梁参加了当地卫生工作者协会，并将传承家书连带“枯君散”药方献于卫生工作者协会用于编辑《中医秘方验方汇编》（以下简称《汇编》），后该《汇编》于1984年编成。原告父亲李旭梁于1953年去世。法院经审理后认为原告父亲李旭梁是该药方的作者享有对该药方的著作权。但是其已于1953年去世，而被告方A出版社出版《心法》一书在2005年。根据《著作权法》第20条第1款的规定，该药方的著作权已经超过50年的保护期进入“公共领域”，所以驳回了原告李成梁的诉讼请求。

【案件评析】

本案为一起典型的医药类著作权纠纷。首先，需要考虑的是李旭梁是否享有该药方的著作权。根据我国《著作权法》第3条规定：“本法所称作品，包括以下列形式创作的文学、艺术和自然科学、社会科学、工程技术等作品。”本案中争议的药方是用文字形式记载的包含中药配方信息的文字资料，所以应该属于《著作权法》范围内的作品。同时根据案例中认定的事实，“枯君散”药方是李旭梁在行医多年的经验基础上的创新成果，李旭梁正是该药方的作者。根据《著作权法》第11条“创作作品的公民是作者”的著作权一般归属原则，可以认定李旭梁享有“枯君散”药方的著作权。

其次，需要进一步考虑的是作者李旭梁对“枯君散”药方享有的著作权是否仍然受到法律保护。我国法律对著作财产权的保护期是有时间限制的，像本案这种属于自然人作者的作品，依照《著作权法》规定保护期应为作者终生及其死亡后第50年。李旭梁于1953年去世，从这一年起算该药方保护期应该截止到2003年12月31日止。超过此期限其权利不再受法律保护。A出版社于2005年将此药方收录于《心法》一书出版发行时，该药方著作财产权保护期已过，也就意味着药方进入了“公共领域”，所以A出版社将药方出版发行并不侵害李旭梁的著作权。

（二）画册类图书所使用作品的著作权保护期案

【基本案情】

2005年初，中国美术馆举办馆藏齐白石等4位国画大师的作品特选展，在艺术界引起热烈反响。同年11月，中国美术馆与人民教育出版社签订合作协议，约定将作品集结成册出版，并约定“侵犯他人著作权，甲方（中国美术馆）承担全部责任并赔偿因此给乙方（人民教育出版社）造成的损失”。2005年11月，人民教育出版社出版了《中国美术馆藏近现代国画大师作品精选》四册，印数2 000套，其中《齐白石》单册定价370元。2006年7月，人民教育出版社对该套书第二次印刷，印数1 200套。2007年5月8日，济南市新华书店从人民教育出版社教材中心订购《中国美术馆藏近现代国画大师作品精选》（四册）一套。2007年12月5日，齐白石后人从济南市新华书店购得该书籍，他们认为其中的《齐白石》册侵犯了他们的著作权，遂将人民教育出版社、济南市新华书店起诉至济南中院。

济南中院一审认为，中国美术馆在著作权法实施后，具备条件与齐白石的继承人签订协议依照著作权法取得授权。在中国美术馆未能按照著作权法的规定取得授权的情况下，其主张具有使用权和著作权的抗辩不能成立。同时认定人民教育出版社主观上轻信了中国美术馆保证拥有馆藏作品著作权的承诺，在出版发行齐白石作品中具有过错，损害了原告方的合法权益，其应当承担停止侵权、赔偿损失的民事责任。济南市新华书店作为侵权书籍的销售商，其市场销售行为也侵犯了齐白石作品著作财产权继承人的合法权益，故应承担停止销售的民事责任。但济南市新华书店在销售行为中，书籍来源合法，在进货和销售中其很难知悉涉案书籍是否侵犯了齐良憐等16人的合法权益，主观上无共同过错，故应免除其赔偿责任的承担。

济南中院一审判决：人民教育出版社立即停止出版发行、济南市新华书店立即停止销售《中国美术馆藏近现代国画大师作品精选——齐白石》书籍；人民教育出版社赔偿齐良憐等16人经济损失人民币15万元。一审判决后，齐良憐等16人与人民教育出版社均不服，向山东省高院提起上诉。2008年12月26日，山东高院二审开庭审理此案。

人民教育出版社答辩称，本案诉争的齐白石作品在20世纪五六十年代即已捐献给国家，此后几十年一直由中国美术馆代表国家使用，在本案发生前几十年时间里一直未见齐白石的继承人对此提出异议，原审判决适用法律错误，请求二审法院撤销原审判决。

山东省高院认为，中国美术馆是否因其持有涉案作品原件而享有作品著作权，应当根据中国美术馆与齐白石或有继承权的后人之间的关系作出判断。中国美术馆主张，其馆藏的齐白石作品，为著作权法颁布以前接受的捐赠，依照捐赠的历史做法，捐赠者在捐赠作品原件的同时，作品的使用权以及著作权也一并交给了国家所有。但对此主张，当事人均不能提供证据予以证明，法院无从判断中国美术馆在得以保存原件的同时是否可以行使著作权，因为中国美术馆的主张没有证据支持，法院不予采纳。据此，省高院驳回上诉，维持原判。

【案件评析】

很多出版社都出版过画册或者摄影图册，这两类图书期刊都属于汇编作品。出版社只是做了将相关领域内作品进行汇集整理再进行出版的工作，对于所选用的画作和摄影作品的著作权仍然归各自的作者享有。出版社仅就所出版图书期刊作为汇编作品的整体享有著作权。

本案首先要明确的是齐白石本人书画作品的保护期。齐白石于1957年9月16日去世，按《著作权法》的规定，其作品的保护期应截至2007年12月31日。所以被告出版社于2005年出版《中国美术馆藏近现代国画大师作品精选》画册时，齐白石的作品依然在保护期范围之内。

其次，要明确的一个问题就是关于甲乙方的约定：“侵犯他人著作权，甲方（中国美术馆）承担全部责任并赔偿因此给乙方（人民教育出版社）造成的损失”的效力问题。从合同法角度看这样的约定是双方真实的意思表达，是具有效力的约定，但是效力只局限于甲乙双方之间，而不能去约束合同以外的第三人。而本案中齐白石的后人就属于这样的第三人范畴。所以，这样的约定只能在出版社和美术馆之间免除出版社的责任，而出版社对齐白石后人的侵权责任并不能据此免除。同时，最高人民法院《关于审理著作权民事纠纷案件适用法律若干问题的解释》第19条规定：“出版者、制作者应当对其出版、制作有合法授权承担举证责任……举证不能的，依据《著作权法》第47条、第48条的相应规定承担法律责任。”可见从最高人民法院的司法解释来看，出版社在审核出版物的著作权来源是否合法的问题上负有合理的注意义务。这里面的合理注意义务从司法实践中来看，是需要出版社对著作权来源合法性进行一定的调查核实才能免责的，而简单轻信作品提供方的承诺则很难做到免责。

最后，要明确的一个问题就是要注意知识产权和物权的区别。由于知识产权的无形需要有形的载体来表现，这会形成一部作品同时包含有无形的知识产权和有形载体的物权的状况。多数情况下，这两种权利都是处于分离状态的。这就比如说我从书店买回一本书，书的所有权当然是归我，但是书这一作品所涉及的著作权并不归我，而是归属原作者。所以要建立这样一种认识，就是不能因为对相应作品物权的取得而理所当然地认为就享有了作品的著作权。本案中，齐白石早年将自己的画作赠送给国家，这种捐赠从物权角度看无疑是一种所有权的转移，即齐白石丧失对所捐赠作品的所有权，国家则取得了捐赠作品的所有权。但是，这样的理解是从物权的角度来说的，而从知识产权的角度理解，不能从物权的变动中得出著作权也当然随物权转移的结论。作品的著作权是否转移还需要相关证据的证明。山东省高院最终驳回美术馆的主张也正是基于其举证不能这个理由。

（三）作品已过保护期仍可提起侵权之诉案

【基本案情】

原告王某是某著名摄影家的儿子，在一次书市中见到了A出版社出版的一本包含有其父多幅摄影作品的画册。A出版社出版的这些内容均未得到其父或王某的授权，王某认为A出版社的行为应该属于侵权行为。在经过一番取证后，王某以A出版社侵犯其父亲的对涉案摄影作品著作权为由向法院提起诉讼。在诉讼过程中，A出版社律师发现由于王某父亲去世较早，在一年前这几幅摄影作品的著作权已过保护期。据此，A出版社律师向法院提出已过保护期的抗辩。王某的律师向法院承认争诉的几幅摄影作品一年前已过保护期，但是与此同时他向法院提出了A出版社两年前出版图书时尚在保护期之内，而且现在起诉未过两年诉讼时效的主张。最终法院采纳了王某律师的主张，判定A出版社败诉。

【案件评析】

这个案子涉及了一个问题，就是已过保护期的作品是否还存在著作财产权侵权问题。根据前文我国《著作权法》关于保护期限的规定，作品的保护期为作者终生及死亡后的第50年。与此同时，关于著作权纠纷还有一个两年的诉讼时效。这里面就涉及著作权的诉讼时效和保护期的关系问题了。

根据最高人民法院《关于审理著作权民事纠纷案件适用法律若干问题的解释》第 28 条的规定，侵犯著作权的诉讼时效为两年，自著作权人知道或应当知道侵权行为之日起计算。权利人超过两年起诉的，如果侵权行为在起诉时仍在持续，在该著作权保护期限内，人民法院应当判决被告停止侵权行为；侵权损害赔偿数额应当自权利人向人民法院起诉之日起向前推算两年。仔细分析这条司法解释，可以发现，只要在著作权的保护期限内，且侵权行为仍在持续，著作权人完全可以抛开民法通则的诉讼时效制度向人民法院起诉侵权行为，而不必担心诉讼时效已过。

在本案中，虽然争诉的几幅摄影作品在原告起诉前一年已过保护期，但这只是说明以此期限为界限，此前出版社未经授权出版的画册为侵权行为，不会因之后著作权到期的事实而改变性质。不构成侵权。而针对本案中 A 出版社的出版行为在保护期之中，属于侵权行为，该侵权行为在保护期过后依然属于可诉的行为。这个可诉的诉讼时效期限应该是从保护期截止日向后推两年。本案中王某是在保护期过后一年发现的侵权行为，可见是在两年的范围之内。

与此同时，相应的在保护期终结到两年诉讼时效终结期间，不同的起诉时间将直接影响到赔偿范围及数额的认定，即法院将只保护从起诉日向前推两年至著作权保护期终结日之间的著作权。例如，保护期期满在 2007 年 12 月 31 日，著作权人在 2008 年 3 月 1 日起诉，赔偿范围及数额的认定应当自起诉之日向前推两年，到 2006 年 3 月 1 日，再从此日期向后推至该作品的著作权保护期截止日 2007 年 12 月 31 日，这样将只计算在此期间的侵权行为所造成的赔偿数额。

所以最终法院依据关于保护期和诉讼时效的关系作出了一审判决，A 出版社被认定侵权成立。

（四）再版作品保护期案

【基本案情】

原告钱某创作的小说《茫然》，于1946年2月首发在当时的大型文学月刊《综合文艺》杂志上，并连载一年12期。1947年5月，上海百花出版社出版了钱某的小说《茫然》单行本。小说在当时取得了空前的成功，上海百花出版社接连在1948年2月和1949年3月再版两次。每次再版前钱某均对小说进行了文字增删和润色，使作品更为完美。钱某也凭借这部小说成为当时名噪一时的文学家。1949年新中国成立后该书再版时面临一些社会问题，为了得以让该书再次出版，钱某许诺当时新组建的文学出版社对该书进行了较大幅度的修改。文学出版社邀请陈某进行此项工作，这次修改不仅是文字的增删和润色，还进行了整部小说情节的大幅修改，经过修改后的新《茫然》于1958年再版。钱某本人在1955年因病过世。

此后因种种原因该书一直没有再版。2006年A出版社出版了一套民国文学作品汇编的丛书，该套书中有钱某的这部作品《茫然》。与此同时，钱某的后人和陈某的后人均在市场上发现了这部丛书，经过与出版社交涉，出版社认为该书为民国年间发行的老书，早已经过了著作权的保护期限，出版社不存在侵权责任。钱某的后人和陈某的后人分别向人民法院起诉A出版社侵权，人民法院决定并案审理。

人民法院首先调查了A出版社再版的《茫然》小说。经调查确认再版的小说是以1958年由文学出版社版为基础进行的修订本，两版本进行比较基本未有出入。在庭审期间原告钱某后人与A出版社达成和解方案并向法院申请撤诉，对于陈某后人的侵权之诉A出版社认为其根本没有起诉的权利，不同意进行和解，且坚持宣称小说《茫然》的作者于1955年病逝，著作权保护期已过不存在侵权问题。

人民法院在查明上述事实基础上进行了一审判决：1. 认定被告A出版社侵犯了原告陈某1958年版小说《茫然》的著作权，判令被告A出版社向原告赔偿人民币10万元整，并赔礼道歉；2. 驳回原告其他诉讼请求。

【案件评析】

本案中涉及了一个再版作品的问题。根据著作权法的相关规定，原作品经改编后的新作品享有独立的著作权。这也就意味着这类新作品有着不同于原作品的著作权保护期限，可能会出现原作品已过保护期而改编后作品尚在保护期内的情况。

现实中，一部作品首次发表后其原作者或相关被授权人可能会推出很多再版作品。再版的作品往往是在原作品被进行删改、加工、润色等基础上完成的。而这种经过加工的再版作品是否都能成为新作品享有独立的著作权呢？答案是否定的。这里援引国家版权局关于《意序类字典》同《新华字典》的保护期冲突所作出的答复。“如果《意序类字典》复制的仅仅是《新华字典》初版的内容，保护期应该从1953年底开始计算。如果《意序类字典》复制的仅仅是《新华字典》某一修订版的内容，该修订版又因进行了实质性增补而构成新作品，保护期应该从该修订版出版之年底开始计算。”从中可以看到因修订而构成新作品的条件是进行了实质性增补。这里面的实质性增补当然是从字典内容的角度来理解，具体到小说类作品的实质性增补应该是对小说情节框架的修改，而不能仅仅是标点符号、字符的删改和个别语句的重新加工润色。

本案中，陈某应出版社的邀请对钱某的原作进行了小说情节方面的大幅修改，构成了新作品，所以陈某对于1958年版的《茫然》享有著作权，新版《茫然》也同时具有不同于老版的著作权保护期限。A出版社2006年再版的《茫然》是以1958年陈某大幅修改后的版本为基础再版的，1958 年版作品并未过著作权保护期，所以 A 出版社的行为构成了侵权。法院在确认陈某对涉案作品享有著作权的基础上，认定被告的行为构成侵权并判令其承担侵权责任是正确的。

三、风险提示和防范措施

（一）出版社对拟出版作品著作权审查的风险防范

出版社和杂志社出版刊物时一定要注意如下几个问题：

第一，要查明著作权的归属，特别是年代久远作品的保护期问题。查明著作权归属更准确地讲是审查作品提供人是否是真正的著作权人，他本人是否有权授权出版社出版作品。这一审查从司法解释的要求来看，对于出版社的审查要求比较高，所以出版社不能简单靠签合同就可免责，实践中还需要做一番调查研究。对于汇编类书籍，因为里面各自内容单独享有著作权，其内容大多数是收集而来，有些年代久远，会出现一部分过保护期一部分仍在保护期内的情况。这就需要编辑查清哪些作品已过保护期，而哪些作品又依然在保护期范围之内。

第二，一定要注意原作者的署名和保护作品完整性的问题。《著作权法》规定作者的署名权、修改权、保护作品完整性的权利不受期限限制。这就要提醒相关编辑在出版已过保护期的作品时，有作者的一定要署作者名。同时不要随意修改原作品，在使用图片类的作品时要完整使用不要擅自裁剪甚至用电脑软件加以处理，以免招致不必要的麻烦。

（二）出版已过保护期作品的风险防范

实践中，图书、期刊出版者使用已过保护期的作品分为两种情况：

第一种情况是图书、期刊出版者使用的作品是自始就过了保护期的作品，即图书、期刊出版者在使用该作品时，作品就已经不在保护期范围之内。这样的作品出版社不用承担财产权利方面的责任。

第二种情况是作品在图书、期刊出版者使用期间超过保护期。在这种情况下，图书、期刊出版者使用作品容易出现法律风险。前面案例谈到过这个问题，根据司法解释的规定侵犯著作权的诉讼时效是两年，即便已过保护期限但是仍在两年的诉讼时效范围之内，著作权人依然可以起诉图书、期刊出版者侵权，这一点一定要引起重视。在这种情况下只有当保护期过后两年才能真正过诉讼时效，千万不可认为已过保护期就不会再引起法律问题。

其实可以从另一个角度来看待这个问题，出版社承担责任最根本的原因还是在受保护期内出版了他人相关作品，构成侵权。只是出版作品不久之后作品就过了保护期，如果一开始出版时，作品的著作权就已经过了保护期，就根本不会出现“作品已过保护期仍可提起侵权之诉案”中被认定侵权的情况了。所以，如果打算使用免费作品的话，作品保护期的计算不要出错，多等一段时间就会少很多麻烦。这里要提示的一点就是前面讲到的，千万不要认为作品的保护期一过就不会引起侵权问题，要切记作品的侵权纠纷中还有一个两年的诉讼时效。

（三）出版存在多版本的作品时的风险防范

出版社在审查作品著作权保护期时还要注意该作品是否存在多个版本，多个版本之间有多大区别，以及各个版本的作者是否为同一人。如果两个版本之间只是简单的再版修订，不涉及情节内容的大幅度变化，那这样就不构成新作品，不会出现新的保护期。如果有再版后内容出现大幅变化的情况，或者原来是小说被改编成了其他形式比如剧本之类的情况，则会因为有独创性成为新的作品从而出现新的著作权保护期。在这种情况下就要明确如下三个问题：(1) 多个版本的作者是否为同一人；(2) 作者是自然人还是法人；(3) 若作者是自然人，该作品是否是职务作品或合作作品。《著作权法》中关于保护期对自然人是按作者的死亡年份计算；对于法人作品是按首次发表时间计算，职务作品也是按首次发表时间，合作作品是按最后去世的作者计算保护期，所以要具体区分情况分别计算保护期，这样才能有效规避法律风险。

（四）出版未发表作品的风险防范

这里面的未发表作品可以分两种情况来探讨。首先最常见的是作者已经去世的情况下，像刚去世的流行天王迈克尔·杰克逊，他去世时还有很多个人的作品没有公开发表。这些作品依然在保护期范围之内，相应的财产权利由继承人继承，如果使用作品要得到继承人的许可。另一种情况就是作品的原件已经转移给了第三人，一般在摄影绘画作品中比较常见。这时候作品的物权归属于第三人，作品的著作权仍在原作者手中，要想发表这样的作品最好能得到双方的共同许可。针对这类摄影绘画作品，相对来说，原件所有人在发表权上要高于著作权人，可不经著作权人同意而以展览等方式公开、发表，但是原件所有人并没有授权他人使用该作品的权利，所以出版社使用时要得到双方的共同许可。

可见，图书期刊作品的保护期本身并不复杂，如何计算保护期《著作权法》中规定得很清楚明了，实践中纯粹因为保护期问题引发财产权纠纷的并不多见。相反由于作者的精神权利没有保护期限限制，其中的署名权、保护作品完整性权和修改权往往成为侵权主要集中的领域。对于这一方面的审核出版社应该着重引起重视。在传媒行业飞速发展的今天，很多问题单靠《著作权法》事先进行法律规范来避免已经很难实现，未来的发展趋势就是把更多的内容留给著作权人和出版社之间通过合同来规范，在合同中尽可能详尽地明确双方权利与义务，这样其实很多时候还有排除《著作权法》中指导性规定的效果。所以出版社风险防范从根本上讲，要从合同上入手，合同完善了，风险自然也就降低了。

第五章

图书期刊著作权的限制

一、内容综述

（一）著作权限制的目的和意义

著作权的限制又称“著作权的例外”。指著作权法基于社会公共利益而对作者利用其作品的独占权所作的限制性规定①。为了鼓励作品的广泛传播，不使著作权法授予作者的专有权利变成公众获得知识的障碍，各国著作权法在不同的历史时期，都对作者的专有权利作出一些限制。对著作权的限制，意味着著作权人在享有著作权的同时，应对社会承担一定的义务，以促使作品更广泛地被社会利用。

对于图书期刊的出版发行而言，一方面，图书期刊作为传播知识的载体，出版者有权在法律规定的情形下引用他人作品而不构成对他人著作权的侵犯；另一方面，图书期刊作为已经发表的作品，其著作权人负有容忍该作品被他人合法利用的义务。著作权的限制主要包括合理使用、法定许可以及强制许可等其他制度限制，本章首先对上述制度一一进行介绍，然后结合相关案例进

① 江平、王家福总主编：《民商法学大辞书》，南京大学出版社，1998 年版，第 976 页。

行分析说明，最后提示风险所在并提供防范措施。

（二）图书期刊的合理使用

合理使用是指为了学习、研究或欣赏的目的，为了教育、科学研究、宗教或慈善事业使用他人作品，不需征得作者同意，不需要向其支付报酬，但应尊重作者的人身权利。合理使用成立的条件都是由法律予以规定的，也可以说合理使用是一种特殊的法定许可。我国《著作权法》第22条明确而详尽地列出了12项合理使用的情形，本书主要对其中与图书期刊有一定关系的8种情形进行介绍：

1. 为个人学习、研究或者欣赏，使用他人已经发表的作品

著作权法所称的已经发表的作品，是指著作权人以著作权法规定的方式公之于众的作品。使用他人作品的目的必须是为了学习、研究或者欣赏，而不能是商业目的，任何借个人学习、研究或者欣赏之名，行出租、出售等营利之实的行为是侵权行为，绝对不能与合理使用混为一谈。对于这一项规定，图书期刊负的著作权人有容忍作品被他人为学习、研究或欣赏之用而少量复制的义务，而由于图书期刊出版社本身具有的商业性质，其不得以学习、研究或欣赏为名而大量出版他人作品。

2. 为介绍、评论某一作品或者说明某一问题，在作品中适当引用他人已经发表的作品

出版社的编辑人员在审查稿件的时候要注意：第一，这种合理使用限于为介绍、评论某一作品或者说明某一问题而引用；第二，要符合“适当引用”的要求，如引用比例过大则可能转化为抄袭；第三，引用他人的作品应当说明作品的出处和姓名；第四，被引用的作品必须是已经发表的。

3. 为学校课堂教学或者科学研究，翻译或者少量复制已经发表的作品，供教学或者科研人员使用，但不得出版发行

所谓学校课堂教学是指在教室、实验室等地方进行的面对面的教学，包括国家设立的或者民办的小学、中学、大学里所进行的课堂教学，但不应包括函授、培训班、广播或电视教学。要注意的是：第一，必须是限于学校课堂教学或科学研究，翻译与少量复制作品。复制必须是少量的，否则也会构成侵权。第二，只能供教学或科研人员使用，不得出版发行。第三，使用的必须是他人已发表的作品，未发表作品必须征得许可才能进行使用。因此，该项规定只限于少量复制，出版社若要出版发行，必须事先取得著作权人的许可。

4. 将中国公民、法人或者其他组织已经发表的以汉语言文字创作的作品翻译成少数民族语言文字作品在国内出版发行

对于图书期刊而言，出版者应注意：第一，仅适用于中国公民、法人或者其他组织的作品。如果是对外国人所创作的汉语言文字作品，则不能进行合理使用。第二，必须是对汉语言文字作品进行使用，不能是对其他的少数民族语言文字作品。第三，只能在国内出版发行。第四，仅限于翻译已发表的汉语言文字作品。

5. 将已经发表的作品改成盲文出版

盲文也是一种文字符号系统，将非盲文作品改写成盲文出版也是一种翻译活动，但基于盲文的特殊社会要求，法律规定此种翻译并出版无须征得非盲文作品著作权人的同意，也无须付酬。但是出版者要注意，必须是对已发表的作品改成盲文出版时才能进行合理使用。

6. 为报道时事新闻，在报纸、期刊、广播电台、电视台等媒体中不可避免地再现或者引用已经发表的作品

针对这一情形，编辑人员应当明确：第一，引用作品的目的必须是为了报道时事新闻，如果为了其他目的不能算作合理使用。第二，引用作品必须是不可避免的，如果在报道时事新闻时

可以避免引用作品，则不应该引用作品。第三，引用他人作品应当指明作者姓名、作品名称、作品出处，而且不得侵犯著作权人的其他权利。第四，引用的作品必须是已经发表的，未发表的作品未经许可不能引用。

7. 报纸、期刊、广播电台、电视台等媒体刊登或者播放其他报纸、期刊、广播电台、电视台等媒体已经发表的关于政治、经济、宗教问题的时事性文章，但作者声明不许刊登、播放的除外。

编辑人员需要注意的是：第一，出版作品所引用的文章必须是对于政治、经济、宗教方面的时事性文章。第二，这种合理使用必须是对已经发表的作品。第三，如果作者在作品中声明不得刊登的不得引用，否则构成侵权。

8. 报纸、期刊、广播电台、电视台等媒体刊登或者播放在公众集会上发表的讲话，但作者声明不许刊登、播放的除外

公众集会，指为一定目的在公共场所举行的，公众可以自由进入会议场所的集会。这种集会包括政治性集会、庆祝集会以及纪念性的集会等。比如，在大型体育运动会上所致的开幕词，国家领导人在政治性集会上所作的讲演、报告、致辞等。对于这一情形，编辑人员需注意，只要作者没有不许刊登的明确意思表示，那么法律就允许将该讲话内容以文字形式刊登。

需要注意的是，以上6、7、8三项都规定合理使用的主体为报纸、期刊、广播电台、电视台等媒体，无论是报道时事新闻、传播时事性文章，还是宣传公众集会上的讲话，法律规定合理使用的目的是为了鼓励传播新闻，使公众及时了解国内重大问题的方针、政策以及国内外大事，这三项合理使用的主体应为时时更新、宣传性更强的新闻媒体，图书不在此列。因此，针对本书介绍的对象图书期刊而言，这三项只适用于期刊的出版发行，而不适用于图书的出版发行。

除上述情形之外，我国《著作权法》第22条还规定了以下四种合理使用的情形：（1）国家机关为执行公务在合理范围内使用已经发表的作品；（2）图书馆、档案馆、纪念馆、博物馆、美术馆等为陈列或者保存版本的需要，复制本馆收藏的作品；（3）免费表演已经发表的作品，该表演未向公众收取费用，也未向表演者支付报酬；（4）对设置或者陈列在室外公共场所的艺术作品进行临摹、绘画、摄影、录像。这四种合理使用的情形一般不涉及图书刊期的合理使用问题。

（三）图书期刊的法定许可

法定许可，是指根据《著作权法》的规定，在特定的条件下，使用他人已经发表的作品时，可以不经著作权人的许可，但应向其支付报酬的制度。法定许可使用制度是各国的著作权法普遍采用的一项制度，主要是为了全社会大多数人的利益，方便作品的使用，节省时间、人力、物力、减少不必要的纠纷而设置的。

我国《著作权法》中关于图书期刊法定许可的制度主要有以下两种情况：

1. 规定范围内的教科书编写的法定许可

根据《著作权法》第23条的规定，为实施九年制义务教育和国家教育规划而编写出版教科书，除作者事先声明不许使用的外，可以不经著作权人许可，在教科书中汇编已经发表的作品片段或者短小的文字作品、音乐作品或者单幅的美术作品、摄影作品，但应当按照规定支付报酬，指明作者姓名、作品名称，并且不得侵犯著作权人依照本法享有的其他权利。此规定适用于对出版者、表演者、录音录像制作者、广播电台、电视台的权利的限制。

对于图书期刊而言，需要注意的是：第一，教科书指的是教学所用的正式教材，不包括教学参考书、辅导书等其他书籍。第二，必须是针对为实施九年制义务教育和国家教育规划而编写的书籍。第三，这种法定许可只能是汇编作品片段或者短小的文字作品、音乐作品或者单幅的美术作品、摄影作品。如果超过法律规定的幅度，将他人作品完整地大篇幅地运用到教科书上则不属于法定许可的范围而构成侵权。第四，在出版教科书时，应当按规定向著作权人支付报酬，并指明作者姓名、作品名称，并且不得损害著作权人的其他利益。但如果作者事先声明不许使用其作品的，不适用于此项法定许可。

2. 报刊出版者使用作品的法定许可

《著作权法》第 33 条第 2 款规定，作品刊登后，除著作权人声明不得转载、摘编的外，其他报刊可以转载或者作为文摘、资料刊登，但应当按照规定向著作权人支付报酬。该条款适用的主体仅限于报社、杂志社，即发表作品的是报社、杂志社，转载有关作品的也是报社、杂志社。

报社、杂志社在实施该规定时，应注意三点：第一，著作权人没有声明不得转载、摘编。这里必须指出，有权发表不得转载、摘编的声明的主体只能是著作权人，而不是刊登其作品的报社、杂志社。如果报社、杂志社声明不得转载、摘编的，其声明无效。第二，必须向著作权人支付报酬。第三，在转载或者摘编其他报纸、杂志的作品时，应该注明作者姓名、作品名称及原作首次发表的报纸、杂志名称和日期。

（四）图书期刊的其他限制

除了上述合理使用和法定许可制度对著作权作出了限制以外，各国通常还通过以下制度对著作权进行限制，图书期刊的著作权也同样受到以下制度的限制。

1. 著作权强制许可

强制许可，是指在法律规定的特定条件下，著作权人无正当理由而不允许他人使用其作品时，使用者经过向著作权行政管理部门申请获得授权而使用该作品，无须征得著作权人的同意，但应向其支付报酬的制度①。《伯尔尼公约》和《世界版权公约》两个著作权国际公约中都规定了对作品的强制许可制度。根据这两个公约，缔约国主管当局可以根据法律规定对作品颁发强制许可证。一般情况下，强制许可的使用权是非独占的，不得转让，而且强制许可只能在本国内有效。我国《著作权法》中没有规定强制许可制度，但是因为我国加入了《伯尔尼公约》和《世界版权公约》，所以也应该适用两个公约中关于强制许可的规定。

对于图书期刊的出版发行而言，目前我国还没有强制许可的实例。图书期刊的出版者要以强制许可的方式使用著作权，只能是针对特定的有特殊价值和影响的，而且能够带来显著社会效益与经济效益的作品。

2. 公共秩序保留

公共秩序保留，是指凡被认为有意欺骗公众、违背公序良俗、低级下流、蔑视法律或宗教、诽谤他人等作品不得享有著作权法保护。我国《著作权法》第 4 条规定：“著作权人行使著作权不得违反宪法和法律，不得损害公共利益。国家对作品的出版、传播依法进行监督管理。”

对于图书期刊的出版发行而言，如果其出版的作品内容违反宪法和法律或是损害公共利益等，属于国家禁止出版传播的作品，那么不仅出版的作品得不到著作权法的保护，出版者还要承担相应的法律责任。

3. 著作权权利穷竭

权利穷竭，是指权利人行使一次即告用尽的有关权利不能再

① 徐德敏主编：《知识产权法学》，中国政法大学出版社，2002 年版，第 228 页。

次行使。这一原则，适用于著作权中的发行权，一旦作品的原件或是复制件经权利人同意而进入市场后，则该作品作为商品的进一步销售，著作权人均无权控制。该原则的目的在于消除著作权的专有性对商品流通所产生的消极影响。

图书期刊作品的发行权也一样受到权利穷竭的限制，一旦图书期刊作为商品进入市场，那么无论是出版者还是其中作品的著作权人，都无权控制图书期刊的进一步销售。

二、经典案例评析

（一）教材雷同，是抄袭还是适当引用案

【基本案情】

原告：孟静；被告一：北京大学出版社（以下简称北大出版社）；被告二：陈向群；被告三：杨芙清；被告四：北京兰兴达图书发行有限责任公司（以下简称兰兴达公司）。

原告孟静诉称，1997年11月本人独立创作编著完成《计算机操作系统教程》一书，由中国人民大学出版社出版发行。陈向群、杨芙清于2001年9月共同编著了《操作系统教程》，由北大出版社出版发行，2006年6月又共同编著了《操作系统教程》（第二版），由北大出版社出版发行。2007年9月26日，孟静在兰兴达公司购买了《操作系统教程》、《操作系统教程》（第二版）两本涉案侵权教材，其中各有几万字内容涉嫌抄袭其《计算机操作系统教程》。因《计算机操作系统教程》与《操作系统教程》、《操作系统教程》（第二版）都属同类的教材，涉及抄袭的部分又是双方教材的核心部分，涉案侵权行为直接影响到孟静教材的销售。涉案侵权教材对孟静教材进行的使用，未征得孟静同意，没有署名，亦未支付报酬。北大出版社未尽审查义

务，致使涉案侵权教材出版发行，兰兴达公司未尽审查义务，致使涉案侵权教材进入市场进行销售。故诉至法院，要求：(1) 北大出版社立即停止出版发行《操作系统教程》、《操作系统教程》(第二版) 两本涉案侵权教材；(2) 兰兴达公司立即停止销售《操作系统教程》、《操作系统教程》(第二版) 两本涉案侵权教材；(3) 北大出版社、陈向群、杨芙清在《计算机世界报》、《中国教育报》、《科技日报》上公开赔礼道歉，消除影响；(4) 北大出版社、陈向群、杨芙清连带赔偿经济损失及合理开支15万元。

被告北大出版社辩称，涉案教材与孟静教材的部分重复是由于下列原因造成的：某些专有名词、定义、步骤为业内通用说法；某些段落均翻译、借鉴自国外同一部经典教材；科技作品不同于文字作品，表达的有限性决定了作者在创作时必须遵守客观直接、简明扼要的写作要求，不能任意发挥；大学教材不同于学者专著，首要目的在于向学生讲授学界公认的最基本的概念、理论、知识、技能，大学教材都大同小异，作为科技作品的大学计算机教材更不可能相差很大。涉案教材参考使用孟静教材的某些段落，属于著作权法所允许的合理使用，所使用的段落不到孟静教材的1%，也不到涉案教材的1%，根本不会对孟静教材的正常使用和潜在市场产生任何影响。双方教材署名方式均为“编著”，独创性低，这意味着孟静教材中的许多内容都是对他人作品的汇编或改编，涉案教材中适当使用他人的作品，已经适当署名，符合学术规范。

被告陈向群辩称，本人与杨芙清签有协议，对分工进行了约定，涉案的内容是陈向群编写的，与杨芙清无关。孟静主张未给其署名不是事实，涉案著作最后一页参考文献中清楚地写着“孟静．操作系统．北京：中国人民大学出版社”字样，并无侵犯孟静著作权的故意。两书均是有关计算机操作系统软件原理的教材，其中必然涉及大量公认的软件算法、计算机领域的基础概念、基本原理、物理构造以及软件基本设计原则等公认的科学技术事实，对这些具体内容的适当引用不侵犯著作权。比如有关建立文件、撤销文件、读写文件等就是公认的软件算法，每本教材中有关文件系统的论述中都会涉及这些算法，对公认算法叙述的引用，不应视为侵犯了著作权；不论谁讲磁盘的结构和工作原理，都会介绍磁盘是由涂有磁性材料的圆盘片组成，盘片上面划分成磁道，构成同心圆，磁道又分为扇区等，某人可能在教材中将磁盘盘片的形状描述为像唱片一样，如果认为其他人在编写的教材中引用了“像唱片”的说法就构成侵权，不利于科学技术的传播。这类对某个科技概念或原理的具体叙述方式，与文学创作是完全不同的。根据统计，双方教材累计相同文字为3 264字，占全书755 000字的0.432%，不构成侵权。孟静的索赔数额没有事实和法律依据。请求法院驳回孟静的诉讼请求。

被告杨芙清原审辩称，本人与陈向群签有协议，对分工进行了约定，涉案的内容不是其编写的，与其无关。

被告兰兴达公司未答辩。

法院经审理查明，1997年11月，孟静编著的《计算机操作系统教程》一书，由中国人民大学出版社出版发行。2000年10月8日，杨芙清与陈向群签订合作编写教材协议一份。协议约定双方合作编写《操作系统教程》教材，杨芙清负责编写操作系统管程、操作系统设计两部分，其他部分由陈向群编写，完稿时间为2001年6月30日之前。《操作系统教程》及《操作系统教程》（第二版）均在最后一页“参考文献”中第16项标注了“孟静．操作系统．北京：中国人民大学出版社”。2007年9月26日，孟静自兰兴达公司购买了《操作系统教程》、《操作系统教程》（第二版）各一本。《操作系统教程》共计755千字；《操作系统教程》（第二版）共计786千字。经比对，《操作系统教程》与孟静教材相同或相似的字数为12 341字，《操作系统教程》（第二版）为11 808字。

人民法院在查明上述事实的情况下认为，原告孟静作为涉案《计算机操作系统教程》教材的作者，其所享有的著作权应受法律保护。涉案图书系介绍计算机系统操作的教材，其所涉科技方面内容具有客观性，其表达方式具有有限性，对于介绍性的内容不应视为抄袭和侵权；同时，原审认为1万余字的相同或相似在涉案教材第一版755千字、第二版786千字中所占比例很小且散见各章节中，属于合理借鉴，不能认定为抄袭。因此判决驳回孟静的诉讼请求。

【案件评析】

本案在认定被告陈向群、杨芙清编著的《操作系统教程》及《操作系统教程》（第二版）中是否存在对原告孟静编著的《计算机操作系统教程》的抄袭之处时，主要考虑了以下三点因素：

第一，原告孟静编著的《计算机操作系统教程》与被告陈向群、杨芙清编著的《操作系统教程》及《操作系统教程》（第二版）均为计算机操作系统方面的教材，内容涉及对操作系统的客观描述，涉及相关技术内容，因此其表达方式必然要受到相应的限制，在双方教材中可能出现对软件算法、计算机领域的基础概念、基本原理、物理构造以及软件基本设计原则等客观的科学技术事实的描述相同或相近似的情况，这是不可避免的。

第二，被告陈向群、杨芙清编著的《操作系统教程》及《操作系统教程》（第二版）中与原告孟静编著的《计算机操作系统教程》中相同或相近似的字数分别为12 341字和11 808字，且散见于全书诸多章节之中，与被告陈向群、杨芙清编著的教材总字数《操作系统教程》755千字、《操作系统教程》（第二版）786千字相比所占比例仅为1.5%、1.6%，而根据文化部1985

年颁布的《图书期刊版权保护试行条例实施细则》第十五条的规定，引用他人作品不得超过本人作品的1/10，所以，涉案作品所涉及的使用内容不构成该教材的主要部分。

第三，被告陈向群、杨芙清编著的《操作系统教程》及《操作系统教程》（第二版）均在参考文献中标注了原告孟静的《计算机操作系统教程》，该标注表明引用材料的主要来源和明确的原作者信息，不会影响读者对相关资料的查阅。

综上所述，应该认定《操作系统教程》和《操作系统教程》（第二版）教材对于孟静涉案《计算机操作系统教程》教材的使用属于对他人作品的合理借鉴，属于适当引用的范围，不应认定为侵权。

（二）将他人作品附在自己作品之后全文使用，是否构成侵权案

【基本案情】

原告于宗瀚诉称，1998年9月，被告人民出版社出版了被告沙叶新所著《尊严》一书，两被告在原告不知情的情况下将原告1993年发表在《联合时报》上的《我对旅日青年如是说》一文（以下简称"《我》文"）全文收录。被告联合时报社在1999年6月11日寄给原告稿酬人民币20元，并通知原告文章被转载，原告将该款退回，同时致函该社了解事情真相并提出异议。原告认为，三被告随意转载原告作品已侵犯原告的著作权，故诉请判令三被告停止侵害、消除影响，并在《解放日报》、《文汇报》、《新民晚报》等媒体上公开道歉；三被告共同赔偿原告损失人民币2 000元。

被告沙叶新辩称，其将原告在《联合时报》上发表过的《我》文摘要收入《尊严》一书作为附录，是为介绍、评论其作品和说明问题，是适当引用，属于合理使用。

被告人民出版社辩称，《尊严》一书引用原告的文章是通常做法，该书引用了19位作者的文章，发表已有3年，该引用符合法律规定。被告在引用原告作品时注明了原告的姓名、文章名称，未对文章进行篡改，并通过他方向原告支付了稿酬。且原告的起诉超过诉讼时效。

被告联合时报社辩称，本社为沙叶新提供《我》文的复印件纯粹是出于服务。报纸公开发行，谁都可以购得。转寄稿费系受人之托，也是惯常做法。

法院经审理查明，原告于宗瀚撰写的《我》文发表于1993年5月28日《联合时报》第3版，全文约1 170字。1998年9月，被告人民出版社出版发行《尊严》一书，封面上写明“沙叶新著”。该书收录了被告沙叶新撰写的《尊严》、《东京的月亮圆不圆》等13篇文章，1篇答记者问和2个话剧剧本。书中还全文收录了19篇他人撰写的对上述文章或话剧剧本的评论文章或信函，作为附件分别附录在所评论的文章或话剧后面。这些评论文章或信函均有作者署名，有些还表明了该文章或信函首次发表的报纸、杂志名称。《尊严》一书共计222 000字。

《尊严》一书出版前，被告沙叶新坚持要求将上述评论文章和信函收入该书，故被告人民出版社编辑唐燕能前往被告联合时报社，告知沙叶新出书一事，请求该社为其复印包括《我》文在内的有关文章和信函。该社复印后，唐燕能将上述作品附于正文后出版。该复制出版行为未征得原告同意。

《尊严》一书出版后，被告人民出版社将该书和给原告的稿酬人民币20元寄给联合时报社，请该社向原告代为支付稿酬。联合时报社于1999年6月11日将稿酬汇至原告处，原告将稿酬退回，并两次致函被告联合时报社表示异议。1999年7月12日，联合时报社函告原告：两次信函已转寄给《尊严》一书出版单位人民出版社，并请该书责任编辑与原告联系。同月19日，唐燕能致函原告，告知其《尊严》一书使用《我》文的初衷和原因，并援引我国《著作权法》第32条第2款的规定，认为《我》文的使用属于转载，不构成侵权。同年11月18日，被告联合时报社再次将稿酬人民币20元汇至原告处，原告再次拒收。

上海市第一中级人民法院在查明上述事实的基础上认为，被告人民出版社未提供证据证明原告在1999年4、5月间就已知道其文章被《尊严》一书使用，且原告已于第一次收到稿费领取通知单后两次致函被告联合时报社主张权利，该两份信函亦由联合时报社转至被告人民出版社处，并有回复，故被告人民出版社关于原告的起诉超过诉讼时效的辩称不能成立。《尊严》一书仅在每篇附件后表明作者的姓名和作品出处，而在书的封面上写明“沙叶新著”，且未在目录中表明附件作者的姓名，是不适当的。原告的评论文章被全文附录在《东京的月亮圆不圆》之后，并非融合该文章中。因此，被告沙叶新和人民出版社的行为应认定为复制使用，并非合理使用。此外，被告沙叶新和人民出版社出版发行《尊严》一书具有明显的商业特征，故应认定两被告的行为构成侵权。

至于被告联合时报社，虽然被告人民出版社编辑唐燕能告知被告联合时报社有关沙叶新出书事宜，联合时报社提供了复印服务，但没有证据表明联合时报社明知被告沙叶新和人民出版社在未经原告同意的情况下使用原告作品；联合时报社也无义务对两被告使用原告作品是否征得原作者同意进行审查，因而联合时报社应他人要求提供已刊载的文章复印件并转寄稿酬的行为不应被视作侵权。

据此，上海市第一中级人民法院作出了被告沙叶新、人民出版社向原告于宗瀚书面赔礼道歉并赔偿原告于宗瀚经济损失人民币1 000元，两被告之间负连带赔偿责任的判决。

【案件评析】

本案中，判断被告未经许可将他人作品作为附件全文引用的行为是否构成侵权，需解决以下两个问题：

第一，未经著作权人许可将他人作品附在自己作品之后全文使用，是否属于著作权法规定的合理使用？我国《著作权法》第22条对合理使用制度进行了列举式规定，其中第2项是“为介绍、评论某一作品或者说明某一同题，在作品中适当引用他人已经发表的作品”。判断对他人作品的使用是合理使用还是构成侵权，要看使用的方式和目的。从两部作品内容上看，如果引用部分构成了引用人作品或被引用作品的主要部分或实质部分，则不属于合理使用而构成侵权。反之，如果引用或被引用的篇幅极少，不涉及质的内容或涉及很少，一般是合理使用。

本案中，从使用方式看，《尊严》一书全文引用了包括《我》文在内的19篇文章或信函，显然该引用部分已构成了被引用作品的主要部分和实质部分。从使用目的看，使用他人的作品是以营利为目的的，一般都构成侵权。本案沙叶新及人民出版社通过《尊严》一书的出版、发行都获得了经济利益，营利是《尊严》一书出版、发行的目的之一，故可以认定沙叶新和人民出版社使用包括《我》文在内的19篇文章或信函的行为，不属于对他人作品的合理使用而构成侵权。

第二，未经著作权人许可将他人发表在报纸、杂志上的作品收录在自己的图书作品中，是否属于著作权法规定的转载？我国《著作权法》第33条第2款规定：“作品刊登后，除著作权人声明不得转载、摘编的外，其他报刊可以转载或者作为文摘、资料刊登，但应当按照规定向著作权人支付报酬。”根据该规定，除著作权人声明不得转载、摘编的以外，报纸、杂志转载、摘编其他报纸、杂志上已发表的作品，不需取得著作权人的许可，但应当支付报酬。但需要注意的是，法定许可的转载权限于报纸、杂志之间。将报纸、杂志上的作品全文收录到出版的图书中，不属于著作权法规定的转载，应当取得著作权人的许可，否则就构成对著作权人著作权的侵犯。因此，《尊严》一书全文收录《我》文的行为不属于著作权法规定的转载，该收录行为未经著作权人于宗瀚的许可，构成侵权。

（三）汇编历年高考题并出版的行为是否属于合理使用案

【基本案情】

原告胡浩波诉称，2007年5月22日，原告在被告图书大厦有限责任公司（以下简称图书大厦）购书时，发现被告延边大学出版社出版的《2007年高考必备第一书高考题库语文现代文阅读A》（以下简称《语文现代文阅读》）一书中有原告于1996年应《中国科技画报》创刊号约稿的文章，即《全球变暖——目前的和未来的灾难》一文，经过删改、调整后加以使用。原告对上述情形并不知情。原告认为延边大学出版社、图书大厦的行为侵犯了原告的著作权，请求法院依法判令延边大学出版社、图书大厦停止侵权并赔偿原告经济损失1万元。

被告延边大学出版社辩称，原告不能证明其是涉案文章的著作权人，高考试卷中没有署原告的名字，教育部考试中心出题是公务行为，本社使用高考试题汇编出书是合理使用。故请求法院驳回原告诉讼请求。

被告图书大厦辩称，我公司进货渠道正规，主观上无过错，我公司在本案中不应承担任何责任。

法院经审理查明，原告系1997年第3期《中国科技画报》中《地球的被子变厚了》一文的作者。1997年8月第11期《希望月报》上刊登了《全球变暖——目前的和未来的灾难》一文，作者是胡浩波，该文节选自《中国科技画报》中《地球的被子变厚了》一文。2003年普通高等学校招生全国统一考试语文试卷阅读文第二大题阅读材料选自原告上述文章的内容，经过出题人删改、调整后加以使用，改定后全文约840字。

延边大学出版社出版了《语文现代文阅读》一书，汇编了高考全国统一考试语文历年考试题，该书第22页第二十三题内容为2003年高考语文考卷的现代文阅读第二大题，该题阅读文章内容节选自原告的文章，全文约840字。经比对，延边大学出版社《语文现代文阅读》第22页第二十三题涉及原告的文章内容与2003年普通高等学校招生全国统一考试语文试卷阅读文第二大题阅读材料使用原告文章的内容完全一致。

2007年5月1日、2007年7月12日，图书大厦分别从北京新华书店首都发行有限公司物流中心、北京市新华书店连锁有限责任公司配送中心进货，其中包括《语文现代文阅读》一书。

北京市西城人民法院认为，原告对其创作、发表的文章，依法享有著作权。在无相反证据的情况下，可以认定原告为《全球变暖——目前的和未来的灾难》一文的作者，其著作权受我国著作权法的保护。本案中，教育部考试中心出题使用原告胡浩波的作品的行为是执行公务行为，属于合理使用。但是，延边大学出版社汇编高考试题出书的行为与教育部考试中心组织高考命题的行为性质不能等同，因此，对于延边大学出版社提出的其使用试题中的文章是合理使用的答辩意见，本院不予支持。该行为构成对原告胡浩波著作权的侵害，应承担侵权责任。

被告图书大厦销售了延边大学出版社出版的涉案图书，应立即停止销售涉案图书的行为。鉴于图书大厦在本案诉讼中提供了相应证据，证实销售的涉案图书具有合法进货渠道和来源，作为图书销售企业，已尽到合理注意义务，因此，图书大厦不承担经济赔偿的责任。

基于以上认定，北京市西城区人民法院作出责令被告延边大学出版社停止侵权、赔偿原告胡浩波经济损失200元及合理费用支出11元8角7分、被告图书大厦停止销售侵权图书的判决。

【案件评析】

根据我国著作权法规定，汇编作品著作权由汇编人享有，但行使著作权时，不得侵犯原作品的著作权。法律、行政法规另有规定的除外。汇编作品具双重著作权的性质，汇编中每一件作品的著作权归原作者享有，而汇编者对汇编作品享有整体的著作权，但行使权利时不得妨害其中每件作品的著作权。当汇编作品享有著作权时，并不意味着编在该汇编作品中的一切作品的著作权都归该汇编人自己所有。汇编者只能就其付出的创造性劳动的那部分成果享有著作权，如材料的选择或编排等。其中可以单独取出的每个被汇编进去的作品或作品片段，著作权仍归原作者所有。汇编作品应注明引用材料的出处，有明确作者的，应征得许可使用。进行图书的出版，出版者必须尽到合理审查注意义务。

本案中，被告延边大学出版社出版的《语文现代文阅读》一书，系对历年高考试题经过选择、编辑，并按照一定的版式设计编排而成的符合出版标准的汇编作品，其中编入2003年普通高等学校招生全国统一考试语文试卷阅读文第二大题的内容，而该题阅读材料内容节选自原告的文章。被告延边大学出版社出版该书的过程中，疏忽了对汇编作品上述因素和问题的必要审查，将包含他人作品内容的高考试题汇编出版，未取得高考试题所包含作品内容的原作者即本案原告的许可并支付报酬，存在明显的主观过错，应承担侵权责任。

被告延边大学出版社出版的《语文现代文阅读》一书使用原告文章内容与2003年高考全国卷语文考卷的现代文阅读第二大题使用原告文章内容、字数一致，无删改、调整。虽然教育部考试中心出题是公务行为，该事实并不能成为被告延边大学出版社未经原告许可就自行出版包含原告文章内容的试题的合法依据。原告文章内容被出题者合理使用到高考试题中，成为该题的有机组成部分，但原告文章已经发表在前，是一篇可单独使用的作品，具有独立的价值，被告延边大学出版社未经作者许可就在其出版的图书中使用该作品的行为构成侵权。从使用的方式来分析，根据著作权法的规定，我国对著作权构成合理使用的主体、使用方式、使用范围均有严格限制，延边大学出版社汇编高考试题出书的行为与教育部考试中心组织高考命题的行为性质是不同的，不能视为著作权法规定的合理使用情形。从使用目的来看，《语文现代文阅读》一书经过出版、发行、印刷、经销等完整的运作程序，具有明显的商业特征，故应认定延边大学出版社使用包括原告文章在内的出版行为，具有商业目的，不属于合理使用。

（四）在教科书中使用他人摄影作品，是否属于法定许可案

【基本案情】

原告丁亮诉称，2001 年 12 月 7 日，本人在街头为妻子、儿子拍摄了一幅选购大红灯笼的生活照。该幅照片以“街上红灯闹”为名发表于同年 12 月 15 日的天天日报“周末特刊”。后在翻阅由被告某市教育局组织编写、由被告美术出版社出版发行的《某市美术乡土教材》中，发现该教材使用了本人发表在天天日报上的“街上红灯闹”照片。两被告在该教材中使用此照片既未经本人许可，也未指明作者姓名并支付报酬，某市教育局和美术出版社的行为侵犯了本人的著作权。请求判令两被告停止侵害，公开赔礼道歉，赔偿损失 2 万元，并承担本案诉讼费用。

被告某市教育局辩称，《某市美术乡土教材》是由某市教育研究室严成等人编写、被告美术出版社出版发行的，本局不是该教材的编写者，原告诉本局侵害其著作权没有事实依据。请求驳回原告对本局的诉讼请求。

被告美术出版社辩称，原告无权以自己的名义主张著作权的相关权利，因为本社出版发行的《某市美术乡土教材》选用的“街上红灯闹”照片，系从2001年12月15日的天天日报周末特刊上转载。该幅作品是原告为完成天天日报社交办的工作任务，并且代表法人意志完成的作品，其著作权应为天天日报社享有；另外，本社出版发行的《某市美术乡土教材》是为了实施九年制义务教育和国家教育规划而编写出版的教科书，本社使用该幅作品属于《著作权法》第23条规定的法定许可使用。更何况本社在编审时已尽审查义务，主观上没有过错。因此，本社愿意按国家规定的标准向原告补付稿酬，但原告提起的侵权之诉不能成立，请求驳回原告对本社的诉讼请求。

经审理查明，原告丁亮系天天日报社摄影记者。2001年12月7日原告丁亮用自己的照相机拍摄了一幅以其妻子、儿子在街头选购大红灯笼为画面的照片。该幅照片发表于同年12月15日的天天日报“周末特刊”的“过大年”专版，题名为“街上红灯闹”，摄影署名为丁亮，并在其名字前冠以“本报记者”的身份。2003年1月，被告美术出版社出版发行了严成主编的《某市美术乡土教材》，该教材中使用了原告丁亮发表在天天日报上的“街上红灯闹”照片，该教材的编写者和出版者既未经原告许可，也未指明作者姓名并支付报酬。被告某市教育局曾将《某市美术乡土教材》列入小学教学用书目录，作为该市小学高年级学生用书，由相应年级学生购买。

某市中级人民法院经审理认为，照片“街上红灯闹”系由丁亮独立拍摄完成，具有一定的独创性，属于我国《著作权法》所保护的摄影作品。该作品不属于法人作品，但该作品应认为是原告丁亮为完成天天日报社主办的迎春特刊“过大年”工作任务而拍摄，属于职务作品的范围，不过该作品并不属于我国《著作权法》第16条第2款规定的职务作品，因此，该作品的著作权仍应属于原告丁亮。美术出版社出版发行的由严成主编的《某市美术乡土教材》不属于为实施九年制义务教育和国家教育规划而编写出版的教科书，因此，该社未经丁亮许可，在其出版发行的该教材中使用“街上红灯闹”，不属于法定许可使用，构成对原告丁亮著作权的侵害。被告某市教育局既不是《某市美术乡土教材》的编写者，也不是该教材的出版发行者，原告丁亮认为某市教育局侵害其著作权缺乏事实依据。

法院依查明的事实和法律规定作出被告美术出版社停止侵权、消除影响并赔偿原告丁亮人民币 6 000 元，驳回原告丁亮对被告某市教育局的诉讼请求的判决。

【案件评析】

本案的争议焦点在于《某市美术乡土教材》使用“街上红灯闹”是否属于法定许可使用。未经著作权人许可使用其作品，而不构成侵权，只能发生在合理使用和法定许可的情形下。本案显然不存在合理使用的情形，故被告美术出版社以法定许可作为抗辩的理由。而判定《某市美术乡土教材》的作者及出版者未经许可使用他人已经发表的摄影作品的行为是否属于法定许可，关键在于判断《某市美术乡土教材》是否属于法律中规定的为实施九年制义务教育和国家教育规划而编写出版的教科书。

教育部于 2001 年 6 月 7 日发布施行的第 11 号令《中小学教材编写审定管理暂行办法》规定：无论是国家课程教材还是地方课程教材的编写，均实行核准、审定管理制度。经核准编写的教科书，审定通过的，经国家或省级教育行政部门批准后，才能列入全国或本省、自治区、直辖市中小学教学用书目录，供学校选用。本案中，《某市美术乡土教材》的作者未按照规定向本省教育厅办理编写地方性教材的立项申请核准手续，也未经本省中小学教材审定委员会审定通过，更未经本省教育厅批准并列入某市辖区范围内的中小学教学用书目录。因此，该教材并不属于

《著作权法》规定的法定许可范围。被告美术出版社的行为侵犯了原告对其摄影作品“街上红灯闹”的著作权。

此外，需要说明的是，即使《某市美术乡土教材》属于《著作权法》规定的为实施九年制义务教育和国家教育规划而编写出版的教科书，该教材作者、出版者使用他人已经发表的摄影作品，既未指明其作者姓名也未向其支付报酬的行为也不符合合理使用的规定，是对摄影作品著作权的侵害。

（五）转载网络文章是否构成法定许可案

【基本案情】

原告陈卫华诉称，1998年5月10日，本人以笔名“无方”撰写的《戏说MAYA》一文上载到个人主页“3D芝麻街”上，并注明“版权所有请勿转载”。同年10月16日，被告电脑商情报社未经本人同意将该文刊载于其主办的《电脑商情报》第40期家庭版上，其行为侵犯了本人著作权，请求法院判令被告公开赔礼道歉，支付稿费231元和惩罚性稿费5万元。

被告电脑商情报社辩称，《戏说MAYA》一文是读者于1998年8月通过电子邮件投稿到我社的电子信箱上的。该电子邮件中没有“版权所有请勿转载”的内容，我社曾回函要求其提供作者详细资料，但推荐者未能回函。同年10月16日，我社在报纸上将该文全文发表。署名为“无方”，并在发表时注明“作者与3D一样发源不详”。我社同意以国家稿费标准付给《戏说MAYA》一文的作者稿费231元，但是请原告证明他就是作者“无方”。我社没有主观过错，行为没有构成侵权，故不同意道歉及支付所谓惩罚性稿费的要求。

北京市海淀区人民法院经审理查明如下事实：“3D芝麻街”为国际互联网上一个人主页的名称，网址为“http://www.nease.net/~xmchang/3ds”（http://www3D.yeah.net），版主署名为“无方”。1998年5月10日，一篇题为《戏说MAYA》的文章上载到该主页上，作者署名为“无方”。同年10月16日，被告成都电脑商情报社在主办的《电脑商情报》上刊登《戏说MAYA》一文。文章署名亦为“无方”，该报在刊登此文的同时加注了“本文的出处也如同文中的3D一样发源不详，不过有一位铁杆读者、3D迷兼网虫极力推荐”。此后，被告在其作者信息库中保留了“无方”的栏目，栏目内容中仅注明作者署名为“无方”，并在稿费统计表中注明稿酬尚未支付。同年11月，原告陈卫华向被告发出电子邮件，说明本人系《戏说MAYA》一文的作者。同年12月2日，原告向被告发出传真，提出被告应承担侵权责任。被告收到上述函件后拒绝了原告的要求。经现场勘验，原告可修改个人主页“3D芝麻街”的密码，并可上载或删除文件，《戏说MAYA》一文可被固定在计算机硬盘上并可通过www服务器上载到“无方”的个人主页上。在此文的页面上标有“版权所有请勿转载”的字样。

北京市海淀区人民法院基于查明的上述事实认为，被告成都电脑商情报社侵权成立。理由如下：第一，作品是指文学、艺术和科学领域内具有独创性并能以某种有形形式复制的智力创造成果。这种智力创造成果应当能够在一定时间内被有形的载体固定下来并保持稳定状态，为社会公众直接或借助机器所感知、复制。本案所涉《戏说MAYA》一文，系对三维动画技术的一种文学化的描述，具有独创性，能够以数字化形式被固定在计算机硬盘上、通过www服务器上载到国际互联网上并保持稳定状态，可为社会公众借助联网主机所接触、复制，故该文章是一种智力劳动成果，应视为受著作权法保护的作品。第二，在审理过程中，被告未提出相反的证据证明特殊情况的存在或《戏说MAYA》一文已于上载前被报刊刊登，亦未提供读者向其投稿的原始证据。经法庭调查，被告亦认可原告即为“无方”。第三，被告电脑商情报社在主办的登有商业广告的报纸上擅自刊载陈卫华的《戏说 MAYA》，为其商业目的服务，扩大了该作品的传播范围，侵犯了原告的作品使用权和获得报酬权。被告以使用该作品无主观过错等为由拒绝承担侵权责任的辩称，与事实不符，于法无据，本院不予采信。

综上，北京市海淀区人民法院作出被告电脑商情报社停止侵权、消除影响并向原告陈卫华支付稿酬并赔偿经济损失共计 924 元的判决。

【案件评析】

此案涉及的重点问题就是法定许可，即被告的行为是否符合我国《著作权法》第 33 条第 2 款的规定："作品刊登后，除著作权人声明不得转载、摘编的外，其他报刊可以转载或者作为文摘、资料刊登，但应当按照规定向著作权人支付报酬。"由于法定许可是对权利人权利的限制，因此从保护权利人权利的角度出发，除非法律有明文规定，不得随便扩大法定的许可的范围。根据著作权法规定，法定许可的受益人为报刊，即能够获得法定许可的主体为报刊，同时法定许可适用的客体也限于在报刊上发表的作品，即不是在报刊上发表的作品不得成为法定许可的客体。另外，法定许可另一个重要的限制为这种法定许可必须是著作权人在刊登作品后，没有作出不得转载、摘编的声明。如果著作权人在刊登作品时，作了这样的声明，即使符合上述法定许可的两个条件，也不得转载、摘编。

在案件中，被告在诉讼中辩称在收到的电子邮件中没有"版权所有请勿转载"内容，从而认为自己没有主观过错，没有构成侵权。但被告既没有提供读者向其投稿的原始证据来证明其主张的事实，也未提供证据证明《戏说 MAYA》一文已于上载前被其他报刊刊登。因此，不能认定被告电脑商情报社的转载行为为法定许可。

（六）网络媒体可否适用报刊法定许可案

【基本案情】

原告薛文裴诉称，本人于2004年6月23日完成了《法官与记者的较量》一文，并于同年7月27日发表于《中国青年报》法治版，以笔名“小文”署名。后发现被告北京新浪互联信息服务有限公司（以下简称新浪公司）将本文全文上载供公众阅览，而该行为事先并未经本人许可，是对本人著作权的侵犯。请求法院判令被告新浪公司立即删除新浪网上本文及相关信息，赔礼道歉并赔偿损失2万元、诉讼费用3 000元。

被告新浪公司辩称，2003年11月17日，我公司与中青在线公司签署的《新浪网与中青在线合作协议》约定，我公司有权在新浪网上使用中青在线公司的信息内容，其中包括《中国青年报》上刊登的所有内容。2004年7月27日，《中国青年报》刊登了《法官与记者的较量》一文，署名“小文”，我公司按照协议的约定于同日在新浪网上上载该篇文章，并注明文章来源是《中国青年报》，亦署名为“小文”。我公司上载原告薛文裴作品的行为属于法定许可，且与中青在线公司签署协议在先，并无违法之处。只是尚未及时向原告支付报酬，我公司愿意按照国家标准向其支付报酬，对于原告其他诉讼请求，我公司不予认可，请求法院予以驳回。

北京市第二中级人民法院经审理查明，2004年7月27日《中国青年报》法治版“法眼”专栏刊登了《法官与记者的较量》一文，全文约1 300字，署名为“小文”。该文刊登时没有附带作者禁止转载、摘编的声明。新浪公司与中青在线公司于2003年11月17日签署《新浪网与中青在线合作协议》，根据该协议，新浪公司有权在协议约定的范围内在新浪网上使用中青在线公司的信息内容，其范围包括《中国青年报》上的所有内容。

2004年7月27日，新浪网上载了《法官与记者的较量》一文，注明文章来源是《中国青年报》，署名“小文”，但未向作者支付报酬。

基于查明的上述事实，北京市第二中级人民法院认为，2004年7月27日《中国青年报》刊登的《法官与记者的较量》一文署名是“小文”，依据中国青年报社办公室出具的证明，可以确认“小文”是原告薛文装的笔名，故确认薛文装为《法官与记者的较量》一文的著作权人。薛文装在《中国青年报》上发表《法官与记者的较量》一文时未附带禁止他人转载、摘编的声明，因此新浪公司可以在网上转载该文，但应当注明文章出处、作者姓名，并向作者支付报酬。新浪公司在新浪网上转载《法官与记者的较量》一文时虽注明了文章的出处并署名，但未在合理的期限内向著作权人支付报酬，侵害了薛文装享有的获得报酬权。

综上，北京市第二中级人民法院作出被告新浪公司向原告薛文装支付稿酬人民币200元、赔偿原告薛文装为本案诉讼支出的合理费用人民币3 000元的判决。

【案件评析】

本案涉及的重点问题是网络转载、摘编法定许可问题，而要说明这一问题，首先要搞清楚我国法律及相关司法解释对于这一问题的规定。

科技的进步创造了使用作品的新方式，于是法定许可制度能否延伸到网络成为学术界争论的话题。为了应对司法实践的压力，2000年11月，最高人民法院颁布了《关于审理涉及计算机网络著作权纠纷案件适用法律若干问题的解释》（以下简称2000年《解释》）。该《解释》第3条规定：“已在报刊上刊登或者网络上传播的作品，除著作权人声明或者上载该作品的网络服务提供者受著作权人的委托声明不得转载、摘编的以外，网站予以转载、摘编并按有关规定支付报酬、注明出处的，不构成侵权。但网站转载、摘编作品超过有关报刊转载作品范围的，应当认定为侵权。”依据该规定可以推论，《解释》第3条的规定是将《著作权法》第33条第2款规定的“报刊转载、摘编法定许可”的效力延伸到了网络，赋予了网站类似于传统报社、杂志社的法定许可权利，称为“网站转载、摘编法定许可”。2002年，最高人民法院出台了《关于审理著作权民事纠纷案件适用法律若干问题的解释》（以下简称2002年《解释》），其第17条否定了2000年《解释》第3条的规定，使网络转载、摘编法定许可再次失去了法律依据。后为了纠正2002年《解释》造成的偏颇和影响，最高人民法院审判委员会在2003年12月23日召开的第1 302次会议上通过了关于修改2000年《解释》的决定。该决定对2000年《解释》第3条修改如下：“已在报刊上刊登或者网络上传播的作品，除著作权人或者报纸、期刊社、网络服务提供者受著作权人委托声明不得转载、摘编的以外，在网络进行转载、摘编并按有关规定支付报酬、注明出处的，不构成侵权。但转载、摘编作品超过有关报刊转载作品范围的，应当认定为侵权。”两相对比，不难发现，该决定实际上仅仅是对2000年《解释》第3条的一种再承认，令其成为有效的法律条文，继续对网络转载、摘编法定许可提供法律依据①。按照《解释》第3条的规定虽然可以在很大程度上便利对作品的使用，对《解释》第3条的反对意见并未就此得到平复。比如，有学者指出，将报纸、杂志法定许可的规定适用于网络环境将令作者的损失大到无法容忍的程度②。于是，在2006年11月20日由最高人民法院审判委员会第1 406次会议通过的“法释

① 乔生著：《信息网络传播权研究》，法律出版社，2004年版，第204页。
② 王清著：《著作权限制制度比较研究》，人民出版社，2007年版，第286页。

[2006] 11号”文件中取消了这一规定。

本案的审理正好发生在2003年再次承认2000年《解释》第3条规定之后，而又在2006年取消这一规定之前。因此，根据当时的司法解释，新浪网转载《中国青年报》刊登的作品是有法可依的，故一、二审法院判决并无错误之处。但依据目前的司法解释，则新浪公司的转载行为并不属于法定许可而构成侵权。至于新浪公司与中青在线公司签署的《新浪网与中青在线合作协议》，该协议只是协议双方的合意，其内容不得侵害第三人的合法权益，即使这两公司已经订有这样的协议，在使用他人作品时，也要经著作权人的同意，故该协议不能构成被告新浪公司侵犯原告薛文裴著作权的免责事由。

三、风险提示和防范措施

（一）风险提示

1. 出版合同是著作权人向出版者授予发行权的凭证，没有著作权人授权，出版者将其作品出版发行的行为即为侵权。我国《著作权法》第53条规定：“复制品的出版者、制作者不能证明其出版、制作有合法授权的，复制品的发行者或者电影作品或者以类似摄制电影的方法创作的作品、计算机软件、录音录像制品的复制品的出租者不能证明其发行、出租的复制品有合法来源的，应当承担法律责任。”如果不签订出版合同，一旦发生纠纷，出版者便缺少了证明自己合法取得作品发行权的有力证据，在诉讼中很可能处于被动地位。

2. 出版者对自己出版的文稿负有审查义务，从近年来司法实践的情况看，只要法院认定作者抄袭侵权成立，则出版者基本难逃赔偿损失、公开致歉等法律责任。而且，原告多出于对赔偿能力和执行便利的考虑，只单独起诉出版者而豁免对抄袭者责任的追究。这样一来，一旦出版者疏忽大意，未尽谨慎审查义务，便会面临被推上被告席并承担侵权赔偿责任的危险。

3. 虽然《著作权法》第33条第2款规定了报刊社可以不经许可转载或者作为文摘、资料刊登其他报刊刊登的作品，但需要注意的是，转载、摘编同一本刊物中的作品时，不能生搬硬套地将该报刊整版转载，否则有可能侵犯其他报刊社享有的汇编权和版式设计权。报刊社虽然无权自行发出针对个别作品的“未经许可，不得转载、摘编”的声明，但是，报刊社有权禁止其他报社对本报社整版转载和发行。

（二）防范措施

1. 出版者要与作者签订出版合同。与作者订立出版合同，使出版者首先不至于成为图书期刊原作品的侵权者，同时，得到作者有关授权，以便将来出版者对图书期刊的运作。合同中应该写有“作者提供的作品不得侵犯他人权利”等条款，这样对于以后可能发生的因出版者不知情而出版了有侵权问题的原作品的事件，出版者可以以此为依据证明自己对该侵权行为没有主观故意，由此减免自己的连带侵权责任。而且，合同中规定这样的条款对作者也起到了警示的作用，提示其注意避免侵权事件的发生。此外，出版者要求作者对其作品提供一份较为详细的引用他人作品情况的明细表，并在审稿过程中根据作者提供的明细表认真加以核对。

2. 对于合理使用的审查，要注意把握以下三项原则：第一，不得损害作者的人身权利。在使用他人作品时，必须注明出处、写清作者姓名、作品名称、出版社或报社、杂志社名称以及特定的页码等等。仅仅在行文之间以“据报道”或者“有人认为”等含糊的方式一带而过，算不上是合理使用；仅仅在作品之后列举参考书目，也不符合要求。符合要求的做法是在引用处标出记号，在页下详细注明出处。否则，就是侵犯了作者的署名权。第二，只能针对已经发表的作品。作品的发表权是属于作者的，只有作者才有权决定作品是否发表以及如何发表，如果引用他人尚未发表的作品加以出版发行，则显然侵犯了作者的发表权。第三，不得影响该作品的正常使用。合理使用他人作品的过程中，不能对该作品的潜在市场或价值产生消极影响，否则构成对作者著作权的侵害。他人不能以合理使用为由而阻碍作者对其作品的正常使用。

3. 编辑人员在审查稿件时要注意区分“适当引用”与“抄袭”。合理使用中的“适当引用”，仅限于介绍、评论、报道之目的，引用的部分应为适度，且引用的作品来源明确，不能损害作者的其他合法利益；侵权使用中的“抄袭”，即是把他人的作品当做自己的作品发表的行为，既包括完全照抄他人作品的行为，也包括在一定程度上改变其形式或内容的行为。要考察“适当引用”与否，涉及被引用作品与新创作品之间的关系：一是新作必须区别于原作，这即是说，引用他人的作品，必须忠实于原作。引用人不得断章取义，曲解原作。二是新作必须独立于原作。引用他人的作品必须比例适当，两部作品在内容上要有实质性区别。如果整段地摘引他人的作品，或是将他人的多部作品加以拼凑，倘若删去所引用部分，自己的本质性创作不复存在或难以独立存在时，这种引用就不能视为合理。三是原作的引用必须适宜于新作。被引用的作品与引用后的新作品应有内在的有机的联系，即引用作品的目的正当，是为了介绍、说明与评论的需要①。

4. 对于法定许可的审查，出版者应该严格审查是否属于法

① 吴汉东：《论著作权作品的“适当引用”》，《法学评论》1996 年第 3 期。

律规定的情形，另外，还应该注意审查向被使用作品著作权人支付报酬的情况。付酬标准以我国国家版权局发布的《报刊转载、摘编法定许可付酬标准暂行规定》① 为准。在著作权人不详或者著作权人地址不明的情况下，通常将报酬寄送到出版发行被引用作品的出版社或是国家版权局指定的机构，目前该机构是国家版权保护中心下属的中国著作权使用报酬收转中心。

① 参见国家版权局网站：http：//www. ncac. gov. cn/GalaxyPortal/inner/bqj/include/detail. jsp？articleid = 9425&boardpid = 176&boardid = 11501010111602。

第六章

图书期刊著作权的许可使用和转让

一、内容综述

（一）图书期刊著作权的许可使用

1. 著作权的许可使用

著作权的许可使用是指著作权人依然保有其著作权，并在一定期限、一定地域范围、以一定方式允许他人使用其著作权的法律行为。著作权人未明确许可的权利，未经著作权人同意，被许可人不得行使。除另有约定外，被许可人许可第三人行使同一权利的，须征得著作权人的许可。

我国现行《著作权法》第 24 条以及《著作权法实施条例》第 23 条规定，使用他人作品应当同著作权人订立许可使用合同。订立著作权的许可使用合同应当根据不同的许可内容签订出版权许可使用合同、表演权许可使用合同、编辑权、改编权、翻译权许可使用合同等。

许可使用合同包括下列主要内容：（1）许可使用的权利种类；（2）许可使用的权利是专有使用权或者非专有使用权；（3）许可使用的地域范围、期间；（4）付酬标准和办法；（5）违约责任；（6）双方认为需要约定的其他内容。其中，许可使用的权利种类应为著作权财产权中的一种或数种，而不能是人身权①。

2. 图书期刊著作权的许可使用

图书期刊著作权的许可使用是包含于著作权许可使用下的十分重要的内容之一。图书期刊著作权的许可使用表现为两种形式：一种是作品的作者在保留对其作品的著作权的情况下，许可出版社、期刊社行使其作品的出版权或者发表权的法律行为；另一种是除作者之外的著作权人许可其他出版单位出版、发表作品，如从作者手中受让著作权的出版社、期刊社许可另一出版单位出版该作品。图书著作权的许可使用通常都由著作权人与出版社订立相关合同即前文中著作权许可使用合同种类中所述的出版合同。刊登在期刊上的文章，一般是作品的原作者主动投稿到期刊社，由期刊社审查，决定刊登的对作者予以通知即可，但有时双方当事人为了特殊的目的也会签订合同，即文章发表合同。

3. 图书期刊著作权的许可使用的法律适用

就图书期刊的著作权许可使用而言，必须符合法律对著作权许可使用的一般规定，具体表现为：

（1）关于合同的形式，《著作权法》未作特殊要求，当事人既可以采用书面形式，也可以采用口头形式或者其他形式。但是《著作权法实施条例》第 23 条对此作了限制性规定，“……许可使用的权利是专有使用权的，应当采取书面形式，但是报社、期刊社刊登作品除外。”此外，《著作权法实施条例》第 25 条还规定与著作权人订立专有许可使用合同、转让合同的，可以向著作权行政管理部门备案。

（2）权利的种类。通常根据《著作权法》第 10 条第 1 款规

① 徐家力：《知识产权律师实务》，人民法院出版社，2006 年第 1 版，第 33 页。

定的财产权来确定权利的种类，即复制权、发行权、出租权、展览权、表演权、放映权、广播权、信息网络传播权、摄制权、改编权、翻译权、汇编权。但是当事人之间为了使合同更加精确，也可以采用双方具有共识并且符合行业惯例的方式来界定权利的名称和内容。当事人在合同中还应当明确权利的性质，即许可使用的是专有使用权还是非专有使用权。根据《著作权法实施条例》第24条关于作品专有使用权的规定，合同双方当事人对于许可使用的权利没有约定或者约定不明确的，为被许可人有权排除包括著作权人在内的任何人以同样的方式使用作品；除另有约定外，被许可人许可第三人行使同一权利，必须取得著作权人的许可。而在非专有使用权中，被许可人不得排除他人的使用。这意味着著作权人既可以以相同的方式使用作品，也可以许可第三人使用。经许可获得非专有使用权的人不得再将其权利转让或者许可给他人。

（3）合作作品著作权的许可使用。合作作品是两人以上合作创作的作品。在认定合作作品时，需要注意的是，共同创作意愿和共同创作行为是认定是否构成合作作品的关键，没有参加创作的人不能成为作者；为他人创作进行组织工作，提供咨询意见、物质条件或进行其他辅助性活动的人，都不是作品的作者；提供服务性活动的人也不是作者。而只要是两个以上的人基于共同的创作意愿而共同创作的作品，即使是一人署名，其他人不署名，也是合作作品。

关于合作作品的许可使用，我国现行《著作权法》第13条规定：两人以上合作创作的作品，著作权由合作作者共同享有。没有参加创作的人，不能成为合作作者。合作作品可以分割使用的，作者对各自创作的部分可以单独享有著作权，但行使著作权时不得侵犯合作作品整体的著作权。又《著作权法实施条例》第9条规定：合作作品不可以分割使用的，其著作权由各合作作者共同享有，通过协商一致行使；不能协商一致，又无正当理由的，任何一方不得阻止他方行使除转让以外的其他权利，但是所得收益应当合理分配给所有合作作者。也就是说，合作作品著作权的许可使用是由合作作者共同享有的，当合作作品可以分割时，各作者对自己独立创作的部分可以单独行使著作权的许可使用，只要该许可行为不侵犯合作作品整体的著作权；当合作作品不可分割时，合作作品著作权的许可使用必须由所有作者协商一致，无法达成一致的，又无正当理由的，不同意许可的作者不得阻止其他作者的许可行为，但所得收益必须在所有作者中合理分配。此外，《著作权法实施条例》第 14 条规定："合作作者之一死亡后，其对合作作品享有的著作权法第十条第一款第（五）项至第（十七）项规定的权利无人继承又无人受遗赠的，由其他合作作者享有。"因此，当合作作品的某一个或几个作者死亡的，由剩下的作者行使作品著作权的许可使用。

（4）法律对时间、地域范围没有特别的限制，通常由当事人根据需要自由约定。著作权许可使用的期间一般以 5 至 10 年较为常见，永久性的许可使用比较少见。在后一种情况下，被许可方获得的使用权在著作权剩余保护期内一直有效，如果使用权是专有的，则与权利转让的效果区别不大。

（5）同著作权转让的情形一样，在著作权许可业务中著作权人也往往是弱小的一方，故法律对此作了倾斜性保护。例如《著作权法》第 27 条规定，合同中未明确许可的权利，未经著作权人同意，另一方当事人不得行使。这表明被许可权人若要以合同中未明确提到的方式使用作品，需要著作权人同意或者另行授权。

此外，我国现行《著作权法》和《著作权法实施条例》对图书期刊著作权的许可使用还有以下特殊的规定：

(1)《著作权法》第 30 条规定，图书出版者出版图书应当和著作权人订立出版合同，并支付报酬。图书出版者以及转载、刊登作品的报社、期刊对著作权人负付酬的义务。关于出版合同的内容，可以参照前文所述的著作权许可使用合同内容。《著作权法》第28条规定："使用作品的付酬标准可以由当事人约定，也可以按照国务院著作权行政管理部门会同有关部门制定的付酬标准支付报酬。当事人约定不明确的，按照国务院著作权行政管理部门会同有关部门制定的付酬标准支付报酬。"根据国家版权局1999年4月颁布的《出版文字作品报酬规定》，有基本稿酬加印数稿酬、版税、一次性付酬三种付酬方式，由双方当事人签订合同时选择采用。

（2）《著作权法》第31条规定，图书出版者对著作权人交付出版的作品，按照合同约定享有的专有出版权受法律保护，他人不得出版该作品。该条是2001年《著作权法》修改后的新规定，之前的《著作权法》第30条规定："图书出版者对著作权人交付出版的作品，在合同约定期间享有专有出版权。"在之前规定中，图书出版合同是法定专有出版权，不论出版者与著作权人在图书出版合同中是否约定专有许可使用，都不影响该图书出版合同关于许可使用的专有性质。2001年之后的《著作权法》不再规定图书出版合同中的出版权为法定专有，而规定由合同约定是否是专有出版权。修改之后的规定更便于图书出版者和著作权人更自由地表达自己的意志，有利于图书出版者与著作权人根据各自实际利益的需要，选择约定专有出版权。

（3）《著作权法》第32条规定，著作权人应当按照合同约定期限交付作品。图书出版者应当按照合同约定的出版质量、期限出版图书。图书出版者不按照合同约定期限出版，应当依照本法第54条的规定承担民事责任。图书出版者重印、再版作品的，应当通知著作权人，并支付报酬。图书脱销后，图书出版者拒绝重印、再版的，著作权人有权终止合同。根据《著作权法实施条例》第29条的规定，著作权人寄给图书出版者的两份图书订单在6个月内未能得到履行的，视为脱销。

（4）《著作权法》第33条第1款规定：“著作权人向报社、期刊社投稿的，自稿件发出之日起15日内未收到报社通知决定刊登的，或者自稿件发出之日起30日内未收到期刊社通知决定刊登的，可以将同一作品向其他报社、杂志社投稿。双方另有约定的除外。”该款规定表明，法律没有赋予报刊出版者法定的专有出版权，双方当事人可以自由约定许可使用的权利的性质，可以约定一稿多投。需要注意的是，达成一稿多投合意的当事人必须是所涉及的所有当事人的合意，也就是一篇文章的作者和多家报社、期刊社的共同合意。因此，作者在未告知所有有关报社、期刊社的情况下作一稿多投是不允许的。另外，在无约定的情况下，只有当法定期限届满之后才能一稿多投。当最初收稿的报社、期刊社在法定期内未作通知时，法律即认为该报社、期刊社接受作者的再次投稿行为，但他仍有权利刊用来稿，除非作者又来信撤稿。为了维护第三方的利益，作者在做第二次投稿时应将尚未撤回的第一次投稿告知第三方。

（5）《著作权法》第34条第2款还规定：“报社、期刊社可以对作品做文字性修改、删节，对内容的修改应当经作者许可。”其中文字性修改是指不涉及、不损害作品实质内容和观点的修改，如纠正来稿中的标点和书写错误、语法逻辑上的错误、引文错误、客观事实（时间、地点等）错误等。如果报刊社认为来稿有使用价值，但内容或观点上需要改进，应征得作者同意后才能改动或者敬请作者自己修改，而不能擅自将编者的观点强加到他人作品之中。

（6）《著作权法》第35条规定，出版改编、翻译、注释、整理、汇编已有作品而产生的作品，应当取得改编、翻译、注释、整理、汇编作品的著作权人和原作品的著作权人许可，并支付报酬。

（7）《著作权法》第36条规定，出版者有权许可或者禁止他人使用其出版的图书、期刊的版式设计。前款规定的权利的保护期为10年，截止于使用该版式设计的图书、期刊首次出版后第10年的12月31日。

（8）《著作权法实施条例》第28条对专有出版权的内容作了明确规定，“图书出版合同中约定图书出版者享有专有出版权但没有明确其具体内容的，视为图书出版者享有在合同有效期内和在合同约定的地域范围内以同种文字的原版、修订版出版图书的专有权利。”

4. 图书期刊著作权许可使用的意义

（1）打击盗版，保护作者的创作

一部作品的创作通常都要耗费大量的时间、精力和成本，创作完成的作品要发行上市同样需要一定的投资。经济学认为，只有当预期收益与作品的复制成本的差额超出或等于其表达成本时，作品才得以创作。在社会不给予智力创作以补偿的情况下，盗版活动就会泛滥、猖獗。盗版既没有“表达成本”，也不需要投入开发者的创造性，但它却可以以更低的成本复制并以更低的价格出售①。在这种状况下，创作者所付出的各项投资将无法收回，作者的创作动机必定会因此而受损，因而，有必要建立图书期刊著作权的许可使用制度以便使权利人获得长期的、稳定的效益。

许可使用与转让、担保的本质不同在于它不会变更权利主体。对于特别看重权利归属和权利掌控的图书期刊著作权人来说，著作权许可使用制度刚好迎合其要求。在许可使用这一法律行为之下，许可人可以通过合同的方式限制被许可人如何使用自

① 杨志祥：《关于著作权许可使用的经济学分析》，《学术论坛》，2007年第7期，第23页。

己作品，使得被许可人必须严格遵照自己的意图行动。这种以法律为保障的合同方式可以有效地保护著作权人的合法权益。

（2）实现作品的传播，鼓励创作行为

著作权的产生是从作品创作出来开始的。然而，“无传播即无权利”①，如果作品完成之后，作者及其他著作权人只将作品死死地控制在自己手里而不将其向其他人或社会公众传播，作者及其他著作权人的权利将难以充分实现。因为即使是“耻于言利，重在立言”的古代士人，其著书立说的目的——“托书立言，发表真知灼见”——也必须通过将其作品“公之于世”的办法，方能实现②。许可出版者出版作品最为有效地完成了作品传播，另外，作者实现其“精神”和“财产”权益更是有赖于出版者的出版活动。可见，图书期刊著作权的许可使用是实现作品传播，进而鼓励作品创作的法律作为。

（二）图书期刊著作权的转让

1. 著作权转让

著作权转让是著作权人在著作权保护期内，将其拥有的著作权中的法定许可转让的权利全部或者一部分有偿地转移给他人所有的法律行为。转让著作权的著作权人称为转让人，接受著作权的人称为受让人。

著作权的全部转让（若无时间限制）相当于卖绝著作权③。卖绝著作权即著作权人的人身权、财产权一并转让。根据《著作权法》第10条第3款的规定，著作权人可以全部或者部分转

① 吴汉东：《著作权合理使用制度研究》，中国政法大学出版社，1996年版，第1页。

② 钟瑞栋：《版权穷竭制度研究》，中国民商法律网，http://www.civillaw.com.cn/article/default.asp?id=8436。

③ 郑成思：《知识产权法》，法律出版社，2003年第2版，第379页。

让的著作权只能是本法第 10 条第 1 款第 5 项至第 17 项规定的权利，即复制权、发行权、出租权、展览权、表演权、放映权、广播权、信息网络传播权、摄制权、改编权、翻译权、汇编权等，而不包括著作人身权。也就是说，在我国是不允许卖绝著作权的。

美国版权法理论中有一项“版权的不可分性”原则，大意是指作品的版权权利不能部分的转让，否则就只能被认为是一种权利许可行为①。我国著作权的转让也要求是权能完整的财产权转让，也就是说，无论转让的是出版权，还是改编权或者其他任何一种财产权，都必须将该项权利的使用、收益、处分的权能一并转让。如果受让人只能使用作品，而不能自由许可他人使用作品，也不能自由转让他的权利，这种权能的不完整转让实质上不是著作权的转让，而是等同于是著作权的许可使用。

与其他类型知识产权的转让一样，在贸易活动中及一切非继承活动中转让著作权，都要在转让方与受让方之间达成一定协议，即形成某种合同。大多数国家要求著作权转让合同必须是书面的②。我国现行《著作权法》也作了同样的规定，著作权的转让，应当订立书面合同。

2. 图书期刊著作权的转让

图书期刊著作权的转让是指作品的著作权人将其著作权中的全部或部分财产权有偿或无偿地转让给他人所有的法律行为。在贸易活动（或类似贸易性质的活动）中转让著作权，取得经济收入，是作者或其他著作权所有人利用著作权的途径之一③。与许可他人使用作品不同，转让图书期刊的著作权的法律后果是转

① 李响著：《美国版权法：原则、案例及材料》，中国政法大学出版社，2004 年第 1 版，第 186 页。

② 郑成思：《知识产权法》，法律出版社，2003 年第 2 版，第 378 页。

③ 郑成思：《知识产权法》，法律出版社，2003 年第 2 版，第 378 页。

让人丧失所转让的权利，由受让人取得该项权利，从而成为该权利新的所有人。图书期刊著作权转让也是包含于著作权转让之下的内容之一，因此，该转让也否认“卖绝”著作权；也是权能完整的著作权财产权的转让；也必须签订书面合同。

3. 图书期刊著作权转让中需要特别注意的事项

（1）图书期刊著作权中的各种财产权可以分别进行转让。例如，将出版权转让给出版社，将改编权转让给电影公司，等等。即使是单独一种财产权，也可以根据不同的使用方式分别转让给不同的人。例如，转让人将翻译权中的英文版翻译权转让给甲出版社，将日文版翻译权转让给乙出版社，将中文版翻译权转让给丙出版社，等等。

（2）图书期刊著作权的转让也可以是分地域的。例如，同是英文版翻译权，转让人将美国和英国地区的英文版翻译权转让给美国一家出版社，将亚洲地区的英文版翻译权转让给澳大利亚一家出版社，将欧洲地区的英文版翻译权转让给加拿大一家出版社，等等。

（3）合作作品著作权的转让。图书期刊著作权的转让与许可使用一样，将合作作品分为可分割的作品和不可分割的作品。可分割的作品著作权转让，与许可使用相同，独立创作某一部分的作者在不侵犯合作作品整体著作权的情况下，可以单独转让该部分著作权。但在不可分割的作品著作权转让中，合作作品的转让必须由所有著作权人协商一致。换句话说，合作作品著作权的转让在所有作者不能协商一致，又无正当理由时，该作品的著作权是不可以由某一或部分著作权人转让的。

（4）我国图书期刊著作权的转让一般是永久性的即在被转让的著作权的整个版权保护期内该转让行为都是有效的。其目的是有利于图书期刊著作权交易市场的稳定。

（5）图书期刊著作权转让以后，当该权利受到侵犯时，受让人有权向法院提起诉讼，也就是说与图书期刊著作权的许可使用中被许可人不同，受让人享有完全的诉权。

（6）图书期刊著作权转让后，受让人一般无必须使用作品的义务，即受让人不会受转让人的限制，可以按自己的意愿决定是否使用已受让的作品。

（7）特别要指出的是，作品原件物权的转让，一般不视为图书期刊著作权的转让，例如书稿本身作为一个有体物而进行的转让就是物权的转让，将不是著作权转让。

4. 图书期刊著作权转让的意义

（1）实现作品的财产权价值

著作权的客体与传统的“物”不同，著作权的客体是文学、艺术和科学领域内具有独创性并能以某种有形形式复制的智力成果，是被客观化了的人类的精神思想，是知识形态的精神产品，因此，不可能发生物权上的“有形交付”①。我国现行《著作权法》第18条是对知识产权这种无形产权的极好描述②。图书期刊的著作权一样是具有内在价值和使用价值的无形资产，图书期刊著作权的转让实现了该价值。图书期刊著作权的转让使图书期刊的著作权这一无形的智力成果可以像物权一样在市场上自由交易，促进了著作权市场的繁荣。

（2）促进版权贸易，有利于国家间的文化交流

著作权转让，是国际著作权贸易领域的一项重要内容，也是当今世界许多国家著作权法的一个重要制度。我国于2001年对《著作权法》进行了修订，增加了有关著作权转让的立法规定。修改后的规定使图书期刊的著作权转让成为现实，符合了社会主

① 杨志祥：《关于著作权许可使用的经济学分析》，《学术论坛》，2007年第7期，第23页。

② 郑成思：《知识产权法：新世纪初的若干研究重点》，法律出版社，2004年第1版，第180页。

义市场经济体制的内在要求，有利于文学作品这一特殊的商品进入市场和在市场上流通，从而有利于版权贸易。另外，我国已加入了《伯尔尼公约》等国际版权公约，而且已经“入世”，TRIPS协议在我国已经生效，涉外著作权贸易也将日益增多。如果我国不允许图书期刊著作权的转让，将会妨碍我国同其他国家进行著作权贸易，从而影响我国与其他国家的文化交流。

二、典型案例评析

（一）陈某诉中国物资出版社侵犯著作权案

【基本案情】

陈某是《人力资本》丛书（四本）的作者。2004年陈某与图书经纪人马银春达成委托协议，二人口头约定：本套丛书（四本）稿费两万元整，赠送作者样书五套，作者若还需要本套丛书，须按本套丛书定价的50%购买；并由马银春全权处理本套丛书的出版事宜。而后作者陈某写了一份委托书交予马银春，并将书稿也交给了马银春。随后，马银春与中国物资出版社联系，商谈该套丛书的出版事宜，其间马银春向中国物资出版社出具了陈某的委托书。中国物资出版社在进行了相关的审查之后，与马银春签订了关于《人力资本》丛书（四本）的出版合同。不久之后，该套丛书顺利出版。马银春在图书出版之后向陈某支付了全部的稿费，并且出具了收条。

陈某认为，他给马银春签发的委托书在书名处是空白的，并且没有委托出版《人力资源》丛书（四本）的意思。事后是马银春自己填写的书名并私自与中国物资出版社签订出版合同，是无代理权的行为，陈某否认该无权代理行为，因此，应当认定该代理行为无效，中国物资出版社没有取得合法的出版权。事后，中国物资出版社出版了该套丛书，而且，出版社在出版该套丛书之后也未向作者支付稿费。中国物资出版社的这一系列行为侵犯了作者著作权的财产权、人身权，而且造成作者极大的精神损害，因此，要求中国物资出版社赔偿作者著作权的财产权、人身权损失以及精神损害赔偿和公开赔礼道歉。

中国物资出版社认为，陈某所编写的《人力资源》丛书（四本）是通过授权图书经纪人马银春全权处理该书的出版事宜，才与本出版社签订了图书出版合同，而且，出版社对该委托书进行了认真的审查，其内容符合我国法律的规定。该丛书的出版在署名、内容及完整性方面，完全依据合同的规定，不存在侵犯作品作者的署名权、完整权、修改权的问题，没有造成作者的名誉损失。因此，出版社的行为没有侵犯作者著作权的财产权、人身权。另外陈某已经与其代理人马银春约定四本书的稿费是两万元，由马银春在出版之后支付，故出版社没有义务向作者陈某支付因其著作财产权而产生的收益。

该案在法院开庭审理后、法院判决之前，原告陈某撤回了起诉。

【案件评析】

本案中陈某在2004年对马银春出具书面的委托书，全权授权马银春处理《人力资源》丛书（四本）的出版事宜，尽管陈某一再否认，说委托书并不是针对该套丛书，但又没有充分的证据来否认这一事实。而且事实上陈某只将《人力资源》丛书的书稿交给马银春，马银春也未向他要过其他书稿。因此对于委托授权的内容，陈某的辩解毫无说服力。

中国物资出版社在与马银春签订出版合同之前，认真审查了陈某出具的委托书，经审查符合法律的规定。在这一过程中，出版社尽到了应尽的义务，没有过错。虽然陈某一再强调他给马银春的委托书在书名处是空白的，书名是马银春自己填写的，没经过他的同意。但中国物资出版社作为善意第三人，事先并不知道这一切。而且事实上，陈某给马银春出具的书名空白的全权委托书本身就意味着授权马银春处理包括书名在内的一切出版事宜。即使授权存在过错，发生授权不明或者代理人马银春超出权限，这些也都与中国物资出版社无关。中国物资出版社在此案中的出版行为合法有效，不存在侵犯作者著作权行为。

本案代表了图书、期刊许可使用中比较特殊的一类纠纷。案件中陈某与图书经纪人马银春达成的委托协议与民法中的代理并不一样，实质上，该行为应当定性为买断作品财产权。现实中，普通的作者与出版社联系出书并非一件易事，出于实现自己的经济利益的目的，作者把自己作品的财产权转让给书商，再由书商与出版社联系出书。在这一法律行为中，作者作为作品的创作者其财产权利由书商实现，书商在支付对价后取得该作品的财产权，也就是说，作者只保留作品署名权等人身性权利，作品复制权、出版权等财产性权利的权利人是书商，因此书商与出版社签订的出版合同应当是以自己的名义。图书出版后，一般由书商包销。本案中陈某与图书经纪人马银春约定，稿费两万元整，由马银春在图书出版之后向陈某支付。图书出版之后马银春向陈某支付了全部的稿费，并且有收条为证。按交易惯例该行为就是买断作品的财产权。换句话说，陈某所创作的作品的财产权已经由马银春实现，故陈某向中国物资出版社要求支付因其著作财产权而产生的收益无法律依据，出版社不用赔偿。

（二）戈登·威廉、珍妮特·朱迪诉上海三联书店、科利华教育软件技术有限公司侵犯著作权案

【基本案情】

1993年，珍妮特和戈登（新西兰籍）以自己是英文《学习

的革命》(THE LEARNING REVOLUTION) 一书的作者和著作权人的身份与加尔玛出版社签订出版合同，授予加尔玛出版社除新西兰以外的全世界范围内许可、出售、出租或采用其他方式处置作品的外文翻译和/或外国的出版权的唯一和独占权，但同时保留对加尔玛出版社在世界各地以上述方式处置该作品时是否同意的权利。1996 年，加尔玛出版社与新雅公司签订了图书出版协议，约定新雅公司享有将英文《学习的革命》(94 版) 翻译成繁体和简体中文本的独家专有权利。随后，新雅公司与三联书店签订版权贸易合约，授权三联书店在中国大陆出版《学习的革命》的简体中文版，三联书店需改动图书内容时，须事先取得新雅公司的同意。1997 年 8 月，三联书店出版了简体中文的《学习的革命》一书。同年 8 月 8 日，戈登告知新雅公司，其对《学习的革命》作了修改，《学习的革命》(94 版) 内容急需更新，新雅公司是否需要更新的内容。新雅表示，《学习的革命》中文简体本将由三联书店与上海贝塔斯曼 (图书俱乐部) 准备出版发行，能否将新版本传过来，阅读之后决定如何翻译和利用。之后，新雅公司收到戈登发过来的 18 页英文稿。1998 年，三联书店与科利华公司签订《学习的革命》(修订版) 合作协议。协议约定，在《学习的革命》(修订版) 版权事宜由三联书店负责解决的前提下，三联书店委托科利华公司在未来五年内进行《学习的革命》(修订版) 独家经销；在主管部门的同意下，三联书店委托科利华公司进行《学习的革命》(修订版) 的印刷、供书工作。之后，三联书店又向新雅公司提出买断包含 18 页英文修改稿的《学习的革命》(修订版) 的版权。新雅公司在征询加尔玛出版社及该书作者戈登、珍妮特的意见并取得同意之后，与三联书店签订了关于买断《学习的革命》(修订版) 版权的协议，约定三联书店支付新雅公司 40 万册的版税 672 000 元人民币买断《学习的革命》大陆简体字版的版权。三联书店随后履行了支付义务。1998 年 12 月，简体中文的《学习的革命》（修订版）由三联书店出版，科利华公司销售。该书内容来自简体中文《学习的革命》（94 版）以及戈登向新雅公司提供的 18 页英文稿。

戈登、珍妮特认为，1998 年 6 月，三联书店在没有取得任何授权的情况下与科利华公司签订了《学习的革命》（修订版）合作协议，约定由三联书店组织《学习的革命》（修订版）的出版发行工作，由科利华公司推广、销售《学习的革命》（修订版）。其后，三联书店又在未审查新雅公司是否有权签订买断合同的情况下，与新雅公司签订买断《学习的革命》（修订版）的协议。戈登到科利华公司参加《学习的革命》（修订版）一书发行 500 万册新闻发布会时，明确告知三联书店、科利华公司不应在版权有争议的情况下继续发行、销售第二个 500 万册，但三联书店、科利华公司对此置之不理，给作者的著作权造成了进一步的损害。其于 2000 年 11 月 27 日向法院提起诉讼，要求科利华公司和三联书店承担法律责任。

科利华公司认为，该公司与三联书店的合作协议是图书购销合同，版权事宜与该公司无关。戈登、珍妮特对该公司进行《学习的革命》（修订版）的推广、销售工作是支持和鼓励的。而且该公司推广《学习的革命》（修订版）不以营利为目的，也未取得利润。因此戈登、珍妮特的诉讼请求没有道理。

三联书店认为，戈登、珍妮特已将《学习的革命》（94 版）外语版在全世界范围内的出版权授予加尔玛出版社，因此，戈登、珍妮特与本案无直接利害关系，依法不具有原告主体资格。三联书店出版《学习的革命》（修订版）是经过新雅公司合法授权的。该书出版前，戈登向新雅公司建议加上其修改后的内容，并通过新雅公司将修改后的手稿寄给了三联书店。三联书店与新雅公司“关于买断《学习的革命》（修订版）的协议”实质是版税的买断，这一买断是建立在新雅公司与加尔玛出版社之间的合约关系的基础上的，作者、加尔玛出版社与三联书店没有合约关系，所以，三联书店的出版行为是合法的。

【案件评析】

我们以下从管辖权和法律适用两个角度来分析该案所涉及的问题：

1. 2001 年 10 月 27 日修改前的《中华人民共和国著作权法》第 2 条第 3 款规定：外国人在中国境外发表的作品，根据其所属国同中国签订的协议或者共同参加的国际条约享有的著作权，受本法保护。戈登、珍妮特所属的国家新西兰、美国与中国同属《保护文学和艺术作品伯尔尼公约》的成员国，故戈登、珍妮特对英文《学习的革命》94 版和 97 版享有的著作权应受《中华人民共和国著作权法》保护，其认为著作权在中国受到侵犯时，有权向我国人民法院提起诉讼。三联书店关于戈登、珍妮特与本案没有直接利害关系、不具有原告资格的主张没有法律依据。

2. 侵犯著作权的认定，同样应适用权利主张地国的法律。戈登、珍妮特指控三联书店、科利华公司在中国出版、销售《学习的革命》（修订版）侵犯其著作权，应适用《中华人民共和国著作权法》审理。根据《中华人民共和国著作权法》的规定，图书出版者出版图书应当和著作权人订立出版合同，并支付报酬。新雅公司取得了《学习的革命》（94 版）中文出版权并已许可三联书店出版简体中文版本后，戈登数次要求新雅公司将其新修改的内容加入到即将出版的简体中文《学习的革命》（94 版）中，并提供了修改稿。在简体中文《学习的革命》（94 版）出版期间，戈登又向新雅公司提出其已对《学习的革命》做了修改，希望在新版的《学习的革命》中加入新修改的内容，并主动向新雅公司提供了 18 页修改稿。上述事实表明，戈登和珍妮特已授权新雅公司许可三联书店在出版简体中文《学习的革命》时使用其提供的18页修改稿；三联书店出版简体中文的《学习的革命》（修订版）没有超出新雅公司与三联书店签订的版权贸易合约的框架范围。故三联书店出版简体中文《学习的革命》（修订版）、科利华公司经三联书店许可销售该书是合法的。

（三）美国沃尔特·迪斯尼公司诉北京出版社、北京少年儿童出版社、新华书店总店北京发行所侵犯版权案

【基本案情】

《一本关于善良的书》、《一本关于助人的书》、《一本关于勇敢的书》于1987年11月30日在美国进行了版权登记，米奇老鼠形象于1987年9月2日在美国办理了版权登记手续，版权属于迪斯尼公司。迪斯尼公司与麦克斯威尔公司于1987年8月19日签订协议，约定“迪斯尼公司仅授予麦克斯威尔公司出版汉语出版物的非独占性权利，只能在中国出售以迪斯尼乐园角色为体裁的故事书，本协议所给予的许可权不得以被许可方的任何行为或通过法律程序进行转让”。经大世界公司介绍，麦克斯威尔公司与少儿出版社于1991年3月21日签订了《转让简体本合同》，其中约定：“麦克斯威尔公司经迪斯尼公司授权，拥有迪斯尼儿童读物中文的专有出版权，并有权代理该读物的版权贸易业务，麦克斯威尔公司将迪斯尼公司的授权转让给少儿出版社。”当天，少儿出版社与大世界公司为落实《转让简体本合同》签订了协议书，约定少儿出版社委托大世界公司将迪斯尼儿童读物文字进行定稿、发排、制版，大世界公司保证提供合格的中文简体字彩色版制成软片，大世界公司负责向少儿出版社提供外方确认迪斯尼丛书的版权合同书，作为少儿出版社在中国境

内享有版权的合法依据。少儿出版社曾于1992年3月11日将《转让简体本合同》送北京市版权局审核，由于未出具迪斯尼公司的授权书，该局未予办理登记手续，后来少儿出版社也未补办登记手续。另外，少儿出版社对外是北京出版社的复牌，实际是北京出版社的一个编辑部，负责发行少儿类图书，并非独立法人。麦克斯威尔公司是在中国香港地区注册的公司，于1993年7月破产。麦克斯威尔公司与世界知识出版社北京宣武咨询服务部于1990年2月合资成立了大世界公司，现麦克斯威尔公司的股权已转让给美国宁时律师事务所。北京出版社分别于1991年8月、1992年11月和1993年11月3次印刷出版的《善良的灰姑娘》、《白雪公主的新家》、《小飞侠的胜利》、《班比交朋友》、《小飞象的成功之路》、《白花狗脱险记》、《爱丽丝梦游奇境》、《忠实的莱蒂》、《王子勇救睡美人》等《丛书》中的卡通形象与原告提供的英文原本完全相同，在9本《丛书》的封面上均有米奇老鼠的形象，并标有“迪斯尼的品德故事丛书”字样。

沃尔特·迪斯尼公司认为，米奇老鼠、灰姑娘、彼得·潘、白雪公主等卡通人物形象是迪斯尼公司创作的艺术作品，并在美国进行了版权登记，被告北京出版社、北京少年儿童出版社、新华书店北京发行所未经原告许可，出版、发行、销售的《班比交朋友》、《小飞侠的胜利》等9本《迪斯尼的品德故事丛书》中复制迪斯尼公司的卡通形象，侵犯了迪斯尼公司的版权。于1995年4月17日向法院起诉，要求北京出版社和少儿出版社以及北京发行所承担侵权责任。

北京出版社和少儿出版社认为，其于1991年8月开始出版的《丛书》中涉及的卡通形象，已通过与麦克斯威尔通讯有限公司签订《关于转让迪斯尼儿童读物中文简体本出版合同》而获得了使用权，同时根据其与大世界出版有限公司的协议，大世界公司负责提供外方确认《丛书》版权的证明，该社没有义务与外方单独联系版权事宜，由于大世界公司未尽到提供外方授权的义务，而造成对迪斯尼公司版权的侵犯，责任完全在大世界公司。

北京发行所认为，作为经销部门，没有义务审查图书的版权合法性，目前有关法律及国际公约也未规定经销部门应承担侵权责任，同时该所与北京出版社有约在先，发生侵权纠纷应由北京出版社负责。

【案件评析】

我们可以从以下几个方面来分析本案：

1. 根据《中美备忘录》的规定，美国国民的作品自 1992 年 3 月 17 日起受中国法律的保护。迪斯尼公司对本案所涉及的卡通形象米奇老鼠、灰姑娘、白雪公主、小飞侠、班比、小飞象、白花狗、爱丽丝、莱蒂等美术作品享有版权，未经该公司授权，对上述卡通形象的商业性使用，属于侵权行为。迪斯尼公司虽曾许可麦克斯威尔公司在中国出版发行含有迪斯尼公司的卡通形象的画册，但并未授权麦克斯威尔公司将该作品的出版权和发行权转让他人，所以麦克斯威尔公司在其最后销售期限即将届满之时将迪斯尼公司的作品的出版权和发行权转让给少儿出版社的行为，一方面侵犯了迪斯尼公司的权益，另一方面是对少儿出版社的欺诈，该合同在法律上属无效合同。

2. 从法律上看，麦克斯威尔公司用欺骗的手段与少儿出版社签订《转让简体本合同》是发生这一侵权事件的主要原因，因此麦克斯威尔公司是主要责任人。但迪斯尼公司未对麦克斯威尔公司提起诉讼，且麦克斯威尔公司已于 1993 年 7 月破产，故对麦克斯威尔公司在本案中的责任不予追究。少儿出版社在未审查麦克斯威尔公司是否有权转让迪斯尼公司作品的出版权的情况下，就与之订立出版合同，过于轻率。根据国家版权局（90）权字第 3 号文件《关于认真执行对台、港、澳版权贸易有关规定》中的规定："1988年3月1日以后，任何单位、个人签订的对台、港、澳版权贸易合同，不论是向外转让版权或授权使用还是受让或接受授权的合同，必须送版权管理机关审核登记。未经审查登记的，应当在1990年3月1日以前按规定补办审核登记手续。未经审核登记的合同一律无效。"少儿出版社在无合法版权证明，且被国家版权主管机关拒绝对该合同进行登记后，仍不作审查，未按国家有关规定补办登记手续，就出版发行了含有迪斯尼公司卡通形象的画册，其主观过错是显而易见的。由于少儿出版社并非独立法人，其责任应由北京出版社承担。

3.《中美备忘录》第3条第7项规定："……（一）对在中国和美国建立双边版权关系之前发生的对美国的原始作品或作品复制本的商业规模的使用将不追究责任。（二）对在建立双边版权关系后发生的这种使用，法律和条例的条款将充分适用……"北京出版社以营利为目的的3次出版的《丛书》，属于对美国作品的"商业规模的使用"。由于北京出版社第一次出版行为发生于《中美备忘录》生效日之前，故不予追究。北京出版社的第二次和第三次出版行为均发生于《中美备忘录》生效日之后，其行为属于《著作权法》第46条第2项规定的"未经著作权人许可，以营利为目的，复制发行其作品"和第3项"出版他人享有专有出版权的图书的"侵权行为，已构成侵权，应当承担侵权责任。

4. 北京发行所参与了北京出版社第二次和第三次出版的《丛书》的销售。根据《著作权法实施条例》第5条第5项的规定，销售属于发行的一种方式，至于该销售行为是属于"包销"还是属于"经销"，这是经营方式问题，对于在法律上是否构成侵权并不能产生影响。作为发行人，对其所经营的标的物在法律上是否有瑕疵，负有注意的义务。北京发行所与北京出版社签订的工作协议规定，出版外国作品或图书，出版社要与版权所有者签订出版合同，并将合同报版权管理机关审核登记，获登记号后再交北京发行所安排征订和出版，否则出现出版、发行、经销的一切涉外版权纠纷一律由出版社负责。而实际上，北京发行所对北京出版社是否获得了版权管理机关的登记号并未审查，这说明北京发行所在签订协议时注意到了国家有关部门的规定，但却未实际执行，应当认定北京发行所在主观上是有过错的，依照《民法通则》第106条第2款的规定，对其发行侵权图书的行为应当承担侵权责任。北京出版社对北京发行所的非法销售行为负连带侵权责任。鉴于“工作协议”中已约定一切涉外版权纠纷一律由出版社负责，且北京出版社已在本案中成为被告，故北京发行所的侵权赔偿责任由北京出版社一并承担，但这并不能免除其停止侵权的责任，其因侵权所获不法利益也应予以收缴。

5. 自《中美备忘录》生效之日起，美国公民的作品受中国法律保护。任何未经迪斯尼公司授权进行商业性使用该公司享有版权的本案涉及的美术作品的行为均属侵权行为。少儿出版社在未审查麦克斯威尔公司是否有权转让迪斯尼公司作品出版权之情况下与该公司签订合同，对该无效合同少儿出版社应承担一定责任。少儿出版社在因无版权证明遭到北京市版权局拒绝对该合同登记后，已明知该合同不应履行，但其仍既不作审查，又不补办有关登记手续，对含有迪斯尼公司卡通形象的《丛书》擅自出版发行。尤其在《中美备忘录》生效之后，少儿出版社不顾侵犯迪斯尼公司版权之法律后果，又以营利为目的两次出版《丛书》，其存在有明显的主观过错。由于上述侵权行为使迪斯尼公司遭受的经济损失，应当由少儿出版社负责赔偿。由于少儿出版社系非独立法人，不具备民事主体资格，故其侵权责任由其上级主管部门北京出版社承担。

6. 北京发行所在未审查北京出版社出版的《丛书》是否合

法的情况下，为北京出版社发行该《丛书》，构成了对迪斯尼公司版权的侵犯。鉴于北京出版社与北京发行所所签工作协议已约定一切涉外版权纠纷一律由出版社负责，故北京发行所的侵权赔偿责任由北京出版社承担。北京发行所在发行《丛书》中所获非法利益应予以收缴。

（四）上海榕树下计算机有限公司诉中国社会出版社专有出版权案

【基本案情】

榕树下公司分别于2000年2月17日、2月22日、3月1日、3月2日与《我的轻舞飞扬》、《假装纯情》、《聊天室泡妞不完全手册》、《男孩喜欢和什么样的女孩聊天》、《聊天室套狼（郎）不完全手册》的作者陈万宁（笔名宁财神）、《长发为君留》的作者施煜华（笔名航云）、《GIAI里的睡美人》的作者顾叙（笔名HECONG）、《网络CHAT女性防狼手册》、《马屁圣经（工作篇）》的作者季伟亮（笔名JASCHA）签订著作权许可使用合同，约定上述4位作者授予榕树下公司在全国范围内自行出版或者由原告再许可第三方出版上述作品的独占性出版权利，且如有第三人侵犯上述作品的独占性出版权利的，由原告以“榕树下公司”的名义向第三人主张权利。

1999年12月31日社会出版社（乙方）与李洪涛（甲方）签订《网文丛书》图书出版合同，约定甲方授予乙方5年内，在世界各地以图书形式出版该作品的专有出版权，该合同第2条还规定：本作品系甲方本人创作（著、译、编、绘、编著、编绘、编译）的原稿，保证没有侵害他人著作权及违反我国宪法、法律或导致其他法律纠纷的事情。如有发生此类事情，由甲方承担全部责任，并在承担乙方蒙受的全部经济损失的同时，赔偿乙方的名誉及精神损失费1万元整。

榕树下公司认为，该公司于1997年12月创办的“榕树下”(http://www.rongshu.com)网站是全球最大的中文原创作品网站之一，在该网站上凝聚了一大批优秀的网络原创作品作者，发表了大量网络原创作品。在该网站上发表网络原创作品的许多作者包括本案所涉及的《我的轻舞飞扬》等9篇文章的作者，都与我公司签订了著作权许可使用合同，授予该公司在全国范围内自行出版或者再许可第三方出版其作品的独占性出版权利。社会出版社于2000年4月出版的《网络人生系列丛书》（简称《丛书》）中的《烛光夜话》、《寂寞如潮》、《爱若琴弦》、《幽默男女》、《网事悠悠》5本书中，未经该公司许可收进了其享有专有出版权的《我的轻舞飞扬》等9篇文章。遂于2000年7月19日向法院提起诉讼，要求社会出版社承担侵犯该公司专有出版权的责任。

社会出版社认为，首先，该社出版的《丛书》由李洪涛、刘怀宇等汇编，于2000年4月出版。该社于1999年12月31日与该《丛书》的作者代表李洪涛签订了正式的图书出版合同。合同约定：如果出现了侵犯他人著作权的情况，由甲方（李洪涛等人）承担全部责任。因此，应当要求汇编作品的编辑人承担法律责任。其次，榕树下公司混淆了汇编作品中编辑的义务与图书出版过程中编辑的义务。即使编辑作品的整体著作权人侵犯了原始作者的著作权，这与出版社在编辑出版该《丛书》时应负的编辑责任也是完全不同的两个法律关系。汇编作品的编辑人对汇编作品享有整体的著作权，也应对其作品承担“文责自负”的法律责任。对出版社而言，其仅仅承担编辑出版过程中形式审查的责任。出版社不可能对文章是否侵犯他人著作权进行实质性审查。榕树下公司是将自己与编辑作品的编辑人之间的权利义务，强加在出版者身上，混淆了两种不同的法律关系。因此，该社在编辑出版此书过程中没有过错。再次，网络上传输的数字化作品并非是我国著作权法明文规定的保护客体。目前法学界一般认为，对数字化作品的下载应一概赋予“法定许可”的属性，即下载使用者不必征得授权，但要尊重作者的人身权利，而且必须照章纳费。该社即是按照这一原则来要求编辑作品整体著作权人去解决有关权益问题。该社向汇编作者支付的全部稿酬中当然包括了被汇编作品原始著作权人的报酬。最后，汇编作品的编辑人取得原始作者的授权是在榕树下公司取得所谓的“专有出版权”之前，故要求该社公开赔礼道歉，赔偿损失没有法律依据。该《丛书》的主编之一刘怀宇于1996年6月以前即通过E-mail取得了包括陈万宁在内的各位原始作者和登载有关作品的网站的授权。而且，榕树下公司并非国家批准的出版机构，我国也从未有任何法律法规规定网站对在网站登载的作品可以享有专有出版权。综上，在本书编辑出版过程中，该社已经尽到了必要的注意义务，对本书可能出现的侵权行为的法律责任承担，已与作者作出了明确的约定，榕树下公司指控该社侵犯其专有出版权没有事实和法律依据。

【案件评析】

我们从以下几个方面来对案件进行分析：

1. 关于社会出版社在本案中的诉讼主体资格问题

社会出版社与编辑作者代表之一李洪涛签订的图书出版合同，只能设定合同当事人双方的权利和义务，仅对合同双方当事人产生法律效力，不得对抗合同之外的第三方。因此，在出版社出版的图书涉嫌侵权的情况下，出版社不能以其与编辑作者签订了出版合同，明文约定“编辑作者保证没有侵犯他人著作权，如有发生此类事情，由编辑作者承担全部责任”，作为免责的抗辩理由。社会出版社对其出版涉嫌侵权图书的行为是否构成侵权，存在法律上的利害关系，在榕树下公司对其提起诉讼的情况下，社会出版社应作为本案的被告。

2. 数字化技术使作品传播形式发生改变，但不改变作品本身

作者的作品于网上登载，其作品本身没有发生变化，只是承载作品的载体由纸质书籍变成了网络。因此，网上使用作品仍应由著作权法予以调整和保护。社会出版社称网上数字化作品并非是我国著作权法明文规定的保护客体，下载使用网上作品不必获得授权没有法律依据。

3. 榕树下公司对本案涉及的作品不享有专有出版权

榕树下公司不是国家批准的出版单位，国家也没有任何法律规定网站对在网站登载的作品可以享有专有出版权，因此，榕树下公司对本案涉及的作品不享有专有出版权。该公司依据其与作者签订的著作权许可使用合同所取得的只是“独占出版权”，而非“专有出版权”，因而榕树下公司无权主张专有出版权。该公司认为，“独占出版权”与“专有出版权”是同一概念，专有出版权不是出版社的专有权利，该公司与作者签订的合同可以证明其享有“独占出版权”。事实上，双方对“专有出版权”和“独占出版权”的理解，均无法律依据。双方当事人是从不同角度对出版权进行的界定，但双方解释的不同并不影响榕树下公司依著作权许可使用合同取得的合法权利的依法行使。依据我国著作权法的规定，著作权人有以复制、发行、改编、编辑等方式使用作品的权利，也有许可他人以上述方式使用作品并获得报酬的权利。本案所涉9篇文章的作者将其作品的“独占出版权”许可给榕树下公司，从合同约定的具体权利义务来看，实际上是将其享有的对作品的复制、发行等使用权转让给了榕树下公司，该公司与作者签订的“著作权许可使用合同”并未违反有关法律规定，系合法有效的合同。榕树下公司有无出版资格只影响其权利的具体行使方式及途径，并不影响其权利来源的合法性及请求司法保护权利的行使，故榕树下公司有权作为原告提出诉讼主张。

4. 电子邮件的证据效力问题

依据现行合同法，电子邮件可以作为合同的书面形式，也就是说可以在诉讼中作为证据使用，但是电子邮件作为可采信的证据必须是该电子邮件系真实且合法有效。本案中，榕树下公司对社会出版社提交的由刘怀宇取得陈万宁等及有关网站授权的5份电子邮件的真实性和合法性均提出了异议，且在作者陈万宁否认曾授权给刘怀宇的情况下，被告至今没有其他相关的证据进一步予以佐证，故该授权能否成立不能认定。即使这些电子邮件的真实性毋容置疑，从其所载明内容看，除陈万宁外，并没有其他3位作者的任何授权许可，即使是陈万宁的“授权”，也没有明确的授权许可，其内容缺少授权许可的必要条款，如许可使用的篇目、许可使用的范围及具体书目等，因此该授权亦不能成立。而对于有关网站的授权，由于社会出版社未提交证据证明有关网站有权许可他人出版其网站上登载的文章，故无法予以认定。综上，被告提交的有关电子邮件并不能证明该《丛书》作者早于原告取得了本案所涉文章作者的合法授权。

（五）华家懋诉群众出版社著作权许可使用合同纠纷案

【基本案情】

2000年至2001年，程超泽与南方日报出版社一共签订3个图书出版合同，将作品《协商情更浓：一位婚姻家庭心理女医生的真实告白》在中国大陆地区以图书形式发行中文本的专有使用权授予南方日报出版社，合同有效期为8年；将作品《爱人出差：出差症候群的心理分析》在中国大陆地区以图书形式发行中文本的专有使用权授予南方日报出版社，合同有效期为5年；将作品《清唱：单身女人的故事》在中国大陆地区以图书形式发行中文本的专有使用权授予南方日报出版社，合同有效期为4年。该三本图书已经由南方日报出版社出版。2002年2月19日，程超泽向南方日报出版社有关人员发出解除其与南方日报出版社之间的上述图书出版合同的书面函件，南方日报出版社于2002年3月31日签收了此函件。2002年3月18日，程超泽与群众出版社签订图书出版合同，将作品《婚姻有毒：现代婚姻的悲剧》、《影子家庭：配偶出差症候群》、《与己独舞：单身女人的故事》、《家庭情商：性爱关系再协商》（以下简称《家庭情商》）在中国大陆地区以图书形式独家出版发行中文简体字版本的专有使用权授予群众出版社。该出版合同的第2条约定，程超泽保证拥有上述图书的独家出版发行权，如因此项权利的行使侵害他人权益，程超泽承担全部责任，并赔偿因此给群众出版社造成的一切损失。2002年5月，《婚姻解毒现代婚姻启示录》（以下简称《婚姻解毒》）、《影子家庭：配偶出差症候群》（以下简称《影子家庭》）、《与己独舞：中国当代单身女人族》（以下简称《与己独舞》）三本图书由群众出版社出版。其出版的上述图书与南方日报出版社出版的三本图书虽然名称有所差异，但是内容相同。2003年，群众出版社向程超泽支付《家庭情商》一书的税后稿费6 663.28元。2003年4月、6月以及2005年1月，程超泽通过上海市华夏律师事务所王婉丽律师分别向群众出版社催付相关的著作权许可使用费。2006年1月10日，南方日报出版社致函群众出版社，称其于2002年曾发函，主张群众出版社出版的《婚姻解毒》、《影子家庭》、《与己独舞》三本图书侵犯了其权益，并再次要求群众出版社给予答复；2006年3月1日，群众出版社向南方日报出版社复函，同意暂停三本图书的发行，待南方日报出版社与程超泽达成协议后再决定是否履行与程超泽签订的出版合同。2006年，程超泽多次向群众出版社发电子邮件，解释其与南方日报出版社曾经签订涉案图书的出版合同，后又解除相关出版合同的过程，并向群众出版社催付著作权许可使用费，群众出版社回复，要求程超泽先解决其与南方日报出版社之间的出版合同纠纷，保证南方日报出版社不再追究群众出版社的责任，群众出版社才同意向其支付稿酬。程超泽认为其对群众出版社享有请求支付涉案《婚姻解毒》、《影子家庭》、《与己独舞》三本图书著作权许可使用费25 200元的债权，因此于2006年7月24日，书面声明将该债权及收益转让给华家懋，并且群众出版社于2006年7月1日签收该转让通知。

华家懋认为，2002年4月1日，程超泽与群众出版社正式签订图书出版合同。其后，程超泽向该出版社履行了全部义务，出版社也出版了程超泽的作品，但是尚欠程超泽著作权使用费25 200元。程超泽将其对群众出版社的该部分债权转让给本人，但其与群众出版社多次协商未果，因此要求群众出版社支付其著作权使用费25 200元并赔偿因其迟延支付著作权使用费而产生的经济损失费用。

群众出版社认为，华家懋不是涉案图书的著作权人，与其没有出版合同关系，不能向出版社主张著作权许可使用费；涉案图书的作者程超泽曾与案外人南方日报出版社签订出版合同，将涉案作品的专有出版权授予南方日报出版社，故其在专有出版权已另授他人的情况下与被告签订出版合同，属于一稿两投行为，程超泽违约在先；由于程超泽一稿两投，致使被告出版涉案作品后，南方日报出版社一直通过函电，向其主张权利；因此，在程超泽与南方日报出版社之间的纠纷尚未得到解决的情况下，华家懋无权要求支付著作权使用费以及赔偿。

【案件评析】

我们从以下两个方面对本案进行分析：

1. 根据我国相关法律规定，债权人转让权利的，应当通知债务人；未经通知，该转让对债务人不发生效力。本案的《婚姻解毒》、《影了家庭》、《与己独舞》三本图书的著作权人程超泽主张其对群众出版社享有请求其给付该三本图书的著作权许可使用费的债权，并将该债权通过书面声明的方式转让给华家懋。该债权转让书面通知了群众出版社，对群众出版社依法发生效力。华家懋可以作为该债权的受让人，向群众出版社主张权利，被告群众出版社关于其与华家懋之间无出版合同，其无权向其主张权利的抗辩主张，根本无法律依据。

2. 群众出版社主张程超泽在把涉案《婚姻解毒》、《影子家庭》、《与己独舞》三本图书的专有出版权授予案外人南方日报出版社的情况下，又与其签订涉案图书出版合同，属于一稿多投的违约行为。华家懋主张程超泽在与被告群众出版社签订涉案图书出版合同之前，已经解除或者终止了其与南方日报出版社签订的三份图书出版合同。鉴于程超泽与南方日报出版社之间存在独立的合同关系，该合同是否已经解除或者合同效力是否已经终止，应当由华家懋提供充分的证据加以证明。华家懋以程超泽向南方日报出版社发出单方解除合同的通知，主张双方之间的合同已经解除或者终止，证据不足。在此前提下，华家懋依据程超泽与群众出版社签订的出版合同，要求群众出版社支付其著作权使用费以及赔偿经济损失，缺乏事实和法律依据。

三、风险提示和防范措施

图书期刊著作权的许可使用和转让是非著作权人取得作品著作权的两种重要方式。在实践中为避免出现不必要的纠纷，应当注意以下几个关键的问题：

（一）避免出版合同中的“霸王”条款

在有些时候，作者与出版社订立的出版合同中，出版社会因其优势地位规定一些“霸王”条款。这一行为违背了《中华人民共和国著作权法实施条例》第 37 条的规定。该条规定出版者、表演者、录音录像制作者、广播电台、电视台行使权利，不得损害被使用作品和原作品著作权的权利。当出版社与作者签订的合同中出现“霸王”条款时，作者有权主张该合同为无效合同。因此，出版社应当避免订立“霸王”条款。

（二）保证出版合同中的图书名称与实际出版的名称一致

图书出版的一般程序是先签订出版合同再待发稿、复印、出版。在签订出版合同之后的过程中出版社为了使作品更有卖点，更改作品名称，结果造成已出版的作品的名称与原合同中的作品名称不一致。这个合同实际上成了无效合同，纠纷一旦造成，将对出版社非常不利。因此，在更换书名时，出版社应与作品作者重签合同。

（三）严格审查作品内容，防范对他人著作权的侵犯

出版社与作者签订出版合同时，是负有审查义务的。但在实践中有些编辑认为只要与作者签订了合同，合同中规定作者不得侵犯他人著作权的情况，就不用审查是否有歪曲、篡改他人作品，剽窃、抄袭他人作品内容的情况，即使出现版权纠纷，也是由作者负责，与出版社无关。事实上，这种认识是完全错误的，不论是否与作者签订了合同，只要作品有侵权的内容，出版社就要负主要责任。所以出版社在与作者签订合同前一定要认真审查书稿，确认没有侵权内容、符合出版质量要求时再签合同。

（四）确认合同签字人的代表性问题

在现实生活中，与出版社联系出书并最终签订合同的人往往并非作者本人，有时是买断作品财产权的书商，有时是作者的代

理人，有时是共同作品中某个作者，这就使出版行为中的法律关系复杂起来，纠纷也就更容易出现。在这里要注意区分买断作品财产权的书商与民法中的代理人两个容易混淆的概念，最行之有效的方法就是要求出版者必须注意，在签订出版合同时，一定要审查作者出具的委托授权书的内容是否明确以及所授予的权利是何种性质。如果与出版社订立合同的是作者的代理人，那么出版合同的权利义务人就是出版社和作者；如果与出版社订立合同的是买断作品财产权的书商，那么出版合同的权利义务人就是出版社和书商。另外，对于合作作品的多个作者，还要考虑签字人的代表性问题，出版者应当要求代表人出示其他作者的授权书。

（五）依法或按照约定重印或再版

实践中有些出版社与作者约定：“乙方（出版者）可以自行决定重印，重印后按约定向甲方（著作权人）支付报酬。”由于有了这条约定，出版社便擅自决定重印。无论是在重印出版之后，才发现合同早已到期，还是在出版者明知出版合同快要到期，对于畅销图书，赶印了一批，在合同到期后继续发行该图书，实际上都已经侵犯了作者应有的权利。根据我国《著作权法》第31条的规定：“图书出版者重印、再版作品的，应当通知著作权人，并支付报酬。”因此，对于需要续签合同的图书，出版社应尽早与作者联系续签合同，避免时间断开，造成纠纷产生。

（六）对专有出版权做出明确约定

《著作权法》规定，许可使用合同中著作权人未明确许可使用的权利，另一方当事人不得行使。因此，在出版合同中明确许可使用权利是专有使用权还是非专有使用权是非常有必要的。因为许可使用专有使用权和非专有使用权的法律后果如前文所述是不同的。如果合同中未明确是专有使用权还是非专有使用权，法律规定将视为非专有使用权，这极有可能与当事人的意愿相违背。所以，出版社在订立出版合同时必须写明权利的性质。

（七）明确转让合同中转让的权利种类

图书期刊著作权转让合同中需要注意的是其中的权利种类条款，合同中著作权人未明确转让权利，未经著作权人同意，另一方当事人不得行使，否则视为超出了权利转让的范围，构成违约。在通常情况下图书期刊著作权的转让仅指著作权中的财产权，不包括人身权。但在实践中，转让财产权的时候，原著作权人的人身权在某些情况下会受到限制，例如，将未发表的作品转让给他人，该作品的发表权也同时转让了，但署名权作为一部作品作者的最直接体现，是禁止转让的。如果转让合同中出现了上述情形，将导致该部分内容无效。因此，出版社应当在出版合同中载明所转让的权利种类。

（八）正确处理报酬请求支付权转让的相关问题

根据《著作权法》第30条的规定，作品的作者与出版社、期刊社签订出版、发表合同后，图书出版者、刊登作品的期刊社，便负有向著作权人支付报酬的义务，反之著作权人拥有向出版社、期刊社请求支付报酬的权利。当著作权人要转让该权利时，实际上是一种债权的转让，应当遵守民法关于债权转让的规定。转让人也即著作权人和承让人应当签订书面协议，并且应当通知债务人也就是支付报酬的出版社、期刊社。著作权人在此种情况下负瑕疵担保责任。出版社应当注意审查该被转让的请求支付权是否有瑕疵，如果有，出版社可以不予支付。

（九）严格审查作品权利保护期

此外，在认定图书期刊著作权的许可使用合同或者转让合同效力时，出版社还需注意审查许可使用和转让的权利的保护期，一旦超过法律规定的著作权保护期将导致合同无效。

图书期刊著作权的许可使用和转让是图书期刊著作权流转制度的核心，图书期刊著作权贸易的稳定发展有赖于与之相关的著作权法律法规。我国现行著作权法律法规对图书期刊著作权的许可使用和转让的规定并不完善，应加快这方面的立法，以保护并促进日益繁荣的图书期刊著作权贸易。

第七章

侵犯图书期刊著作权的行为

一、内容综述

（一）图书期刊著作权的侵权含义及构成要件

图书期刊著作权侵权行为，是指除《著作权法》特别授权以外，凡未经作者或其他著作权权利人许可，擅自使用受著作权保护的图书期刊的行为，即为侵犯图书期刊著作权的行为。与一般侵权行为相比，著作权侵权行为是通过对权利人作品的非法利用而使权利人利益受到侵害的违法行为，因为著作权在广义上包括作者的人身权和财产权，所以对著作权的侵权包括对著作权人人身权和财产权的侵犯。

从侵权行为的构成要件上看，其构成必须同时具备行为的违法性、损害事实、因果关系与主观过错四个要件：

1. 违法性

造成损害事实的行为必须具有违法性质，行为人才负有赔偿责任。否则，即使有损害事实，也不能使行为人承担赔偿责任。而如果出现了法律规定的违法行为，无论行为人实施的活动是侵犯了著作权人的利益还是其实施的活动对著作权的利益构成重大威胁，在将来必然损害著作权人的利益，都构成侵犯著作权的行为。

2. 损害事实

它通常是指侵权人所实施的行为客观上给受害方带来了损害。如果侵权人的行为给著作权人造成了损害且无法定的免责理由，则侵权人应承担法律责任。但是，如果侵权人实施了侵权行为而未对著作权人造成实际损害是否应承担侵权责任呢？如某人未经著作权人许可非法大量复制其作品，但未发行，这是否属于侵犯版权行为？又如某出版者，未经作者许可擅自出版其作品但支付给作者稿酬的是否侵权？笔者认为这些都是侵权行为，因为他们未经作者许可又无法律许可，侵权人行使了本应由著作权人所控制的权利或妨碍了著作权人权利的行使。

3. 因果关系

是指只有当侵权人所实施的侵权行为与损害后果存在因果关系时，侵权人才承担责任。如果加害人虽然实施侵权违法行为，但受害人的损害与此无关，就不能令其承担赔偿责任。

4. 主观过错

在侵犯著作权的行为中，过错是行为人决定其行动的一种心理状态。过错包括故意和过失两种形式。行为人预见到自己行为的结果，并希望其发生或放任其到来的叫故意过错；行为人对其行为的结果应预见或者能预见但未预见到或虽预见到而轻信不会发生，以致发生损害结果的称过失过错。

（二）《著作权法》规定的侵权行为

我国《著作权法》对于侵犯著作权的认定，立法上采取了列举式规定。根据《著作权法》第 47 条和第 48 条的规定，侵犯著作权的行为可分为对精神权利的侵犯和对财产权利的侵犯。

1. 侵犯精神权利

著作人身权是作者基于作品依法享有的以人身权益为内容的权利，是一种非财产权，通常将其称为精神权利。主要包括发表权、署名权、修改权与保护作品完整权。

（1）侵犯发表权。侵犯发表权是指未经著作权人许可发表其作品。作者的作品一经创作完成，作者即依法取得对其作品的著作权，作者是否发表作品，以何种方式发表则是作者行使权利的体现。任何人未经作者同意，擅自发表其作品，即视为侵权行为。

（2）侵犯署名权。署名权是作者表明其身份的权利，署名权是作品发表之后作者首要的精神权利，并与作者的名誉紧密相关。同时署名权是基于创作而产生的。如果个人没有参加创作，为了谋取个人名利，利用权势、地位等因素，强占他人的创作成果，是对作者署名权的侵犯，如果冒充作者资格，以此获得著作权，也侵犯了作者的著作财产权。

（3）侵害修改权和保护作品完整权的行为，即是侵犯作者独立构思，并以自己的表现习惯创作出来的作品的行为。有些人在使用他人作品时，如有出版改编、表演、引用他人作品时，通过改动、删节、增补、重新组合等方式改变作品的内容及其表现形式，但同时又不说明作品已经修改。

侵害修改权和保护作品完整权的行为还有一个表现形式就是歪曲、篡改他人的作品，这是指未经作者许可，以删节、修改等行为破坏作品真实含义的行为。

2. 侵犯财产权利

著作财产权，是著作权人自己使用或授权他人以一定方式使用作品而获得物质利益的权利。著作财产权主要包括复制权、发行权、展览权、出租权、播放权等权利。

（1）侵犯复制权。《著作权法》中所说的复制大体上有三种：第一种复制是不改变原作载体或虽然改变了载体但不改变其体现方式的复制。如对于文字作品、音乐作品来讲，手抄、复写、油印、胶印等印刷出版等。第二种复制是从无载体变为有载体的复制。主要是对现场表演活动而言，复制方式则主要是录制。第三种是从平面变为立体（或从立体变为平面）的复制。主要是对艺术作品、建筑作品的设计图及摄影作品的制作而言。对复制权的侵害可概括为：未经版权人许可而复制到其作品的，构成对复制权的侵害。

（2）侵犯获得报酬权。使用他人作品，未按照规定支付报酬构成对著作权人获得报酬权的侵权。作品的许可使用者一般应该向著作权人支付报酬，许可使用合同中明确规定，使用者不支付报酬的除外。

（3）侵犯展出权。展出权也称“展览权”，主要是美术作品、摄影作品等享有的经济权利，指公开陈列美术作品、摄影作品的原件或复制体的权利。它包括作者或其他著作权人享有作品在三种情况下的控制权：在展览会上，在其他公共场合，在电影或电视中。任何违背著作权人的意志擅自将其作品展出的行为都是侵害展出权的行为。

（4）侵犯播放权。播放权主要指作品的作者或其他版权人有权许可或禁止将有关作品通过广播等形式进行传播。

（5）侵犯专有出版权和版式设计权。专有出版权是指出版单位通过与作者订立合同，而在约定的期限和地域内，获得出版作者作品的权利。专有出版权受法律保护，因此任何人不得出版同一作品。而版式设计权是指，权利人基于对图书、期刊的字体设计、格式的编排等依据法律享有的专有权。

（6）剽窃他人作品。是指将他人的作品当作是自己创作的作品发表的行为。剽窃不仅侵犯了著作权人的著作人身权和财产权，而且欺骗了社会公众，是一种严重的著作权侵权行为。

（7）其他侵权行为。是指其他侵犯著作权以及与著作权有关的权益的行为。

3. 著作权侵权的责任类型

著作权侵权行为呈现极为复杂的形态。从侵权行为是否借助第三者而发生的情况可分为直接侵权和间接侵权。著作权侵权责任可分为直接侵权责任和间接侵权责任。两种责任适用不同的归责原则，具有不同的责任范围。

（1）直接侵权责任。直接侵权行为，是一种直接非法使用著作权或邻接权的权利或妨碍权利人行使这一权利的行为。侵权人的行为直接涉及作品，例如：在有著作权的作品上改变作者署名，对内容进行修改，未经作者允许擅自发表他人作品的，都是对作者著作权人身权利的直接侵犯。根据现行著作权法律法规的规定，对于著作权直接侵权适用无过错责任，即行为人只要出现未经著作权人授权行使著作权人专有权利的行为，又不具备法定不构成侵权情形的，就应被认定为构成侵权并承担侵权责任，而不论侵权行为人主观上是否存在过错。

（2）间接侵权责任。是指侵权行为并未直接涉及受著作权直接保护的作品或受邻接权直接保护的表演、唱片及广播节目，而是因该行为为侵权行为提供了便利条件，行为人自觉不自觉地参与了侵权行为，从而对著作权人和邻接权人的合法权益造成了侵害。

世界各国一般不在著作权法或版权法中规定间接侵权。我国目前的著作权法律中也没有间接侵权的规定，司法实践中相关方面的判决也不很成熟。所以，关于间接侵权的归责原则，我们暂不讨论。

（三）图书期刊著作权侵权的判定

图书期刊的权利人享有署名权、修改权、保护作品完整权等精神权利的同时还享有复制权、发行权、信息网络传播权以及出版者的专有出版权等财产权利。侵权人侵犯权利人对于图书期刊的权利，则是对上述某一种或几种权利的侵犯，那么如何来认定图书期刊著作权侵权呢？下面将对常见的侵权行为进行判定。

1. 侵犯发表权行为的判定

实践中，侵犯发表权的情形通常有：（1）未经著作权人许可，发表其未曾发表过的作品；（2）作者亡故后，未经其继承人或受遗赠人同意，将其遗作发表；（3）虽然被授权行使发表权，但未按权利人的意愿发表；（4）作者已发表作品的一部分，他人擅自发表未发表部分。如果行为人有上述行为的，则是对权利人发表权的侵犯。

2. 侵犯署名权行为的判定

对于图书期刊署名权的侵犯通常表现为：第一，没有参加创作，为谋取个人名利，在他人作品上署名的行为。使用他人的作品，应当指明作者姓名，作者不署名的除外。有些人在使用他人作品，如引用、评论、转载、摘编他人作品，虽然通过一定方式说明自己正在使用的作品是别人的作品，但不指明或不明确指明作者的姓名。第二，未经合作作者的许可，将与他人合作的作品以自己单独创作的作品发表的行为。有的合作作者故意不经其他合作作者的同意，将合作作品当做自己的作品发表。如果行为人有上述行为，则是对图书期刊作者署名权的侵犯。

3. 侵犯修改权和保护作品完整权行为的判定

图书期刊的著作权人所享有的修改权和保护作品完整权在含义上有相似之处，不对作品作出任何有违于作者真实意志的修改即是保护了作品的完整，而保护作品的完整也就是保证作品不受任何歪曲和篡改。侵犯修改权和保护作品完整权的行为主要表现为：其一，在改编、翻译、编辑他人作品或将他人作品摄制成电影、电视作品时，没有按照被利用作品作者的原意进行利用，歪曲作者的原意；其二，出版单位对稿件进行编辑加工时歪曲篡改作者的原意；其三，将作品用于有损作者尊严的场合。

4. 侵犯复制权和剽窃行为的判定

复制权，是著作权人最原始和基本的经济权利，也是实现其他著作权经济权利的基础。一切与原作品有关的再现行为，均可以被定义为复制行为。司法实践中，对于著作权人复制权的侵犯也是一类最常见的侵犯著作权行为。“复制”二字从其文字本义上看并不难理解，但在判断一个行为是否构成复制时，常常也会引发很多争议。侵犯图书期刊的复制权常常表现为以下两种方式的复制：

一是不改变作品载体和表现方式的复制行为。这是一种最为常见的复制行为，如从文字作品到文字作品，一字不差的全文抄袭当然可以认定为复制，但在现代社会，这种复制方式已经比较罕见。特别是在纠纷频发的文学创作领域，如何认定一种变相复制行为，也就是我们通常所称的剽窃，才是理论和实践当中遇到的难题。在判断载体相同的作品之间是否构成复制关系时，通常坚持的原则是首先排除不受《著作权法》所保护的内容，作品的构思、语言风格等虽然与作者的生活经历、艺术素养等密不可分，是作者个性特征的重要体现，但它们仍然属于不受《著作权法》保护的思想范畴，不能为任何人所垄断，否则会限制作品创作的空间和自由，阻碍文化的繁荣发展。因而，在判断侵权与否时，首先要将这些不受法律保护的内容排除在著作权的范围之外，不能以作品构思和语言风格的相近而认定构成侵权。

二是变换作品载体的复制行为。在科技发展日新月异的今天，为了满足人们不同方式的阅读要求，各种形式的阅读媒介层出不穷，这也使得《著作权法》当中“复制”的含义不断地丰富和扩充。比如通过格式转换等方式来复制图书期刊，将图书期刊扫描制成光盘等。对作品附着的格式进行相应的转换是为适应具有不同阅读或者观赏习惯的群体所必然出现的一种技术发展趋势，不管行为人通过变换载体还是格式转换，只要将他人享有著作权的作品完成了实质的复制，这种行为仍然可被视为侵犯复制权。

5. 侵犯专有出版权行为的判定

在涉及专有出版权的著作权纠纷当中，对于版式设计的保护问题一直受到关注。版式设计权是我国《著作权法》赋予作为邻接权人的出版者一项重要的权利。所谓版式设计是出版者对作品版面格式的设计，包括对版心、排式、字体、行距、标点、页面大小、页面底色等版面布局及其他美术因素的综合安排。按照我国《著作权法》的相关规定，未经权利人的许可而使用他人出版的图书、期刊的版式设计的，构成侵犯著作权的行为。虽然版式设计从字面含义上看并不难理解，但在我们的司法实践当中，在判断行为人是否侵犯了他人的版式设计权时，对于一个问题仍然具有很大的争议，这就是关于版式设计权的内涵问题。

版式设计权内涵的大小直接关系到权利人禁止权的范围，在实践当中对于版式设计有两种不同的理解：第一，对版式设计作狭义理解，即认为我国《著作权法》所保护的版式设计仅包括对印刷品的版面格式的设计，即包括版心、排式、用字、行距、标点等版面布局因素的安排。但书的封面、书脊等属于印刷物的装帧设计，并非版式设计，不属于我国《著作权法》所保护的版式设计范畴。第二，对版式设计作广义理解，即认为我国《著作权法》所保护的版式设计实际上还涵盖了装帧设计，即开本、装订形式、插图、封面、书脊等，任何对于版式和装帧设计进行复制都将构成对出版者专有使用权的侵犯。

对于版式设计权内涵理解的不同将直接关系到著作权侵权行为人承担责任的大小直至著作权侵权行为的定性，我国目前在司法实践当中仍倾向于对版式设计作狭义理解，这主要是考虑到装帧设计当中的开本、装订形式等可选择的空间较小，如果在狭窄的设计空间中仍然允许大量独占性权利的存在，一方面会影响到图书出版者正常的出版方式和出版自由，另一方面也会限制图书出版社对现有装帧设计继续改进的积极性。

6. 侵犯信息网络传播权行为的判定

禁止在未经图书期刊权利人许可的情况下，以有线或者无线的方式向公众提供作品，并使公众可以在个人选定的时间和地点获得作品是《著作权法》对于作者信息网络传播权的保护。信息网络传播权的出现与互联网向社会生活的不断渗透密切相关，而网络的无形性、不稳定性要求法律必须对其进行有效的规制，以防止互联网事业在高速发展的同时成为一个无序空间。侵犯图书期刊权利人的信息网络传播权是近些年来比较常见的侵权形式。未经许可将他人作品载于网上供公众浏览和下载系侵犯著作权行为，这一原则在现行《著作权法》当中有着明确的规定。对于网络侵权，往往涉及网络服务商，提供各种服务的网络服务商是网络世界中的重要主体，他们承担着维护网络空间正常运转的责任。但是，各种网络服务商所提供的服务性质是各不相同的，在著作权领域，判断他们的行为是否构成侵权，还需要对行为环境进行具体的分析。

网络服务主体可分为网络接入服务提供者（ISP）和网络信息内容提供者（ICP）。ISP是指提供网络连线、接入、链接等物理基础设施服务的网络服务提供者，一般为基础电信运营商；ICP是指提供各类作品、新闻等信息内容的网络服务，包括电子布告板（BBS）、邮件新闻组（NEWSGROUP）、聊天室等有关内容的提供者，一般为增值电信服务商。由于网络接入服务提供者和内容服务提供者对网络信息进行编辑控制的能力不同，其应当承担的法律责任也不同。根据“两高”司法解释设置网络服务主体的著作权法律责任，其目标有两个：一是要依法制裁网络侵犯著作权的行为；二是要给网络服务主体提供一个法律责任的“避风港”。这就需要对具体情况进行分析，把握政策界限。法律为了保护和促进新兴网络产业的健康发展，明确规定网络服务主体在没有主观过错的情况下，对著作权侵权行为不轻易承担过重的责任。

网络接入服务提供者，在链接他人网站中因对网络信息内容不具备编辑控制能力，对信息内容的合法性没有监控义务。因而，对他人在网络上实施的侵权行为没有主观过错，根据《民法通则》第106条的规定，不必承担法律责任，侵权的法律责任应由提供信息内容的行为人本人承担。

网络信息内容提供者由于对网络信息内容具有一定的编辑控制能力，因此在明知侵权行为发生或经著作权人提出确有证据的警告后，负有采取移除侵权内容等措施，停止侵权内容继续传播的义务。如果网络接入服务提供者违反该义务，主观上具有过错，客观上实施了不作为的侵权行为，根据《民法通则》第130条的规定，与行为人构成共同侵权，应当承担连带法律责任。

网络接入服务提供者，如果通过网络参与实施侵犯著作权的行为，或通过网络帮助、教唆他人实施侵犯著作权行为，根据《民法通则》第130条的规定，属于共同侵权，应当与直接实施侵权行为的人承担连带法律责任。

目前，我国法律对网络链接行为是否构成著作权侵权尚无具体、明确的规定，但是从网络链接发生的纠纷中，根据链接行为人的链接方式、主观过错及链接的客观后果等因素和权利义务相一致的原则，可以确定网络链接行为是否构成侵权，是否应当承担法律责任。从以上原则的分析看，一是网络接入服务提供者在事前不知侵权网站的侵权内容时，不对侵权行为负连带法律责任。这是由于在网络上传播信息内容的丰富性和快捷性的特点，提供链接服务的网络接入服务提供者不可能对所链接的所有信息内容是否侵权作出判断，做不到对链接内容逐一进行事前审查。二是网络接入服务提供者在事后得知侵权情况没有及时移除和制止时，应当根据具体情况负相应连带法律责任。

二、典型案例分析

（一）刘京胜诉搜狐爱特信信息技术（北京）有限公司侵犯翻译作品网络传播权案

【基本案情】

原告刘京胜于1995年发表了翻译作品《唐吉诃德》。2000年10月，原告刘京胜在上网访问被告搜狐公司开办的网站时发现，通过点击该网站首页上“文学”栏目下的“小说”，即进入搜索引擎页面，根据页面提示继续点击“外国小说@（5064）”、“经典作品（86）”、“《唐吉诃德》——［西班牙］塞万提斯”后，可在页面上看到其翻译作品《唐吉诃德》。刘京胜认为被告搜狐公司开办的搜狐网站在未经许可的情况下，擅自将原告的翻译作品《唐吉诃德》以三种版式在网上传播，供人阅读下载，侵犯了原告享有的翻译作品著作权。10月18日，刘京胜申请北京市公证处对以上内容的操作过程、路径和终端监视器上显示的页面内容进行公证，然后据此于10月24日提起诉讼。刘京胜要求被告搜狐公司：立即停止刊登上述作品；在搜狐网站的显要位置和《北京晚报》上公开致歉；赔偿经济损失10万元。

11月6日，被告搜狐公司也在北京市公证处申请按照原告刘京胜的上网过程、路径进行公证，15日，搜狐公司再次向北京市公证处申请对以上www. Cj888. com、www. chenqinmyrice. com、www. yi-fan. net网站访问《唐吉诃德》中文版的过程和路径进行公证。搜狐公司这两次公证用以证明：1. 该作品不是被告上载，亦不在被告网站的网页上；2. 直接访问www. Cj888. com、www. chenqinmyrice. com、www. yi-fan. net网站即可看见以原告作品为内容的页面。以上两个证据可以说明，因搜狐网站与上述三个网站有链接关系，所以通过搜狐网站，能够访问这三个网站上以原告作品为内容的网页。在法庭上，被告再次按原告所提交的公证书中载明的过程和路径上网进行了演示，当屏幕出现“《唐吉诃德》[西班牙]塞万提斯刘京胜译”页面时，该页面的地址栏中不是搜狐网站的地址，而是其他网站的网址。因此，被告认为自己不是侵权人，不承担侵权责任。

法院在查明事实的基础上，依据有关的法律规定作出了判决：被告搜狐爱特信信息技术（北京）有限公司停止侵害、消除影响并赔偿原告刘京胜人民币3 000元，案件受理费3 510元，由被告搜狐爱特信信息技术（北京）有限公司负担2 000元，由原告刘京胜负担1 510元。

【案件评析】

本案争议的焦点是搜狐网站对其上述链接行为所产生的结果是否应当承担法律责任。

我们首先来分析被告这种链接行为本身是否构成侵权。链接是在互联网上实现快捷的传递和获取各种信息的一种技术手段，是互联网的重要功能。网站的经营者利用这个技术，将网站甚至是各网站的信息内容连接在一起，以实现信息资源共享的目的，极大地方便了上网用户。

被告搜狐公司根据搜狐网站访问者的检索要求，通过搜索引擎进行搜索后，将从互联网中得到的数据经过分析和编排索引，然后把与访问者检索相关的信息提示给访问者。为便于访问者根据提示进入该信息来源的相关网站或者网页，在提示中设置临时链接。这种临时链接，不同于网站之间按照事先约定建立的固定、长久的链接。本案被告开办的网站是以提供信息内容为主的网站，它通过设置搜索引擎，建立与其他网站的链接，使上到其网站的用户可以快捷地搜索并进入到其他网站获取信息。

本案双方当事人提交的公证文件载明，当显示器上出现

"《唐吉诃德》[西班牙]塞万提斯刘京胜译"页面时，该页面的地址栏中并不是搜狐网站的地址，而是其他网站的地址，这一事实证明，被告提供的只是分类搜索引擎链接服务。被告网站仅是利用这种链接技术，将用户引导到提供信息内容服务的网站。从直观的表象上看，访问者是通过被告网站上网，并浏览到信息，被告是信息提供者。但是从技术角度讲，被告网站仅是提供了搜索服务的工具，引导用户利用这个工具到其他网站或网页上去浏览相关的信息。此时这些信息并未存储在被告的服务器上，而是在上网用户自己的计算机内，临时生成被链接网站所载信息内容的临时复制件。因此，被告提供链接服务并不是将原告作品直接上载的复制的行为，也不是传播。

此外，由于在互联网上网站之间具有互联性、开放性，网上的各类信息内容庞杂，数量巨大，要求网络服务商对所链接的全部信息和信息内容是否存在权利上的瑕疵先行作出判断和筛选是不客观的，网上的信息内容有权利上的瑕疵时，主要应由信息提供者或传播者承担法律责任，仅提供网络技术或设施的服务商，一般不应承担赔偿责任。因此，本案被告设置链接的行为不侵害原告的著作权。

根据《著作权法》第12条的规定："改编、翻译、注释、整理已有作品而产生的作品，其著作权由改编、翻译、注释、整理人享有，但行使著作权时，不得侵犯原作品的著作权。"本案原告刘京胜对1995年漓江出版社出版的《唐吉诃德》享有的翻译作品著作权，应当受到法律保护。未经著作权人许可使用其作品，是对著作权的侵害。维护合法权益，制止侵权行为，是每一个公民、法人应尽的义务。当得知侵权行为发生或可能发生时，任何与该侵权行为或结果有一定关系的人，都应当采取积极的措施，防止侵权结果扩大。

应当指出，链接的作用使在互联网上传递和获取信息更加快捷，实现了信息资源共享。但如果有权利瑕疵的信息内容被设置链接，也必然会使其侵权结果扩大，客观上发挥了帮助侵权的作用。被告搜狐公司向公众提供搜索引擎服务，通过搜索引擎与侵权网站发生了临时链接。搜狐公司虽然难以控制搜索引擎的不特定搜索结果及其附带的临时链接，但完全有能力控制对特定网站或网页的链接。

2000 年 10 月 24 日，原告刘京胜提起侵权诉讼时，虽然因不了解两种技术的不同而将搜狐公司的链接行为指控为上载，但是毕竟将自己是涉案作品的著作权人、自己的权利被侵害以及希望尽快制止侵权的意思表述清楚。搜狐公司收到起诉后，明知自己网站与侵权网站的链接侵害了刘京胜的合法权益，本应及时断开链接以避免侵权结果扩大，搜狐公司却不采取这种正当措施，仅以上载与链接在技术上的不同来辩解没有侵权。搜狐公司这种漠视权利人的合法权益遭受侵害的行为，致使侵权状态得以延续，扩大了侵权结果，起到了帮助侵权人实施侵权的作用。依照《著作权法》第 46 条第 8 项的规定，搜狐公司应当对自己的这种行为承担侵权的法律责任。但刘京胜请求搜狐公司在搜狐网站和《北京晚报》上公开赔礼道歉并赔偿 10 万元，缺乏合理性。赔偿数额应由法院酌定。所以，法院部分支持原告的诉讼请求是合理的、合法的。

（二）作者剽窃，出版社与作者构成共同侵权案

【基本案情】

2002 年 8 月 14 日，庄羽以“许愿的猪”为笔名将小说《圈里圈外》（以下简称《圈》）在天涯社区网站舞文弄墨版发表。2003 年 2 月，《圈》由中国文联出版社出版，作品署名“庄羽”。《圈》以主人公初晓与现男朋友高源及前男朋友张小北的感情经历为主线，在描写初晓与高源之间的爱情生活及矛盾冲突

的同时，描写了初晓与张小北之间的感情纠葛，同时还描写了初晓的朋友李穹与张小北的婚姻生活以及张小北与情人张萌萌的婚外情，高源与张萌萌的两性关系及合作拍戏等。

2003年8月19日，郭敬明作为甲方与作为乙方的春风出版社就出版郭敬明的《梦里花落知多少》（以下简称《梦》）一书订立图书出版合同。合同第11条约定，乙方以版税方式向甲方支付稿酬，版税的计算方式是：图书定价×10%的版税率×100 000册印数。2003年11月，春风出版社出版了郭敬明的《梦》一书。该书版权页有“郭敬明著、春风文艺出版社出版发行、2003年11月第1版、2003年11月第1次印刷”等字样。《梦》以主人公林岚与现男朋友陆叙及前男朋友顾小北的感情经历为主线，在描写林岚与陆叙的爱情生活及矛盾冲突的同时，交替描写了林岚与顾小北的感情纠葛，顾小北与现女友姚姗姗的感情经历，林岚、闻婧、微微及火柴之间的友情以及她们和李茉莉的冲突等。

作家庄羽以郭敬明所著《梦》一书在故事情节、人物特征、语言风格等方面抄袭其作品《圈》为由，将《梦》一书的作者郭敬明、出版发行单位春风文艺出版社及销售商北京图书大厦告上法庭。

庄羽诉称，春风文艺出版社于2003年11月出版的郭敬明所著《梦》一书，以改头换面、人物错位、颠倒顺序等方法，剽窃了自己的作品《圈》一书具有独创性的构思、故事的主要线索、大部分情节、主要人物特征、作品的语言风格等，甚至还照搬了《圈》的片段以及能够表达作品内容的部分语句等，抄袭多达100余处。为此，庄羽请求被告立即停止侵害，赔礼道歉，并索赔精神损失和经济损失50万元。

法院经审理查明，原告作品《圈》发表在被告郭敬明作品《梦》之前。郭敬明未经原告许可，在其作品《梦》中剽窃了庄羽作品《圈》中具有独创性的人物关系的内容，而且在12个主要情节上均与《圈》中相应的情节相同或者相似，在一般情节、语句上共57处与《圈》相同或者相近似，造成《梦》与《圈》整体上构成实质性相似，侵犯了原告的著作权。春风文艺出版社未尽到合理注意义务，致使侵权作品《梦》得以出版，其行为存在过错，除应当承担停止侵害、赔礼道歉的民事责任外，还应当与被告郭敬明承担连带赔偿责任。被告北京图书大厦公司进货渠道合法，不存在过错，不应当承担赔偿责任，但应承担停止销售侵权图书的责任。

基于以上认定，一审法院作出被告郭敬明、春风文艺出版社停止侵权、消除影响、共同赔偿庄羽经济损失20万元，被告北京图书大厦有限责任公司停止销售侵权图书的判决。

对于上述一审判决，原告庄羽，被告郭敬明、春风文艺出版社均提出上诉，二审法院除维持了一审法院的判决内容外，还要求郭敬明、春风文艺出版社赔偿庄羽精神损害赔偿金1万元。

【案件评析】

在司法实践中，当原、被告作品完全相同或者基本相同、相似的时候，对于是否构成抄袭的认定是比较容易的。但当被指控抄袭之处仅涉及作品的构思、语言风格、人物特征及关系、主要情节、个别语句等且散落在作品的各个部分、文字等最终表达不尽相同时，对是否抄袭的认定就要复杂得多。

本案中，原告据以主张被告抄袭的事实基本不在于双方作品的文字等最终符号的相同或者相似，而主要在于作品的构思、语言风格、人物特征及关系、主要情节、散落在作品不同部分的语句等的相同或者相似。因此，如何划分思想与表达，处于主题和细节之间的内容，包括情节、结构、主要事件、事件之间的顺序、人物关系究竟属于思想还是表达，如何划分公有领域、事实和个人创作，什么属于必要场景或者唯一表达，独创性如何把握，主题和思想在判断抄袭中是否应绝对排除，据以判断抄袭的原则和方法是什么，本案具有典型意义。

首先，小说是典型的叙事性文学体裁，长篇小说又是小说中叙事性最强、叙事最复杂的一种类型。同时，文学创作是一种独立的智力创造过程，更离不开作者独特的生命体验。因此，即使以同一时代为背景，甚至以相同的题材、事件为创作对象，尽管两部作品中也可能出现个别情节和一些语句上的巧合，不同的作者创作的作品也不可能雷同。本案中，涉案两部作品都是以现实生活中青年人的感情纠葛为题材的长篇小说，从以上法院认定的构成相似的主要情节和一般情节、语句的数量来看，已经远远超出了可以用"巧合"来解释的程度，结合郭敬明在创作《梦》之前已经接触过《圈》的事实，应当可以推定《梦》中的这些情节和语句并非郭敬明独立创作的结果，其来源于庄羽的作品《圈》。

其次，对被控侵权的上述情节和语句是否构成抄袭，应进行整体认定和综合判断。对于一些不是明显相似或者来源于生活中的一些素材，如果分别独立进行对比很难直接得出准确结论，但将这些情节和语句作为整体进行对比就会发现，具体情节和语句的相同或近似是整体抄袭的体现，具体情节和语句的抄袭可以相互之间得到印证。例如，《圈》中有主人公初晓的一段心理活动："（高源）一共就那一套一万多块钱的好衣服还想穿出来显摆，有本事你吃饭别往裤子上掉啊（见原作第79页）。"这一情节取自生活中常见的往衣服上掉菜汤的素材，同时加上了往高档服装上掉菜汤的元素，因此使其原创性有所提高。而相应地，在《梦》中，也有主人公林岚的一段心理活动："我看见他那套几万块的Armani心里在笑，有种你等会儿别往上滴菜汤（见原作第38页）。"显然，如果单独对这一情节和语句进行对比就认为构成剽窃，对被控侵权人是不公平的。但如果在两部作品中相似的情节和语句普遍存在，则应当可以认定被控侵权的情节构成了抄袭。

此外，在小说创作中，人物需要通过叙事来刻画，叙事又要以人物为中心。无论是人物的特征，还是人物关系，都是通过相关联的故事情节塑造和体现的。单纯的人物特征，如人物的相貌、个性、品质等，或者单纯的人物关系，如恋人关系、母女关系等，都属于公有领域的素材，不属于《著作权法》保护的对象。但是一部具有独创性的作品，以其相应的故事情节及语句，赋予了这些“人物”以独特的内涵，则这些人物与故事情节和语句一起成为《著作权法》保护的对象。因此，所谓的人物特征、人物关系，以及与之相应的故事情节都不能简单割裂开来，人物和叙事应为有机融合的整体，在判断抄袭时亦应综合进行考虑。本案中，庄羽在《圈》中塑造了初晓、高源、张小北等众多人物形象，围绕这些人物描写了一个个具体的故事情节，通过这些故事情节表现出了人物的特征和人物关系。例如，在《圈》中，男主人公高源出车祸受伤昏迷，住进医院，女主人公初晓来看望，高源苏醒，两人开玩笑，初晓推了高源脑袋一下，导致高源昏迷。这一情节既将人物的个性表现出来，同时也将二人的恋人关系以独特的方式表现出来。而在《梦》中，在男女主人公之间也有几乎相同的情节，只是结果稍有不同。将两本作品整体上进行对比，《梦》中主要人物及其情节与《圈》中的主要人物及情节存在众多雷同之处，这进一步证明了郭敬明创作的《梦》对庄羽的作品《圈》进行了抄袭。

从本案看，类似案件中抄袭的判断应注意以下几个方面：

其一，在具体作品中，哪些部分属于思想、哪些属于表达，应具体情况具体分析。在许多情况下，作品中的思想和表达的分界点并不十分清晰，也无法事先确定一个划分的基本原则，只能在个案中具体情况具体分析。

其二，作品的思想、主题、情感不应绝对排除在抄袭的判断之外。思想、主题、情感不属于著作权的保护范围，在确定某一作品的保护范围时，应将作品的思想、主题、情感排除在外。但是，并不意味着在判断两部作品是否相同或者相似时，只需仅对表达进行对比，而将作品的思想、主题、情感排除出去。两部作品，尤其是“改头换面”抄袭的作品与原告的作品，是否具有相同或者相似的思想、主题、情感，对认定是否相同或者相似，是非常重要的因素。

其三，对于小说而言，即使以同一时代为背景，甚至以相同的题材、事件为创作对象，不同的作者创作的作品也不可能雷同。小说是典型的叙事性文学体裁，长篇小说又是小说中叙事性最强、叙事最复杂的一种类型。同时，文学创作是一种独立的智力创造过程，更离不开作者独特的生命体验。因此，即使以同一时代为背景，甚至以相同的题材、事件为创作对象，尽管两部作品中也可能出现个别情节和一些语句上的巧合，不同的作者创作的作品也不可能雷同。

其四，对被控侵权的情节和语句是否构成抄袭，应进行整体认定和综合判断。对于一些不是明显相似或者来源于生活中的一些素材，如果分别独立进行对比，很难直接得出准确结论，但将这些情节和语句作为整体进行对比，就会发现，具体情节和语句的相同或近似是整体抄袭的体现，具体情节和语句的抄袭可以相互之间得到印证。

其五，不能简单地将人物特征、人物关系以及与之相应的故事情节割裂开来，因为人物和叙事应为有机融合的整体，在判断抄袭时亦应综合进行考虑。在小说创作中，人物需要通过叙事来刻画，叙事又要以人物为中心。无论是人物的特征，还是人物关系，都是通过相关联的故事情节塑造和体现的。单纯的人物特征，如人物的相貌、个性、品质等，或者单纯的人物关系，如恋人关系、母女关系等，都属于公有领域的素材，不属于《著作权法》保护的对象。但是一部具有独创性的作品，以其相应的故事情节及语句，赋予了这些“人物”以独特的内涵，则这些人物与故事情节和语句一起成为《著作权法》保护的对象。因此，所谓的人物特征、人物关系，以及与之相应的故事情节都不能简单割裂开来，人物和叙事应为有机融合的整体，在判断抄袭时亦应综合进行考虑。

（三）王东生等诉长沙交通学院超合理使用限度翻印其作品供教学使用侵犯著作权案

【基本案情】

1994年，原告王东生、周泰文、刘后邘、俞政四人共同编著《新编高等数学题解》一书（上、下两册，以下简称《题解》），并由华中理工大学出版社出版发行。《题解》上册售价9.5元，下册售价8.5元，合计18元一套。1995年8月至9月份，被告长沙交通学院的二级机构——自考分院面向社会招生，开设公路、城市道路、计算机、财会、高等管理等专业，并在这些专业中设置了高等数学课程。为学生学习高等数学的需要，自考分院决定为学生配备《题解》。自考分院副院长与被告长沙交通学院轻印部承包人金志强联系，翻印《题解》300套，双方口头约定每套复印价15元。翻印后，自考分院以支票形式与金志强结账。自考分院将270套《题解》以每套21元分发给公路工程专业、高等级公路管理专业学生及教师。1995年冬，原告发现被翻印的《题解》，于1995年12月10日向湖南省新闻出版局投诉。1996年5月14日，湖南省新闻出版局对《题解》鉴定结论为：送审书为小32开本，显系假冒华中理工大学出版社名义和图书的盗版图书，侵犯了作者和出版者的著作权，违反了有关出版管理的规定。5月27日，长沙市新闻出版局收缴翻印《题解》30套。6月26日，长沙市新闻出版局、长沙市版权局以长新出稽字〔1996〕11号行政处罚决定书，认定自考分院翻印《题解》300套，并对其处罚款1万元。自考分院已交纳此罚款。

原告王东生、周泰文、刘后邗、俞政四人向湖南省长沙市天心区人民法院提起诉讼，诉称，被告长沙交通学院下属机构自考分院私自翻印由原告四人共同编著的《题解》，给原告在经济和名誉上都造成了损失，要求判令被告长沙交通学院赔偿侵权盈利33 000元、精神损失1万元、差旅费2 400元、通信费2 400元、误课损失费2 400元、律师费3 000元、其他费用1 000元，共计54 200元；同时请求判令被告停止侵害，并在《湖南教育》刊物上公开赔礼道歉。

被告长沙交通学院答辩称：自考分院翻印300套《题解》是为课堂教学所需，未对外销售，也未盈利，符合我国《著作权法》的有关规定，不构成侵权，不应承担民事责任。

法院经审理后认定被告长沙交通学院的行为构成侵权，作出责令被告停止侵害，赔偿原告王东生、周泰文、刘后邗、俞政盈利所得1 620元，赔偿咨询、传真、复印、购书费计314元及精神抚慰金9 000元，共计10 934元的判决。

【案件评析】

本案虽然是发生在20世纪90年代，是发生在我国现行《著作权法》修改之前的案例，但其对于我们理解《著作权法》第22条的规定——合理使用制度仍有意义。

《著作权法》第22条第1款第6项规定的“为学校课堂教学或者科学研究，翻译或少量复制已经发表的作品，供教学或者科研人员使用，但不得出版发行”的合理使用行为，有三个问题需要明确：一是“学校课堂教学”中“学校”的范围；二是“少量”的内涵是什么，即多少算少量；三是交通学院翻印作品300套是否以营利为目的。

1. 学校课堂教学中“学校”的范围。由于现行教学体制的多样性，在我国既存在公立学校，又存在私立学校；既存在全日制学校，又存在广播电视大学、函授大学、夜大、进修学校，还存在成人自学考试大学。各种形式学校的存在是我国现实社会的客观需要，都是法律所允许的。凡是具有教学条件（师资、场地、资金等）又经教育主管部门同意并备案的学校，都是合法学校，都享有实施课堂教学的权利，同时都负有保证教学质量的义务。从这一点看，长沙交通学院及其自考分院具有这一主体资格。

2.“少量复制”的含义。根据国家版权局信访组的解释，《著作权法》第22条第1款第6项及《著作权法实施条例》第29条规定情形下可以少量复制他人已发表的作品，并不受当时市场上有销售的限制，但这种少量复制不得冲击作品在市场上正常销售，应以不超过课堂教学所需并以非营利目的为准。从长沙交通学院复制300套原告作品事实来看，虽不超过课堂教学所需(学院还有更多的学生)，但是数量上无论如何不能认为少量，而是数量较多，对原告作品的正常发行产生了一定的影响，至少在长沙是如此。

3. 长沙交通学院翻印原告作品300套是否以营利为目的。《著作权法》第47条第2项规定：“未经著作权人许可，以营利为目的，复制发行其作品的”，应承担民事责任。交通学院自考分院复制《题解》300套，将270套以每套21元，高于复制价6元发给公路工程专业、高等级公路管理专业学生及教师，并因此盈利1 620元，造成了营利的客观事实，故应认定其行为是侵权行为，损害了作者的合法权益，应受到法律制裁。当然，被告侵权情节和后果不太严重，在判决中应予以考虑。

受案法院对被告所属的自考分院翻印原告的作品，并以高于成本价的价格提供给在校师生在课堂教学中使用的行为，因翻印数量较多，影响了原告作品的正常发行，且有盈利，而认定为侵权行为，不属《著作权法》第22条第1款第6项所规定的合理使用行为，是符合该条法律规定的法律内涵的。

该条规定虽然意在限制著作权人对其作品的权利在一定场合的行使，即在这些场合情况下使用作品，可以不经著作权人许可，不向其支付报酬，承认合理使用行为的客观必要性，但其关于何种场合、何种使用方式及数量这些“度”的规定，则又是区别合理使用行为与侵犯著作权行为的界限所在。因此，正确适用该条规定来认定当事人行为的正当与否，首先在于从整体上把握“度”的要求。法律上只承认一定限度内的使用作品行为为合理使用行为，超过的则为侵权行为。在这个立法精神的指导下，我们才能够正确理解和把握各项规定具体场合下的合理之“度”。

（四）张五常诉社会科学文献出版社侵犯作品修改权、保护作品完整权案

【基本案情】

原告张五常于1999年12月1日与香港花千树出版有限公司（以下简称花千树公司）签订《协议书》，授权花千树公司享有其作品《随意集》的出版独有许可使用权。2001年2月8日，花千树公司与社会科学文献出版社签订《图书出版合同》，花千树公司将其在香港地区出版的张五常作品《随意集》授权社会科学文献出版社在中国内地以中文简体字出版。出版前，双方曾对书稿进行了修改。但是，《随意集》的中文简体版出版发行后，张五常发现社会科学文献出版社未经其和花千树公司的同意，擅自对其作品进行了多处删节和修改。社会科学文献出版社的行为侵犯了张五常对作品的修改权和保护作品完整权，对张五常的人格尊严和精神造成损害。张五常请求法院判令社会科学文

献出版社停止侵害，消除影响，公开赔礼道歉；支付精神损害赔偿金人民币50万元；赔偿委托律师费人民币6 667元并承担本案的诉讼费。

社会科学文献出版社提出答辩意见认为：社会科学文献出版社对《随意集》所做的极个别编辑加工是符合有关法律规定的，未侵犯张五常的著作权。社会科学文献出版社对作品《随意集》的编辑加工可分为两种形式：一种是纯粹文字或表达方式上的编辑加工，如将“领导人”改为“权威人士”；二是由于作品《随意集》的极个别内容与我国现行法律及党和国家的方针政策不符，或有违社会主义国家的公共道德和善良风俗，如“这样，艺术又怎可以像江泽民等人那样思想统一呢?”。上述这些编辑加工不构成侵权。另外，社会科学文献出版社在出版上述作品前，已将修改文稿寄与花千树公司，要求其在合同约定的15日内予以确认并书面答复，而花千树公司未在合同约定的15日内予以书面答复，理应视为其已认可社会科学文献出版社的修改。

一审法院查明：1999年12月1日，原告张五常与花千树公司签订了《协议书》，原告将其作品《随意集》之出版许可使用权授予花千树公司独有，有效期为五年。2001年2月8日，花千树公司与社会科学文献出版社签订《图书出版合同》，约定：花千树公司将其在香港地区出版的原告作品《随意集》授予社会科学文献出版社在中国大陆以中文简体字出版、发行。社会科学文献出版社如须修改、删节上述作品，应征得花千树公司的同意，并经花千树公司书面认可。

上述合同成立后，双方经原告的同意曾对花千树公司提供的作品进行了一些修改。2001年7月，社会科学文献出版社出版的中文简体版作品《随意集》，在中国大陆公开发行。随后，原告发现，其在深圳市新华书店购买的社会科学文献出版社出版的《随意集》，有多处未经原告的同意而进行删节和修改。

庭审中，原告和被告社会科学文献出版社均确认：社会科学文献出版社出版的《随意集》（现书）与原告认可的花千树公司出版的《随意集》（原书）对比，有六处删节或修改：(1) 原书第95页第3—4行“而‘面’字写得特大加红，即使以红挂帅的毛泽东在天之灵也保不住了”，现书第165页第9行删去。(2) 原书第96—97页第16—17行为“领导人”，现书第167页第19—20行改为“权威人士”（3）原书第123页第3—4行为“这样，艺术又怎可以像江泽民等人那样‘思想统一’呢?”，现书第201页第16行删去。(4) 原书第133—134页第14行“那令人不堪回首的”，现书第215页第10行删去。(5) 原书第166页第11—12行“黑市不黑，是我们伟大祖国伟大之处”，现书删去。(6) 原书第123页“共产”，现书删去。

社会科学文献出版社主张，原告已授予花千树公司本案作品的修改权，而社会科学文献出版社对本案作品的修改是经花千树公司同意的。原告对社会科学文献出版社的上述主张未予确认，社会科学文献出版社对其上述主张也未予举证。

根据上述事实，一审法院认为：原告张五常是本案作品《随意集》的著作权人，其作品《随意集》的修改权和保护作品完整权依法应受法律保护。原告在与花千树公司签订的《协议书》中授予了花千树公司对上述作品的出版独有许可使用权，但未授予作品的修改权。社会科学文献出版社依据其与花千树公司的《图书出版合同》，仅取得原告作品《随意集》在中国大陆的出版和发行权，其他权利的行使，应征得原告的同意。社会科学文献出版社未经原告授权，擅自对原告的作品进行了六处修改，其行为侵犯了原告的著作权，依法应承担侵权民事责任。故原告请求社会科学文献出版社立即停止侵害，向其赔礼道歉，并赔偿其委托律师费人民币6 667元的损失符合法律规定，应予支持，但其主张的精神损害赔偿，没有法律依据，不予采纳。

综上，法院作出判令被告社会科学文献出版社立即停止停止侵权、赔礼道歉，赔偿原告的损失人民币 6 667 元，并承担案件受理费人民币 10 076.67 元。

一审判决宣判后，原审被告社会科学文献出版社不服，向广东省高级人民法院提起上诉。

二审法院经审理后认为：一审判决认定的事实基本属实，但另查明如下事实：

被上诉人张五常于 1999 年 12 月 1 日与花千树公司签订了《协议书》，双方在《协议书》中约定张五常保证对《随意集》拥有著作权及出版授予权，且不违背著作权法及出版法；张五常保证对于交来之出版物拥有著作权及出版授予之权，且无违背著作权法及出版法。

花千树公司与社会科学文献出版社于 2001 年 2 月 8 日签订了《图书出版合同》。其中，合同第三条约定“乙方（社会科学文献出版社）负责确定根据本合同出版发行的作品不得违背中国法律和社会公共利益。”根据该约定，社会科学文献出版社负责确定根据本合同出版发行的作品不得违背中国法律和社会公共利益。应当认定社会科学文献出版社在花千树公司不同意的情况下亦有权将其认为违背中国法律和社会公共利益的内容修改或删节。所以，应认定社会科学文献出版社有权将其认为违背中国法律和社会公共利益的《随意集》的相关内容修改或删节，这是其履行合同义务所必须；社会科学文献出版社对作品的上述改动是按照作品的性质及其使用目的和状况所做的不得已的改动，这种改动无损张五常作为《随意集》作者之声誉和人格利益，并未侵犯被上诉人张五常对其作品《随意集》的修改权及保持作品完整权。

综上所述，二审法院认为一审判决认定社会科学文献出版社将《随意集》中其认为违背中国法律和社会公共利益的部分内容修改、删除的行为构成侵权不当，应予纠正。于是，二审法院撤销了一审法院的判决，驳回原告张五常的诉讼请求。一审和二审案件受理费共计20 153.34元由张五常负担。

【案件评析】

这是一起作者主张出版社侵犯其对作品的修改权、保护作品完整权的案件，作者对作品的权利、出版者对所出版作品的权利以及社会公共利益的冲突表现得十分明显。下面从几个方面来对案件进行分析：

1. 著作权法对修改权、保护作品完整权的规定

修改权、保护作品完整权与发表权、署名权同属于著作权中的精神权利，即作者基于作品依法所享有的以人身利益为内容的权利。虽然在这个日益商业化的社会里，部分作者更加重视维护自己的经济权利，即著作权中的使用权和获得报酬权，但是不可否认的是，精神权利与财产权利密不可分，精神权利是著作权中重要的组成部分，而且精神权利是财产权利的基础，作者如果忽视了自己精神权利的维护，其财产权利的实现也必将受到严重影响。精神权利是作者永恒的权利，无论世界各国的著作权法律规定有多大的不同，但无一例外的是，对财产权利的保护期都给予了一定的限制，同时，在相当多的国家，作者的精神权利，除发表权外，则是不受时间限制的，我国即在此列。对此，出版者在编辑出版过程中，应当不仅重视不能侵犯作者的使用权和获得报酬权，而且也要尊重作者的精神权利，尤其是对于那些创作年代已经比较久远的作品，不能因为其财产权利丧失，就错误地认为可以毫无顾忌地任意使用。

由于图书、报纸、期刊的出版发行与著作权保护问题的关系十分密切，以及出版行业的特殊性，我国著作权法中有不少条款都直接涉及编辑出版的著作权问题，其中“修改权”问题即是其中之一。《著作权法》第34条第1款规定：“图书出版者经作

者许可，可以对作品修改、删节”。第2款规定：“报社、期刊社可以对作品作文字性修改、删节。对内容的修改，应当经作者许可。”首先应当明确的是，此项规定并非是将作者的这部分精神权利转让给出版者，而实质上是著作权法对作者部分精神权利进行了适当的限制。在著作权法的其他有关邻接权的规定中，一般都是对著作权中经济权利的法定的许可，而这种对作者精神权利的限制在著作权法中十分特殊，显然，这项规定对出版者和作者双方都十分重要。笔者认为，对这项规定的主要内容可以从以下几个方面加以理解：

第一，该条款规定的出版者的权利只针对的是修改权，而不包括保护作品完整权。因此，无论是图书出版者，还是报社、期刊社，如果作者没有书面的、明确的特别许可，在对作品进行所谓的修改、删节时，都不能歪曲、篡改作品的思想和原意。

第二，从该条款的规定可以看出，著作权法意义上的修改有对作品的文字性修改和对内容的修改之分。笔者认为，其中所谓文字性修改主要包括对作品中词语的增删、同义和近义词替换、语法或者修辞上的改动、对语句顺序的适当调整等；而所谓对内容的修改，主要包括语句的增删、段落的调整，甚至可以设置或者删去一些不违背作者本意的人物、对话、场景、情节、论述等。

第三，该条款中所谓的许可，应当有书面许可和口头许可两种方式。在现实中，由于出版行业的特点，尤其是报纸、期刊出版的时间性非常强，口头许可的情况更为普遍，因此，对于作品内容的修改，报社、期刊社应当把握好修改的尺度，而且为了避免纠纷的产生应当尽可能与作者达成一致意见，并保留相关证据。此外，现实中报社、期刊社经常在报纸、期刊上登载有关自己有权修改稿件的“声明”，这时，如果作者未在稿件中对此明确提出反对，则报社、期刊社有权对作品内容进行适当修改。

第四，对于作品中明显的错字、多字、漏字、倒字、公认的常识性错误等属于图书差错的地方，无论是图书出版者、还是报社、期刊社都不必征得作者同意而可自行加以更正。依据国家有关部门规章的规定，图书出版有质量上的严格要求，上述问题都是影响图书编校质量的重要因素，因此出版者在编辑过程中改正这些差错是法律赋予的职责。

2. 作者权利与公共利益的冲突处理

为了鼓励对于作品的创作，国家并没有对作品形式、内容以及语言表达方式等等方面的限制性规定。但是，为了保护社会公共利益，国家在新修订的《著作权法》第四条中明确规定：著作权人行使著作权，不得违反宪法和法律，不得损害公共利益。国家对作品的出版、传播依法进行监督管理。

可见，无论是作品的创作主体还是出版主体，都必须对作品的“合法性”负责。

《著作权法》第 34 条规定，图书出版者经作者许可，可以对作品修改、删节。报社、期刊社可以对作品作文字性修改、删节。对内容的修改，应当经作者许可。

根据上述两条规定，图书出版者未经著作权人许可，对作品所作的修改、删节，如果被修改、删节的部分不违反宪法和法律，不损害公共利益，则图书出版者的修改、删节行为就侵犯了著作权人对其作品的修改权。如果对作品的修改、删节使作品的内容、观点被歪曲、篡改，作品的完整性遭到破坏，则图书出版者的修改、删节行为还将侵犯著作权人的保护作品完整权。当然，如果只是对作品作了一定的改动、删节，但这种改动删节尚未达到对作品的内容、观点进行歪曲、篡改的程度，尚未破坏作品的完整性，就不能认定构成侵犯保护作品的完整权。

从上述分析可见，判断图书出版者对其出版的作品进行修改、删节的行为是否构成侵权，必须考虑如下因素：一是根据图书出版合同之约定，著作权人是否明示或默示授权出版者对其作品进行修改、删节；二是被修改、删节的内容是否违反法律之规定，是否侵害社会公共利益。

二审法院基于对张五常原作品中相关内容违反公共利益的判断，认定社会科学文献出版社对张五常作品《随意集》所作的六处删节、修改行为属于按照法律要求和维护社会公共利益需要而作出的必要修改，并没有侵犯张五常对其作品的修改权及保护作品完整权是有其法律依据的。

（五）高等教育出版社诉机械工业出版社侵犯专有出版权案

【基本案情】

原告高等教育出版社依法享有《高等数学》第五版上、下册（以下简称《高等数学》）的专有出版权和改编权。1997年，由同济大学应用数学系邱伯驺、骆承钦主编，该社出版的《高等数学》第三版获得该年普通高等院校国家级教学成果一等奖。该书是用于高等院校本科生教育的在全国有影响的教材。2002年4月1日，该社与邱伯驺、骆承钦签订了图书出版合同，依法取得《高等数学》的专有使用权和改编权，于2002年7月由该社出版。原告高等教育出版社诉称：由被告出版《〈高等数学习题解析〉同济五版〈高等数学〉配套习题解析》（简称《高等数学习题解析》）一书，系未经我社允许，抄袭剽窃我社上述《高等数学》的全部习题，并将全部习题解析制成侵权图书，该书总计达11.2万字。该侵权图书还使用我社《高等数学》的封面设计，被告的行为侵犯了我社的改编权和封面设计著作权。根据《著作权法》第46条的规定，被告应当承担停止侵害、消除影响、赔礼道歉、赔偿损失的法律责任。同时，因我社的《高等数学》原有版次曾获得国家级教学一等奖，在全国各高校具有广泛的影响和极高的知名度，是知名商品。被告在明知该书是全国流行已久的“经典教材”的情况下，擅自大量抄袭剽窃该书内容，盗用该书封面设计，误导学生，更对我社后续出版、销售《高等数学》习题集产生严重影响，带来巨大的经济损失。被告的行为亦触犯了《反不正当竞争法》第20条的规定。故请求法院判令，一、被告停止销售并收回已销售的《高等数学习题解析》一书，对收回的及尚未售出的该书以及库存予以销毁；二、被告赔偿因其侵犯著作权给我社造成的损失50万元；三、被告就其侵犯我方著作权的行为，在《新闻出版报》、《中华读书报》上公开赔礼道歉；四、被告承担本案诉讼费11 010元；五、被告赔偿我方因本案发生的律师费10万元；六、被告停止不正当竞争行为，封存、销毁不正当竞争产品并在《新闻出版报》、《中华读书报》上向原告公开赔礼道歉；被告承担因实施不正当竞争行为产生的损害赔偿责任。

被告机械工业出版社的答辩意见为：一、原告并没有取得《高等数学》的专有出版权和改编权，原告主体不适格，原告与邱伯驺、骆承钦签订的《图书出版合同》无效。二、原告指控我社既侵犯了原告的出版权，又侵犯了原告的改编权，自相矛盾。习题解析和法律定义的改编，是完全不同的两回事。法律并未禁止对习题作解析，《著作权法》对翻译、注释、整理或介绍、评论等情况，均一一作了详细规定，但对习题解析却未作说明。法律未禁止，即视同可为。禁止出教材的习题解析无法律依据。如果一定要将习题解析行为和《著作权法》中规定的行为相比较，比较接近的是介绍或说明某一问题，在作品中适当引用他人已经发表的作品，即《著作权法》第22条第2项中的内容，是一种法定许可，因为不能禁止他人对习题作解析。同时，我方为了习题解析，为了说明某一问题，必须在我方作品中适当引用他人已经发表的作品（即习题）。《高等数学习题解析》不会给原告的《高等数学》造成任何不利影响，也绝对不会影响《高等数学》的正常使用，很多在校或毕业的大学生均同意此看法。三、关于封面的使用，符合合理使用原则。《高等数学》封面上标注有“高等学校教材”，教材具有一定的公用范畴，不同于其他普通作品，不能禁止他人解析其习题。同时，将两书放在一起，绝对不会造成混淆或误认。四、原告提出 50 万元经济损失，其在法定证据提供日即 8 月 18 日前，并未提供任何相关证据。五、根据《反不正当竞争法》以及最高法院相关司法解释，不正当竞争行为的处罚是以被侵害产品的损害程度来计算。《高等数学》的损害为零，我社不应赔偿。请求人民法院依法驳回原告的诉讼请求。

法院审理查明：1997 年 10 月 24 日，由原告高等教育出版社出版的《高等数学》第三版教材获得国家级教学成果一等奖，获奖者为同济大学教授王福楹、王章炎、邱伯驺、骆承钦。2002 年 4 月 1 日，同济大学应用数学系指派邱伯驺、骆承钦作为合同甲方（著作权人）与作为合同乙方的原告，两次签订《图书出版合同》。两份合同的主要内容为：在合同约定的有效期内，甲方授予乙方享有如下权利，即将中文《高等数学》以各种版本形式在中国大陆地区出版、在世界各地发行的专有使用权；享有该作品的外文版权、改编权、录音权、录像权、软件制品权；乙方可以授权第三人以出版、发行、表演、播放、摄制影片、制作幻灯片、光盘、注释、编辑、整理本作品。该书字数 360 千字。乙方按 4% 的版税率支付甲方版税稿酬。2002 年 7 月，原告依据上述《图书出版合同》出版了《高等数学》。该书封面由上、下深浅不同的长方形绿色构成，下方深绿色长方形中有扭曲碎格图案，封面自上而下标注有：普通高等教育“十五”国家级规划教材、高等数学、第五版上册（或下册）同济大学应用数学系主编、高等教育出版社字样。该书版权页载有：1978 年 10 月第

1版、2002年7月第5版、字数420 000、定价23.9元、高等教育出版社出版发行等内容。

2003年7月8日，原告在王府井大街218号王府井书店，购得《高等数学习题解析》一书。该书封面由上、下深浅不同的长方形绿色构成，下方深绿色长方形中有扭曲碎格图案。封面自上而下标注有："高等学校数学教材配套辅导用书、高等数学习题解析、同济五版《高等数学》配套习题解析、主编北京大学数学科学学院田勇、编写双博士数学课题组、总策划胡东华、机械工业出版社等字样。"版权页载有："2002年11月第1版第1次印刷、字数693千字、定价22元等内容。"前言载有以下内容："同济大学应用数学系主编的《高等数学》第五版，与原四版相比，有质的突破……本书是《高等数学辅导》的姊妹篇，同时作为同济版《高等数学》的配套参考书，也伴随着同济版《高等数学》的数次修订而一版再版……同济版《高等数学》是全国流行已久的经典教材……为此，我们特编写了与同济《高等数学》第五版习题完全相配套的习题解析。"封底框格内载有："本书与同济五版严格配套等内容。"

基于查明的上述事实，法院作出了责令被告机械工业出版社立即停止出版、发行侵犯原告高等教育出版社出版的《高等数学》一书版式设计权、载有不正当竞争内容的《〈高等数学习题解析〉同济五版〈高等数学〉配套习题解析》一书、公开赔礼道歉并赔偿原告高等教育出版社经济损失10万元的判决。

【案件评析】

根据我国《著作权法》的规定，图书出版者对著作权人交付出版的作品，按照与著作权人的约定享有专有出版权。著作权人可以通过签订著作权转让合同转让其作品修改权。因原告出版的《高等数学》一书的署名主编同济大学应用数学系已经出具证明，确认原告签订的《图书出版合同》签约一方著作权人授权的合法性，在无相反证据的情况下，被告有关因原告签订的《图书出版合同》不具有合同效力，原告不是本案适格的当事人的主张，缺乏事实根据，不能成立。

在本案中，原告通过与著作权人签订《图书出版合同》，合法取得了《高等数学》一书的专有出版权和改编权，享有在我国大陆地区出版、在世界各地发行的专有出版权和许可他人出版、发行该图书的权利以及改编作品、创作出具有独创性的新作品的权利。

本案中，被告出版的《高等数学习题解析》一书与原告享有专有出版权的《高等数学》，在内容、体裁上均不相同，与原告该图书的核心内容或实质内容亦不同。因此，被告未对原告的专有出版权造成侵犯。根据《著作权法》关于改编权的法律含义，所谓“改编作品”应当是对作品本身内容进行修改、变化。对作品的部分内容或全部内容完整引用，再独立创作出新的作品的行为，不属于“改编作品”。被告出版的《高等数学习题解析》不属于改编原告《高等数学》而创作的具有独创性的新作品。因此，被告出版发行上述作品的行为不构成对原告改编权的侵犯。被告使用《高等数学》一书中的全部习题，对全部习题独立进行解析后，创作了具有独创性的新作品《高等数学习题解析》，这种使用方式，是对原告权利图书中的部分内容即习题的完整引用，并未改变习题本身的作品内容。因此，原告主张被告的行为侵犯其专有出版权、改编权缺乏法律依据，均不能成立。

根据案件查明的事实，原告出版发行的《高等数学》一书，不仅曾经获得国家级教学成果一等奖，而且自 1978 年以来长达 20 余年，先后有 5 个版本正式出版，在全国高等院校本科生教育领域具有一定的知名度。原告独立完成的《高等数学》封面版式设计也已为相关读者所熟知，原告享有该图书的版式设计权。被告出版的《高等数学习题解析》一书的封面设计，在整体色彩、图案设计上与原告出版的《高等数学》封面设计的整体色彩、图案设计基本相同，属于相近似的版式设计，被告的行为侵犯了原告《高等数学》的版式设计权。不仅如此，被告在其出版的该作品封面、前言、封底等显著位置，大量标注诸如“本书是同济版《高等数学》的配套参考书”等足以使读者产生两书的质量标准、来源有某种联系的词语，被告的行为已经构成在商品上伪造产地，对商品质量作引人误解的虚假表示的不正当竞争。因此，被告的行为不仅侵犯了原告的《高等数学》版式设计权，亦对原告构成了不正当竞争，应当承担因实施侵权行为而产生的民事责任，即包括停止侵权行为、向原告公开赔礼道歉、赔偿损失的责任。

通过以上分析，本案被告的行为侵犯了原告版式设计权，并构成了不正当竞争，但由于原告索赔 50 万元以及律师费 10 万元的诉讼请求均无证据，所以法院只能综合考虑被告实施不正当竞争行为和侵犯原告版式设计权行为所产生的影响、被告行为的方式和给原告预期利益造成的损害等情节，根据法定赔偿的原则来确定具体赔偿的数额。

（六）胥祖文诉鹿邑县志总编辑室作品署名权及获取报酬权案

【基本案情】

1982 年，鹿邑县决定编纂县志，成立了鹿邑县志总编辑室（下称总编室），调方玉、王殿举、付开太等人分工参加县志的编写工作。1985 年 10 月，因原负责县志文化篇撰稿的付开太去世，总编室主持工作的副主任方玉找到县科委干部胥祖文，请其写鹿邑县志文化编的科技部分和统编县志文化编。双方口头协议：“政治上给予署名，经济上按字付酬。”同年 11 月，胥祖文作为文化编的编写人员与方玉一起参加了地区召开的县志文化编编写会议。1986年7月，胥祖文写出科技稿5篇，由方玉取走交给新调总编室负责文化编统编任务的王殿举。后方玉和王殿举又一同到胥祖文家取走胥祖文所写的科技稿件6篇。王殿举在胥祖文写的科技稿基础上，将县志科技稿压缩为约8 000字。1988年2月，胡泽春调总编室任主任，在审查县志初稿时，认为文化编科技部分缺材料，即让王殿举重写，王殿举没有重写。胡泽春即以胥祖文写的科技稿进行修改、摘抄，于同年4月改写成科技稿约18 000字，并交胥祖文进行修改定稿。此稿和胥祖文原稿相比较，除个别语句和段落略有变动，字数不一致外，内容基本相同，没有超出胥祖文原稿的范围。另外，胥祖文还撰写了县志经济编计量稿，被收入县志经济编。因总编室不同意胥祖文在出版的县志上署名，也不付酬，双方发生纠纷。胥祖文起诉到鹿邑县人民法院，要求在鹿邑县志上对其所写部分署名并给付报酬。

总编室辩称：县志科技稿部分是在王殿举的稿子基础上写成的，没有见到胥祖文写的稿，因此不同意给胥祖文署名，也不给付酬；承认县志计量稿是胥祖文所写。

鹿邑县人民法院经审理认为：鹿邑县志属集体创作，所有参加该书创作的人都有署名权。胥祖文根据总编室负责人的邀请，参加了该书的创作，有权在该书上署名，并应为该书的特邀编辑，有权获得报酬。基于上述认定，法院依照《中华人民共和国著作权法》的相关规定作出如下判决：胥祖文有权在《鹿邑县志》上署名，总编室应为其署名；胥祖文应为《鹿邑县志》的特邀编辑；总编室应依照规定使胥祖文享有特邀编辑的获取报酬权。

总编室不服此判决，以胥祖文没有署名权，不应列为特邀编辑为理由，上诉至周口地区中级人民法院。周口地区中级人民法院经审理作出驳回上诉、维持原判的判决。

【案件评析】

如何正确处理本件著作权纠纷案，在于正确认定以下几个问题：

1. 关于《鹿邑县志》的作品性质

首先，《鹿邑县志》的创作，是根据特定要求，组织多人分头撰写，然后进行汇集编排而成的一部作品，符合汇编作品的特征，应为汇编作品。根据汇编作品的法律特征，汇编作品本身构成一个完整的作品，其著作权由汇编人享有。在本案中，汇编人就是“鹿邑县志总编辑室”。因此，总编室在《鹿邑县志》上署名，表明其是该汇编作品的著作权人，是著作权人署名权的行使。此点，不存在任何争议。但是，汇编作品是由若干作品或若干作品的片段进行汇集编排而成的一部作品，就发生一个被汇编作品或者叫做原作品的著作权的问题。《著作权法》第14条第1款规定：“汇编作品由汇编人享有著作权，但行使著作权时，不得侵犯原作品的著作权。”这里，不得侵犯原作品的著作权，是指要将他人作品汇集编排进汇编作品时，应经该作品著作权人同意，并按规定或者约定给付稿酬；在汇编作品中应表明被汇编作品作者姓名、作品名称等这样一些内容。如果在汇编作品中未表明被汇编作品的作者姓名，未向其付酬，就侵犯了被汇编作品的作者对其作品所享有的署名权和获得报酬权。因此，从汇编作品意义上讲，《鹿邑县志》编进了胥祖文所撰写的稿件，而未为其署名，也未向其付酬，就构成了侵权。

其次，《鹿邑县志》是由单位组织，确定人选，分工撰写后汇集编排而成的，这种汇编作品的创作，带有为完成单位工作任务而创作的性质，因此，又可将《鹿邑县志》认定为职务作品，是职务作品意义上的汇编作品。但是，对《鹿邑县志》中所汇集编排的可以独立使用的作品来说，根据其创作情况，不一定都能被确定为职务作品。本案属于胥祖文的部分，是其应总编室的邀请独立创作的，而且当时双方口头约定“政治上署名，经济上付酬”。这等于是“受委托创作的作品”，是以口头合同形式约定了著作权归受托人胥祖文享有。因此，胥祖文所创作的部分，应属著作权归受托人享有的委托作品，胥祖文对此作品当然享有署名权和获得报酬权。退一步讲，即使胥祖文创作的部分可被视为职务作品，在一般情况下，职务作品的著作权也是归作者享有；在著作权除署名权以外的其他权利归单位享有的情况下，作者也享有署名权。本案胥祖文创作的作品，并不具备法律规定的作者仅享有署名权的职务作品的条件，应归入前一类的委托作品。

2. 关于总编室的修改是否可形成新作品

根据《著作权法》的规定，作者对其作品享有修改权，即作者有自行修改或者授权他人修改作品的权利。本案涉及争议的作品，是由胥祖文创作的，由于其知道要编入县志，又是接受邀请所创作的，故其在创作完成后交给总编室，实际上是将修改权授予了总编室。而总编室只要以胥祖文的原稿为基础进行修改，就不是创作，只是被授权对作品所做的修改和按编辑要求对作品所做的编辑上改动。修改后和编辑后的作品，仍然是作者享有著作权的作品，而不是变为修改人或编辑人享有著作权的作品。本案胥祖文的作品，先由王殿举修改压缩至8 000字，后又由胡泽春根据胥祖文原稿还原改为18 000字，经过与胥祖文原稿比较，没有质的区别和大的变动，因此，胡泽春所改成的文稿，只能是胥祖文的作品，而不是胡泽春、王殿举或总编室的作品。

三、风险提示和防范措施

在当今科学技术迅猛发展的背景下，侵犯著作权的行为具有侵权成本低廉、侵权范围广泛、损害后果严重等特点，作为著作权的权利人，要想保护自己的权利免受侵犯，面临着极大的挑战。对于不尊重他人著作权的侵权者，我们的指责不如防范，著作权的权利人要经常通过翻阅同类图书期刊和进行网络检索等方式来查看自己作品的著作权是否遭受侵犯，一旦发现有人侵犯自己的著作权，要及时主张权利。我国对于侵犯著作权所承担的法律责任有民事责任、行政责任和刑事责任三种，著作权的权利人可利用法律的武器及时保护自己的合法权益。对于图书期刊的著作权保护而言，在期刊编辑工作中，因编辑职务行为不当而侵犯他人著作权的现象时有发生。这类纠纷在近年的司法实践频频发生，因此，图书期刊编辑工作中侵权风险的防范问题既是编辑工作的理性思考，也是编辑实践中亟待解决的问题。

（一）图书期刊编辑工作中常见的侵权现象

编辑人员在实际工作中侵犯著作权人权利的情形多种多样，有时是单一侵权，有时是重叠、交叉侵权，这里介绍几种容易构成侵权的现象。

1. 侵害作者的署名权

《著作权法》第 11 条规定：“著作权属于作者，本法另有规定的除外。创作作品的公民是作者。”第 10 条第 2 项规定：“署名权是表明作者身份，在作品上署名的权利。”这就是说，作者有要求社会承认其作品归自己所有，并决定作品是否以及如何表述自己姓名的权利。谁是作者谁享有署名权，这是《著作权法》的一条根本原则，署名权不仅具有排他的属性，还具有不可转让和永久性的法律特征。署名权不得让与他人，不得被继承，作品因传播而产生的艺术褒贬、名利得失，全部由作者承担。署名权的法律意义在于承认和尊重作者是著作人这一事实，因此，任何不经作者许可而影响作者署名权的行为都属于侵权行为。

在图书期刊编辑工作中，由于疏忽将作者的署名漏写、错印的有之；将多人合作作品署名为一人者有之；未经作者同意，越俎代庖、按合作者的名气大小、社会影响来擅自排序者有之；因自己对稿件的修改确实付出了心血而暗示作者将自己挂名者有之；将作者不予刊用稿件中部分内容用在自己的文章中发表的有之；更有极个别人违反职业道德，将作者的成果窃为己有，先行发表；或利用手中掌握的对稿件取舍的便利，强行在他人作品上署名，这些行为严重侵害了作者的权利。凡出现以上这些情况，无论是过失还是故意，均侵犯了作品作者的署名权，同时对社会公众也是一种欺诈。

2. 侵害作者的修改权和保护作品完整权

修改权，即修改或者授权他人修改作品的权利；保护作品完整权，即保护作品不受歪曲、篡改的权利。修改稿件是编辑日常工作。然而，编辑修改是不能随心所欲的。根据《著作权法》的规定，图书出版者经作者许可，可以对作品修改、删节。对文章的修改，编辑能够自由掌握的幅度仅限于文字性的修饰、加工、润色，这是指不触及作品实质内容的修改，如语言文字的加工、标点符号的订正、体例格式的规范统一、重要引文和参考资料的核实、数字用法的规范统一、法定计量单位的正确使用、技术性的结构调整等。至于稿件主要观点、重要事实的变更、补充、订正应当由作者本人来承担，编辑有权向出版社建议是否可以接受出版，有权建议作者做相应变动，无权擅自修改。

编辑的责任在于确认作品内容不违反现行出版政策的前提下，向作者具体而详尽地指出修改的内容和方法。如果作者同意编辑意见，但由于某种原因，作者确实无力承担修改的任务，则编辑必须向作者详细地说明修改意图和具体内容，书面征得作者同意后，方可由编辑实施修改。修改后若条件允许，应交作者审核。如果编辑发现原作品存在风格与内容前后不统一，或者作品风格不适合读者阅读习惯与欣赏口味等问题，确实需要对作品内容做某些调整或改动时，也必须与作者沟通和协商，由作者改动或在征得作者同意的前提下进行编辑加工，而绝不能不征得作者同意，自己凭主观感觉信手涂抹，随意改变原稿中的观点和风格。如果凭个人爱好一顿大改，导致发表出来的作品与作者所要表达的意思出入很大，则既侵害了作者的修改权，又改变了作品原意或有损于作者的声誉，属于歪曲、篡改他人作品的行为，侵害了作者的保护作品完整权。为了避免编辑侵权，编辑要弱化自己的改动意识，特别是当自己的学术观点与作者相左时，千万不要用自己的观点来影响或改变其观点。

侵害作者的保护作品完整权的另外一种主要形式，是在加工过程中，编辑选配的图片（插图、照片）与正文搭配不当。为了造成读者视觉的冲击力，增加图书版面的生动感，加强读者阅读趣味性，越来越多的编辑在图书中大量采用图片。图文并茂讲究图文相符、搭配得体。如果在编辑过程中，出现张冠李戴、指鹿为马，或是将不相干乃至图意与文意相反的图片凑在一起，则会影响读者对作品完整性的理解，引发作者的不满，侵害作者的保护作品完整权。如果所选图片本身存在侵权行为，则肯定会连带所出图书承担侵权责任。

3. 随意转发作者作品

《著作权法》规定：发表权，即决定作品是否公之于众的权利。作品的发表权归属于作者，其作品是否发表、交付予谁发表、何时交付完全由作者自己决定。发表权是著作权人的一项重要人身权，而且与财产权紧密相关，如果未经作者许可将其作品发表，不仅侵犯了作者的人身权（发表权），同时也侵犯了作者的财产权。

编辑工作中，常有这样一些情况，未经作者同意，甲编辑部将文稿转给乙编辑部发表；未经作者同意，将作者的文稿以增刊形式发表；还有一些期刊编辑参加完一些学术研讨会，会后将会上交流论文未经作者同意在自己的刊物上发表，这些做法的出发点有时可能是善意的，但无意之中却侵害了作者的发表权，使作者文稿失去了在其他高层次刊物上发表的机会。

4. 拖延支付或隐瞒少付作者报酬

1999 年 4 月，国家版权局发布的《出版文字作品报酬规定》第 11 条指出："除非合同另有约定，作品一经出版，出版者应在六个月内付清全部报酬。作品重印的，应在重印六个月后付清印数稿酬。"一些编辑人员在无特别约定的情况下，经常不及时向作者支付报酬。有的甚至在版权页上少载图书印数或不标明印数而少付作者的报酬。上述行为不仅侵犯了作者的财产权，也损害了出版者的声誉。

5. 参照使用他人期刊的装帧、版式设计

《著作权法》第 36 条规定：出版者有权许可或者禁止他人使用其出版的图书、期刊的版式设计。由此可见，期刊的版式设计也存在著作权。个别编辑在对期刊进行版式设计时，如未经著作权人许可，将某本或某类杂志的版式用于自己所编辑的期刊上，或套用他人期刊的封面设计，则侵犯了原有期刊出版者装帧、版式的著作权。

（二）图书期刊编辑过程中对侵犯著作权的防范措施

作者的著作权是一种独占权，具有强烈的排他性。期刊编辑工作中稍不留心，就有可能涉及侵权，小则损害了作品作者的合法权益，挫伤了作者的创作热情，大则侵害社会利益，危害到社会的公平公正原则，一旦形成诉讼，就会浪费大量的人力财力。因此，图书期刊编辑人员应树立法律观念，强化防范意识，及早采取措施，防患于未然。

1. 树立著作权法律意识，自觉依法办事

《著作权法》是编辑出版工作的根本大法，是平衡和保护作者、编者和读者三方权益的准则和武器。编辑工作既受到《著作权法》的保护，又受到《著作权法》的限制。编辑必须认真学习贯彻《著作权法》，同时也应向作者宣传《著作权法》，以《著作权法》为准绳规范自己的行为，并提高自身的著作权意识。著作权意识是编辑主体意识的重要组成部分，编辑要树立著作权意识，尊重和保护著作权人的著作权，只有尊重和保护著作权人的著作权，才有可能使自己的专有出版权得以存在和维护。只有编辑和著作权人双方面的利益都合法并受到法律的保护，才能调动各方面的积极性，收到各自的社会效益和经济效益。因此，对编辑而言，增强法律意识和加强著作权法律知识的学习是提高编辑业务素质和水平的重要内容。

在具体工作中，一定要按照《著作权法》规定严格把关。《著作权法》是编辑工作的法律依据，每个编辑工作者都应自觉地、主动地用《著作权法》来约束自己，应依法选题策划、依法审读选择、依法编辑加工。

《著作权法》第 4 条规定："依法禁止出版、传播的作品，不受本法保护。著作权人行使著作权，不得违反宪法和法律，不得损害公共利益。"

国务院《出版管理条例》第 26 条中规定："任何出版物不得含有下列内容：（一）反对宪法确定的基本原则的；（二）危害国家统一、主权和领土完整的；（三）泄露国家秘密、危害国家安全或者损害国家荣誉和利益的；（四）煽动民族仇恨、民族歧视、破坏民族团结，或者侵害民族风俗、习惯的；（五）宣扬邪教、迷信的；（六）扰乱社会秩序、破坏社会稳定的；（七）宣扬淫秽、赌博、暴力或者教唆犯罪的；（八）侮辱或者诽谤他人，侵害他人合法权益的；（九）危害社会公德或者民族优秀文化传统的；（十）有法律、行政法规和国家规定禁止的其他内容的。”

图书期刊编辑应在工作中养成一种维权意识、责任意识，时刻想着自己不仅是刊物质量的把关人，也是作者权益的保护者。

2. 遵守法律规定和合同约定，审慎进行编辑加工

有的人认为“文责自负”，编辑不应加工修改作者的作品，出了问题应该由作者负责，这种观点是不正确的。编辑是作品的选用者，有义务发现和纠正作品中存在的问题。此外，编辑还要审查作者的作品中是否有侵犯他人著作权的内容，编辑有权不用不合格的作品，一旦选择了某一作品，就必须对它认真负责，对于不符合出版要求确需改动的，应实事求是，勤于同作者沟通，当改则改。通过认真的编辑加工，消除稿件中存在的各种差错，对社会、对读者负责。

在实际的编辑加工过程中，如何把握编辑加工尺度至关重要。以下几点必须引起注意：

其一，维护稿件的原意，不随意改变作者的观点。这是编辑加工过程应遵循的一个基本原则。所谓原意，即是作者撰写文章的基本立意，文章的谋篇布局、论点的提出、论据的举证、议论的展开、思维的演绎、逻辑的推进，都是为基本立意服务的。从尊重作者及其劳动的角度看，每篇文章都历经作者长期搜集、整理、分析、研究大量相关资料和学术信息的过程，并在此基础上经过缜密的抽象思维形成自己的学术观点和思想，而后又对自己的学术观点和思想进行论证、推理而完成的。文章是作者艰辛的劳动结晶，编辑加工绝对不应该损伤甚至改变其意原，而对文章学术观点更不能随意改动，要加以保护并帮助其完善和加强。“百花齐放、百家争鸣”，“学术无禁区”，只要不涉及《出版管理条例》第 26 条中规定的内容，符合正常的逻辑思维和推理，能够自圆其说，编辑加工中就不要过多干预。对于非改不可的，

要在征得作者同意的情况下最好由作者亲自修改，或由责任编辑代笔，但最后一定要征得作者的认同。

其二，保留文稿的个性特征，忌强加于人。这是编辑加工过程中需要遵循的又一原则。尽管学术论文都有共同遵守的学术规范，但不同学科的学术论文，不同作者的研究成果，都有自己的个性特征，这种个性特征主要体现在作者探讨问题的思维方式、写作风格、文章体例等方面。由于作者成长环境、受教育程度、生活阅历、知识积累等多重因素的影响而显示出千差万别，编辑在编辑加工过程中要谨慎对待，决不可以己之好恶去硬性规定文章个性特征的定位，将自己的意志强加给作者。

其三，要修改的必须有依据。面对众多的性质各异的稿件，责任编辑加工时要抱着学的态度，认真对待。对稿件的修改必须有充足的依据和理由，必须有绝对的把握，凡是仅疑问而没有把握的地方，一定要查阅工具书、请教专家得到确切结论才能动手。

3. 在与作者签订出版合同时，充分考虑将来可能面临的法律风险，明确各方责任，尽量避免纠纷

出版社和期刊社要按《著作权法》的规定妥善处理好与作者的约定。比如从修改权来讲，现实中期刊社通常在刊物上登载征稿启事以要约合同的方式取得修改权，具体而言，就是在每期刊物的显著位置刊登征稿启事，明确约定有关要求，同时告诉投稿者如不接受有关要求，应在投稿时附加说明，若没有则可推定作者已认可了征稿启事的有关要求，这时，期刊编辑则有权对稿件进行适当修改。

从文章的专用权讲，作者在向某期刊编辑部投稿后，即表示同意将其作品在该期刊上刊登。《著作权法》第 33 条规定：“著作权人向报社、期刊社投稿的，自稿件发出之日起十五日内未收到报社通知决定刊登的，或者自稿件发出起三十日内未收到期刊

社通知决定刊登的，可以将同一作品向其他报社、期刊社投稿。双方另有约定的除外。”30 天是一个法定时间，而大多数期刊认为这个时间太短，于是根据“双方另有约定的除外”，期刊社在征稿启事中自行约定时间，以避免发生一稿多投的现象，同时避免违反《著作权法》的规定。

对于图书的出版，出版社要和著作权人签订出版合同，在合同中，要详细约定双方的权利和义务关系，充分考虑未来可能出现的法律问题，将责任承担予以明确，避免出现问题责任划分不清，出现纠纷。

第八章

图书期刊著作权侵权的侵权责任

一、内容综述

图书期刊著作权的侵权行为，是指未经图书期刊著作权人的同意，又无法律上的根据，擅自对图书期刊著作权作品进行使用以及其他擅自行使该图书期刊著作权的行为①。图书期刊著作权的侵权责任是指侵犯图书期刊著作权的主体依照相关法律规定应承担的责任，包括民事责任、行政责任和刑事责任。

（一）侵犯图书期刊著作权的民事责任

侵犯图书期刊著作权的民事责任是侵权主体依据相关法律规定向被侵权主体承担的法律责任。

我国《民法通则》第 118 条规定："公民、法人的著作权（版权）、专利权、商标专有权、发现权、发明权和其他科技成果权受到剽窃、篡改、假冒等侵害的，有权要求停止侵害，消除影响，赔偿损失。"

对于图书、期刊出版社或者著作权人而言，侵权行为人有下列侵权行为的，应当根据情况，承担停止侵害、消除影响、赔礼道歉、赔偿损失等民事责任：（1）未经著作权人许可，发表其

① 罗昉宣：《著作权侵权行为及其法律责任》，《上海戏剧》，第 46—47 页。

作品的；（2）未经合作作者许可，将与他人合作创作的作品当做自己单独创作的作品发表的；（3）没有参加创作，为谋取个人名利，在他人作品上署名的；（4）歪曲、篡改他人作品的；（5）剽窃他人作品的；（6）未经著作权人许可，以展览、摄制电影和以类似摄制电影的方法使用作品，或者以改编、翻译、注释等方式使用作品的，本法另有规定的除外；（7）使用他人作品，应当支付报酬而未支付的；（8）未经出版者许可，使用其出版的图书、期刊的版式设计的；（9）其他侵犯著作权以及与著作权有关的权益的行为。

侵犯图书期刊著作权所承担的民事责任类型包括停止侵害、消除影响、赔礼道歉、赔偿损失等。

1. 排除妨害、停止侵权请求权

图书期刊的著作权是在一定范围内的绝对权，具有准物权的性质。当其受到侵害时，除依一般规定请求回复原状及损害赔偿外，并享有排除侵害请求权及侵害防止请求权①。

图书期刊著作权侵害防止请求权的行使，以存在侵害的危险性为条件，因为这是一个不确定的概念，过度扩张则有造成滥用的危险，故应做较严格的解释。以过去曾有反复的侵害行为、现在在客观上又处于危险的状态、有受侵害的可能，以及依侵害准备行为的程度为判断标准。而主观上则与侵害除去请求权的行使相同，不以侵害人的故意或过失为要件②。

除了停止侵害请求权外，图书期刊的著作权人、出版人或邻接权人，还可以请求销毁构成侵权行为的物品，因侵权行为制作成的物品或专门用于进行侵权行为的机械、器具，或者请求采取

① 蒋志培：《著作权司法保护与展望》，《著作权》1999 年第 1 期，第 36 页。

② 梁慧星主编：《中国物权法研究》（上），法律出版社，1998 年 6 月版，第 119—120 页。

必要的措施除去侵权行为，以及请求采取措施防止侵害行为发生或者继续存在。根据《著作权法》和《最高人民法院关于审理著作权民事纠纷案件适用法律若干问题的解释》的规定，被告实施《著作权法》规定的侵权行为，情节严重，并损害公共利益的，可以给予以下民事制裁：罚款。其数额不高于判决确定的赔偿数额的 3 倍；没收、销毁侵权复制品；没收主要用于制作侵权复制品的材料、工具、设备等。

2. 赔礼道歉请求权

公开赔礼道歉适用于侵犯图书期刊著作权人身权的行为，是图书期刊侵权行为人以公开的方式，向被侵权人承认错误，消除影响的一种承担民事责任的方式，也是对图书期刊的著作权人精神损失的弥补方式。它不同于我们平常所说的道义上的赔礼道歉，作为一种侵犯著作权的责任承担方式，赔礼道歉必须依照法律规定，采用公开书面的形式向被侵权人公开赔礼道歉和消除影响，以正视听，从而达到教育侵权人，从精神上安慰被侵权人，使双方缓和、化解矛盾的目的①。公开形式一般是采取在报纸、期刊上刊登声明或道歉的方式进行。

3. 损害赔偿请求权

《著作权法》第 49 条规定：“侵犯著作权或者与著作权有关的权利的，侵权人应当按照权利人的实际损失给予赔偿；实际损失难以计算的，可以按照侵权人的违法所得给予赔偿。赔偿数额还应当包括权利人为制止侵权行为所支付的合理开支。权利人的实际损失或者侵权人的违法所得不能确定的，由人民法院根据侵权行为的情节，判决给予五十万元以下的赔偿。”

根据以上规定，确定图书期刊著作权侵权损害赔偿数额的主

① 王亚莉：《谈侵犯版权的法律责任》，《兰州商学院学报》2002 年 6 月第 3 期，第 82 页。

要计算方式有：权利人的实际损失；侵权人的违法所得；法定赔偿。这三种计算方式不是同时适用。在司法实践中，人民法院确定赔偿数额时大多按照图书期刊著作权权利人实际损失来计算，因为该方法能够有效弥补侵权行为给图书期刊著作权的权利人造成的损失，而且因为权利人有约定或者法定的许可使用费，所以易于操作。

对于三种计算方法的关系上，北京市法院的做法是：第一，根据当事人的选择，即如果原告特别明确提出适用哪种方法则法院就应当适用该方法；第二，法院应当首先适用图书期刊著作权的权利人损失或者侵权人违法所得这两种方法，不应直接适用法定赔偿，如原告直接提出适用法定赔偿一般不予支持；如果前两种方法均无法适用，且原告未提出适用法定赔偿，则法院应进行说明，使其明确可以适用法定赔偿；第三，在前两种方法均可以适用的情况下，应当适用对权利人更有利的方法①。

(1) 实际损失的计算

侵犯图书期刊的著作权或者与著作权有关的权利的，侵权人应当按照图书期刊著作权权利人的实际损失给予赔偿。实际损失，可以根据图书期刊著作权的权利人因侵权所造成复制品发行减少量或者侵权复制品销售量与权利人发行该复制品单位利润乘积计算。发行减少量难以确定的，按照侵权复制品市场销售量确定。图书期刊著作权权利人的实际损失可以依据以下方法计算：被告侵权使原告利润减少的数额；被告以报刊、图书出版或类似方式侵权的，可参照国家有关稿酬的规定；原告合理的许可使用费；原告复制品销量减少的数量乘以该复制品每件利润之积；被

① 张鲁民，张雪松：《著作权侵权损害赔偿的司法实践》，《中国版权》，2003年4月第2期，第23—25页。

告侵权复制品数量乘以原告每件复制品利润之积；因被告侵权导致原告许可使用合同不能履行或难以正常履行产生的预期利润损失；因被告侵权导致原告作品价值下降产生的损失；其他确定权利人实际损失的方法。

（2）违法所得的计算

图书期刊著作权人的实际损失难以计算的，可以按照侵权行为人的违法所得给予赔偿。侵犯图书期刊著作权行为人的违法所得包括以下三种情况：产品销售利润、营业利润、净利润。一般情况下，应当以被告营业利润作为赔偿数额。被告侵权情节或者后果严重的，可以产品销售利润作为赔偿数额。侵权情节轻微，且诉讼期间已经主动停止侵权的，可以净利润作为赔偿数额。

（3）法定赔偿数额的计算

法定赔偿应当根据以下因素综合确定赔偿数额：通常情况下，原告可能的损失或被告可能的获利；作品的类型，合理许可使用费，作品的知名度和市场价值，权利人的知名度，作品的独创性程度等；侵权人的主观过错、侵权方式、时间、范围、后果等。

赔偿数额还应当包括图书期刊著作权的权利人为制止侵权行为所支付的合理开支。“合理开支”包括：律师费；公证费及其他调查取证费；审计费；交通食宿费；诉讼材料印制费；权利人为制止侵权或诉讼支付的其他合理开支。

图书期刊著作权权利人的实际损失或者侵犯图书期刊著作权行为人的违法所得不能确定的，由人民法院根据侵权行为的情节，判决给予50万元以下的赔偿。图书期刊著作权权利人的实际损失或者侵犯图书期刊著作权行为人的违法所得无法确定的，人民法院根据当事人的请求或者依职权适用《著作权法》第48条第2款的规定确定赔偿数额。

此外，根据1994年12月国家版权局对《关于如何确定摄影等美术作品侵权赔偿数额的请示》答复函中的规定，摄影美术作品侵权赔偿数额可考虑按著作权人合理预期收入的2—5倍计算，如图书可按国家颁布的稿酬标准的2—5倍计算赔偿额。

（4）精神损害抚慰金的计算

在司法实践中，根据相关规定，侵犯图书期刊著作权权利人的著作人身权或者表演者人身权情节严重，适用停止侵权、消除影响、赔礼道歉仍不足以抚慰原告所受精神损害的，应当判令侵权人支付图书期刊著作权人精神损害抚慰金。法人或者其他组织以著作人身权或者表演者人身权受到侵害为由，起诉请求赔偿精神损害的，不予受理。因此，当出版社作为著作权主体时，不能向侵权行为人要求赔偿精神损害抚慰金。

当图书期刊的著作权人是个人，他人侵犯了著作权人对其所出版的图书期刊的著作权时，具有以下情形之一的，可以要求侵权行为人支付精神损害抚慰金：未经原告许可，严重违背其意愿发表其作品，并给原告的信誉、社会评价带来负面影响的；抄袭原告作品数量大、影响广，并使被告因此获得较大名誉的；严重歪曲、篡改他人作品的；未经许可，将原告主要参加创作的合作作品以个人名义发表，并使被告获得较大名誉的；没有参加创作，为谋取个人名利，在原告作品上署名的；制作、出售假冒原告署名的作品，影响较大的。

精神损害抚慰金的数额一般根据被告的过错程度、侵权方式、侵权情节、影响范围、侵权获利情况、承担赔偿责任的能力等因素综合确定。精神损害抚慰金一般不低于2 000元，不高于5万元。

（二）侵犯图书期刊著作权的行政责任

行政责任是指行为人因其违法行为而承担的由国家行政机关依法强制其承受的否定性法律后果。侵犯图书期刊著作权的行政责任是指行为人因侵犯图书期刊著作权而承担的由国家行政机关给予其行政处罚的法律后果。国务院著作权行政管理部门主管全国的著作权管理工作；各省、自治区、直辖市人民政府的著作权行政管理部门主管本行政区域的著作权管理工作。因此，国务院著作权行政管理部门和各省、自治区、直辖市人民政府的著作权行政管理部门是行政处罚主体。

根据《中华人民共和国著作权法》和《著作权行政处罚实施办法》的相关规定，当侵权行为人存在以下几种行为之一时，图书期刊著作权的权利人可以要求侵权行为人承担停止侵害、消除影响、赔礼道歉、赔偿损失等民事责任；同时损害公共利益的，可以由著作权行政管理部门责令停止侵权行为，没收违法所得，没收、销毁侵权复制品，并可处以罚款；情节严重的，著作权行政管理部门还可以没收主要用于制作侵权复制品的材料、工具、设备等：(1) 未经图书期刊著作权权利人许可，复制、发行、表演、放映、广播、汇编、通过信息网络向公众传播其作品的，本法另有规定的除外；(2) 出版他人享有专有出版权的图书的；(3) 未经图书期刊著作权人或者与著作权有关的权利人许可，故意避开或者破坏权利人为其作品、录音录像制品等采取的保护图书期刊的著作权或者与图书期刊著作权有关的权利的技术措施的，法律、行政法规另有规定的除外；(4) 未经图书期刊著作权人或者与图书期刊著作权有关的权利人许可，故意删除或者改变作品、录音录像制品等的权利管理电子信息的，法律、行政法规另有规定的除外；(5) 制作、出售假冒他人署名的作品的。

对于侵犯图书期刊著作权行为的行政处罚种类主要有：责令停止侵权行为、没收违法所得、没收侵权复制品、罚款、没收主要用于制作侵权复制品的材料、工具、设备等。

存在以下几种情形之一的，著作权行政管理部门可以没收主要用于制作侵权复制品的材料、工具、设备等：(1) 个人违法所得数额（即获利数额）在 5 000 元以上，单位违法所得数额在 3 万元以上的；(2) 个人非法经营数额在 3 万元以上，单位非法经营数额在10万元以上的；（3）个人经营侵权复制品2 000册（张或盒）以上，单位经营侵权复制品5 000册（张或盒）以上的；（4）因侵犯著作权曾经被追究法律责任，又侵犯著作权的；（5）造成其他重大影响或者严重后果的。没收的侵权复制品应当销毁，或者经被侵权人同意后以其他适当方式处理。销毁侵权复制品时，著作权行政管理部门应当指派两名以上执法人员监督销毁过程，核查销毁结果，并制作销毁记录。对没收的主要用于制作侵权复制品的材料、工具、设备等，著作权行政管理部门应当依法公开拍卖或者依照国家有关规定处理。

当图书、期刊出版社发现他人有侵犯著作权的行为时，可以向当地著作权管理部门进行投诉，以维护自己的合法权益。例如，2002年4月25日，中国美术出版总社向北京市版权局提出投诉，称某音像出版公司未经著作权人许可，在其于2000年内出版的《幼儿园英语》、《启蒙小故事》等21种VCD光盘制品的封面、封底及赠送的拼图等处擅自使用了朝花少年儿童出版社（系中国美术出版总社副牌单位）出版的《北极星谜语儿歌》、《念儿歌学生词》等“红蜻蜓谜语儿歌丛书”中的24幅美术作品，侵犯了著作权人的著作权和朝花少年儿童出版社的著作权专有使用权。北京市版权局版权执法处历经多次调查核实查明，上述21种、10万余张光盘中存在投诉的侵权事实①。侵权人受到北京市版权局作出的著作权行政处罚，被处以较高额度的罚款，并对受侵权方作了必要的赔偿。

（三）侵犯图书期刊著作权的刑事责任

对于侵犯图书期刊著作权的行为，侵权人除承担民事责任、

① 详见2003年12月31日，北京市新闻出版局《二〇〇二年度北京市著作权行政处罚综述》。

行政责任外，我国在《刑法》或者著作权相关法律中还规定了对侵犯著作权情节严重、构成犯罪的行为，要承担刑事责任。侵犯图书期刊著作权的犯罪是指违反我国《著作权法》和有关法律、法规侵犯作者和其他版权人以及作品传播者依法享有的权利，情节严重，已构成刑事犯罪的行为。

从处罚的具体情况来看，刑事制裁可与民事赔偿合并适用。在侵犯图书期刊著作权方面主要存在这样几个罪名：

1. 侵犯著作权罪

侵犯著作权罪是指侵权行为人以营利为目的，侵犯他人著作权，违法数额较大或者有其他严重情节的行为。在主观方面，侵犯著作权罪的行为人应具有主观故意，以营利为目的。

在客观方面，根据《刑法》和《最高人民法院、最高人民检察院关于办理侵犯知识产权刑事案件具体应用法律若干问题的解释》的相关规定，侵权行为人以营利为目的，有下列侵犯著作权情形之一，违法所得数额较大或者有其他严重情节的，处3年以下有期徒刑或者拘役，并处或者单处罚金；违法所得数额巨大或者有其他特别严重情节的，处3年以上7年以下有期徒刑，并处罚金：（1）未经著作权人许可，复制发行其文字作品；（2）出版他人享有专有出版权的图书的；（3）制作、出售假冒他人署名的美术作品的。侵犯著作权罪中的“复制发行”，包括复制、发行或者既复制又发行的行为。非法出版、复制、发行他人作品，侵犯著作权构成犯罪的，按照侵犯著作权罪定罪处罚。

个人违法所得数额在5万元以上，单位违法所得数额在20万元以上的，属于“违法所得数额较大”；具有下列情形之一的，属于“有其他严重情节”，应当以侵犯著作权罪判处3年以下有期徒刑或者拘役，并处或者单处罚金：（1）个人非法经营数额在20万元以上，单位非法经营数额在100万元以上的。（2）指以营利为目的，未经著作权人许可，复制发行其文字作品、音乐、电影、电视、录像作品、计算机软件及其他作品，复制品数量合计在500张（份）以上的。原《刑法》规定复制品数量在1 000张（份）以上，后“两高”的司法解释将数量减少至500张（份）以上，也就是说非法复制发行500张（份）以上就构成本罪。（3）因侵犯著作权曾经两次以上被追究行政责任或者民事责任，两年内又实施《刑法》第217条所列侵犯著作权行为之一的。

个人违法所得数额在20万元以上，单位违法所得数额在100万元以上的，属于“违法所得数额巨大”；具有下列情形之一的，属于“有其他特别严重情节”，应当以侵犯著作权罪判处3年以上7年以下有期徒刑，并处罚金：（1）个人非法经营数额在100万元以上，单位非法经营数额在500万元以上的；（2）未经著作权人许可，复制发行其文字作品，复制品数量合计在2 500张（份）以上的；（3）造成其他特别严重后果的。

在定罪量刑方面，侵犯著作权罪，符合刑法规定的缓刑条件的，依法适用缓刑。有下列情形之一的，一般不适用缓刑：（1）因侵犯知识产权被刑事处罚或者行政处罚后，再次侵犯知识产权构成犯罪的，也就是说不管前后两种行为是不是同种侵犯知识产权的行为，只要符合上述条件，就不适用缓刑；（2）不具有悔罪表现的；（3）拒不交出违法所得的；（4）其他不宜适用缓刑的情形。对于侵犯著作权犯罪的，人民法院应当综合考虑犯罪的违法所得、非法经营数额、给权利人造成的损失、社会危害性等情节，依法判处罚金。罚金数额一般在违法所得的1倍以上5倍以下，或者按照非法经营数额的50%以上1倍以下确定。

2. 销售侵权复制品罪

《刑法》第218条规定“以营利为目的，销售明知是本法第217条规定的侵权复制品，违法所得数额巨大的，处三年以下有期徒刑或者拘役，并处或者单处罚金”。《最高人民法院关于审理非法出版物刑事案件具体应用法律若干问题的解释》第4条规定，“以营利为目的，实施刑法第二百一十八条规定的行为，个人违法所得数额在十万元以上，单位违法所得数额在五十万元以上的，依照刑法第二百一十八条的规定，以销售侵权复制品罪定罪处罚。”关于本罪的构成要件：在主观上，行为人需有主观故意，以营利为目的，在客观方面，销售明知是侵权复制品的行为，违法所得数额在十万元以上，单位违法所得数额在五十万元以上的，就构成销售侵权复制品罪”。

本罪与侵犯著作权罪的区别：（1）未经著作权人许可，复制发行其文字作品；（2）出版他人享有专有出版权的图书的；（3）制作、出售假冒他人署名的美术作品的，实施了以上三种侵权行为之一，又销售该侵权复制品，违法所得数额巨大的，只定侵犯著作权罪，不实行数罪并罚。实施以上三种侵犯著作权行为之一，又明知是他人的侵权复制品而予以销售，构成犯罪的，应当实行数罪并罚。

3. 非法经营罪

根据《最高人民法院关于审理非法出版物刑事案件具体应用法律若干问题的解释》（法释［1998］30号）第11条的规定，违反国家规定，出版、印刷、复制、发行其他严重危害社会秩序和扰乱市场秩序的非法出版物，情节严重的，以非法经营罪定罪处罚。

个人实施以上的行为，具有下列情形之一的，属于非法经营行为“情节严重”：（1）经营数额在5万元至10万元以上的；（2）违法所得数额在2万元至3万元以上的；（3）经营报纸5 000份或者期刊5 000本或者图书2 000册或者音像制品、电子出版物500张（盒）以上的。具有下列情形之一的，属于非法经营行为“情节特别严重”：（1）经营数额在15万元至30万元以上的；（2）违法所得数额在5万元至10万元以上的；（3）经营报纸15 000份或者期刊15 000本或者图书5 000册或者音像制品、电子出版物1 500张（盒）以上的。

单位实施行为，具有下列情形之一的，属于非法经营行为“情节严重”：（1）经营数额在15万元至30万元以上的；（2）违法所得数额在5万元至10万元以上的；（3）经营报纸15 000份或者期刊15 000本或者图书5 000册或者音像制品、电子出版物1 500张（盒）以上的。

具有下列情形之一的，属于非法经营行为“情节特别严重”：（1）经营数额在50万元至100万元以上的；（2）违法所得数额在15万元至30万元以上的；（3）经营报纸5万份或者期刊5万本或者图书15 000册或者音像制品、电子出版物5 000张（盒）以上的。

经营数额、违法所得数额或者经营数量接近非法经营行为“情节严重”、“情节特别严重”的数额、数量起点标准，并具有下列情形之一的，可以认定为非法经营行为“情节严重”、“情节特别严重”：（1）两年内因出版、印刷、复制、发行非法出版物受过行政处罚两次以上的；（2）因出版、印刷、复制、发行非法出版物造成恶劣社会影响或者其他严重后果的。

非法从事出版物的出版、印刷、复制、发行业务，严重扰乱市场秩序，情节特别严重，构成犯罪的，以非法经营罪定罪处罚。

二、经典案例评析

（一）音像制品侵犯作者著作权案

【基本案情】

1959年至1978年间，原告A书局从全国范围内调集了百余位文史专家，在他们的主持下全面系统地整理了从《史记》到《明史》的二十四种纪传体正史以及《清史稿》，形成了点校本“二十四史”和《清史稿》，并陆续出版发行。2005年8月9日，北京市高级人民法院作出判决确认了该书局享有点校本“二十四史”和《清史稿》的著作权。

A书局认为，由被告B出版社出版发行、被告C公司复制生产的《浩瀚书海多媒体视听藏书阁》（简称《多媒体藏书阁》）收录了该书局拥有著作权的点校本“二十四史”和《清史稿》，而且并没有经过该书局的许可。被告D公司销售了上述《多媒体藏书阁》。三被告的行为侵犯了他们对“二十四史”和《清史稿》享有的署名权、复制权、发行权和获得报酬权，故起诉要求三被告：停止出版、发行、销售《多媒体藏书阁》；在《中国新闻出版报》上发表声明，赔礼道歉；赔偿经济损失162 958元。

B出版社认为，A书局诉称的《多媒体藏书阁》不是该社出版发行的，别人盗用了该社的名义和版号，《多媒体藏书阁》包装上印刷的版号和音像制品编码该社还从未使用过。因此不同意A书局的诉讼请求。

D公司认为，他们是从网络上购买的涉案《多媒体藏书阁》，然后再转卖给别人，因此他们只是一个代理，不侵犯A书局的著作权，故不同意A书局的诉讼请求。

最后，法院认定C公司的行为侵犯了A书局对“二十四史”和《清史稿》享有的署名权、复制权、发行权和获得报酬权，应当承担停止侵权、赔礼道歉并赔偿损失的法律责任，因此判决C公司停止复制《浩瀚书海多媒体视听藏书阁》音像制品中含有涉案侵权内容的“中华古典文学”光盘；D公司停止销售《浩瀚书海多媒体视听藏书阁》音像制品中含有涉案侵权内容的“中华古典文学”光盘；C公司在《中国新闻出版报》上刊登致歉函的义务，向A书局公开赔礼道歉；C公司赔偿A书局经济损失 161 558 元；D 公司赔偿 A 书局经济损失 1 400 元。

【案件评析】

在本案中，原被告双方争议的焦点在于：一是三名被告的行为是否对 A 书局的著作权构成侵权；二是 C 公司制作了光盘，对 A 书局的著作权构成了何种侵权；三是应当如何承担责任。

生效判决已经确认了 A 书局对其组织整理并出版发行的点校本“二十四史”和《清史稿》享有著作权。他人未经 A 书局许可，不得擅自使用该点校本“二十四史”和《清史稿》。本案中，蚀刻在《多媒体藏书阁》光盘盘心的光盘生产源识别码为 C 公司所有，因此可以认定该《多媒体藏书阁》为 C 公司复制。

复制权，即以印刷、复印、拓印、录音、录像、翻录、翻拍等方式将作品制作一份或者多份的权利。C 公司在没有经过中华书局的许可，也没有任何人委托的情况下，就在复制的涉案光盘中擅自收录了上述“二十四史”和《清史稿》的内容，并复制了多份，侵犯了 A 书局对于“二十四史”和《清史稿》的复制权。

发行权，即以出售或者赠与方式向公众提供作品的原件或者复制件的权利。C 公司销售光盘的行为侵犯了 A 书局的发行权。

署名权，即表明作者身份，在作品上署名的权利。C 公司并没有在光盘上注明作者的姓名和身份，侵犯了 A 书局的署名权。

获得报酬权，是指著作权人许可他人使用复制权、发行权等著作财产权时，可以依照约定或者《著作权法》获得相应的报酬的权利。C 公司制作并复制发行了含有点校本“二十四史”和《清史稿》内容的光盘，但是没有对著作权人支付相应的报酬，因此侵犯了 A 书局的获得报酬权。使用他人作品，应当支付报酬而未支付的，应当承担停止侵权、赔礼道歉和赔偿经济损失的民事责任。

《多媒体藏书阁》音像制品外包装纸盒上标注有 B 出版社的

名称和版号、音像制品编码，但内置的光盘上并没有B出版社出版的字样，不足以证明该《多媒体藏书阁》音像制品是由B出版社出版发行的。D公司销售了侵犯A书局著作权的《多媒体藏书阁》，但并未举证证明有合法来源，侵犯了A书局的发行权，应当承担停止销售、赔偿损失的法律责任。

A书局的经济损失由构成侵权行为的C公司和D公司共同承担，具体数额是按照原告的诉讼请求确定的。因为C公司是主要的侵权责任人，而D公司销售了侵犯著作权的音像制品，是次要的侵权责任人，所以在本案中，由C公司承担了主要的经济赔偿责任。

（二）侵犯出版社专有出版权案

【基本案情】

2000年11月4日，原告A出版社与李某签订图书出版合同，约定，李某作为著作权人将其所编著的《北京导游基础(新版)》一书的专有出版权授予A出版社。该书系在A出版社1993年版《北京导游基础》一书的基础上增补、删减、修改而成，共计约61万字。A出版社于2001年2月正式出版了该书。2001年5月，被告B出版社依据其和李某所在的学院签订的图书出版合同出版了《北京导游》一书，主要编者为李某和洪某。该书有26万字，其中约18万字的内容与《北京导游基础（新版)》一书中的内容相同或相似。在2001年版《北京导游》一书中，作者在撰写的《后记》载明：该书是由原考试教材《北京导游基础》改编、增补而成。该书出版时，李某已去世。A出版社认为，B出版社未经该社同意，出版了《北京导游》一书，已构成对该社专有出版权的侵犯，请求法院判令被告：1. 停止侵权，停止销售并销毁库存的侵权书籍及纸型、软片；2. 按其出版的《北京导游》一书码洋的12%计算赔偿该社经济损失31 200元；3. 承担案件诉讼费用。

一审法院经审理认为：造成涉案之书在内容上存在相同之处的主要原因是李某生前将其修订的同一作品分别授权A出版社和B出版社出版所致。依照2001年11月27日修订前的《中华人民共和国著作权法》第30条之规定，判决：驳回A出版社的诉讼请求。A出版社不服一审判决提起上诉。

二审法院经审理认为，图书出版者的专有出版权是在合同有效期内和在合同约定地区内，以同种文字的原版、修订版和缩编本的方式出版图书的独占权利。B出版社2001年出版的《北京导游》一书与A出版社享有专有出版权的《北京导游基础（新版）》一书相同或相似部分构成《北京导游基础（新版）》一书的实质部分，足以影响A出版社的商业利益，损害A出版社对该书享有的出版独占权利。B出版社出版2001年版《北京导游》一书的行为构成对A出版社的专有出版权的侵犯。B出版社关于2001年5月出版的《北京导游》一书与A出版社出版的《北京导游基础（新版）》一书不是同一作品因而不构成侵犯专有出版权的答辩理由，缺乏法律依据。于是判决：1. 撤销原审民事判决；2. B出版社不得再版、重印2001年版《北京导游》；3. B出版社赔偿A出版社经济损失18 000元；4. 驳回A出版社其他诉讼请求。

【案件评析】

本案主要涉及对专有出版权的性质和范围如何认定的问题。

专有出版权是指图书出版者对作者交付的作品依照合同约定在合同有效期内和在合同约定地区内，享有的有期限的独占许可权，而不是作者把自己的出版权无期限地转让给图书出版者①。

① 孙光伟：《论著作权法上的出版者权》，山东省外贸厅《政法论丛》2004年第5期。

修订前的《著作权法实施条例》规定，图书出版者的专有出版权是在合同有效期内和在合同约定地区内，以同种文字的原版、修订版和缩编本的方式出版图书的独占权利，且最长时间不得超过10年。修订后的《著作权法实施条例》第28条规定，“图书出版合同中约定图书出版者享有专有出版权但没有明确其具体内容的，视为图书出版者享有在合同有效期限内和在合同约定的地域范围内以同种文字的原版、修订版出版图书的专有权利”。

此外，《著作权法实施条例》第23条规定，“使用他人作品应当同著作权人订立许可使用合同，许可使用的权利是专有使用权的，应当采取书面形式，但是报社、期刊社刊登作品除外”。从该条可以看出，专有出版权仅限于图书出版社享有。也就是说报社、期刊社不能随意发表声明说对作品享有专有出版权。

那么，如何认定出版社是否享有专有出版权，侵权人的行为是否侵犯了著作权人所享有的著作权，以及如果构成侵权，应承担何种民事责任？是否构成侵犯了专有出版权的行为，首先要看两种图书作品的内容或文字安排上是否构成相同或相似；其次要看相同或相似的部分是否是被侵权图书作品的实质内容或者大部分内容，即是否足以影响被侵权出版社对其享有专有出版权图书的商业利益。本案中，B出版社2001年出版的《北京导游》中与A出版社享有专有出版权的《北京导游基础（新版）》相同或相似部分约占《北京导游基础（新版）》文字的1/3，构成《北京导游基础（新版）》的实质部分，必然影响A出版社的商业利益。

此外，B出版社是经过作者本人允许的行为是否构成阻却违法的事由？专有出版权不仅排除了他人使用该作品的权利，也限制了作者本人对作品的任意使用权，从而使专有使用权人享有了作品的部分财产权。因此，即使作者本人知道B出版社出版了自己已经授权他人专有使用的作品，也构成对A出版社专有使用权的侵犯，故B出版社的行为侵犯了A出版社的专有出版权，应当承担相应的赔偿责任。如果B出版社是通过与作者李某签订出版合同的方式取得的出版权，则B出版社在履行完赔偿责任以后，向原作者李某追究违约责任。

（三）作者遗作的专有出版权案

【基本案情】

2006年1月16日，北京市高级人民法院作出了（2005）高民终字第1267号民事判决书［简称（2005）高民终字第1267号民事判决书］。该判决书认定：宋淇、宋邝文美依据张爱玲的遗嘱取得了张爱玲作品著作权中的财产权，从而原告A出版公司依据宋淇、宋邝文美的授权取得了张爱玲作品的专有出版权。根据宋淇、宋邝文美的授权，A出版公司所享有的张爱玲作品的专有出版权不限时间、地区、版数、印数。

2006年8月25日、30日，A出版公司在《中国图书商报》、《中华读书报》上发布声明：A出版公司取得了张爱玲作品在全世界范围内独家使用权，他人未经其许可不得出版、发行使用张爱玲作品的图书。

2005年7月16日，刘某与被告B出版社签订了《图书出版合同》。该合同约定，刘某编选《流言私语》（该书中使用了张爱玲的56篇文章）一书，由B出版社出版、发行。《流言私语》一书的印刷情况为：2005年9月第一次印刷，印数为8 200册；2006年2月第二次印刷，印数为3 200册；2006年11月第三次印刷，印数为3 000册；2006年12月第四次印刷，印数为2 020册；2007年12月第五次印刷，印数为3 000册。《流言私语》一书各次印刷的定价均为20元。

2006年9月8日，原告的律师致函被告B出版社，告知其擅自出版、发行张爱玲作品的图书侵犯了A出版公司的合法权利，要求其立即停止侵权行为，并赔偿经济损失。B出版社回函，称《流言私语》一书印数约为10 000册，现库存仍有近千册，并表示愿意支付稿酬。

2006年12月31日，B出版社与C公司签订了《图书主发合同》，B出版社向C公司销售图书《流言私语》。

一审法院经审理认为B出版社虽对A出版公司主张的权利提出异议，但未能提出充分的证据予以证明，故认定A出版公司取得了张爱玲作品的专有出版权，应受法律保护。B出版社未经A出版公司许可，出版、发行的《流言私语》一书中使用了张爱玲的56篇文章，侵犯了A出版公司享有的专有出版权，依法应当承担停止侵害、赔偿损失的法律责任。C公司销售涉案侵权图书具有合法来源，故其应当承担停止销售涉案侵权图书的法律责任。

二审法院认为：人民法院发生法律效力的裁判所确认的事实，当事人无须举证证明，但当事人有相反证据足以推翻的除外。A出版公司依据宋淇、宋邝文美的授权取得了张爱玲作品的专有出版权这一事实已通过判决做出了终审认定。B出版社虽然对该生效判决认定的这一事实提出异议，但是没有提供有效的证据推翻该事实，所以认定A出版公司对张爱玲的作品享有专有出版权。B公司虽然主张一审判决赔偿数额过高，但是没有提供证明其获利或者稿酬的证据，法院按照法定赔偿方式采用综合因素确定赔偿数额并无不当，因此维持了原一审判决。

【案件评析】

本案主要涉及了专有出版权的认定问题，以及关于经济损失赔偿数额的认定问题。

图书出版合同中约定图书出版者享有专有出版权但没有明确其具体内容的，视为图书出版者享有在合同有效期限内和在合同约定的地域范围内以同种文字的原版、修订版出版图书的专有权利。专有出版权首先表现为一种法律上的权利，法律权利的性质是利益，这在私权方面表现得尤为突出，因此，专有出版权的实质在于保护出版商的经济利益，当行为人的行为足以影响到出版商的经济利益时，就应视为对专有出版权的侵害。本案中，A出版公司通过判决取得了对张爱玲作品的专有出版权，B公司无法提供证据推翻这一事实，因此，B公司在没有经过A出版公司的允许就收录了张爱玲的作品并进行了出版、发行，是侵犯A出版公司专有出版权的行为，应当承担停止侵害、赔偿损失的民事责任。

关于赔偿数额的认定，一般按照当事人选择的赔偿方式进行计算，如果当事人无法提供证据证明权利人的实际经济损失，也无法提供证据证明侵权人的违法所得，人民法院就会按照法定赔偿方式，综合考虑涉案作品的知名程度、侵权图书的出版发行持续时间等情节确定具体的赔偿数额。同时法院认为停止侵权行为、赔偿经济损失的法律责任已足以维护A出版公司的合法权利，所以没有支持关于收缴B出版社库存侵权图书以及收缴B出版社用于复制侵权图书的底板和印片的诉讼请求。

在本案中，因为C公司销售涉案侵权图书具有合法来源，所以只承担停止销售涉案侵权图书的民事责任。从这个案例中我们可以看出，如果侵权行为人能证明自己所销售的侵权图书有合法的来源，就不需承担经济赔偿责任。

（四）出版社侵犯翻译作品著作权案

【基本案情】

1987年2月，某出版社出版、发行日本作家井上靖著、原告冯某翻译作品《苍狼》一书。该书版权页显示全书字数为174千字。2002年10月，被告A出版发行井上靖《中国古代历史小说选》系列丛书，该丛书收录井上靖小说共11篇，《苍狼》是其中之一。原告翻译的《苍狼》和案外人赖某翻译的《风涛》两篇小说合为一本书籍出版，书名为《苍狼》，封面署名为井上靖著，冯某、赖某译，全书字数为314千字，印数为4 000册。

原告冯某认为：被告A出版社于2002年10月，未经原告同意，擅自出版了原告的译著《苍狼》，严重侵犯了原告对该作品享有的复制权、发行权和获得报酬权。请求判令被告：一、停止出版、发行原告译著《苍狼》一书。二、按照每千字80元乘以5倍的计算标准赔偿原告经济损失69 600元，并支付上述款项自2002年10月至今的同期银行存款利息11 651元。三、在《中国知识产权报》显著位置刊登致歉声明，公开向原告赔礼道歉。四、承担本案诉讼费用。

被告A出版社辩称：被告对于出版原告译著《苍狼》一书的事实没有异议，但被告在出版过程中不存在侵权的主观故意。1997年，被告开始筹备出版日本作家井上靖的《中国古代历史小说选》系列丛书，丛书一共收录小说11篇，《苍狼》是其中之一。因为在出版过程中无法和原告取得联系，被告经再三斟酌，为了保持井上靖作品的完整性，仍决定将《苍狼》作为系列书之一出版，之后再设法和原告联系。同时按当时该丛书统一付酬标准即每千字50元将原告应得稿费单列在被告账户上，等联系到原告之后实际支付。

法院经审理认为：根据《著作权法》的相关规定，翻译已有作品而产生的作品，其著作权由翻译人享有。本案原告是日本作家井上靖所著《苍狼》的译者，依法对《苍狼》译著享有著作权。原告有权许可或禁止他人使用其译著。被告未经原告许可，擅自出版发行原告译著，侵害了原告享有的著作权，依法应承担停止侵权、赔偿损失的民事责任。因此，判令：被告A出版社停止出版、发行原告冯某的译著《苍狼》；被告A出版社就未经许可出版发行原告冯某译著《苍狼》的行为向原告冯某书面致歉；被告 A 出版社向原告冯某赔偿经济损失 17 400 元，并以8 700元为基数，按照中国人民银行同期存款利率计息，支付相应的利息。

【案件评析】

本案中双方对于被告 A 出版社未经过原告冯某允许就出版了原告译著的日本作家井上靖所著的《苍狼》的侵权事实都予认可。但是双方争议的焦点在于原告的经济损失如何计算。

确定图书期刊著作权侵权损害赔偿数额的主要计算方式有：权利人的实际损失；侵权人的违法所得；法定赔偿。关于本案中的赔偿问题，由于原告未能就其实际损失以及被告获利情况出示证据，所以法院无法依据前两种计算方式进行计算。而原告要求按照每千字 80 元的标准乘以 5 倍计算赔偿数额显然过高，所以法院在审理过程中采用了最后一种计算方式，即法定赔偿来计算原告的经济损失。

法定赔偿应当根据以下因素综合确定赔偿数额：通常情况下，原告可能的损失或被告可能的获利；作品的类型，合理许可使用费，作品的知名度和市场价值，权利人的知名度，作品的独创性程度等；侵权人的主观过错、侵权方式、时间、范围、后果等。

具体到本案中，法院考虑了以下几种因素：第一，被告出版的原告译著系日本作家井上靖的中国古代历史小说译著系列之一，被告收录原告译著系出于保持丛书完整性之目的，虽未事先征得原告许可，但从图书出版后相关稿费的审批、支付手续来看，被告的出版发行行为主观过错程度较低，这是考虑了侵权人的主观过错因素；第二，原告翻译井上靖作品《苍狼》的创作难度，这是出于对作品的知名度、作品的独创性程度因素的考虑；第三，被告出版原告译著《苍狼》的字数以及印数，这是出于对作品的市场价值因素的考虑。

综合以上三种因素，法院对原告的经济损失进行了酌情判定。因为被告一直将原告的稿费挂在自己的账户上，因此法院对于原告主张的利息损失也进行了支持。

至于原告要求被告公开赔礼道歉的主张，法院认为被告在出版原告译著《苍狼》时署有原告姓名，且未对原告译著进行修改或歪曲，因此并不构成对原告享有著作权中人身性权利的侵犯，不应承担公开赔礼道歉的民事责任。

（五）侵犯图书、期刊出版者作品网络传播权案

【基本案情】

2003年3月，唐某未经A出版公司许可，通过其开办的网站上载、传播A出版公司拥有著作权的《剑侠》等1 000余部文学作品，并利用其网站发布广告等方式进行营利。依据《信息网络传播权保护条例》第18条第1款第1项的规定，唐某的上述行为构成对该出版公司著作权的侵害，应承担相应的侵权责任。

根据《信息网络传播权保护条例》第18条第1款第1项、《中华人民共和国著作权法实施条例》第36条的规定，某省版权局决定给予唐某下列行政处罚：（1）责令停止侵权行为；（2）没收侵权服务器一台。

【案件评析】

侵权行为既侵害了著作权人的合法权益，同时又误导社会公众或者破坏市场经济秩序，但不构成犯罪的，就应当承担相应的行政责任。本案中，唐某未经著作权人许可，通过信息网络向公众传播其作品，在侵犯了他人著作权的同时，侵犯了社会公共利益，利用网站发布广告进行营利，破坏了市场经济秩序，因此要受到行政处罚。

著作权行政管理部门在作出行政处罚决定后要向被处罚人送

达《行政处罚决定书》，并告知：被处罚人如对上述处罚不服，可在收到处罚决定书之日起60日内向上级人民政府或国家版权局申请复议，或3个月内向作出处罚决定的著作权行政管理部门所在地的人民法院起诉。诉讼期间，行政处罚决定不停止执行。逾期不起诉又不执行的，作出处罚决定的著作权行政管理部门将申请人民法院强制执行。

（六）非法印刷他人享有专有出版权的图书构成侵犯著作权犯罪案

【基本案情】

2004年12月，上海世纪出版集团与《他改变了中国：江泽民传》一书的作者［美］罗伯特·劳伦斯·库恩达成协议，作者授予上海世纪出版集团在讲中文的地区，以中文简体形式独家翻译、印刷、出版、销售《他改变了中国：江泽民传》。授权期限为协议签订之日起7年。2005年1月该书出版发行。

2005年3月间，被告人沈某非法委托蔡某在首钢总公司印刷厂印刷了《他改变了中国：江泽民传》一书的封面和插页各5 000份，后又非法委托刘某在河北省廊坊市大城县京华万圣印务有限公司印刷了该书内页5 000份，并装订成册。被告人沈某将5 000册盗版书籍以人民币7元至8元不等的价格在各地进行销售，所得销售金额35 000余元。被告人沈某于2005年10月22日被公安机关查获。

法院经审理认为，图书出版者对著作权人交付出版的作品，在合同约定期间享有专有出版权，并受法律保护。被告人沈某以营利为目的，非法印刷他人享有专有出版权的图书5 000册并予以销售，其行为已构成侵犯著作权罪，判决：一、被告人沈某犯侵犯著作权罪，判处有期徒刑4年，并处罚金人民币7万元。二、被告人沈某违法所得人民币35 000元应继续追缴，追缴后上缴国库。三、犯罪使用的书籍《他改变了中国：江泽民传》一本、账本一个、记录本一个予以没收。

【案件评析】

本案涉及如何认定侵犯著作权罪以及侵犯著作权罪应如何承担刑事责任的问题。

侵犯著作权罪的构成要件包括：（1）存在主观上的故意；（2）以营利为目的；（3）实施了侵犯著作权的行为或销售侵权复制品的行为；（4）严重情节，包括两种：违法所得数额较大或巨大、其他严重情节。

上海世纪出版集团经过作者授权，在讲中文的地区，以中文简体形式独家翻译、印刷、出版、销售《他改变了中国：江泽民传》。授权期限为协议签订之日起7年。也就是说，上海世纪出版集团享有《他改变了中国：江泽民传》一书的专有出版权。本案犯罪嫌疑人沈某未经上海世纪出版集团的许可，就私自委托他人印刷该书并销售的行为，是同时侵犯他人图书专有出版权和作者著作权的非法印制的盗版图书并销售的行为。

这里需要区分几个概念：根据《著作权法》及《著作权法实施条例》的规定，复制是指以印刷、复印、临摹、拓印、录音、录像、翻录、翻拍等方式将作品制作一份或多份的行为；发行是指为满足公众的合理需求，通过出版、出租等方式向公众提供一定数量的作品复印件。根据《最高人民法院、最高人民检察院关于办理侵犯知识产权刑事案件具体应用法律若干问题的解释（二）》第2条规定，复制发行，包括复制、发行或者既复制又发行的行为。出版即指将作品编辑加工后，经过复制向公众发行，它实际上是一种特殊的复制发行行为。非法出版、复制、发行他人作品，侵犯著作权构成犯罪的，按照侵犯著作权罪定罪处罚。本案中，沈某的行为既没有经过作者罗伯特·劳伦斯·库恩的允许，也没有经过专有出版权人上海世纪出版集团的允许，就非法印刷《他改变了中国：江泽民传》一书的行为，既是未经著作权人许可，复制发行其文字作品的行为，也是出版他人享有专有出版权的图书的行为，按照侵犯著作权罪定罪处罚。

在量刑上，未经著作权人许可，复制发行其文字作品，复制品数量合计在 2 500 张（份）以上的属于“其他特别严重的情节”，按照刑法的规定，应处 3 年以上 7 年以下有期徒刑，并处罚金。本案中沈某复制发行的盗版图书达 5 000 册，所以法院判处沈某有期徒刑 4 年，并处罚金，并没收了相应的用于侵权的工具。

（七）非法出版图书构成非法经营罪案

【基本案情】

被告人张某于 2006 年 9 月份联系到被告人葛某，欲在葛某任厂长的北京市顺义康华福利印刷厂内盗印《江泽民文选》一书。后由被告人张某自行提供胶片、纸张等材料，先后在该印刷厂内盗印、装订了 3 000 套《江泽民文选》（共计 9 000 本，128 元/套）、4 000 本《〈江泽民文选〉学习导读》（30 元/本），共计总码洋为人民币 504 000 元。（人民出版社出具的证明、说明及出版合同证实，《江泽民文选》著作权属中共中央文献编辑委员会，专有出版权归人民出版社所有。《江泽民文选》由人民出版社指定印刷厂、装订厂完成。指定印刷厂分别为北京瑞古冠中印刷厂、河北新华印刷厂。《江泽民文选》一套共 3 卷，定价分别为 46 元、40.5 元和 41.5 元，总计为 128 元。）其间，被告人贾某多次伙同张某到葛某任厂长的印刷厂联系印刷等相关事宜，并伙同张某将印刷盗版图书所用的胶片在野外销毁。此后，被告人张某将盗印的部分《江泽民文选》以及《〈江泽民文选〉学习导读》分别销往上海铁路局宣传部和北京铁路局团委等各铁路机关，另将盗印的总码洋为人民币 192 000 元的 1 500 套《江泽民文选》（共计4 500本）以5折价格卖给了被告人李某、申某、韩某3人，后李某、申某、韩某3人又将此1 500套《江泽民文选》（共计4 500本）以5.5折价格卖给了被告人白某，后白某再次将此1 500套《江泽民文选》（共计4 500本）以人民币192 000元的价格转卖给财政部机关党委。被告人张某、葛某、白某、申某、李某、韩某、贾某先后被公安机关查获。

法院经审理认为，被告人张某、葛某、白某、申某、李某、韩某、贾某非法从事出版物的印刷、发行业务，情节特别严重，严重扰乱了市场秩序，均已构成非法经营罪，应予惩处。依法判决：被告人张某犯非法经营罪，判处有期徒刑3年6个月，并处罚金人民币50万元；葛某犯非法经营罪，判处有期徒刑2年缓刑2年，并处罚金人民币5万元；被告人白某犯非法经营罪，判处有期徒刑1年缓刑1年，并处罚金人民币17万元；被告人申某犯非法经营罪，判处有期徒刑1年缓刑1年，并处罚金人民币2万元；被告人李某犯非法经营罪，判处有期徒刑1年缓刑1年，并处罚金人民币2万元；被告人韩某犯非法经营罪，判处有期徒刑1年缓刑1年，并处罚金人民币2万元；被告人贾某犯非法经营罪，判处有期徒刑1年缓刑1年，并处罚金人民币25万元；在案扣押的各被告人的违法所得予以没收，其余追缴后予以没收。

【案件评析】

本案主要是关于非法经营罪和侵犯著作权罪的区分问题。

在涉及图书出版的非法经营罪和侵犯著作权罪在主观方面都是故意，以营利为目的。

非法经营罪打击的主要是没有合法经营资格者违法出版、印刷、销售出版物的行为，侵犯的客体是市场管理秩序，影响市场经济的健康运行。而销售侵权复制品罪打击的主要是侵犯他人著作权的行为，侵犯的客体是著作权人的著作权和与著作权有关的权益以及国家的著作权管理制度。不论行为人有无合法经营权，只要知道其销售的是侵权复制品，就应当按照销售侵权复制品罪的定罪量刑标准处理。非法经营罪在定罪量刑上要重于侵犯著作权罪。

凡是销售侵权复制品的，只能以销售侵权复制品罪定罪处罚。销售侵权复制品罪的起刑数额是“违法所得”，而非法经营罪的起刑数额可以是“经营数额”，且在数额的绝对数量上，非法经营罪的要求也远远低于销售侵权复制品罪。对于个人违法所得数额不满10万元或者单位违法所得数额不满30万元的销售侵权复制品行为，不能定销售侵权复制品罪，也不能以非法经营罪定罪处罚。也就是说，仅有销售行为，且销售侵权复制品达到一定数额才能定销售侵权复制品罪。而如果行为人是不具有经营出版物的个人或单位，其违法出版、印刷、复制、发行出版物，情节严重的，才应以非法经营罪定罪处罚。当然，如果出版物属于煽动分裂国家、歧视、侮辱少数民族作品或者淫秽物品的，应按相关罪名定罪处罚。

本案中，被告人张某、葛某等人的行为不仅侵犯了著作权，而且扰乱了市场秩序且情节特别严重，构成非法经营罪。如果不存在扰乱市场秩序且情节严重的情形，就以侵犯著作权罪论处，如果存在上述情形，就以非法经营罪论处。

三、风险提示和防范措施

（一）图书、期刊出版社可能发生著作权侵权纠纷类型

图书、期刊出版者的著作权是编辑在作品（图书或者期刊）编辑出版过程中对作者原作品进行加工修改、设计编排，最后集

成新作品所付出的创造性劳动而依法享有的专有权利[①]。图书出版主要是出版者使用他人享有著作权的作品，一般对于作品享有财产性权利，而不具有人身性权利。期刊作为汇编作品，应享有整体上的著作权，包括依法享有的人身权和财产权，具体包括：修改权、发表权、摘编权、复制发行权、获得报酬权、保护作品完整权、版式设计专有使用权。一般来说，期刊属于汇编有著作权的作品形成的汇编作品，期刊出版社只对期刊整体享有著作权，但是不影响原有著作权人行使自己的作品的著作权。图书、期刊出版社要注意以下几种侵权现象：

1. 侵犯专有出版权

根据我国法律的规定，出版社一经和作者协商约定享有作品的专有出版权后，即拥有了在合同约定的时间和空间效力范围内对作品的排他的、独占的权利。任何人未经专有出版权人的同意均不得以同种方式使用该作品，这里的任何人也包括作者本人。如果他人未经专有出版权人的同意而以相同方式使用相关作品的，则构成对出版社专有出版权的侵犯。

在确定图书、期刊专有出版权时，还需要明确以下两个方面的问题：

（1）一稿多投。期刊一般不享有作品的专有使用权，如果想取得作者作品的专有使用权，就必须采取相应的措施。《著作权法》规定，著作权人向期刊社投稿，自稿件发出之日起30天内，未收到期刊社通知决定刊登的，可以将同一作品向其他期刊社投稿，但双方另有约定的除外。

（2）侵犯作品网络传播权和转载权。没有经过作者允许，将作品在网络上进行转载、传播。根据《最高人民法院关于审

① 伏春兰：《期刊出版者的著作权及其维护》，《天津职业院校联合学报》2007年11月第9卷第6期，第143页。

理著作权民事纠纷案件适用法律若干问题的解释》第 17 条的规定:“转载，是指报纸、期刊登载其他报刊已发表作品的行为。转载未注明被转载作品的作者和最初登载的报刊出处的，应当承担消除影响、赔礼道歉等民事责任。”未经作者同意，无论是期刊或者网站都不能随意转载他人已发表的作品。但是由于数据库的大量涌现，未经作者许可，擅自将期刊上发表的作品刊登在网站上向一切网络用户传播；或者未经作者许可，擅自将期刊上发表的作品收录于期刊数据库上网发售的侵权行为大量出现。在这种情况下，报社、期刊出版社应当采取有效措施保证自己对作品的专有出版权，在合同中和著作权人约定取得作品的网络传播权和转载权并依法打击未经许可通过网络传播作品和转载作品的行为。

2. 侵犯作者的署名和修改权

图书、期刊出版者需要注意的另一种侵权行为就是其对作者署名权和修改权的侵犯。对署名权的侵犯主要表现为署错名和乱署名，例如未经作者本人同意，将作品加上自己或者其他人的名字发表；或者在作者署名排序上出现错误。而侵犯作者修改权是指图书、期刊出版者在使用作品过程中未经作者同意而擅自对作品进行删节、修改并影响作品真实含义的行为。

3. 侵犯版式设计

版式设计是出版者在编辑加工作品时完成的劳动成果。所谓版式设计，是对印刷品的版面格式的设计，包括对版心、排式、用字、行距、标点等版面布局因素的安排①。出版者对其图书的版式设计享有专有使用权，即除了出版者自己可以随意使用其版式设计外，其他人未经许可不得擅自按原样复制。侵犯版式设计

① 郑成思:《知识产权研究》(第 8 卷)，中国方正出版社，1999 年版，第 190—191 页。

专有使用权纠纷指因未经许可使用、模仿出版者所创作或合法取得的版式产生纠纷的案件①。

在实践中，图书、期刊出版者为了节约成本，常常购买图片库或者版式资料库，从中挑选图片或者版式，但是这样很容易出现购买的是盗版软件，售出者往往不具有著作使用权的现象，这时如果出版者在不知情的情况下使用了该盗版软件中的图片或者版式资料，就会侵犯到他人的著作权。一旦著作权人发现出版社未经其许可就擅自使用了其作品，就很容易引起著作权纠纷。

4. 盗版行为

盗版是指未经著作权人或者合法使用人允许擅自出版、印刷、销售他人具有著作权作品的行为。因为盗版图书既没有支付权利人使用费，也没有支付版税等费用，成本较低，所以一些非法经营者大量印刷盗版图书制品，抢占市场份额，牟取暴利。这样严重侵害了出版者和著作权人的合法权益，使他们蒙受巨大的经济损失。

5. 其他侵权行为

除了以上几种侵权行为外，图书、期刊出版社还可能在下列几种情形中侵犯到他人的著作权：

（1）出版社作为作品使用者，未经许可行使了应当由著作权人行使的权利，从而侵犯作者或其他著作权人权益的侵权行为。

（2）图书、期刊出版者，没有经过著作权人许可或授权，不得对其出版的作品进行文字性修改和删节。图书、期刊出版者擅自修改或删节作品就侵犯了原著作权人的修改权和保护作品完整权。

① 赵燕瑚、高云鹏：《浅析出版者著作权纠纷》，《出版参考》2006 年 9 月下旬刊，第 27 页。

（3）出版改编、翻译、注释、整理、汇编已有作品而产生的作品，应当取得改编、翻译、注释、整理、汇编作品的著作权人和原作品的著作权人的许可，并支付报酬。因此，如果图书、期刊出版者在使用上述演绎作品时仅取得演绎作品作者的许可并向其支付报酬，而未取得原作品著作权人的许可并向其支付报酬，则构成对原作品著作权人著作权的侵犯。

（二）出版者使用作品过程中的合理注意义务

《最高人民法院关于审理著作权民事纠纷案件适用法律若干问题的解释》第20条规定："出版物侵犯他人著作权的，出版者应当根据其过错、侵权程度及损害后果等承担民事赔偿责任。出版者对其出版行为的授权、稿件来源和署名、所编辑出版物的内容等未尽到合理注意义务的，依据《著作权法》第49条的规定，承担赔偿责任。出版者尽了合理注意义务，著作权人也无证据证明出版者应当知道其出版涉及侵权的，依据《民法通则》第117条第1款的规定，出版者承担停止侵权、返还其侵权所得利润的民事责任。出版者所尽合理注意义务情况，由出版者承担举证责任。"从以上规定可以看出，出版者为了避免侵犯他人的著作权应尽合理的注意义务，对作品进行不仅包括程序上的也包括实体上的审查，不仅包括形式上的也包括内容上的审查：出版行为的授权、稿件来源和署名、所编辑出版物的内容。

出版者在与作者签订图书出版合同时，一般都已经约定了作者对作品著作权的权利声明以及对著作权权利的担保条款，但并不是从此就"高枕无忧"了。出版者还是要注意合理的审查，而且这种审查义务要由出版者承担举证责任，否则，一旦出现侵犯他人著作权的情况，如果出版社没有证据证明已经尽到审查义务的话，出版社还是要承担侵权责任的。对于直接侵权人只能采取违约之诉来追究其民事责任，只能属于事后补救。

（三）防范措施

针对以上几种类型的侵权行为，对于图书出版社而言，防范措施主要有：一是在报纸或者出版物上声明对作品的专有出版权，防止侵权行为的发生。二是出版图书一定要与著作权人签订明确的出版合同，并支付报酬，并对著作权人的主体资格进行详细的审查。尽管著作权无瑕疵担保条款不能成为出版者的免责事由，但在著作权侵权诉讼中，出版者向著作权人履行了赔偿责任之后，可以依此条款向作者追偿，要求作者承担违约责任。三是在审查稿件来源时注意是否合法授权，且不能侵害他人的合法权益；还要对出版的内容进行审查。四是在购买图片或者版式资料库时，要弄清是否是正版软件，是否具有合法的使用权，同时在签订购买该类资料库的合同时要明确出现著作权纠纷的责任承担问题，以防侵犯他人的著作权造成经济损失。

对于期刊杂志社而言，防范措施主要有：

一是报社、期刊可以采用声明或者书面转让合同的方式取得作品的专有使用权。例如，在期刊的固定和显要位置刊登“经作者许可，本刊享有专有出版权，未经本刊许可，其他报刊不得转载、摘编本刊作品”。还可以通过和作者签订转让合同，明确双方的权利义务，从而取得作品的部分财产权。

二是在修改权上，要注意除了对错字、用词或者数据、引文以及语法逻辑上的修改外，任何实质性的修改都要经过作者本人的授权或者同意。

三是做好对所使用作品的审查工作，防止剽窃他人作品的现象发生。

四是如果数据库是要将期刊上的全部作品进行分类录入的话，就应当取得作品著作权人以及期刊出版社的许可。如果一旦出现侵权现象，就采取法律手段维护自己的合法权益。期刊社要行使数字化复制权和信息网络传播权，必须与作者签订有关的代理其电子版版权的协议或合同，明确著作权人的许可、转让权益，获得了作者授权的期刊社才能与电子出版者签订出版协议，出版发行电子版出版物①。

五是要履行告知义务防止作者滥用发表权，编辑出版者要按《著作权法》的规定妥善处理好稿约中的规定。在作者投稿时就与其约定，以“专投”的方式向本刊投稿。对“专投”稿件，要及时做好来稿登记及稿件审理选择工作，并在约定期限内发出“拟用”通知，以免出现“一稿多投”、“多头刊用”等问题②。

（四）在侵权发生后的补救措施

在发现自己的著作权被侵犯后，图书、期刊出版者作为著作权人，应当注意收集被侵权的证据，如果证据材料可能存在被损毁或灭失可能的，可以进行公证或者在诉前、诉中请求法院进行证据保全。此外，被侵权人既可以向侵权人所在地的著作权行政管理部门进行投诉，要求侵权人承担行政责任；也可以向侵权人所在地、侵权行为地或者网络服务器所在地的人民法院起诉，要求侵权人承担相应的民事赔偿责任。在赔偿数额上，可以选择对自己最有利的计算方式，但是要注意提供相应的计算依据，以便获得法院的支持。

---

① 李娜：《论期刊编辑与著作权保护》，《民主与法制》2006 年第 9 期，第 47—48 页。

② 伏春兰：《期刊出版者的著作权及其维护》，《天津职业院校联合学报》2007 年 11 月第 9 卷第 6 期，第 143 页。

第九章

图书期刊著作权的保护

侵犯图书期刊著作权的行为与一般民事侵权行为相比，具有侵权行为实施较为便捷、成本低廉、侵权行为难以查实和损害后果极易扩大等特点。因此，我国的著作权立法对著作权侵权诉讼作出了一些特殊规定，以从法律上保障权利人能够得到及时的救济。

一、内容综述

（一）图书期刊著作权侵权的临时保护措施

临时措施是指法院在对案件作出最终判决之前，先行采取的保护当事人利益的措施。这种措施在许多情况下对于制止正在或即将实施的侵权行为、保存重要证据、防止损害后果进一步扩大和导致无法弥补的损失是至关重要的。例如，当侵权人大量印制盗版图书，构成侵犯图书著作权人复制权的行为时，如果无法在起诉之前就由法院进行证据保全，则该侵权人在接到起诉书后可以通过一些方法轻而易举地销毁证据，使图书著作权人的诉讼请求无法得到支持。再如，著作权人发现一家网站正在陆续将其新出版的图书、期刊制成电子版置于网上供用户下载，如果不能及时制止这一侵权行为，短时间内这些图书就可能被反复下载、复制和传播，严重冲击图书的销量。等到法院作出最终判决时，著作权人的损失可能扩大。而且由于无法准确地计算损失，法院判决的赔偿金额可能并不足以对著作权人加以充分的补偿。对著作权人而言，保护其利益最有力的手段莫过于法院立即采取禁止这家网站实施侵权行为的临时措施。

英美法系国家中的“临时禁令”即是在法院作出最终判决之前临时性地禁止当事人从事某种活动的法院令就是一种典型的“临时措施”。美国《版权法》第502条（a）款规定：法院可以按其认为合理的条件发出临时禁令，以防止或制止侵犯版权行为的发生。英国《版权法》第96条第2款规定：在版权侵权诉讼中，原告可以要求获得禁令作为救济。在法院下达禁令后，收到禁令的当事人就不能再从事禁令所禁止的行为，否则将导致藐视法庭等严重后果。

世界贸易组织《与贸易有关的知识产权协议》（以下简称Trips协议）也规定：司法机关有权责令采取迅速和有效的临时措施以便防止侵犯知识产权的货物进入商业渠道，以及保存关于被指控侵权的有关证据（第50条）。我国《著作权法》在2001年进行修订时，以《与贸易有关的知识产权协议》第50条为依据，同时借鉴了英美法系“临时禁令”制度，规定了诉前责令停止侵权、诉前证据保全和诉前财产保全三类临时措施。

1. 诉前责令停止侵权

《著作权法》规定：著作权人有证据证明他人正在实施或者即将实施侵犯其权利的行为，如不及时制止将会使其合法权益受到难以弥补的损害的，可以在起诉前向法院申请责令停止有关行为。由于临时措施对侵犯知识产权的行为都是适用的，而最高人民法院在2001年就颁布过《关于诉前停止侵犯注册商标专用权行为和保全证据适用法律问题的解释》（以下简称《诉前措施司法解释》），在司法实践中，法院在著作权民事纠纷案件中采取诉前措施，也是参照2001年的《诉前措施司法解释》。

根据《诉前措施司法解释》，著作权人或者利害关系人可以在起诉前向侵权行为地或者被申请人住所地对著作权侵权案件有管辖权的法院提出申请。“利害关系人”包括著作权许可使用合同的被许可人和著作权财产权利的合法继承人。申请应当向侵权行为地或被申请人住所地有管辖权的法院提出。申请人应当提供书面申请状、证明被申请人正在实施或即将实施侵犯著作权的行为的证据。此外，申请人还要提供相应的担保。对于申请人提出的责令停止侵权行为的申请，法院经审查后符合法定条件的，应在48小时内作出书面裁定，责令被申请人停止侵犯著作权的行为，而且应当立即开始执行，并在不超过5日的时间内及时通知被申请人。当事人对诉前责令停止侵犯著作权行为的裁定不服的，可以在收到裁定之日起10日内申请复议一次，法院对复议申请从以下几个方面进行审查：一是被申请人正在实施或即将实施的行为是否侵犯著作权；二是不采取有关措施，是否给申请人的合法权益造成难以弥补的损害；三是申请人提供担保的情况；四是责令被申请人停止有关行为是否会损害社会公共利益。

在法院对被申请人采取责令停止有关行为的措施后，申请人应当在15日内对被申请人提起诉讼，否则法院应当解除裁定采取的临时措施。这同样是为了保障被申请人的合法利益，防止申请人滥用临时措施机制。由于法院采取的措施是根据申请人单方面的申请作出的，被申请人尚未有充足的时间准备和提交有利于自己的证据，对申请人的请求进行反驳和抗辩。而且停止有关行为裁定的效力，一般将维持到终审法院文书生效时才终止。因此如果允许申请人在法院采取责令被申请人停止有关行为的措施之后，无限期拖延起诉时间，使法院迟迟不能对被申请人的行为是否构成著作权侵权进行全面审理，无疑剥夺了被申请人及时获得公正司法保障的机会。

如果申请人不起诉或者申请错误造成被申请人损失的，被申请人可以向法院起诉请求申请人赔偿，也可以在申请人提起的侵权诉讼中提出损害赔偿请求。如法院认定申请错误导致被申请人遭受损失，申请人应予以赔偿。

2. 诉前证据保全

《著作权法》第51条规定，为制止侵权行为，在证据可能灭失或者以后难以取得的情况下，著作权人或者与著作权有关的权利人可以在起诉前向人民法院申请证据保全。建立诉前证据保全制度，其意义是不可低估的，因为著作权作为无形财产权，当其被他人侵害时，证据的收集、获得对权利人来说往往很困难。侵权人为了逃避侵权的法律责任，往往要千方百计地隐匿、毁灭证据。在实行“谁主张，谁举证”的情况下，侵权人在相当多的情况下得以逃避侵权责任。这对于惩治著作权侵权是很不利的。诉前证据保全制度的确立弥补了这方面的缺陷。它可以说是与诉前临时禁令、财产保全一起，构成了在诉前著作权人保护自己权益的坚强盾牌。

诉前证据保全的主要目的是避免被申请人转移或销毁证据，因此一般只有在不事先通知被申请人的情况下由法院实施才能达到保全证据的效果。虽然《著作权法》和《诉前措施司法解释》都没有对这一点作出规定，但《知识产权协议》明确规定：在存在证据被销毁的显而易见的风险时，司法机关有权采取不作预先通知的临时措施。因此法院应当有权根据在不事先通知被申请人的情况下采取证据保全措施。同时，《诉前措施司法解释》在规定当事人对诉前责令停止侵犯著作权行为裁定不服的，可以在收到裁定之日起10日内申请复议一次，但却没有规定当事人对诉前证据保全的裁定不服的可以申请复议。但《知识产权协议》则要求成员国的司法机关应当根据被申请人请求，对临时措施进行审查，包括进行听证，以期在作出有关措施的通知后一段合理期限内，决定这些措施是否应进行修改、撤销或确认。鉴于我国已加入世界贸易组织，有履行《知识产权协议》的义务，法院应当在进行诉前证据保全之后，给被申请人以申请复议的机会。

3. 诉前财产保全

《著作权法》第50条第1款同时规定了诉前责令停止侵权和诉前财产保全这两种临时措施，但《诉前措施司法解释》并未对诉前财产保全措施作出进一步的解释。这是因为《民事诉讼法》第93条至第96条和第99条已经规定了诉前财产保全措施，可以适用于侵犯著作权的诉前财产保全。《著作权法》也规定：人民法院处理诉前财产保全的申请，适用《民事诉讼法》第93条至第96条和第99条的规定。所以，著作权人在侵权纠纷中，如认为有诉前财产保全必要的，可以依据我国《民事诉讼法》的相关规定向人民法院提出申请。

根据《民事诉讼法》的规定：利害关系人因情况紧急，不立即申请财产保全将会使其合法权益受到难以弥补的损害的，可以在起诉前向人民法院申请采取财产保全措施。申请人应当提供担保，不提供担保的，驳回申请。人民法院接受申请后，必须在48小时内作出裁定。裁定采取财产保全措施的，应当立即开始执行。申请人在人民法院采取保全措施后15日内不起诉的，人民法院应当解除财产保全。财产保全限于请求的范围，或者与本案有关的财物。财产保全采取查封、扣押、冻结或者法律规定的其他方法。人民法院冻结财产后，应当立即通知被冻结财产的人。财产已被查封、冻结的，不得重复查封、冻结。被申请人提供担保的，人民法院应当解除财产保全。申请有错误的，申请人应当赔偿被申请人因财产保全所遭受的损失。当事人对财产保全或者先予执行的裁定不服的，可以申请复议一次。复议期间不停止裁定的执行。

《民事诉讼法》的上述规定与《诉前措施司法解释》对诉前

责令停止侵权措施的规定基本是一致的。唯一需要注意的不同之处在于：对于责令停止侵权著作权行为的措施，除非申请人同意，否则不因被申请人提供担保而解除。而对于财产保全的措施，被申请人提供担保的，法院应当解除。这是因为两种临时措施所要达到的目的不同。前者是为了阻止被申请人实施侵权行为，避免造成申请人的损失或进一步扩大损失。在法院对案件进行全面审理并对侵权行为造成的损失作出认定之前，无法确认被申请人的担保是否足以弥补申请人的损失。而且许多侵权行为涉及对著作人身权的侵犯，是必须加以制止的。后者则是为了防止被申请人转移、隐匿财产或因其他原因丧失清偿能力，如果被申请人提供了与被保全财产相当的担保，财产保全措施的目的就已经达到，无须再继续对被申请人的财产进行保全了。

（二）图书期刊著作权侵权的诉讼保护

图书期刊的权利人在自己的权利受到侵害后，通过诉讼的方式制止侵权行为的继续发生并就自己受到的损害主张赔偿是最为有效的权利保护方式。权利人通过诉讼方式保护自己的合法权益时，要向有管辖权的法院提出诉讼，并注意诉讼时效问题，因为超过诉讼时效，权利人将丧失胜诉权。在诉讼的整个过程中，还要注意举证责任的分担，对应当自己举证的事实要提供有力的证据，此外，在主张赔偿数额时既要充分地保护自己的利益又要注意计算方法的科学和合理，并能就自己受到的损失提供充分的证据。

1. 管辖与时效

在对著作权侵权行为提起的民事诉讼中，诉讼管辖对于原告而言是很重要的因素，因为适当的管辖地不但可能节省原告的旅费、住宿费等诉讼成本，还可能对日后的执行较为有利。与其他侵权诉讼相比，包括著作权在内的知识产权侵权诉讼无论在地域管辖和级别管辖方面都有一些特殊之处。

《民事诉讼法》确定的有关地域管辖的一般原则是：因侵权行为提起的诉讼，由侵权行为地或者被告住所地人民法院管辖。根据最高人民法院《关于适用〈中华人民共和国民事诉讼法〉若干问题的意见》，“侵权行为地”包括侵权行为实施地、侵权结果发生地。而最高人民法院在《关于审理著作权民事纠纷案件适用法律若干问题的解释》（以下简称《著作权纠纷司法解释》中，又进一步说明“侵权行为地”包括《著作权法》第 47 条和第 48 条列举的侵权行为的实施地、侵权复制品储藏地或者查封扣押地。而侵权复制品储藏地，是指大量或者经常性储存、隐匿侵权复制品所在地；查封扣押地，则是指海关、版权、工商等行政机关依法查封、扣押侵权复制品所在地。对涉及不同侵权行为实施地的多个被告提起的共同诉讼，原告可以选择其中一个被告的侵权行为实施地人民法院管辖；仅对其中某一被告提起的诉讼，该被告侵权行为实施地的人民法院有管辖权。

此外，最高人民法院《关于审理涉及计算机网络著作权纠纷案件适用法律若干问题的解释》中，又针对网络著作权侵权的特殊情况，将“侵权行为地”解释为包括实施被诉侵权行为的网络服务器、计算机终端等设备所在地，以及在难以确定侵权行为地和被告住所地时，可视原告发现侵权内容的计算机终端等设备所在地为侵权行为地。

这样一来，权利人可以充分利用有关著作权侵权行为地域管辖的规则，选择对自己最为有利的管辖法院。例如，权利人在北京，侵权者住所在天津，但却在深圳实施了未经许可印刷出版权利人作品的侵权行为，被印刷出版的侵权复制品分别在全国各地都有出售。此时权利人就可以在北京起诉侵权者，以节省诉讼成本。因为侵权复制品在北京有售，北京就是“侵权结果发生地”，即可被视为“侵权行为地”。权利人也可先请求北京著作权行政管理部门和工商部门先行扣押侵权复制品，这样北京就成为“查封、扣押侵权复制品所在地”，北京法院就具有管辖权。

在级别管辖方面，最高人民法院在《著作权纠纷司法解释》中规定：著作权民事纠纷案件，由中级以上人民法院管辖。各高级人民法院根据本辖区的实际情况，可以确定若干基层人民法院管辖第一审著作权民事纠纷案件。之所以规定由中级法院作为著作权民事纠纷案件的一审法院，是因为审理著作权民事纠纷需要法官具有较高的专业素质。例如，许多著作权案件涉及互联网、计算机软件等高技术手段，没有受过专门训练、很少使用计算机和网络的法官是很难从容应对的。但是，在一些经济较为发达的地区，基层法院已经具备了审理著作权民事纠纷的能力，当地高级法院就可以指定若干基层法院作为一审管辖法院。例如，北京市高级人民法院就指定海淀区人民法院管辖第一审著作权民事纠纷案件①。

按照《民法通则》的规定，向人民法院请求保护民事权利的诉讼时效期间为 2 年，从知道或者应当知道权利被侵害时起计算。这一原则性规定当然适用于著作权侵权诉讼。但是，许多侵犯著作权的行为是持续性的，如书店出售盗版图书，只要出售行为一直在继续，就构成对图书著作权人的持续侵权。为了加强对著作权的保护，同时维护公共利益，《著作权司法解释》对著作权侵权诉讼的时效作出了特别规定：权利人超过 2 年起诉的，如果侵权行为在起诉时仍在持续，在该著作权保护期内，人民法院应当判决被告停止侵权行为；侵权损害赔偿数额应当自权利人向人民法院起诉之日起向前推算 2 年计算。

本条规定意味着只要作品尚处于著作权保护期内，而且起诉

① 2009 年 8 月 13 日上午，北京市崇文区人民法院知识产权审判庭宣告成立，至此，北京市已有 8 个基层法院设立了知识产权审判庭。

时侵权行为仍在持续，权利人即使在知道或应当知道侵权行为之日起 20 年之后再起诉，仍然享有胜诉权，只是侵权损害赔偿数额的计算只能以最后 2 年为准。

2. 侵权诉讼中的举证

在著作权侵权诉讼中，举证责任的分配和履行是非常重要的一环，直接关系到当事人能否赢得诉讼。由于著作权所具有的特殊性质，相关法律和司法解释在举证问题上也有一些特殊规定。

在原告起诉被告直接侵犯著作权，而且要求被告承担停止侵权民事责任的情况下，由于构成直接侵权无须行为人具有主观过错，原告的举证责任相对而言是很容易履行的。原告只需要证明自己是相关作品的著作权人，以及被告未经许可使用了自己的作品。

《著作权法》规定：如无相反证明，在作品上署名的公民、法人或者其他组织为作者。因此，一般情况下一本署有自己名字的已公开发表作品的复制件就可以成为证明作者身份的初步证据。此外，《著作权司法解释》第 7 条还规定：当事人提供的涉及著作权的底稿、原件、合法出版物、著作权登记证书、认证机构出具的证明、取得权利的合同等，可以作为证据。

由于著作权作为无形财产权的特性，要证明被告未经许可使用作品，只需要证明被告有合理的机会接触自己的作品，同时被告使用的作品与自己作品之间存在“实质性相似”即可。例如，一位作家发现由一家出版社出版、一家书店出售的小说与自己已出版的一部小说在内容上几乎一模一样，却署了另一个人的姓名，该名作家即可起诉在小说上署名的另一人侵犯其署名权、复制权，起诉出版社侵犯其复制权、发行权，起诉书店侵犯其发行权。作家可以通过向法院出示署有自己名字的已出版小说，或著作权登记证书证明自己是著作权人；通过出示署名为他人，而内容与其作品雷同的小说证明他人侵犯复制权和署名权；通过出示该侵权复制品和购书发票证明其分别由该出版社出版和由该书店出售。此时被告必须举出相反证据加以反驳或抗辩。如在小说上署名的另一人必须证明自己是在没有读过作家出版在先的作品的情况下基于巧合独立创作出了相同的小说。否则其行为即会被法院认为构成侵权。在此人行为构成侵权的情况下，即使此人曾经和出版社签订过出版合同，“授权”出版社出版小说，这种“授权”必然是无效的。同样，由于出版社印刷出版的是侵权复制品，书店也无法援引“发行权一次用尽”原则，因此出版社和书店的行为均构成侵权，需要承担停止侵权的法律责任。对此，《著作权法》明确规定：复制品的出版者、制作者不能证明其出版、制作有合法授权的，复制品的发行者或者电影作品或者以类似摄制电影的方法创作的作品、计算机软件、录音录像制品的复制品的出租者不能证明其发行、出租的复制品有合法来源的，应当承担法律责任。

《著作权司法解释》规定：当事人自行或者委托他人以订购、现场交易等方式购买侵权复制品而取得的实物、发票等，可以作为证据。公证人员在未向涉嫌侵权的一方当事人表明身份的情况下，如实对另一方当事人按照前款规定的方式取得的证据和取证过程出具的公证书，应当作为证据使用，但有相反证据的除外。这样，为了获得具有说服力的证据，著作权人可以申请公证机关派出身着便衣的公证员一起去购买侵权复制品，公证员在亲历整个过程之后做成公证书。如果没有相反证据，该证据将被法院所采信。

如果原告还要求被告承担赔偿责任，根据“谁主张，谁举证”的一般举证责任分配规则，应当证明被告的侵权行为具有主观过错。但原告是难以证明被告在实施侵权行为时所具有的主观心理状态的，因此被告必须举证证明自己在实施侵权行为时没有故意和过失。在这种情况下，等于采取了“举证责任倒置”

规则。《著作权司法解释》就出版者的举证责任作出了规定："出版者对其出版行为的授权、稿件来源和署名、所编辑出版物的内容等未尽到合理注意义务的，依据著作权法第48条的规定，承担赔偿责任。出版者尽了合理注意义务，著作权人也无证据证明出版者应当知道其出版涉及侵权的，依据民法通则的规定，出版者承担停止侵权、返还其侵权所得利润的民事责任。出版者所尽合理注意义务情况，由出版者承担举证责任。"根据此条规定，在原告已经证明作为被告的出版社未经许可出版其作品、构成侵权的情况下，出版社必须举证证明自己已经对"其出版行为的授权、稿件来源和署名、所编辑出版物的内容"尽到了"合理注意义务"、不具有主观过错，否则仍然将承担赔偿损失的民事责任。而在出版社能够证明自己没有主观过错，原告也无相反证据的情况下，出版社可以不承担赔偿损失的责任，只需承担停止侵权、返还其侵权所得利润的民事责任。

（三）图书期刊著作权侵权的行政救济

著作权行政管理和行政执法是我国著作权保护制度的重要组成部分，也是我国现阶段著作权保护的一大特点。由于著作权属于民事权利的范畴，国际上利用政府的行政权力执法的国家极为罕见。但根据我国的具体情况，司法的力量尚不足以遏制侵犯著作权的活动，因此，法律赋予著作权行政管理部门行政执法权以及采取必要的管理措施来建立并维护良好的著作权法治环境。为了加强行政管理，我国已建立国家和地方著作权行政管理部门。国家版权局是国务院著作权行政管理部门，主管全国的著作权行政管理工作。各省、自治区、直辖市和部分地、州、市也设立了著作权行政管理部门。此外，国家新闻出版、文化、工商、海关等行政管理部门，也会在职权范围内，涉及著作权行政管理事项。因此，图书期刊的著作权权利人在权利受到侵害时，除了可以采取上述临时措施和诉讼方式来保护自己的权利外，还可以通过向著作权行政管理部门举报侵权行为人的方式来寻求行政救济。

1. 著作权侵权承担行政责任的情形

根据《著作权法》第48条的规定，下列侵权行为同时损害社会公共利益的，除应当承担民事责任外，可以由著作权行政管理部门责令停止侵权行为，没收非法所得，没收、销毁侵权复制品，并可处以罚款；情节严重的，著作权行政管理部门还可以没收主要用于制作侵权复制品的材料、工具、设备等；构成犯罪的，依法追究刑事责任：（1）未经著作权人许可，复制、发行、公开表演、放映、广播、汇编、通过信息网络向公众传播其作品的；（2）出版他人享有专有出版权的图书的；（3）未经表演者许可，复制、发行录有其表演的录音录像制品，或者通过信息网络向公众传播其表演的；（4）未经录音录像制作者许可，复制、发行、通过信息网络向公众传播其制作的录音录像制品的；（5）未经许可，播放或者复制广播、电视的；（6）未经著作权人或者与著作权有关的权利人许可，故意避开或者破坏权利人为其作品、录音录像制品等采取的保护著作权或者与著作权有关的权利的技术措施的；（7）未经著作权人或者与著作权有关的权利人许可，故意删除或者改变作品、录音录像制品等的权利管理电子信息的；（8）制作、出售假冒他人署名的作品的。

2. 著作权侵权承担行政责任的方式

从以上规定可以看出，著作权行政管理部门对侵犯著作权的行为有着比较广泛的行政管理权，行政救济措施包括由著作权行政管理部门给予警告、责令停止制作和发行侵权复制品、没收侵权复制品及制作设备、没收非法所得、罚款1万—10万元等。

3. 著作权侵权行政案件的管辖

根据《著作权法》及相关法律的规定，对于应给予行政处罚的著作权违法案件，由侵权行为实施地、侵权结果发生地、侵权复制品储藏地或者依法查封扣押地的著作权行政管理部门负责查处。国家版权局可以查处在全国有重大影响的违法行为，地方著作权行政管理部门负责查处本辖区发生的违法行为。

对著作权的权利人来讲，通过行政救济有着非常明显的优势，比如在侵权行为人侵犯著作权之初，对自己造成的损失不大时，著作权的权利人向行政管理部门反映有关侵权行为，由著作权行政管理部门对侵权人给予行政处罚来制止侵权行为，这时行政救济相对于诉讼方式来说具有成本低、快捷、高效的特点。即使著作权的权利人准备通过诉讼的方式获得损害赔偿，也可以寻求行政救济，由著作权行政管理部门对侵权人处以行政处罚，从而加大侵权人的侵权成本。

二、经典案例评析

（一）图书、期刊出版者被侵犯汇编作品著作权案

【基本案情】

《食品科学》和《中国食品》两杂志1989年创刊，前者主办单位为北京市食品研究所及其下属部门中心站，后者主办单位除上述两主办单位外，还有中国食品工业协会；编辑出版为中国食品杂志社。2002年5月，本案的原告中国食品杂志社成为法人单位。2005年3月，北京市食品研究所书面声明将其在中国食品杂志社获得法人资格前对该两刊的全部权利转让给中国食品杂志社。

1999年，维普公司和西南公司利用上述两杂志制作经营《中文科技期刊数据库》光盘版，2002年制作经营网络版，并对外提供该方面的宣传页与订单。2003年，中国食品杂志社对

《中文科技期刊数据库》网络版作了证据保全。2004年9月，中国食品杂志社以维普公司和西南公司未经许可，以营利为目的，擅自将上述两期刊以扫描录入的方式复制、汇编成《中文科技期刊数据库》进行销售为由提起诉讼。请求法院判令两被告停止侵权、赔偿经济损失43万元及合理费用2 931元。

维普公司和西南公司辩称，中国食品杂志社无权主张其成为法人之前涉案期刊的权利，同时被告没有侵权的故意，不应向原告承担任何赔偿责任。诉讼过程中，两被告与原告关于使用两杂志文章的字数达成了一致，即网络版使用39 742.3千字，光盘版使用2 620千字，合计42 362.3千字。

一审法院判令维普公司和西南公司立即停止侵权、连带赔偿中国食品杂志社经济损失（含合理支出费用）430 154元。维普公司不服上诉，二审法院审理后，作出“驳回上诉，维持原判”的终审判决。

【案件评析】

当著作权被侵犯时，权利人如果想通过诉讼的方式来保护自己的合法权益，必须先明确涉案作品属于《著作权法》上的何类作品。对于期刊来说，作为法人的期刊社从整体上享有著作权。出版社主张汇编作品著作权被侵犯时，必须证明侵权事实的存在以及请求的赔偿数额。当然，杂志社还可以主张其他权利被侵犯。下面我们从几个方面来分析该案件：

1. 作为法人的杂志社享有汇编作品著作权

汇编作品是指汇编若干作品、作品的片段或者不构成作品的数据或者其他材料后形成的作品。凡是作品都有独创性要求，汇编作品也不例外，其独创性体现在对内容的选择和编排体例上。一本杂志从整体上看就是一部汇编作品。作为整体的汇编作品（杂志）和作为其他形式的作品（杂志中的单篇文章）是不同的。如果文章是期刊社约稿或作者投稿的，杂志社对这些文章享有出版权；如果文章是杂志社的工作人员撰写的，杂志社享有著作权或优先使用权；而作为法人的期刊社对杂志享有著作权。这是因为，汇编作品的著作权由汇编人享有。编辑人员从事编辑工作的行为是职务行为，职务行为产生的权利义务由法人承担，故期刊的汇编人不是编辑人员，而是杂志社。所以，一般说来，杂志社是期刊的著作权人；由于历史和现实原因，我国很多杂志社并不具有法人资格。《著作权法》规定的著作权人有三类：公民、法人和其他组织。其他组织是指依法成立、有一定的组织机构和财产，但不具有法人资格的组织。

根据《出版管理条例》规定，期刊应当由出版单位出版，法人出版期刊，不设立期刊社的，其设立的期刊编辑部视为出版单位；视为出版单位的期刊编辑部不具有法人资格，其民事责任由其主办单位承担。所以，期刊作品著作权的主体是期刊出版单位或者是期刊主办单位。既然是整本杂志的著作权人，未经杂志社许可，他人不得将整本杂志用于复制、发行、信息网络传播等，否则便是侵权。本案中，维普公司和西南两公司利用《食品科学》和《中国食品》杂志，制作经营《中文科技期刊数据库》光盘版和网络版的行为构成侵权。

2. 期刊社如何进行举证

法谚曰："证据是诉讼之王。"杂志社主张他人侵犯著作权时，需要准备三方面的证据：权利证明、侵权事实和赔偿数额方面的证据。前两方面的证据缺少任何一个都能导致败诉。对于杂志社来说，什么样的证据可以证明其是涉案期刊的著作权人呢？根据最高人民法院的司法解释，杂志社将其合法出版的期刊，或者取得权利的合同作为权利证明的证据就可以了。本案中，中国食品杂志社向法庭提交了涉案《食品科学》和《中国食品》杂志，根据两期刊版权页上载明的内容可以认定《食品科学》的主办单位为中心站和北京市食品研究所；而前者是后者的下属部门，不具有法人资格，故《食品科学》的著作权人只是北京市食品研究所。同样可以认定《中国食品》的著作权人是中国食品工业协会和北京市食品研究所。之后，北京市食品研究所书面声明将其在中国食品杂志社成为法人之前对该两刊的全部权利转让给中国食品杂志社，此种转让并不违反法律的禁止性规定，是合法有效的，所以中国食品杂志社可以主张其成法人之前涉案期刊的权利。至于中国食品工业协会是否参加本案诉讼，并不影响法院的审理。

权利证明方面的证据准备就绪后，杂志社应当准备侵权事实方面的证据。哪些证据可以成为这方面的证据呢？这些证据又如何取得呢？这在实践中通常是让杂志社感到困惑的问题。最高人民法院的司法解释规定：当事人自行或者委托他人以订购、现场交易等方式购买侵权复制品而取得的实物、发票等，可以作为证据；公证人员在未向涉嫌侵权一方当事人表明身份的情况下，如实取得的证据和取证过程出具的公证书，应当作为证据，但有反证的除外。必须以订购、现场交易等市场方式购买的侵权复制品作为证据的原因在于，如果侵权复制品只是被制作出来，而不上市销售，则没有给权利人造成损失，制作人也没有获得利益，制作人不负赔偿责任。

实践中，几乎不存在只制作而不销售的侵权行为。这就是说，杂志社可以在市场上自行购买或者公证购买侵权复制品，取得的实物及发票可以作为侵权事实的证据。什么情况下自行购买，什么情况下公证购买，要视具体情况而定。一般来说，在正规的销售店购买、销售店出具正式销售发票、发票上记载销售物品名称的情况下只需要自行购买；反之，应当公证购买；而对于网上的侵权事实通常需要公证取证。网络内容容易上传、下载、删除，处于不稳定状态。为了固定这种证据，权利人可以采取公证取证，或者以申请法院证据保全的方式取证，实践中较为常见的是公证取证。

本案中，中国食品杂志社就是通过公证方式对《中文科技期刊数据库》网络版进行了证据保全。权利证明和侵权事实两方面证据准备充分后，杂志社还应当准备赔偿数额方面的证据。权利人可以证明侵权行为给自己造成的损失、侵权人的非法获利，或者在50万元以下主张经济赔偿。在有可能证明前两者的情况下，法院一般不会考虑直接适用后者。通常情况下，杂志社可以用侵权使用的字数与国家有关付酬标准的乘积作为主张经济赔偿的数额。本案中，法院确定两被告使用原告作品42 362.3千字，以国家版权局1999年4月颁布的《出版文字作品报酬规定》中编辑作品每千字30—100元标准酌情确定了赔偿额。

3. 杂志社还可以主张其他权利被侵犯

主张汇编作品权被侵犯时，杂志社可以同时主张版式设计权、原创作品著作权和专有使用权被侵犯。如果侵权人以扫描录入的方式复制整本期刊，则侵权人不仅侵犯了杂志社对整本杂志享有的汇编作品著作权，还侵犯了期刊社对杂志享有的版式设计权。值得注意的是，版式设计权的保护期仅为10年，截止于使用该版式设计的期刊首次出版后第10年的12月31日。如果杂志社对杂志中的某篇或多篇文章享有著作权（如文章是法人作品，或者杂志社通过受让取得文章著作权的情形），若侵权人复制了整本期刊，则侵权人还侵犯了杂志社的原创作品著作权；如果杂志社对杂志中的某篇或多篇文章享有专有使用权（如杂志社和文章作者约定杂志社对文章享有在一定地域、时间、方式范围内的专有使用权的情形），若侵权人在相同地域、时间、方式范围内使用了相同作品，则侵权人可能侵犯了杂志社对文章享有的专有使用权。与杂志社类似的是图书出版者，例如一本图书是汇编作品，图书出版者是汇编人，侵权人复制整本图书的情形，图书出版者可以主张汇编作品著作权，并可以参照上述杂志社主张权利的做法。当然，图书出版者还可以同时主张版式设计权、原创作品著作权和专有使用权。

（二）图书、期刊出版者被侵犯版式设计专有使用权案

【基本案情】

原告汽车杂志社诉称，杂志社出版的《汽车杂志》自2000年起即使用委托德润公司设计的版式设计，并一直沿用至今。《汽车杂志》的版式设计包括了以下内容：刊标的设计；期刊号的字体，包括期刊月号的突出使用；条形码的位置；内文在封面提示的字体、字号；封面车辆与背景的安排与布局；内页页眉的安排；栏目的设置及字体、字号、颜色；内页插图的位置、大小、封面页眉与页脚的设计；版权页的设计；页码标注的方式。被告中国汽车工业经济技术信心研究所（以下简称“研究所”）未经杂志社许可，在其出版的2002年第9期《中国汽车画报》在刊标等版式设计上抄袭了杂志社出版的《汽车杂志》，侵犯了杂志社在《汽车杂志》上拥有的版式设计专用权。据此，杂志社请求法院判令：研究所停止侵犯杂志社的《汽车杂志》的版式设计专用权；研究所在《中国汽车报》、《汽车杂志》上赔礼道歉；研究所赔偿杂志社经济损失290万元。

被告研究所辩称，杂志社并不享有其所主张的版式设计专用权；杂志社出版的《汽车杂志》所称的刊标及封面系美术作品，故其著作权应属受托创作作品的人所有；研究所经著作权人授权合法使用并未侵犯杂志社的著作权；版式设计侵权的认定应当以是否原样复制为标准，但2002年第9期《中国汽车画报》在具体组合形式、颜色、与图文的搭配方式上均存在差异，并未达到复制使用《汽车杂志》版式设计的程度；对杂志社所诉称的损失，杂志社未举出相应证据的支持。据此，研究所请求法院判令：驳回杂志社的诉讼请求。

四川省成都市中级人民法院经审理查明：《汽车杂志》由杂志社于1980年起出版，2004年10月22日杂志社取得事业单位法人证书。2000年11月9日，杂志社与德润公司签订了《汽车杂志委托制作合同》，2001年12月1日出版的《汽车杂志》开始使用德润公司制作的刊标及其他版式设计。《中国汽车画报》由中国汽车画报社编辑出版，其主办单位系研究所。

2002年第7、8期《汽车杂志》与2002年第9期《中国汽车画报》相比较有以下特点：(1) 刊名：两刊刊名均为红底白字，红色底框尺寸均为108 mm×50 mm，位于封面左上方。刊名上为汉字，下为英文，且都突出“汽车”二字，字体亦相同。(2) 封面版面设计：页眉与页脚——两刊页眉均为白色横线上方用3号黑体字标注本期主要车（底色上显白字）；页脚均为标注本期部分测试车型（车型标注用字为白色与红色相间）；出版日期和国际标准刊号、总期数——两刊出版日期均为白色小4号黑体，又以红色加大变斜突出月份，置于刊名底框右上方；国际标准刊号、总期数置于刊名左侧；条码——两刊均置于封面右上角；版权页——两刊均是左为卷首语，占大半篇幅，右为版权页，占小半篇幅。这种布局已为很多期刊使用；封面设计上均使用车辆的摄影作品置于显著位置。(3) 内页版面设计：两刊内页页眉部分都有栏目中英文字，页脚部分有页码、年份标注，这种布局、格式较常见。页码标注中有缩小为6 mm×3 mm的红底白字刊名较为独特，两刊均使用。两刊的设计创作人员相同。

法院经审理后判决：中国汽车工业经济技术信息研究所立即停止侵犯汽车杂志社版式设计专用权的行为，并赔偿汽车杂志社经济损失80 000元。

【案件评析】

本案是一起关于侵犯版式设计专有使用权的纠纷，根据《著作权法》第36条之规定，出版者有权许可或者禁止他人使用其出版的图书、期刊的版式设计。期刊封面设计包括期刊号字体、条形码的位置、内文在封面的提示的字体、字号，封面车辆与背景的安排与布局、封面页眉与页脚的设计等，系封面的排版格式及布局，应属于版式设计范畴，出版者享有版式设计专有使用权。本案涉及与版式设计专有使用权有关的以下问题：

1. 封面设计是否属于版式设计专有权的保护范围

司法实践中是否将封面设计纳入版式设计的保护是一个有争议的问题，有人主张封面设计属于美术作品的范畴，只给予作者以著作权保护，出版者对封面设计不享有权利。本案中将封面设计纳入版式设计专有使用权保护范围以内，主要是考虑封面整体的版式布局造型设计体现了出版者的创造性劳动。本案中杂志社主张的封面设计包括期刊号字体、条形码的位置、内文在封面的提示的字体、字号，封面车辆与背景的安排与布局、封面页眉与页脚的设计等，系封面的排版格式及布局的范畴，而非以线条、色彩或其他方法构成的美术作品范畴，应属于版式设计保护范围。

2. 关于侵犯版式设计专有权的方式

出版者对其版式设计享有专有使用权，即除了出版者自己可以随意使用其版式设计外，其他人未经许可不得擅自按原样复制。出版者可以禁止的使用还包括很简单的、改动很小的复制以及变化了比例的复制。由此可见，版式设计权的保护范围是很狭小的，一般仅仅表现为专有复制权。本案研究所出版的2002年第9期《中国汽车画报》与杂志社出版的《汽车杂志》相比较，不是按原样复制，但经中国协会鉴定委员会鉴定，二者封面版式设计及内页版式设计等方面均相似，为同一设计人员的版式设计为两刊使用，属简单的、改动较小的复制，构成了侵犯版式设计专有使用权。

3. 关于诉讼中的举证责任

作为本案的原告汽车杂志社需要证明自己是权利人、中国汽车工业经济技术信息研究所出版的杂志封面与自己的杂志封面设计雷同侵害了自己的权益，此外，还需证明自己所受到的损害。原告的诉讼请求包括主张290万元的损害赔偿和要求研究所就侵权行为赔礼道歉，由于版式设计专用权主要体现为财产权，而非人身权，故对杂志社要求研究所赔礼道歉的主张，法院没有支持。因为杂志社未举证证明其实际损失和研究所的违法所得，法院决定采用法定赔偿的方式确定赔偿数额。综合考虑案件中版式设计的费用、《中国汽车画报》及《汽车杂志》的售价、侵权时间、研究所侵权的主观过错等因素，法院判决由研究所给予杂志社80 000元的赔偿。

（三）通过网络侵犯作者著作权案

【基本案情】

原告郑成思是《知识产权文丛》第3卷、《知识产权文丛》第1卷、《中国民事与社会权利现状》等多部作品的著作权人。

2000年4月3日，被告北京书生科技有限公司通过厦门精通科技实业有限公司注册国际域名“www.21dmedia.com”。2001年6月15日，北京书生数字技术有限公司（以下简称书生公司）依法成立，其印制的《书生数字图书馆》简介载明其网站为“www.21dmedia.com”及“www.shusheng.net”。

2004年4月12日，北京市第二公证处出具第09065号公证书。该公证书就2004年3月31日公证员操作计算机进行证据保全的事项记载为：点击IE浏览器，在地址栏输入www.21media.com进入该网站页面，用户名栏显示“guest”，在密码栏输入“guest”，点击“登录”，进入下一页面；在检索栏的右项输入“郑成思”，检索栏的左项选择“作者”，并点击“检索”，将该网页进行打印，获得实时打印第1页，在该页的左上方标明“www.21media.com”、“书生之家镜像站点2.1版”，正上方标有“书生之家数字图书馆”，检索结果共涉及作者均为郑成思合法出版的以下8本图书：(1)《知识产权文丛》第3卷；(2)《知识产权文丛》第1卷；(3)《中国民事与社会权利现状》；(4)《WTO知识产权协议逐条讲解》；(5)《知识产权文丛》第4卷；(6)《知己知彼打赢知识产权之战》；(7)《知识产权价值评估中的法律问题》；(8)《知识产权文丛》第2卷。

根据该公证书的记载，通过点击图书名称后的“全文”，并进行拷屏操作，可以打印出上述图书的内容。该公证书所附的实时打印页中，只有上述序号为7、8图书的封面、目录及封底打印页的上端显示为“烟台市图书馆专用”，其他图书的封面、目录及封底打印页的上端阅读器栏均显示为“北京书生数字技术有限公司专用”。

2004年6月24日，原告郑成思向海淀区法院提起诉讼称：2003年3月初，我发现书生公司在其建立并管理的“书生之家数字图书馆”网站（www.21dmedia.com）上，未经授权使用了我的多部作品，侵犯了我的著作权，故诉至法院，请求判令书生公司：(1)停止侵权；(2)在指定的报刊及网络上刊登致歉声明；(3)赔偿我经济损失196 475元；(4)负担我支出的公证费1 500元；(5)负担我的律师费5 000元。

被告书生公司辩称：我公司从未在自己的网站上刊登郑成思作品，不应承担侵权责任。请求驳回其全部诉讼请求。

2004年10月18日，北京市第二公证处出具《关于补正“(2004)京二证字第09065号公证书”的说明》（简称为《补正说明》），称因公证人员制作公证书时，打字、排版及编页疏忽，致使上述公证书出现漏字以及对实时打印页的打印过程表述不当，故将“www.21media.com”更正为“www.21dmedia.com”，并对实时打印页的打印步骤进行了更正。

2004 年 10 月 28 日，书生公司向北京市第二公证处提出申请，要求其撤销第 09065 号公证书及其《补正说明》。北京市第二公证处出具（2004）京二文字第 33 号文件，维持了第 09065 号公证书及其《补正说明》。2005 年 2 月 17 日，书生公司向北京市司法局提出行政复议申请，请求撤销北京市第二公证处作出的（2004）京二文字第 33 号文件。

书生公司还提出，其技术模式完全类似于在图书馆中的阅览室的阅读模式，使有权浏览的读者用拷屏以外的任何方法都不能保存或传播所浏览的图书。而采用拷屏的方式保存并传播作品的可行性几乎不存在。同时“书生之家数字图书馆”技术平台最多只允许三人同时阅读一本书，符合美国千年数字法案的有关规定。因此，未侵犯郑成思的著作权。为此，书生公司向法庭提交了（2004）长证内经字第 12757 号公证书和（2004）长证内经字第 12758 号公证书，分别为公证员依书生公司申请在北京联合大学文理学院图书馆电子阅览室和中国矿业大学北京校区图书馆电子阅览室就电脑的浏览和使用进行公证，并制作成 DVD 光盘。郑成思认为，光盘内容只能证明在同一场合同一时间不能三人以上阅读，但不能证明其他读者在同一时间不同场合进行阅读的情况，且其中的作品都是书生公司未经作者授权销售给客户的。

一审法院经审理后认定书生公司构成侵权，判令被告书生公司停止使用《知识产权文丛》（第 1 卷）、《知识产权文丛》（第 2 卷）、《知识产权文丛》（第 3 卷）、《知识产权文丛》（第 4 卷）、《知识产权价值评估中的法律问题》、《知己知彼打赢知识产权之战》、《中国民事与社会权利现状》、《WTO 知识产权协议逐条讲解》及上述作品中郑成思所撰写的内容，消除影响并赔偿郑成思经济损失及因本案支出的合理费用 56 500 元。

书生公司不服一审判决，向北京市一中院提起上诉，二审法院经过审理作出了维持原判的判决。

【案件评析】

本案是近些年来一种比较典型的侵犯著作权的案例，本案的焦点问题在于：一是原告通过公证的方式所做的证据保全因打印错误是否具有证据效力；二是被告对原告作品的使用范围、方式进行了必要的限制，是否构成《著作权法》意义上对作品的合理使用；三是对赔偿数额的计算。

1. 侵权行为的认定

根据我国《著作权》法律的规定，郑成思作为涉案图书的署名作者或主编，依法享有涉案作品的著作权，该著作权包括复制权、发行权和信息网络传播权等权利。除法律另有规定外，任何单位或个人未经著作权人许可，复制、发行或通过信息网络向公众传播其作品，依法应承担停止侵害、消除影响、赔礼道歉、赔偿损失等民事责任。

虽然 www.21dmedia.com 并非书生公司注册的域名，但书生公司的简介及书生之家网站的版权声明均表明书生公司系书生之家网站的经营者，其对经营该网站所产生的法律后果理应承担相应的民事责任。第 09065 号公证书的某些实时打印页的上端标注“烟台图书馆专用”字样，仅能说明公众在书生之家数字图书馆上浏览涉案图书出现了上述标注性文字，并不能推翻书生公司将涉案图书上载于书生之家网站并对外公开传播的法律事实，故书生公司的相关抗辩理由不能得到法院的支持。

尽管书生公司提供相应证据证明其对作品的使用范围、方式进行了必要的限制，但书生公司系以营利为目的的企业，书生之家数字图书馆亦非公益性图书馆，书生之家数字图书馆对作品所作的三人以上不能同时在线阅读及只能拷屏下载的限制，并不构成《著作权法》意义上对作品的合理使用，故书生公司关于未侵犯郑成思著作权的抗辩理由，也同样是不成立的。

2. 关于有瑕疵的公证书的效力问题

从本案的证据分析，郑成思提交的09065号公证书在记载保全过程中，输入的网址www.21media.com与书生公司开办的书生之家网站的网址www.21dmedia.com相差一个字母“d”，但后来公证机关对此进行了补正，明确所输入的网址为www.21dmedia.com。可见，公证书的内容与书生公司的经营具有关联性。通常，公证书的证明力大于一般证据。第09065号公证书系北京市第二公证处作出的具体行政行为，该公证书虽然存在瑕疵，但该瑕疵系公证员在制作公证书时打字排版失误所造成，公证机关已出具《补正说明》对第09065号公证书所涉域名及实时打印页的打印步骤进行了说明及更正。《补正说明》更正后的域名与第09065号公证书实时打印第一页左上方载明的域名相同，均为www.21dmedia.com域名。这一事实足以说明北京市第二公证处出具《补正说明》完全出于对公证保全证据的负责，其将该公证书所表述的错漏字母“d”的域名及对公证书实时打印页的打印步骤所作的调整并未影响该公证书的实质内容及其真实性，故该《补正说明》与公证书均具有同等的法律效力。书生公司就该公证书及《补正说明》的真实性、合法性向北京市司法局提起的行政复议，依法不影响法院依据现有证据对该公证书及《补正说明》的法律效力进行认定。

《最高人民法院关于民事诉讼证据的若干规定》第9条规定，已为有效公证文书所证明的事实，当事人无需举证证明，有相反证据足以推翻的除外。第09065号公证书及《补正说明》的相关内容，表明公众键入www.21dmedia.com域名即进入书生之家网站，下载并安装书生阅读器后，输入“guest”用户名和密码，以作者郑成思名字检索到涉案图书，并可以浏览或以拷屏方式下载图书全文。书生公司关于第09065号公证书的内容是伪造的，不具有证据效力及书生之家网站未向社会开放的抗辩理由，缺乏事实和法律依据，没有得到法院的支持。

3. 关于损害赔偿的数额的确定

互联网为作品传播提供了更广阔更便利的空间，相应也给作品的使用提供了便利和自由，但这种便利和自由并不意味着没有限制，而仍需遵循法律、尊重他人权利。郑成思系本案公证书所列作品的作者，其著作权应当受到尊重。书生公司在未经郑成思许可的情况下，在互联网上向公众提供郑成思享有著作权的作品，以非法方式造成作品网络传播的事实，违背著作权人的意志，构成对郑成思作品的信息网络传播权的侵犯，应当停止侵权并公开向郑成思致歉，对其侵权行为给权利人造成的损害亦应予以赔偿。由于郑成思未提供其实际损失或侵权人违法所得的相关证据，故法院是根据书生公司侵权行为的情节等因素依法确定具体赔偿额，依法定赔偿的方式予以确定。郑成思因本案支出的公证费及律师费均系书生公司侵权行为所致，数额合理，书生公司应一并赔偿。

（四）美国出版商协会、英国出版商协会向版权部门投诉上海某高校非法复制教材案

【基本案情】

2006 年美国出版商协会、英国出版商协会联合向版权部门投诉，称上海某高校侵权复制其会员单位麦格劳·希尔等公司出版的大学教材，接到投诉后，上海市版权局迅速组织执法人员前往被投诉高校进行调查取证，发现被调查单位未经权利人许可复制《社会福利建设理论与实践》等三种图书，每种复制数量在 30 本至 40 本之间，以每本 6 元至 12 元的复制成本价提供给学生，该高校一再申辩，称自己只是少量复制选修课程使用的外国教材，只向学生收取印制成本费，仅供本校学生学习使用，因此他们只是行使了我国《著作权法》规定的合理使用权。上海市版权局依据我国《著作权法》的规定，认定该高校的复制行为

是侵权行为，并据此侵权事实，于2006年6月26日依法对当事人作出责令停止侵权，没收图书及罚款的行政处罚。

【案件评析】

随着我国高等教育事业的发展和教学改革的深入，高等院校对各种学科专业的教材，尤其是高水平、高质量的教材有越来越大的需求，一部分学科教材尚且需要从发达国家引进。由于种种原因，近年来在少数院校出现了侵权使用外国教材的现象。本案就是其中一例，对于本案例的争议焦点是高校复制外国教材，只向学生收取印制成本费，仅供本校学生学习使用，这是否属于我国《著作权法》规定的合理使用。

根据《著作权法》第22条第6款的规定：为学校课堂教学或者科学研究，翻译或者少量复制已经发表的作品，供教学或者科研人员使用，但不得出版发行；同时根据我国加入的公约，如《伯尔尼公约》，参与国家的合法出版物在我国受保护。在本案中，当事人一再申辩，自己只是少量复制选修课程使用的外国教材，只向学生收取制作成本费，仅供本校学生使用，因此他们的复制行为属于合理使用的范畴。我国《著作权法》第22条第6款虽然规定了学校可以为教学目的少量复制已经发表的作品，但对于何为“少量复制”没有作出明确界定，不过本案当事人整本复制外国教材且有一定的复制数量，影响了相关著作权人的合法权益，应被认定为侵权行为，因此，著作权行政管理组织对该高校作出了停止侵权，没收侵权图书以及罚款的决定。

在本案中，还有一个值得我们关注的问题是美国出版商协会、英国出版商协会作为著作权的集体管理组织在发现上海某高校的侵权行为后并没有采用诉讼的方式来保护其会员的权利，而是通过向上海版权部门投诉的方式来获得行政救济，这不失为一个明智之举，因为本案中侵权行为人复制的教材数量较少，对权利人造成的损失有限，如果通过诉讼的方式来保护权利，会造成得不偿失的后果，因为诉讼过程的时间比较长，著作权权利人还要承担大量的举证责任，这会分散权利人的大量精力。而通过向行政管理部门投诉来寻求行政救济，既快速制止了侵权行为使侵权人得到行政制裁，也避免了一场诉累。

三、风险提示和防范措施

随着网络技术的发展，图书期刊的著作权除面临抄袭、非法复制、发行等传统方式的侵权风险外，其信息网络传播权更易遭到侵害，例如，数字图书馆等网络信息内容提供者未经著作权人同意，收录其作品供公众从网上阅读、复制或下载，这种侵权方式具有侵权成本低、侵权范围大、损害后果严重等特点。那么，权利人如何应对如今普遍而又便捷的著作权侵权行为呢？著作权人可从以下几个方面来加强对自己著作权的保护：

（一）通过一定的技术措施来加强对自己的著作权的保护

网络技术带来了数字化、链接等技术，种种便捷的手段极大地突破了权利人其权利的控制力，增加了著作权人被侵权的风险和受保护的难度。面对越演越烈的非法上传、下载、转载等网络侵权行为，著作权人很难依靠一己之力在网络这个大环境中继续控制其作品的传播。针对这种情况，法律赋予了著作权人数字化作品的“信息网络传播权”，但事实上，面对浩如烟海的信息网络资源，著作权人作品的流通状况根本无法支配，根本无法很好很全面地实现其权利。为了平衡这种现实造成的不平衡情况，各国的立法倾向于赋予版权人以技术对抗技术的权利，即承认著作权人可以借助一定的技术手段实现自己的权利，这就是所谓的“技术保护措施”。

技术措施是随着现代科技的发展而作为一种新的权利保护手段，我国《著作权法》和《信息网络传播权保护条例》赋予权利人为了保护信息网络传播权而采取技术措施的权利，并规定“未经权利人许可，故意避开或者破坏技术措施的”构成侵权行为。《信息网络传播权保护条例》第26条第2款规定：技术措施，是指用于防止、限制未经权利人许可浏览、欣赏作品、表演、录音录像制品的或者通过信息网络向公众提供作品、表演、录音录像制品的有效技术、装置或者部件。

技术措施基本分为两类：（1）控制接触作品的技术措施，指在正常的运行状态下就能阻止用户接触某个网站或网站中的作品的技术措施，除非得到正确的口令或密码；该技术措施通过限制他人访问作品的方式来阻止作品的擅自使用行为。（2）控制使用作品的技术措施，指版权人和相关权利人采取的控制他人未经许可以复制、发行、传播等方式使用其作品的技术手段，电子签名、电子水印等均属此类技术措施。

（二）在发现著作权被侵害后，通过诉前临时措施，防止损失的扩大

诉前临时措施是为了及时保护著作权人的合法权益而采取的防止著作权侵权损害后果进一步扩大的有效措施。在一般情况下，著作权侵权是一种持续而动态的行为，在著作权人提起诉讼或者要求著作权行政管理机关处理的情况时，该侵权行为也可能会继续下去。如果不采取必要的紧急措施，而是等到人民法院作出判决或等到著作权行政机关作出处理决定以后再做处理，可能会对权利人产生难以弥补的损害。而根据Trips协议第50条的规定，应当允许一些包含有效手段的实施措施。我国的《民事诉讼法》规定了财产保全措施，但没有规定诉讼前的对相关行为的临时处置制度。例如它没有规定人民法院在相关的当事人提起

正式的诉讼之前可以采取临时措施。为了保障著作权人的利益不受难以弥补的损害，并与 Trips 协议的规定相协调，《著作权法》第 50 条规定，著作权人或者与著作权有关的权利人有证据证明他人正在实施或者即将实施侵犯其权利的行为，如不及时制止将会使其合法权益受到难以弥补的损害的，可以在起诉前向人民法院采取责令停止有关行为的措施。这种涉及诉讼的临时性措施对于及时保护著作权人的合法权益，加大对著作权的保护力度有重要的作用。著作权人可以利用《著作权法》这一法律武器，在发现著作权被侵害时，通过诉前临时措施，防止损害的扩大，及时保护自己的利益。

（三）在发现侵权行为时，做好证据保全和财产保全，防止侵权人在被起诉后销毁证据和转移财产

《著作权法》规定：为制止侵权行为，在证据可能灭失或者以后难以取得的情况下，著作权人或者与著作权有关的权利人可以在起诉前向人民法院申请保全证据。根据《著作权法》以及《诉前措施司法解释》的规定，当事人申请诉前证据保全措施以及法院作出裁定的程序、条件与诉前责令停止侵权基本相同。首先，申请人应当说明申请诉前证据保全的理由，包括证据可能或者以后难以取得，而且当事人及其诉讼代理人因客观原因不能自行收集的具体说明。其次，如果申请人申请诉前保全证据可能涉及被申请人财产损失的，法院可以责令申请人提供相应的担保。

诉前的财产保全措施在我国的《民事诉讼法》中已有明确的规定。由于诉前财产保全对于著作权保护具有更加重要的意义，《著作权法》在第 50 条中还同时规定人民法院在处理著作权纠纷中可以采取诉前的财产保全措施。诉前禁令与诉前财产保全制度相结合，可以使著作权人在诉讼之前即处于主动地位，便于有效地打击著作权侵权行为，保护著作权人的合法权益。

（四）关于赔偿数额的计算

《著作权法》第 49 条规定，侵犯著作权或者与著作权有关权利的，侵权人应当按照权利人的实际损失给予赔偿；实际损失难以计算的，可以按照侵权人的违法所得给予赔偿。赔偿数额还应包括权利人为制止侵权行为所支付的合理开支。权利人的实际损失或者侵权人的违法所得不能确定的，由人民法院根据侵权行为的情节，判决给予 50 万元以下的赔偿。《著作权法》的这一规定明确了侵权的全面赔偿原则和法定赔偿原则。著作权侵权赔偿数额，是著作权司法保护中的一个难题，原因在于著作权侵权损害赔偿额的计算难度很大，这种难度又源于著作权作为无形财产权的特性。所谓全面赔偿，就是“损失多少赔偿多少”。《著作权法》明确规定了著作权侵权赔偿实际损失的原则，并且权利人为制止侵权所支付的合理开支也应包括在实际损失中。

法定赔偿制度是在被侵权人的实际损失和侵权人的违法所得都难以计算的情况下适用的著作权赔偿制度。为了给权利人以起码的保障，我国《著作权法》引进法定赔偿制度，可以为权利人提供另外一个权利救济。基于《著作权法》的规定，著作权人在主张赔偿数额时，要么能证明自己受到的损害数额，如因侵权人侵权，造成自己发行量的减少等，可实践中，著作权人又往往难以证明自己因为侵权人的侵权行为到底受到多大损失，在这种情况下，著作权人可以通过证明侵权人的违法所得来主张赔偿数额，比如证明侵权人发行了多少本侵权图书，因此而获利额为多少的方式来主张赔偿数额，在这种方式也行不通的情况下，只能按照法定赔偿制度来要求赔偿了，法定赔偿数额由人民法院根据侵权行为的情节，判决给予 50 万元以下的赔偿，而且权利人为制止侵权所支付的合理开支也应包括在实际损失中，所以权利人要将自己为制止侵权所支付的合理开支的证据保留下来。

第十章

图书期刊的非著作权侵权

一、内容综述

图书期刊在出版发行的过程中不单会产生著作权纠纷，也存在非著作权纠纷。图书期刊的非著作权侵权，是指图书期刊在发行过程中，由发行的期刊内容所引起的对第三人除著作权以外的其他权利的侵犯。其中，最常见的形式包括：图书期刊的内容侵犯了第三人的隐私权、名誉权和肖像权。本章将对这些权利进行介绍，并结合具体案例对图书期刊的发行过程中侵犯这些权利进行深入分析，最终为图书、期刊出版者如何避免这些侵权提供建议。

（一）图书期刊的名誉侵权

1. 图书期刊名誉侵权的概念

图书期刊名誉侵权，是指图书期刊在出版发行的过程中，不可避免地因发表内容涉及他人，而给他人的名誉造成不利的影响，从而侵害了他人的名誉权。名誉权，是指民事主体就自己获得的社会评价享有利益并排除他人侵害的权利①。《民法通则》

① 王利明主编：《民法》（第三版），中国人民大学出版社，2007 年版，第 737 页。

第 101 条规定："公民、法人享有名誉权"。在现实生活中，名誉权主要表现为名誉利益支配权和名誉维护权，我们有权利用自己良好的声誉获得更多的利益；有权维护自己的名誉免遭不正当的贬低，有权在名誉权受侵害时，依法追究侵权人的法律责任。

因此，图书期刊所发表的内容侵犯名誉权，主要影响他人以下几个方面的名誉权：

（1）名誉的保有权。即权利人对保持自己的名誉不丧失，不降低，在发现自己的名誉处于不佳状态时，通过努力改变这种状况也是对自己的名誉进行保有。

（2）名誉维护权。这是指特定人有权利维护自己的名誉权，可以要求他人停止侵害自己的名誉，当他人侵害自己的名誉的时候，权利人有权请求有关机关进行保护。

（3）名誉利益的支配权。好的名誉能给权利人带来一定的利益，对此，权利人可以支配这种利益，如使自己从该名誉中得到相应的社会效益和经济效益。

2. 图书期刊名誉侵权的构成

是否构成对他人名誉权的侵害，应当根据受害人确有名誉被损害的事实、行为人行为违法、违法行为与损害后果之间有因果关系、行为人主观上有过错等因素来认定。

在图书期刊的出版发行过程中，名誉侵权主要集中在新闻作品和文学作品当中。

（1）图书期刊中新闻作品的名誉侵权

1993 年出台的《最高人民法院关于审理名誉权案件若干问题的解答》中对新闻报道和文学作品的侵权作出了专门的规定。

因新闻报道严重失实，致他人名誉受到损害的，应按照名誉侵权认定。依照该司法解释所提供的标准，新闻报道侵犯名誉权的认定应参照以下标准：

① 文章反映的问题基本真实，没有侮辱他人人格内容的，

不应认定为名誉侵权；

② 文章反映的问题虽基本属实，但有侮辱他人人格内容的，应认定为名誉侵权；

③ 文章的基本内容失实，使他人名誉受损的，应认定为名誉侵权。

参照这个标准，判定新闻报道是否侵犯名誉权的主要依据是本篇新闻报道中是否有“侮辱他人人格的内容”。例如在新闻机构对产品、服务质量进行批评、评论引起的名誉纠纷时判断的标准应当是：新闻机构对生产者、经营者、销售者的产品和服务质量进行批评、评论，内容基本属实，没有侮辱内容的，不应认定为名誉侵权。但主要内容失实，损害他人名誉的，应认定为名誉侵权。

(2) 图书期刊中文学作品的名誉侵权

依照该司法解释，文学作品侵犯名誉权的认定标准为：

① 撰写、发表文学作品，不是以生活中特定的人为描写对象，仅是作品的情节与生活中某人的情况相似，不认定为名誉侵权。

② 描写真人真事的文学作品，对特定人进行侮辱、诽谤或披露隐私损害名誉的；或者虽未写明真实姓名和住址，但事实是以特定人为描写对象，文中有上述情形的，应认定为名誉侵权。

③ 编辑出版单位在作品已被认定名誉侵权，或被告知明显属于名誉侵权后，应刊登声明消除影响或采取其他补救措施；拒不刊登声明，不采取其他补救措施，或继续刊登、出版侵权作品的，应认定为侵权。

3. 图书期刊名誉侵权的法律责任

我国法律对侵犯名誉权的一般规定主要体现在《民法通则》中。该法第120条规定：公民的姓名权、肖像权、名誉权、荣誉权受到侵害的，有权要求停止侵害，恢复名誉，消除影响，赔礼道歉，并可以要求赔偿损失。

而2001年出台的《最高人民法院关于确定民事侵权精神损害赔偿责任若干问题的解释》增加了受害人请求精神损害赔偿的权利。其中，第8条规定："因侵权致人精神损害，但未造成严重后果，受害人请求赔偿精神损害的，一般不予支持，人民法院可以根据情形判令侵权人停止侵害、恢复名誉、消除影响、赔礼道歉。因侵权致人精神损害，造成严重后果的，人民法院除判令侵权人承担停止侵害、恢复名誉、消除影响、赔礼道歉等民事责任外，可以根据受害人一方的请求判令其赔偿相应的精神损害抚慰金。"

图书期刊因发表的内容侵犯名誉权，属于名誉侵权的一种方式，其承担的责任主要包括：恢复名誉、消除影响、赔礼道歉和给付经济和精神损害赔偿。

(二) 图书期刊的隐私侵权

1. 图书期刊隐私侵权的概念

图书期刊隐私侵权，是指图书期刊在出版发行的过程中，可能因发表内容揭露了他人的私生活或秘密而侵犯他人的隐私权。隐私权是指自然人享有的私人生活与私人信息依法受到保护，不被他人非法侵扰、知悉、收集、利用和公开的一种人格权①；并且权利主体对是否向他人公开隐私，以及公开的范围和程度等具有决定权。

隐私权是从人格权中派生出来的权利。在司法解释中，对隐私权的侵犯适用名誉权的保护。例如：《最高人民法院关于贯彻执行〈民法通则〉若干问题的意见（试行）》第140条规定：

① 王利明主编：《民法》（第三版），中国人民大学出版社，2007年版，第730页。

"以书面、口头等形式宣扬他人的隐私，或者捏造事实公然丑化他人人格，以及用侮辱、诽谤等方式损害他人名誉，造成一定影响的，应当认定为侵害公民名誉权的行为。"《最高人民法院关于审理名誉权案件若干问题的解答》中规定："对未经他人同意，擅自公布他人的隐私材料或者以书面、口头形式宣扬他人隐私，致他人名誉受到损害的，按照侵害他人名誉权处理。"

2. 图书期刊隐私侵权的构成

图书期刊侵犯隐私权的行为有四个构成要件：图书期刊的内容宣扬了他人的隐私；发表这一内容的行为是违法的；对他人隐私的宣扬给他人名誉造成了损害；所造成的损害是由发表的内容造成的。

这里面有两点值得注意：第一，法律规定行为人侵犯名誉权的行为是"擅自公布他人的隐私材料或者以书面、口头形式宣扬他人隐私"。就"擅自"而言，其言下之意就是未经他人同意。第二，对此危害结果法律规定的是"致他人名誉受到损害的"。也即是说如果公布他人隐私后，他人名誉未受到损害的，则行为人不能构成侵犯隐私权。

实践中，侵犯隐私权的行为主要包括：诽谤行为；侮辱行为；扩散宣扬他人隐私；散布社会上难以容忍的事实，一般指伤风败俗或某些社会、民族宗教不容的事实。

3. 图书期刊隐私侵权的责任

依照我国现行的法律，侵犯隐私权的责任被归属到侵犯名誉权当中。因此，其承担责任的条件和形式与名誉侵权一致。这里我们就不再赘述。

（三）图书期刊的肖像侵权

1. 图书期刊肖像侵权的概念

图书期刊肖像侵权，是指图书期刊在发行中不正确地使用他人肖像，导致对他人肖像权利的侵犯。肖像，是指以一定的物质形式再现出来的自然人的形象。肖像权，是指自然人对自己的肖像享有再现、使用并排斥他人侵害的权利①。肖像权人对自己的肖像享有专有权，肖像权人既可以对自己的肖像权利进行自由处分，又有权禁止他人在未经其同意的情况下擅自使用其专有的肖像。《民法通则》第100条规定："公民享有肖像权，未经本人同意，不得以营利为目的使用公民的肖像。"可见，我国法律对肖像权的维护主要体现在以营利为目的使用他人肖像的行为上。此外，肖像权的权利主体只能是自然人。只有自然人才拥有肖像及其肖像权利。法人或其他社会组织对其标志可以申请商标保护。

具体而言，肖像权的内容包括肖像拥有权、制作权和使用权等方面。肖像拥有权指公民有权拥有自己的肖像。未经公民的许可，他人不得拥有该公民的肖像，也不得损坏公民的肖像。肖像制作权是指制作肖像的决定权和实施权，即决定是否制作、如何制作肖像的权利。肖像人可以自行制作肖像，例如自拍、自绘等；也可以委托他人制作，如委托照相馆、画室制作。如有人主动为肖像人拍照或造像，则必须向肖像人取得肖像制作权。

2. 图书期刊肖像侵权的构成

我国《民法通则》规定，未经本人同意，不得以营利为目的使用公民的肖像。可以说，经本人同意和不以营利为目的是相互并存的要件。这里需要提出注意的是，法律并没有规定这一使用必须达到不良的效果。因为，肖像权是绝对权，其不正当的使用本身即为违法。如果这一违法行为对当事人造成了损失，则另外需要承担赔偿责任。

① 王利明主编：《民法》（第三版），中国人民大学出版社，2007年版，第735页。

但是，法律对肖像权的保护并不表示媒体每张照片的使用都需要当事人的同意。图书期刊在下列情况下使用他人肖像的行为，不构成侵害肖像权的行为：

（1）使用具有新闻价值的人物的肖像，如对于党和国家领导人、政治活动家、人大代表、学者、运动员等等，为了报道其活动和先进事迹，而使用其肖像，不构成侵权行为。

（2）使用参加具有报道价值的集会、游园活动的人的肖像。参加这些活动的人不能主张其肖像权。为报道活动而拍摄使用参加人肖像的，不构成侵权。

（3）在风景区点创作风景画、照将人物作为点缀，或者拍摄照片将他人摄入其内，在这些场合，并不以该人物为主，也不构成肖像权的侵害。

（4）为行使正当舆论监督而使用他人肖像。如拍照破坏文物的行为，予以发表“立此为照”，这是正当舆论监督，不构成侵害肖像权。

（5）因通缉罪犯或报道已判决的重大案件而使用罪犯的肖像的，不构成侵权。

（6）为公民本人的利益而使用公民的肖像。如为寻找下落不明的公民，在刊登寻人启事时，刊发该公民的照片，不构成侵权。

3. 图书期刊肖像侵权的法律责任

图书期刊因刊登他人肖像，导致侵犯他人肖像权的法律责任，主要是停止侵害行为——停止图书期刊的发行，销毁图书期刊侵权部分内容。此外，已经使用肖像而造成的损害，侵犯肖像权的法律责任与名誉侵权的法律责任相同，主要包括：恢复名誉、消除影响、赔礼道歉并给付经济和精神损害赔偿。这里就不加赘述了。

二、经典案例评析

（一）新闻报道不实侵犯名誉权案

【基本案情】

2001年6月9日至17日，在由国家广播电影电视总局和上海市政府主办的、原告（上海国际电影节办公室）承办的第五届上海国际电影节举办期间，被告所办的《华商报》先后在同月11日、12日和14日刊登其特派上海记者虞纪撰写的《明星欠缺，组织混乱，上海电影节上演"空城计"》（以下简称《明》文）、《电影节传出"黑箱"操作，奚美娟已被内定为最佳女演员?》（以下简称《电》文）和《最佳女主角锁定事件再爆内情，奚美娟是替罪羊?》（以下简称《最》文）3篇报道，以及无人署名的《上海电影节只是上海人的电影节，谢飞猛批上海电影节》（以下简称《上》文）。以上4篇报道，被告还在其开办的"华商报电子网站"（www. huash. com）上转载，并引起连锁反应。新浪网、南方时报网和新华网分别刊登了《这事不能就这么完，上海电影节"内定"报道后续》、《娱乐世界呼唤绿色革命（污染事例二，奚美娟"内定"影后事件)》、《是谁害了奚美娟? 评上海电影节影后风波》、《上海电影节平淡收场，最佳女演员让人意外，彭玉取代奚美娟》等根据被告上述报道所产生的相关报道或评论。

原告认为被告华商报社的上述行为严重侵害了原告的名誉权，并据此向法院提起诉讼，请求法院判令被告：立即停止侵害、恢复名誉、消除影响并赔礼道歉；赔偿原告损失人民币100万元并承担案件诉讼费用。

法院经审理后认为：被告发表的《电》文和《最》文的内

容严重失实，并且给原告的名誉造成了实质性的损害。

被告所办的《华商报》作为一份国内公开发行的报刊，在上海第五届国际电影节举办期间，以《电影节传出“黑箱”操作，奚美娟已被内定为最佳女演员?》和《最佳女主角锁定事件再爆内情，奚美娟是替罪羊?》这样醒目的标题，连续发表2篇严重失实的报道，并由其网站转载，直接造成其他媒体转载或发表相关评论，直至案件开庭审理期间，相关报道仍在互联网上传播。被告上述2篇报道影响大、范围广、持续时间长，足以造成国内外影迷和观众对上海国际电影节的声誉、信誉产生怀疑，足以造成国内外影迷和观众对原告的形象产生怀疑，足以造成原告的社会评价随之降低，声誉受到严重影响。被告严重失实的报道与造成原告社会评价降低的结果之间具有直接的因果关系。

被告作为新闻媒体，应当对报道进行谨慎的审核。被告发表严重失实的报道时未尽谨慎审核的义务，在对其报道既不能提供权威的消息来源，也不能提供其报道中所谓的“知情人士”的身份，且不能证明其对有关当事人进行了必要的调查核实的情况下，抢先发表严重失实的新闻报道，主观上明显存在过错。

法院在作出上述认定的基础上，依照《中华人民共和国民法通则》的相关规定，作出了被告华商报社停止对原告上海国际电影节办公室名誉权的侵害；于判决生效之日起30日内，在《大众电影》、《解放日报》、《华商报》、“东方网”(www.eastday.com.cn)、“华商报电子网站”(www.huash.com)上刊登两次《致歉声明》，向原告赔礼道歉、消除影响；赔偿原告损失人民币12万元的判决。

【案件评析】

本案是针对新闻报道不实而侵犯他人名誉权的典型判决。本案中法院的判决说理清晰得当，针对新闻报道不实造成名誉侵权的构成要件一一作了详细的分析和论述。回顾本案，焦点主要有以下几个：

第一，对新闻报道严重失实的认定。

新闻报道是否属实的主要依据是新闻内容的来源是否可靠。新闻来源的内容如果是道听途说，没有其他证据佐证而被作为实事报道，就很有可能侵犯到他人的名誉权。新闻被采访者所传达的信息，在没有得到证实的情况下，只能作为被采访者的一家之言，应当在发表的新闻中予以注明，以确保新闻的公正和客观。本案中法院强调，“作为新闻媒介，对此类传闻的处理应当是在报道后，提出自己的怀疑和分析；至少是应当在报道后注明新闻出处，使得读者能够了解该新闻的真实性和可靠性”。

同时，在本案中，法院也强调了对于新闻真实性的要求只限于基本属实，而非完全属实。这也是由于新闻报道特殊的时效性要求所决定的。时间紧迫而不能对内容有充分的调查，也是本案被告的抗辩理由。本案法官在开篇即对新闻报道的真实性要求做出了划分，认为只有严重的不真实报道才会构成新闻报道侵权。在回答被告的抗辩中，法院也指出，“新闻真实性也是新闻工作的基本准则”。并援引国家新闻出版署颁布的《报刊刊登虚假、失实报道处理办法》、《中国新闻工作者职业道德准则》为依据。

然而如何判定新闻报道的不实之处是否属于严重失实，本案中法院没有提供一个具体的标准，而是基于个案认定。也就是说，新闻报道失实的严重性是依照个案而定的。

第二，出版社在新闻出版发行前没有尽谨慎审核的义务，即主观上存在过错。

法院在判决中称：被告作为新闻媒体，应当对报道进行谨慎的审核，不能存有合理的怀疑，除非其报道来源于权威机构或权威人士提供的消息。根据现有证据，被告对其报道既不能提供权威的消息来源，也不能提供其报道中所谓的“知情人士”的身份，且不能证明其对有关当事人进行了必要的调查核实，被告抢先发表严重失实的新闻报道，主观上明显存在过错。

在这里，法院对新闻媒体的审核义务进行细化，即“不能存有合理的怀疑”。对于排除合理怀疑的方法，法院指出三点，即报道“能提供权威的消息来源”，或者“能提供其报道中所谓的‘知情人士’的身份”，或者“且不能证明其对有关当事人进行了必要的调查核实”。法院认为，如果做到了上述条件，就可以认定新闻出版机构尽到了谨慎审核的义务。

第三，失实的报道与被害人的名誉遭到了侵犯所产生的损害后果之间有因果关系。

依照我国侵权行为的一般理论，因果关系是判定被告是否承担侵权责任的重要构成要件。本案中，双方当事人对失实报道和其造成的损害后果之间的因果关系没有太多的争辩，法院也只是在判决中顺带提及：“被告的严重失实的报道与造成原告社会评价降低的结果之间具有直接的因果关系。”在本案中，其他新闻媒体也有类似的报道，只是在实践上都在被告的新闻报道之后。事实上，原告名誉权被损害的结果并不是被告一人的行为所致，被告与其他作出类似报道的新闻媒体是否构成共同侵权行为是有待探讨的问题。如果构成，其他作出相关报道的新闻媒体即须对原告的损害负有连带赔偿责任。

第四，对于赔偿额的认定。

在本案中，对于损害赔偿金的认定，法院没有提及具体的计算标准，只是依照法律赋予的裁量权根据本案的具体情况而酌定赔偿额。

法院在确定精神损害的赔偿数额时主要参照了2001年出台的《最高人民法院关于确定民事侵权精神损害赔偿责任若干问题的解释》（以下简称《解释》）中的规定。《解释》第9条规定：精神损害抚慰金包括以下方式：（1）致人残疾的，为残疾赔偿金；（2）致人死亡的，为死亡赔偿金；（3）其他损害情形的精神抚慰金。

《解释》第10条规定：精神损害的赔偿数额根据以下因素确定：(1) 侵权人的过错程度，法律另有规定的除外；(2) 侵害的手段、场合、行为方式等具体情节；(3) 侵权行为所造成的后果；(4) 侵权人的获利情况；(5) 侵权人承担责任的经济能力；(6) 受诉法院所在地平均生活水平。法律、行政法规对残疾赔偿金、死亡赔偿金等有明确规定的，适用法律、行政法规的规定。

可以说，对于损害赔偿金的认定主要以恢复原告名誉为标准，为恢复原告名誉所作的努力，被告需要赔偿；造成的影响不能恢复的，也需要赔偿。

（二）文学作品侵犯他人名誉权案

【基本案情】

被告陈某，琼海人，工作之余爱好舞文弄墨，生活中的一些小故事也时常能激发他的文学创作灵感。2005年8月，他创作了小说——《老崔的故事》，并且在琼海市作家协会主办的刊物《万泉河》第3期上发表。

陈某是琼海市某中学的老师，他在他的小说《老崔的故事》中，生动地讲述了一位姓崔的老师在一所学校的故事。

《老崔的故事》多处对这位崔老师的为人师表作了这样的描写：崔老师将自己姓氏“崔”字写成“催”字、“老崔的课上得不怎么样，照着参考书读，课堂板书就更惨了，一节课下来起码有十来个错字留在黑板上。晚自修辅导时，学生提出的问题，他总是支支吾吾搪塞过去，以致后来下班时总是从前门进去，紧接着便从后门出来，有时干脆就站在走廊里”、“被学生起外号为‘是不是啊’”等等。

事情就是这样“巧”。陈某曾有一位同事也姓崔，在该校任职了10年。所以，小说一发表，在陈某就职的学校里便迅速传开。一时间，陈某的《老崔的故事》，便成老师们茶余饭后私下议论的话题：故事里的“老崔”，是不是就是学校里那个真的老崔？看过这篇小说的众老师们经过分析，最后作出一致推断：小说里的“老崔”，无论在个人经历、生活和工作环境、语言习惯等，都与那位崔老师酷似，十有八九就是他。

故事很快传到了崔老师的耳朵里。他禁不住仔细阅读了《老崔的故事》，可越读越不是滋味，最终他认定：故事里的“老崔”影射的就是他本人，而陈某在小说中如此详细地描述和刻薄的评价，无异于当众对他进行羞辱。

想到这篇小说使自己成为熟人们的谈资和取笑的话柄，并在学校里传得满城风雨，崔老师积郁甚重。他觉得，陈某应该想到发表这篇小说会给他的生活造成恶劣的影响，而陈某这样做不是有意攻击他，就是对他的名誉极度不负责任。由于不堪忍受这样的人格伤害，崔老师决定通过法律途径为自己讨个说法。2006年2月，崔老师一纸诉状将陈某告到琼海市人民法院，以陈某所写的《老崔的故事》侵犯了他的名誉权为由，要求陈某在《万泉河》上向他公开道歉，并赔偿他精神损害抚慰金6 000元。

在法庭上，陈某承认小说确实是他写的，但他称这篇小说的人物、情节和内容都是虚构的，虚构的内容怎么会对现实生活中的人构成名誉和人格的伤害呢？而且故事里说的“老崔”，也没有点到崔老师的真名。为此，陈某明确表示，他不同意向老崔赔礼道歉，也不应向老崔赔偿精神损害抚慰金。

而崔老师则坚持认为，小说描述的很多细节都可以让人将故事里的老崔和自己建立联系，而且事实上很多同事就已经把自己和故事里的老崔建立联系了，所以，原告的小说对其名誉权构成了侵害。

法院终审认为，陈某所写的《老崔的故事》这一文学作品，所描写的主人翁虽然未写明崔老师的名字，但事实上，从该文所写明的姓氏及崔老师所工作的单位、时间分析，与崔老师这一特定人相吻合，已达到足以使熟悉该特定人的其他人以此推断出该文所描写的人实际上就是这个特定人——崔老师，因此，应认定该文事实上是以崔老师这一特定人为描写对象的。

终审同时认为，由于该文有多处丑化、侮辱崔老师的失实内容，并且已在一定范围内被传阅，造成了严重影响，使崔老师的名誉受到损害。陈某对于自己损害崔老师名誉的行为要依法承担名誉侵权的法律责任。

据此，终审判决：陈某在《万泉河》杂志上刊登经法院审查的道歉声明，为崔老师恢复名誉、消除影响；一次性支付崔老师精神损害抚慰金3 000元。

【案件评析】

这是一起文学作品侵犯名誉权的纠纷案件。依据我国《民法通则》的有关规定：公民、法人享有名誉权，公民的人格尊严受法律保护，禁止用侮辱、诽谤等方式损害公民、法人的名誉。在该案中，判定陈某的小说是否侵犯了崔老师名誉权的关键在于能否认定小说里的“老崔”就是现实生活中特定的这位崔老师。

文学作品是人的脑力劳动创造的智力成果，允许作者杜撰人物、虚构情节。根据《最高人民法院关于审理名誉权案件若干问题的解答》（1993—8—7）的有关规定，关于文学作品与某公民的情况近似算不算侵权，应当区别不同载体的作品进行认定和处理。

由于非纪实性文学作品允许虚构情况、杜撰人物，所以，撰写发表该类文学作品，不是以生活中特定的人为描述对象，只是作品中的情节与生活中某人的情况相仿的，不能对号入座。他人不能以自己具有和作品中的人物相仿的情节而主张被侵权。

而对于纪实性文学作品，由于该类作品具有纪实性的特点，取材来源于实际中的人物和事件，这就势必涉及实际中的真实人物。所以，在该类作品中，描写真人真事的作品，对特定人进行侮辱、诽谤或者披露隐私损害其名誉的；或者虽未写明真名实姓和住址，但所描写的人物在个人经历、生活和工作环境等方面与现实生活中的某一特定人相似，并且达到足以使熟悉该特定人的其他人（如这个人的亲属、同事等）以此推断出该文所描写的人实际就是这个特定人的程度，就可以认定作品中的人物就是指现实生活中的这个人。如文中有侮辱、诽谤或者披露隐私的内容，致使其名誉受到损害的，应当认定侵害他人名誉权。

当然，即使是纪实性文学作品，如作品中没有人格侮辱、诽谤的内容，只是时间、地点等个别细节和枝节问题失实，也不构成名誉侵权。

基于上述分析，在本案中，法院查明的事实表明：《老崔的故事》关于主人翁“老崔”的描写，在个人经历、生活和工作环境、语言习惯等方面与现实生活中的崔老师极为相似，且崔老师的其他同事，都可通过该小说推断出“老崔”指的就是现实生活中的崔老师。因此，可以认定《老崔的故事》是一篇纪实性的小说，并且是以现实生活中的崔老师为描写对象的。因此，如该小说中对描写对象确有人格侮辱性的内容，就构成了名誉侵权。

最后，需要进一步分析的是，在该案件中，名誉权受到侵害的原告并没有将使用该作品的杂志社同时列为被告，所以，并没有涉及杂志社的法律责任。但是，为了明确杂志社的法律责任，我们在这里也简单分析一下杂志社在使用类似作品时的法律责任。

首先，杂志社在使用该类可能涉及他人名誉权的作品时，应当对作品的内容进行严格的审查。由于文学作品的创作空间较大、创作题材广泛，大量文学作品属于虚构类作品，所以，杂志社对于文学类作品的审查义务相对宽泛。但是，这不等于不要求出版者对作品内容进行审查。如果因未严格审查而导致侵犯他人名誉权的作品得以传播，也应当承担相应的法律责任。

其次，正是由于出版者对于文学作品的审查义务相对宽泛，所以，出版者在文学作品的名誉侵权纠纷中通常仅承担停止侵害、消除影响的法律责任，而不必承担经济赔偿责任。

（三）作者侵犯名誉权出版社免除赔偿责任案

【基本案情】

2004年，作者上官云开与中国物资出版社签订出版《珠海的爱与痛》一书，中国物资出版社于2004年8月出版发行一万册该书。该书后记中写道“2004年4月，在中央党校我第一次于中共湖北省公安县委书记程雪良见面，程雪良见面就说：‘你们有的记者到处在敲诈我，让人很恼火’。我说：‘我没有，如果有，请向中宣部举报’。他问我是什么地方人，我告诉他是荆门人，程说那就不是我，这个人是监利人，监利杜书记（在新）对他也很恼火。我知道他指的是××日报湖北站聘请的‘二记者’王晓芸。‘二记者’日常要做的就是到处找线索，写成批评稿后以所谓‘征求意见稿’的名义传给被批评对象和上级，再等别人上门谈条件把稿件‘买走’，俗称‘卖稿件’。听十堰市的一位领导将，王晓云已经从荆州转移到襄樊、十堰一带活动，我真为聘请王晓云的肖黎明捏一把汗……”

该书出版后，书作者上官云开将该书寄送给中国人民大学、武汉大学等多所大学收藏。同时在其博客上发表该书“后记”全文，并在其他网站论坛张贴，通过人民日报海外版的广告方式对《珠海的爱与痛》一书进行了推介。

“后记”中提到的“程雪良”陈述：当时“根本不认识王晓芸”，上官云开书中所写的“我知道他指的是谁”纯属上官云开自己的推断。

王晓芸的家乡——湖北监利有关单位和行政部门收到了这本书，大家看后对王晓芸议论纷纷，认为该书对王晓云的评价是真实的。

2005年5月30日，王晓芸以名誉侵权为由，将中国物资出版社和书作者起诉到荆州市沙市区法院。诉称书作者在所著《珠海的爱与痛》一书中，将个别人士指责原告的不实之词写入"后记"，指名道姓地对原告进行人身攻击，并通过邮局、网络等方式进行散发和传播。中国物资出版社对该书的出版未尽到合理审查义务，对侵害原告名誉权也有一定责任。请求判令二被告停止侵权并消除影响，并赔偿精神损失50万元。

一审法院审理后认为，书作者上官云开在其所著《珠海的爱与痛》后记中做出不实推断，对王晓芸作不实的负面评价是不争的事实，而中国物资出版社未严格审查就出版发行该书是导致对王晓芸的负面评价得以广泛传播的主要原因。作为新闻工作者，其名誉好坏、社会评价高低直接影响到其新闻作品的可信度及其工作能力的可信度，因此，个人名誉、社会评价对于新闻工作者来说尤为重要。法院据此判决书作者和中国物资出版社于判决生效之日起十日内删除其博客中登载的《珠海的爱与痛》后记内容，在其博客中以及人民日报及其网站、法制日报显著位置连续七日登载篇幅不小于五分之一版面的书面道歉内容，同时还判决上官云开赔偿原告王晓芸精神损失费4万元，中国物资出版社赔偿王晓云精神损失6万元，双方承担连带责任。

一审判决后，王晓芸和中国物资出版社均不服提起上诉。荆州市中级人民法院审理后，维持了一审判决中对上官云开的判决内容，撤销了一审判决中要求中国物资出版社承担赔偿责任的内容，只要求中国物资出版社于判决书生效之日起三十日内在媒体上刊载消除影响的声明。

【案件评析】

这是一起出版社和作者侵犯他人名誉权，但是出版社免除经济赔偿责任的案件。

对于《珠海的爱与痛》作者上官云开的行为构成侵权并没有争议，其在自己的书“后记”中列明的所谓他人的陈述，实际上属于不实陈述，而且，这些陈述对王晓云的名誉权造成侵害，理应承担消除影响和赔偿损失的责任。

对于该案中出版社的责任，一审法院和二审法院的认定不同。一审法院认定中国物资出版社未对作品进行严格审查，应承担侵权赔偿责任；二审法院认定出版社不构成对王晓云名誉权的侵犯，但要采取一定措施消除影响。

最高人民法院1993年发布的《关于审理名誉权案件若干问题的解答》第九条第三项的规定：编辑出版单位在作品已被认定为侵害他人名誉权或者被告知明显属于侵害他人名誉权后，应刊登声明消除影响或者采取其他补救措施；拒不刊登声明，不采取其他补救措施，或者继续刊登、出版侵权作品的，应认定为侵权。

根据上述规定，出版单位只有在作品被认定为侵权后拒不采取补救措施的，才会被认定为侵权并承担侵权责任。而在该案中，中国物资出版社在出版前进行了必要的审查，并且在出版《珠海的爱与痛》一书时，该书未被认定为侵权，也未被告知属侵权文章。由此，中国物资出版社不应承担经济赔偿责任，只需承担“刊登声明消除影响或者其他补救措施”的责任。二审法院判决免除中国物资出版社的民事赔偿责任，只要求出版社承担消除影响的责任是正确的。

（四）学术评论侵犯名誉权案

【基本案情】

原告系华中科技大学同济医学院附属协和医院泌尿外科主

任。原告诉称，2005年9月14日，被告中国协和医科大学出版社邀请被告方是民在协和出版社与搜狐网站联合举办的搜狐健康频道访谈节目中谈“生物医学的规范”。访谈中，方是民谈到“还有一个‘肖氏反射弧’，也说是国际公认……其实这个‘肖氏反射弧’也是自吹自擂的……。这都是属于利用中国和国外信息不对称自吹自擂”。2005年9月21日，搜狐新闻频道发表方是民《脚踏两只船 中国院士越选越滥》的文章。文章中与肖传国有关的内容有：肖传国以华中科技大学工作人员身份参选中国院士，同时在纽约大学担任全职的教师。“一个人能否同时在中、美两国担任两个全职职务？这种脚踏两只船的人是否符合中国科学院院士候选人的要求？”“肖传国的简历则更让人觉得矛盾重重、扑朔迷离。他的出生年月，有的简历写的是1957年1月，另一个简历是1955年12月。他到纽约大学医学院任‘副教授’的任职时间，有的写的是2000年至今，有的写的是2001年1月至今。肖传国是不是一开始就在纽约大学医学院任‘副教授’，也是很成问题的……在肖传国的简历中，类似这样拔高自己的地方还有。例如，他在简历中洋洋洒洒列了自己1982年以来发表的26篇英文论文。仔细一看，他竟是把参加学术会议的文章摘要也都当成论文给列进去了……没想到院士候选人居然也玩用会议摘要冒充论文的把戏……肖传国在简历中玩这种障眼法是有‘苦衷’的，他在国际期刊上发表的论文实在是太少了，20多年来，已经发表的仅有4篇，总共被别人引用的只有9次（有的引用还是对其结果表示怀疑的），可见在国际学术界毫无影响。但是他却在简历中自称获得了‘国际神经泌外最高奖’，其实他罗列的两个奖项（美国泌尿学会Jack Lapides奖和美国泌尿学会成就奖），前者是很容易获得的美国泌尿学会会议摘要‘竞赛奖’，后者虽然是个大奖，但是在历年获奖者名单中，却没找到他的名字。肖传国还有一个非常惊人的成就，他提出国际公认的‘肖氏反射弧’原理——外科领域里仅有的几项以中国人名字命名的手术原理，在医学文献数据库和网上检索‘肖氏反射弧’的英文名称，结果都是零。检索肖传国自称根据该原理实施的：‘肖氏术’的英文名称，只出来一个网页，是肖传国在北京的一次学术会议上报告的题目。可见，所谓‘国际公认’云云完全是肖传国本人的自吹自擂……所谓‘肖氏反射弧’、‘肖氏术’就连在国内医学界也没有得到认可”。

原告认为这些不符合实际情况的报道和污蔑，特别是对原告的学术工作和所获国际认可的各项指控均完全背离事实，严重损害了原告的名誉权。该文刊登后，在原告的学生、老师和同事中引起了极大的愤慨；原告作为国际知名的泌尿外科专家，其声誉受到了极大的影响。因此，原告要求两被告在国内公开发行的知名媒体和网络上向原告赔礼道歉，并要求两被告连带赔偿原告名誉损失费 10 万元。

被告方是民在答辩中称对原告的批评都有事实依据，并非“污蔑”、“违背事实”，而是正当的学术批评。因此，请求法院驳回原告无理的诉讼请求。

被告中国协和医科大学出版社在答辩中称：2005 年 9 月 14 日的座谈活动，被告中国协和医科大学出版社只是负责挑选主讲人，不向搜狐公司收取任何费用。因此，被告中国协和医科大学出版社与本案没有关系，不应承担法律责任。

法院经审理后认为：方是民在访谈的言论和网上发表的文章中，对肖传国的“反射弧”相关理论提出异议在学术上是允许的，但评论中使用“自吹自擂”、“拔高自己”、“玩冒充把戏”等词语，足以误导公众认为肖传国在职务、论文、学术理论等问题上造假，从而导致对肖传国人品、声望、社会评价的降低，给肖传国造成精神损害，肖传国名誉被毁损的事实成立。方是民为证明其言论属实，举出大量在网上收集的材料，但这些材料没有到有关网站和肖传国等处核实，无法证明其内容的真实性。按照《最高人民法院关于审理名誉权案件若干问题的解答》第8条的规定，“文章的基本内容失实，使他人名誉受到损害的，应认定为侵害他人名誉权”，故应当认定方是民的侵权事实成立。

协和出版社作为“生物医学的规范”访谈节目的组织者，有义务保证访谈者访谈内容的合法性，但协和出版社没有尽到这项责任，以致让访谈者发表了侵害他人名誉权的言论，故协和出版社认为自己没有侵犯肖传国的名誉权的理由和请求，亦不予支持。

基于上述认定，法院判决：方是民、中国协和医科大学出版社在搜狐新闻频道刊登声明，向肖传国赔礼道歉；方是民赔偿肖传国精神损害抚慰金3万元；中国协和医科大学出版社赔偿肖传国精神损害抚慰金1万元，方是民承担连带责任。

【案件评析】

本案主要有以下两个法律焦点：

第一，本案中的评论是否侵犯名誉权。

法律赋予公民言论自由的权利，公民在行使言论自由权利时不能侵犯他人的权利。同时，法律保护公民、法人享有名誉权不受他人侵犯的权利。本案中2005年9月14日的网络访谈及2005年9月21日的网络评论《脚踏两只船　中国院士越选越滥》一文，关于肖传国的相关内容基本失实，而且其中有较多的负面表述，例如“脚踏两只船”、“自吹自擂”、“拔高自己”、“玩用会议摘要冒充论文的把戏”等带贬义的词语，这些基本失实的言论及带贬义的词语的描述，导致肖传国人品、声望、社会评价的降低，给肖传国造成精神损害。虽然，本案中的言论系学术批评，不可否认学术争论是正常现象，但学术批评、争论应建立在对事实的客观、真实的基础上和中肯的评论上。言论失实的行为已超过了法律允许的范围，构成对肖传国名誉权的侵害。

第二，作为组织者，中国协和医科大学出版社是否应对作者的不实言论承担责任。

在本案中，中国协和医科大学出版社“生物医学的规范”访谈节目的组织者，有审查内容真实性的义务。一审法院在判决中也指出：“协和出版社作为网络访谈活动举办方之一，对访谈主讲人的失实言论未尽到谨慎的注意义务，并为主讲人失实言论提供了传播平台，协和出版社应对方是民侵害他人名誉权的行为承担相应的法律责任。”在前述的案例中，我们已经列举了相关的法条。法律明文要求出版者对所出版的内容要进行审查，以保证出版内容的真实合法。当然，如前述案例所示，这种审查并不是要求出版者对出版内容进行苛刻的审查。但是在本案中，方是民的言论已经明显地具有贬低他人的色彩，而出版者并没有对此作出中立的申明，因此需要承担相应的法律责任。

（五）新闻报道侵犯隐私权案

【基本案情】

1998年7月，原告李××因患“异性癖”，在无奈情况下，在一家外地医院做了变性手术，后被原单位解除用工合同，又去外地某单位打工。1999年5月，被告《兰州晨报》记者郝冬白得知此事后，欲采访原告。经与原告联系，原告同意了此请求。采访中，原告李××向被告郝冬白详细讲述了其做变性手术的前因后果，并向郝冬白提供了约3 000字关于自己身世的书面材料。其间，郝冬白为李××拍摄了照片。

1999年6月9日，郝冬白所写《走过男人路的女人——我省第一例变性人采访记》一文在《兰州晨报》上刊登。该文使用了原告的真实姓名，并配发了郝冬白为原告所拍摄的照片。文章见报后，郝冬白又将此文投于被告《现代妇女》月刊，该刊以《变性人李××》为题在当年第8期刊发。此文在原告工作所在地引起轰动，李××因承受不了当地来自各方的舆论压力，再次失业，离开了该地。

1999年9月16日，原告李××向兰州市中级人民法院提起诉讼，诉称：当时我同意被告郝冬白采访，并同意以化名发表采访稿。但其在文章中用了我的真名，还将照片也登了出来。后被告《现代妇女》又登出《变性人李××》一文，又一次对我大曝光，个人隐私被暴露得淋漓尽致，使我无法工作生活。为此我要求郝冬白、兰州晨报社、现代妇女杂志社三被告停止侵害、消除影响、恢复名誉、公开赔礼道歉；赔偿人身侵权损失（包括肖像权、名誉权）计40万元；赔偿精神损失费15万元；赔偿直接损失（包括交通费、误工费、食宿费）3万元。

被告郝冬白答辩称：1. 原告李××同意我对其变性一事进行采访，并同意撰文发表，还同意用其真实姓名，就不存在侵犯其隐私权问题；2. 文章所涉及的情节和事实都是真实的，且遣词造句充满了理解与同情，谈不上名誉侵权。

被告兰州晨报社答辩称：文章见报前，有关负责人曾一再叮问采访记者郝冬白是否问明李××同意公开其真实姓名，并让作者打长途电话落实，得到肯定答复后才决定用稿。本报的态度是严肃、慎重的，不构成侵权。

被告现代妇女杂志社答辩称：1. 本刊采用《变性人李××》一文，是在向作者郝冬白问明变性人李××同意使用其真实姓名后发表的；2. 本刊每期都在显要位置上申明文责自负的办刊原则。故此，本刊不应承担对原告李××的侵权责任。

在法院审理过程中，原告与三被告在接受法庭调解后，自愿达成调解协议如下：郝冬白赔偿李××人民币4 000元，兰州晨报社赔偿李××人民币6 000元，现代妇女杂志社赔偿李××人民币5 000元。

兰州市中级人民法院确认该协议合法，于1999年11月17

日制发了调解书。

【案件评析】

实践中，侵犯隐私权的案件多以调解结案。但这并不妨碍对侵犯隐私权的分析。

首先，对于侵犯名誉权行为的第一个构成条件是所宣扬的他人隐私必须未经当事人同意。本案中，被告人郝冬白的采访虽然经过当事人的同意，但当事人对其所写的具体内容并不知晓。被告在文章发表前只简单地询问原告是否同意使用真实姓名，并未将原稿交与原告审读认可，这在客观上使得当事人对其所撰写的内容并不知情，也就不存在授权同意。

其次，构成隐私侵权的第二个条件是对他人名誉造成损害。对于受害人名誉受到的损害，应当依据客观的事实加以认定。一般而言，负面消息的传播所造成的影响就是受害人受到的名誉损害。这里认定消息是否为负面，需要结合当事人所处的社会中的一般法律、道德环境和宗教信仰。与当事人所处社会中的一般法律、道德环境和宗教信仰相违背的消息，应当构成负面消息。

最后，内容的虚假与否，不是隐私侵权的必要前提，关键在于当事人是否同意，且是否有损于他人人格、名誉。隐私侵权所散布的负面消息不同于虚假消息，如果传播的虚假消息构成诽谤，则是侵犯名誉权的行为。在隐私侵权中，涉及的事实虽然真实，也可构成侵权，甚至这种言论所涉及的事实越真实，越会侵权，损害后果可能越大。本案中，被告郝冬白依据原告李××提供的素材撰写的这篇纪实性文章，虽无诽谤和侮辱之意，但所涉及的内容超过了当事人的授权，给当事人造成了客观的损害，因此应当承担相应的责任。而兰州晨报社与现代妇女杂志社因审查不严，发表了涉及他人隐私的文章，也构成对他人隐私权的侵犯。

（六）刊登广告侵犯隐私权案

【基本案情】

原告何中强2008年3月21日在黔江中心医院治病，被该院诊断为风湿性心脏病、二尖瓣狭窄、心全衰三级、心功能三级、肺部感染。被告医生向其介绍一种新型手术治疗方式，具有不开刀、风险小、费用低、效果好的特点，并说该院已做过多次此类手术。于是原告就同意了做该手术。手术做完后，原告感觉自己病情并未治愈，与医院原先介绍的治疗结果相差甚远。后被告黔江中心医院在未经原告的许可下，擅自将其病情、手术过程等资料及真实姓名一并登载于被告武陵都市报社出版的报章上，且与客观事实不相符合。在原告家当地造成极坏的负面影响，并对原告的精神造成极度打击。原告请求人民法院依法判令二被告的侵权行为承担连带赔偿责任5万元，并在武陵《都市报》上公开赔礼道歉，消除影响。

针对原告的诉求，二被告辩称：未经过原告的同意刊登了原告的病情和治疗情况属实，但黔江中心医院对原告的手术介绍并没有扩大和虚假承诺，在报刊上刊登的也并非属于商业广告，而是医疗专刊的一则介绍内容，且报道内容并非虚构失实，也未侵犯原告的隐私。对原告认为自己因报道而受到精神打击不能赞同。被告方没有对原告造成侵权，请求驳回原告的诉讼请求。

法院经审理后判决：被告重庆市黔江中心医院和被告武陵都市报社于本判决生效后15日内在武陵《都市报》上向原告何中强赔礼道歉；被告重庆市黔江中心医院和被告武陵都市报社于本判决生效后15日内连带承担原告何中强的精神抚慰金2 000元。

【案件评析】

本案是关于图书期刊刊登广告侵犯他人隐私权的案件。从案件的判决来看，出版社和广告人——本案中的被告重庆市黔江中心医院，承担了连带责任。由此可以看出，出版机构对其所刊登的广告是负有审查义务的，即对刊登的广告内容所侵犯他人权益的应当负赔偿责任。

对于广告发布者的审查责任，我国《广告法》第27条进行了规定："广告经营者、广告发布者依据法律、行政法规查验有关证明文件，核实广告内容。对内容不实或者证明文件不全的广告，广告经营者不得提供设计、制作、代理服务，广告发布者不得发布。"

因此，图书期刊在发布广告的时候，应当注意对广告内容中可能涉及的名誉、隐私和肖像侵权进行必要的审查，以避免承担不必要的责任。

（七）未经他人同意使用他人肖像案

【基本案情】

1978年3月13日，昆明市中级人民法院以（78）昆工判字第7号刑事判决书判决，判处反革命犯韩留贵有期徒刑八年。1979年3月21日，昆明市中级人民法院以（79）刑申字第50号刑事判决书判决：1. 撤销本院1978年3月13日（78）昆工判字第7号判决。2. 改判奸污妇女犯韩留贵有期徒刑三年。1983年7月20日，昆明市中级人民法院又以（83）刑一监字第12号刑事判决书判决：1. 撤销本院1979年3月21日（79）刑申字第50号判决。2. 宣告韩留贵无罪。

中国社会出版社于1998年11月第一版，1999年1月第二次印刷出版发行、销售的1、2万册，定价为42.80元的《蓝镜头》一书二本，在此书第一册第71页处，刊登了题为"现行反革命韩留贵"的照片一张。韩留贵认为该行为已构成对自己肖像权和姓名权、隐私权、名誉权的侵害，使他本人在单位和社会上的形象、声誉被贬低，同时也还影响了他的婚姻，并造成了精神等损害，故提起民事诉讼。要求：1. 判令被告立即将已发行销售以及未销售的《蓝镜头》一书中第71页的照片一页回收后交人民法院统一销毁；2. 判令被告在《人民日报》和《光明日报》上刊登致歉声明；3. 判令被告赔偿精神抚慰金、赔偿金等共计人民币30 000元；诉讼费由被告负担。

韩留贵在起诉时将主编路野作为共同被告，后于2002年1月18日向法院书面申请放弃对主编路野的起诉，法院对原告的申请予以准许。庭审中，韩留贵申请的证人赵荣芬（女）出庭证实，其与韩留贵相识并恋爱，准备结婚时，因看到《蓝镜头》一书中的“现行反革命韩留贵”照片后，便与韩留贵分手。对此，中国社会出版社均予以认可。

一审法院经审理后判决：被告中国社会出版社立即停止《蓝镜头》一书中第71页内容的出版发行，并在5日内销毁未发行和销售的该书中第71页的内容；在《人民法院报》上，刊登一篇向韩留贵的道歉文章；一次性赔偿韩留贵精神抚慰金人民币3万元。

被告中国社会出版社不服一审判决向昆明市中级人民法院提出上诉，昆明市中级人民法院经二审审理认为：根据我国《民法通则》第100条规定：“公民享有肖像权，未经本人同意，不得以营利为目的使用公民的肖像。”是否构成侵害肖像权，应以法律规定的责任构成要件来确定。本案《蓝镜头》一书第71页的照片属于韩留贵的肖像，尽管上诉人刊登韩留贵照片的目的是再现历史，但客观上使用了韩留贵的肖像，且使用肖像的行为未经过韩留贵同意。其次，《蓝镜头》一书出版发行的事实表明，上诉人具有营利目的。因此上诉人行为已构成对韩留贵肖像权的侵害，原审法院根据本案事实，依法所作出的判决正确。

在上述认定的基础上，昆明市中级人民法院作出了驳回上诉、维持原判的终审判决。

【案件评析】

我国《民法通则》明确规定，公民享有肖像权，未经本人同意，不得以营利为目的使用公民的肖像。不同于名誉侵权，肖像侵权在法律上不需要以造成名誉损失为要件。但是在认定民事赔偿责任的时候，肖像侵权造成的名誉损失是确定赔偿的重要依据。故确定某行为是否构成肖像侵权，主要看其行为是否具备以下两个法律要件：

（1）必须是未经肖像权人同意。对于使用无民事行为能力人、限制民事行为能力人的肖像的情况，使用者需要征得其监护人同意。对当事人肖像的使用因不同场合的肖像而有所不同。私人在非公共场合的肖像的使用必须经过当事人的同意，公共场合的肖像却有合理使用的问题。但是对于本案而言，法院并没有对此进行区分。依据上诉人所述，该照片是新闻性质的照片，很可能涉及合理使用的问题。而法院对此没有作出评判，这一点是有失妥当的。

（2）必须是出于营利使用他人肖像。对于营利性的要求是我国目前法院认定肖像侵权的重要要件。虽然学界对此一直存有争议，但司法实务上对肖像侵权的认定一直都以出于营利目的为标准。但是对于营利目的的认定，司法实务上一般还是采取从宽的标准，只要涉及交易，则可以认定。例如，本案中出版图书的出版行为即被认定为营利性行为。

另外，对于肖像侵权应承担民事责任的问题。

对侵犯肖像权的首要法律救济应当是停止侵权行为。如果不停止肖像侵权的行为，就谈不上对肖像侵权承担了民事责任。在本案中，法院判定出版社将本案中图书的相关页删除，就是停止侵权的救济。

此外，对于已经造成的损失，本案集中体现在对韩留贵名誉权的损害上。这部分损失可以参考名誉权的赔偿进行。关于韩留责所主张的精神损害赔偿的量，依据《最高人民法院关于确定民事侵权精神损害赔偿责任若干问题的解释》有关规定，可以由法院行使裁量权，作出恰当的决定。

（八）杂志社不当使用他人肖像案

【基本案情】

《希望》是上诉人（一审被告）广东希望杂志社发行的经营性刊物，在全国范围内发行，据上诉人称发行量为3万至4万册。2001年2月15日，广东希望杂志社未经被上诉人（一审原告）王海洋同意，在《希望》2001年2月份下半月刊的第38页，用半页的篇幅刊登一幅王海洋的照片（该照片系由曾某所摄，发表于《女友》2001年1月份上半月刊），在照片的下端配有显著的文章标题"我和艾滋病人有个约会"。该文章内容是写"女记者涂俏"采访一个男性艾滋病人"小路"的情况。王海洋是深圳大学师范学院表演系学生。广东希望杂志社亦未提供该照片的来源。王海洋提供了其同学的四份证言，该证言的内容为他们看到该报刊登载的照片及标题均对王海洋产生有误会的意思。广东希望杂志社提供了一份北京市朝阳区法院1999年12月8日的民事判决书，该判决书认定广东希望杂志社侵犯王海洋的肖像权，经济上赔偿王海洋4 000元。

原审法院认为，广东希望杂志社在未征得王海洋同意的情况下，将王海洋的照片刊登在其出版的希望杂志中，并在照片的下面配发与艾滋病有关的标题，虽文章的内容与王海洋无关，但该做法容易使他人误会，已构成侵犯王海洋肖像权的行为。故判决：一、广东希望杂志社应立即停止侵犯王海洋肖像权的行为；二、广东希望杂志社应在本判决生效后10天内，在广东希望杂志上刊登向王海洋赔礼道歉的声明，内容由本院审定后刊登；三、广东希望杂志社应在本判决生效后10天内赔偿王海洋因肖像权受侵害造成的精神损害赔偿金人民币20 000元；四、驳回王海洋的其他诉讼请求。

广东希望杂志社认为：一、特殊行业人物的肖像权本身就受到一定限制。被上诉人是表演系学生，同时也是一名广告模特。涉案图片是被上诉人以营利为目的由摄影师拍摄的广告图片。被上诉人允许自己的肖像成为广告图片，即视为其允许摄影师将其肖像用作各种用途，使用该产品无须经过模特本人的同意。也就是说，被上诉人的肖像在成为摄影师作品的同时，被上诉人已经放弃了肖像权。摄影师将主动将该肖像图片提供给上诉人等多家报纸杂志使用。摄影师此举的动机就是同意上诉人使用该图片，并自愿承担由此产生的责任。因此，上诉人使用被上诉人的肖像已经征得摄影师的同意，无论从取得途径还是使用用途，都是合法的。二、一审法院判决上诉人赔偿被上诉人因肖像权受侵害造成的精神损害赔偿金人民币20 000元缺乏依据。

二审法院经过审理后认为：上诉人广东希望杂志社未就本案所涉照片的来源举证，即使其辩称（照片是由照片的拍摄人提供给其使用的）属实，其不构成侵害肖像权的辩解亦不成立。公民的肖像权是一种对世权，不经肖像权人同意，未有法定事由任何人都负有不得以营利为目的使用其肖像的义务。根据我国著作权法的规定，著作权人行使著作权，不得违反法律，即使照片的拍摄人就是该摄影作品的著作权人，在使用肖像时，仍负有上述义务，即著作权人在行使权利时不得损害他人的合法权利。上诉人未能举证证明照片的提供者有权未经被上诉人许可而使用肖像的权利，上诉人使用被上诉人肖像应依法征得被上诉人的同意。关于上诉人称特殊行业人物的肖像权应受到一定限制问题，法律规定了在一些特殊情况下可以不经肖像权人同意而使用他人肖像，如公众人物、新闻报道、涉及公共利益或司法等有关的情形，但本案所涉肖像并不存在上述情形，即不具有违法阻却事由。原审判决认定上诉人行为侵害被上诉人肖像权是正确的。关于赔偿数额问题，应根据侵权人的过错程度，侵权行为的具体情节、后果和影响等酌情认定赔偿责任。本案中上诉人曾因使用他人肖像被认定侵权，此次再次实施该行为，确属明知故犯，其过错是明显的，且上诉人在照片的下面配发与艾滋病有关的标题，虽文章的内容与王海洋无关，但容易引起误会而给王海洋造成不良影响，对此，王海洋已提供相关证人证言，且对此类侵权行为的后果和影响等的认定，更多情况下是法律上推定的结果。一审判决根据上述情节，酌情确定赔偿数额并无不当。

基于上述认定，二审法院作出了驳回上诉、维持原判的终审判决。

【案件评析】

本案主要有两个法律焦点：

第一，本案的焦点主要集中在上诉人广东希望杂志社对被上诉人王海洋的照片是否为正当使用。

在本案中，上诉人广东希望杂志社仅凭被上诉人王海洋的身份——广告模特，即推导出被上诉人默许他人使用自身肖像。这一理由于法无据。结合前述的正当使用他人肖像的案例，可以合法地正当使用的肖像，是“与特定意义公共事件相结合的肖像”。而肖像所有者是何职业，该肖像是否已经许可他人使用，这些都不是正当使用他人肖像的合法事由。因此，本案中，广东希望杂志社对王海洋的肖像属于非法使用。

第二，本案对于赔偿金额的确定。

依照《最高人民法院关于贯彻执行〈中华人民共和国民法通则〉若干问题的意见（试行）》第150条规定：公民肖像权受到侵害，公民要求赔偿损失的，人民法院可以根据侵权人的过错程度、侵权行为的具体情节、后果和影响确定其赔偿责任。因此，在个案中，对损害赔偿金额的确定，人民法院有自由裁量的权利。本案中，上诉人广东希望杂志社认为原审法院的自由裁量不正确，是没有法律依据的。

三、风险提示和防范措施

图书期刊在出版发行的过程中，难免面临侵犯他人非著作权的风险。就总的原则而言，避免这样的风险最好的方式是图书期刊的出版编辑能够详尽地对文章、图片等的内容进行审核。但是在现实中，这样的要求是近乎苛刻的。因此，法律在适用上对审核的程度并不是非常的严格。例如，对于新闻报道而言，只要是不严重的失实，即算是履行了审查的义务。

但图书期刊并不会因为尽了审查的义务即对其所刊登的侵犯他人权利的内容不负责任。相反，根据相关司法解释的规定，图书期刊对侵犯他人权益的内容负有更正的责任，在特定的情况下还负有赔偿的责任。在侵犯名誉权的领域，赔偿的责任是建立在拒绝更正的情况下的。因此，积极履行更正义务，是避免出版机构赔偿损失的有效方式。

以下我们结合具体刊登的内容，对防范非著作权侵权提供一些建议。

（一）使用新闻报道时的侵权风险及防范

新闻报道对他人权利的侵犯主要集中在侵犯他人名誉权和隐私权上。在我国司法实践中，新闻报道侵权的主要问题集中在新闻报道内容的失实和对他人隐私的公开上。考虑到新闻的即时性原则，目前法律对新闻报道的真实性并不要求完全真实，而是要求不“严重失实”。对于他人隐私的报道，法律强调当事人的授权，且这一授权必须是当事人明示的和可知的。

针对新闻报道侵权的问题，笔者建议出版机构应当采取以下几点防范措施：

1. 对于新闻报道的内容，应当坚持客观、有据。记者采访时力争深入了解，坚持不应偏听偏信的原则，有条件的最好能让新闻材料提供者在采访笔记或稿件上签名同意发表，以免矢口否认把责任推给记者。对敏感的内容没有把握的最好不发表，要发表就应尽量查清、查实。对于转载的作品，应严格审查其内容是否含有可能构成名誉侵权的部分。

2. 对于新闻报道的评述，应当坚持客观、公正的原则，坚决排除任何侮辱人格或诽谤他人的内容。对产品质量和服务质量的批评、评论，原则上应以有关部门的结论为依据。

3. 对于涉及当事人隐私的新闻报道，应当得到当事人的明确的同意，并告知当事人新闻报道的内容范围。另外，在新闻报道中应当采取不公开的方式，不宜写明真名实姓，可采用化名的方式，并在文中说明所用名称为化名。

图书期刊如果认真做好这几点防范措施，将有效地消除图书期刊在出版、发行中对他人名誉权、隐私权的侵犯。

（二）使用文学作品时的侵权风险及防范

在司法解释中，文学作品被分为两类，即描写真人真事的文学作品和不描写真人真事的文学作品。也即是纪实性文学作品和虚构的文学作品。对于后者而言，一般不会侵犯他人的名誉、隐私和肖像权利。但对于纪实性文学而言，如处理不当很可能会侵犯他人的权利。这里所要强调的是，纪实性文学并不会仅仅因为不写明真实姓名就不触犯他人权利。只要社会大众能在现实中对该人物对号入座，其作品内化名人物的事迹即可认定为对现实中人物的描述。

考虑到在文学作品侵权的情况下，编辑出版单位往往无法预先得以认知，相关司法解释对出版单位承担责任作出了特别的规定，即只有在知晓作品侵权后拒不刊登声明消除影响或采取其他补救措施，或继续刊登、出版侵权作品的，才认定为侵权。对于知晓作品侵权的认定并不以法院的判决为条件，其他方式、渠道得知也应认为“知晓”。

因此，对于文学作品侵权的防范应当着重于两个方面：一方面，对文学作品本身进行审查，特别是对纪实性文学，其中的情节、描写是否存在不妥；另一方面，在得知文学作品侵权后，应当积极调查，不能被动等待他人起诉，如果侵权属实，应当积极刊登声明消除影响。

图书期刊发表的文学作品，如果经过这两方面的把关，将有效地消除图书期刊在出版、发行中对他人名誉权、隐私权的侵犯。

（三）使用肖像图片时的侵权风险及防范

由于我国法律规定的限制，对肖像权的侵犯主要集中在以营利为目的的使用上。但在司法实践中，这种营利为目的的认定十分广泛。根据多年的司法实践，作者认为，只要图书期刊本身不是免费，或即使免费但为广告目的发行的，都是具有以营利为目的的。

但是并不是具有营利目的的使用都需要肖像权人的同意。公众人物在特定的事件中的肖像被用于报道中的时候，即不需要肖像权人的同意。

因此，编辑出版单位对出版物肖像侵权防范主要集中在对肖像作品使用的许可上。编辑出版单位对照片进行审查的时候应审查照片的来源、落实是否具有肖像人的许可。特别是具有负面意义的照片应当详细检查，如不能得到肖像权人的许可，应对关键处进行处理，并在照片附近加以说明。此外，在照片的排版使用中要注意可能带来的不利影响。如果本属于正常使用的照片，由于排版的失误，使得公众对肖像权人产生误解，此时出版机构将承担侵权责任。

第十一章

图书、期刊出版者的权利和义务

一、内容综述

（一）图书、期刊出版者概述

图书、期刊、报纸统称为现代社会的三大印刷主体，在今天的世界各国，已经成为本国文化极富色彩的组成部分。无论是经济的繁荣，抑或教育科学文化的发展，均对图书、期刊、报纸提出了更多的要求。事实上，很多出版企业在拥有先进生产设备的前提下，实行了高度企业化的经营手法，以满足本国国民日益增长的精神文化的需求。在发展迅猛的我国，这一特点尤为明显。

三大印刷主体中，图书期刊与报纸在经营上相对比，有自己鲜明的特点：从产品经营转向品牌经营，提高出版核心竞争力，已经成为图书期刊出版产业的新走势。与报纸更多的依仗自身品牌价值和广告不同，图书、期刊产业有着特殊产业价值链，在品牌经营中能衍生出持续不断的综合效益，具有少投入、多产出的特征。图书、期刊品牌在市场化运作中各具经营优势，图书品牌以知识、信息密集，积累文化见长，能有效地聚焦社会热点，产生爆发性的市场冲击力；期刊品牌则以灵活的刊期、独有的市场主体身份、持续而稳定的市场、广阔的经营空间等领先。不少图书期刊出版单位实行的营销策略，充分利用图书和期刊不同的品牌优势，着力构建出版物品牌互相渗透、优势互补的营销平台，对图书期刊资源进行深层次的优化配置，有效地放大和拓展了图书和期刊的潜在功能，使图书、期刊的品牌优势转化为效益优势。这样，分析出版者在法律架构下所拥有的权利义务，以及提示可能存在的风险与防范措施，就显的十分必要。

我国《著作权法实施条例》第5条对“出版”的解释是：“指将作品编辑加工后，经过复制向公众发行。”依照法律规定，广义上的出版者，是指从事上述活动的图书出版社、报社、杂志社和音像出版社等出版单位。出版者在取得专有出版权后，在传播作品中产生了自己的权利，对出版物享有我国著作权法规定的权利。也就是说，图书出版社对其出版的图书，报社对其出版的报纸，杂志社对其出版的报纸、杂志，音像出版社对其出版的录音、录像，享有相应的权利。本章重点介绍其中图书、期刊出版者的法定权利和义务。

（二）图书、期刊出版者的权利

1. 法定权利

出版者享有对其出版的图书、期刊的版式设计的专有使用权。我国《著作权法》第36条规定：“出版者有权许可或者禁止他人使用其出版的图书、期刊的版式设计。前款规定的权利的保护期为10年，截止于使用该版式设计的图书、期刊首次出版后第10年的12月31日。”此处的专有使用权包含两层意思：一是其他图书、报纸、杂志不得使用；二是图书专有出版权期满或合同终止后，其他出版社出版同一图书时，未经许可不得使用原图书的版式设计。

所谓版式，根据《现代汉语词典》的解释，是指“版面的格式”。而“版面”是指“书报杂志的每一面上文字图画的编排形式”。具体而言，版式设计指出版者出版图书、刊登文章所使用的开本、字体、字型、篇章结构安排等。对于版式设计，我国修订前的《著作权法》并未规定。只是原《著作权法实施条例》第38条曾规定：“出版者对其出版的图书、报纸、杂志的版式，享有专有使用权。”依此规定，出版同一部图书作品的出版者不得相互抄袭、采用他人所用的版式，刊登同一篇作品的报纸、期刊，应各自编排自己的版式，也不得抄袭他人的版式，否则构成侵权。但该条例未规定权利的期限和保护的方式。

在实际出版活动中，除采取盗版方式印刷图书的盗版者侵犯他人的版式设计权外，出版者单纯侵犯他人版式设计权的情况较少。这是因为制定版式更多的是依照排版的规范，没有多少创造性，而且抄袭他人版式在排版印刷中并不能带来多少方便，特别是由于各家期刊、报纸所刊登的作品不完全一样，版面安排也就不可能一样。

鉴于版式有一定的规范，创造性少，但识别性强，同一个作品不同出版者的版式设计也不完全相同。因此，修订后的《著作权法》增加了对版权设计保护的内容，规定出版者有权许可或禁止他人使用其出版的图书、期刊的版式设计，并给予了10年的保护期（少于50年的邻接权保护期）。

另外，关于图书期刊的装帧设计，包括图书的封面设计、报刊的刊头、标题、装饰等装潢，这属于受《著作权法》保护的美术作品，其作者可以是出版者的工作人员，也可以是图书的作者或译者，比如著名翻译家傅雷先生对其译作的装帧设计；还可以是其他人，比如钱君陶先生即以图书的装帧设计而闻名。设计者是图书、报纸、期刊的装帧设计的作者，依照《著作权法》享有著作权。即使设计者为出版者的工作人员，装帧设计也是其职务作品，设计者至少享有《著作权法》规定的署名权等权利。然而，出版者并不因此享有对于图书期刊的装帧设计的法定权利，把图书的作者、译者或其他人对图书的装帧设计的著作权等同于出版者享有的专有使用权显然是不合理的。因此，虽然我国原《著作权法实施条例》第 38 条规定：“出版者对其出版的图书、报纸、杂志的装帧设计享有专有使用权。”但是2002 年新颁布的《著作权法实施条例》取消了这项规定，出版者权不含装帧设计使用权。

2. 因合同而产生的权利

因合同而产生的权利即图书出版者的专有出版权。我国《著作权法》第 30 条规定：“图书出版者出版图书应当和著作权人订立出版合同，并支付报酬。”第 31 条规定：“图书出版者对著作权人交付出版的作品，按照合同约定享有的专有出版权受法律保护，他人不得出版该作品。”由此可以看出，专有出版权是出版单位依据合同取得的在合同有效期内及在合同约定的地域范围内以同种文字的原版、修订版出版图书的专有权利。该专有权利是一种独占的、排他的权利。虽然依据我国《著作权法》的规定，出版权理论上属于作者享有，即以印刷出版方式复制及发行作品的权利，但是由于我国出版管理的限制，该权利只能由著作权人以合同方式授予出版社，著作权人在授权后的合同有效期内即丧失了该项权利，而在合同有效期内，图书出版者享有专有出版权。

2002 年 9 月施行的《著作权法实施条例》第 24 条规定：“著作权法第二十四条规定的专有使用权的内容由合同约定，合同没有约定或者约定不明的，视为被许可人有权排除包括著作权人在内的任何人以同样的方式使用作品；除合同另有约定外，被许可人许可第三人行使同一权利，必须取得著作权人的许可。”可见，虽然被许可人的专有使用权受到一定的限制，不能单独许可第三人行使同一权利，但被许可人的专有使用权含有排除权的意义，被许可人取得了具有绝对权性质的权利，他有权排除包括著作权人在内的任何人以同样的方式使用作品。

另外,《著作权法实施条例》第28条规定:“图书出版合同中约定图书出版者享有专有出版权但没有明确其具体内容的,视为图书出版者享有在合同有效期限内和在合同约定的地域范围内以同种文字的原版、修订版出版图书的专有权利。”这一规定确定了享有专有出版权的图书出版者享有的专有出版权的范围,即专有出版权人取得了以同种文字的原版、修订版的方式复制、发行著作权人作品的专有地位。根据专有出版权的性质及范围,对于侵犯专有出版权的行为,图书出版者有权主张其专有出版权,单独作为当事人进行诉讼等法律活动,无须取得著作权人的许可,更无须由著作权人主张权利。

要准确理解专有出版权的含义,还要注意以下几个方面的问题:

(1)图书出版者。在我国,图书出版者仅指那些具有法人地位、有权经营标有统一书号的图书出版业务的出版社。除此之外的任何其他单位,均不能从事出版业务,不能成为图书出版者。

(2)专有出版权来源于著作权人的授权。图书出版者的专有出版权虽然由法律直接规定,但来源于著作权人的授权。作品的出版权属于作者著作权中财产权的一项具体权利,由作者即著作权人享有和行使。但由于出版的高度专业化,实际上作者是没有能力来行使这项权利的,他只能通过图书出版合同将其享有的出版权以专有出版权的形式授予图书出版者即出版社。作者是作品的创作者,享有著作权;出版社是作品的传播者,享有专有出版权。专有出版权本身并非著作权,而是邻接权,即专有出版权并非著作权而只是与著作权相邻、相近、类似,是从著作权衍变转化而来的,是从属于著作权的一种权利。当然出版者在传播作品的过程中同样付出了劳动,使作品得以以各种崭新的形式表现出来,他们的劳动应该得到尊重,他们的权利自然应该受到保护。

（3）专有出版权仅限于同种文字的原版、修订版，著作权人有权许可其他出版者以其他文字的其他版本形式出版。

（4）专有出版权不包括信息网络传播权。

实践中，图书出版者的专有出版权主要包括以下内容：

（1）作者在出版合同有效期内，无权在同一地区（如大陆）与其他出版社就同一图书订立出版合同；

（2）在合同约定的期限和地区内，其他出版社不得出版该图书；

（3）有在合同有效期内和合同约定地区内以同种文字的原版、修订版和缩编本的方式出版图书的独占权利。

3. 图书、期刊出版者的其他权利

（1）删改权、摘编权及转载权。

删改权是指出版者可以对作品进行技术性的修改、删节，但对内容的修改应当经作者许可，即报纸杂志社的编辑可以对作品做文字性的修改、删节，这种修改可以不必取得作者的许可。所谓“文字性的修改、删节”是指不得改变作品的基本内容和精神。如需对作品进行改变基本内容和精神的修改、删节，必须要取得作者的许可。换言之，只要这种删改不改变作者的观点和作品内容，编辑行使删改权与保持作品的完整性是并不矛盾的，相反保证了刊物的质量。

摘编权是指出版者有权在不违背作者意愿的前提下，以简明的文字扼要地选摘作者的某些观点予以发表。因为实践中，有的稿件字数太长，版面有限，虽然没有整体刊发，但是部分观点尚有新意，可以以摘编形式发表。

另外，出版者对其他报纸、杂志发表的作品，除著作权人声明不得转载外，可在标明转载、注明出处的前提下，以转载的形式再次刊出，并付给作者应有的报酬，即转载权。在著作权人声明不得转载、摘编的情况下，其他报纸、杂志不得以任何形式刊登。著作权以外的人无权发出类似的声明，如有些刊物声明“凡本刊所发表的文章一律不得转载”，此类声明是不受法律保护的。

（2）署名权。这是出版者享有的邻接权中的人身权利。出版者有权在自己的出版物上署自己的名称，例如本书由人民出版社出版，该社有权就此署名。这种署名与作者的署名是两种不同的署名权。

（3）报社、杂志社对著作权人的投稿作品在一定期限内享有先载权。但著作权人自稿件发出之日起15日内未收到报社通知决定刊登的，或者自稿件发出之日起在30日内未收到期刊社通知决定刊登的，可以将同一作品向其他报社、期刊社投稿。双方另有约定的除外。

4. 几个我国《著作权法》规定的易混淆权利（版权、出版权和出版者权）的区别

（1）版权（Copyright），即文学、艺术和科学作品的作者对其创作的作品依法享有的一种民事权利。这是对版权的狭义理解，与著作权基本上系同义语。版权是英美法系国家的提法，现在已被有关国际公约和许多国家采用。我国《著作权法》第56条规定：“本法所称的著作权即版权。”

版权从广义上理解，不仅包括作品的作者依法享有的权利，还包括作品的传播者依法享有的权利。后者又被称为版权的邻接权（Neighboring Right），我国《著作权法》将这种权利称为“与著作权有关的权益”。版权从其内容上可以分为财产权（经济权利）和人身权（精神权利）两类。

（2）出版权（Right of Publication），是指作者或版权所有人选择适当的方式、载体，将作品编辑加工后制作复制品向公众发行的权利，是版权中一项最基本的经济权利，专属于著作权人

所有。

出版是将作品编辑加工后，通过印刷、音像录制、缩微、数字化处理等手段制作复制品向公众发行的行为，是最为常见的复制行为。版权的产生与出版有着极为密切的关系。

(3) 出版者权（Right of Publisher），是指出版者依法对其出版物享有的权利。出版者权属于版权的邻接权，而不直接属于版权范畴。

如前所述，出版者通过印刷、音像录制、缩微、数字化处理等手段制作作品的复制品向公众发行，是作品的传播者，而不是作品的创作者，其所制作的作品复制品被称为出版物。

出版者权上文已总结，包括法定的对自己出版的图书、期刊的版式设计的专有使用权，以及与著作权人签订的合同所约定的在合同期限内的专有出版权，以及其他基于出版业的特性所享有的权利。

综上所述，版权是作者依法享有的权利，即著作权；出版权是作者依法享有的著作权中经济权利中的一项，也是最基本的一项；而出版者权则是出版者的权利，与作者无关。就图书、期刊出版者而言，可以享有三类权利：第一类是出版者依据我国《著作权法》规定的版式设计权（不包括装帧设计权）；第二类是出版者依据合同取得的、作者或版权所有人许可其使用的专有出版权；第三类是依据出版业的特殊性质所享有的删改权、摘编权及转载权等权利。

（三）图书、期刊出版者的义务

1. 标示义务

图书出版者出版图书，应当在版权页上做好图书版本标示。图书版本标示一般包括以下项目：(1) 书名（或图片名）；(2) 著作者（或绘制者、编辑者、翻译者）的姓名（或笔名、单位名称)；(3) 出版者、印刷者和发行者的名称；(4) 出版年月、版次、印次、印数；(5) 统一书号、定价等。

2. 标明作者身份的义务

出版者（尤其是期刊出版者）应当正确地将作者的署名置于作品的明显位置，按照原稿提供的信息，注明作者的姓名、工作单位全称、所在的省市及邮政编码，同时刊登作者的简介，介绍作者的姓名、性别、籍贯、学历、学位、职务、职称、主攻的研究方向等。漏印作者的署名及将作者的姓名印错都是出版工作的严重错误。如果相关编辑假借曾为作品的发表做过工作而加署自己的名字，应当视为对作者署名权的侵犯。多位作者合作的作品，署名的次序应当依据原稿提供过的信息或全体作者签署认可的声明为准。

3. 保护作品完整的义务

未经作者同意，出版者一般不对作品的观点和内容进行删改，如需要改动，可与作者共同商量，提出修改方案，作者和编辑再作改动，尽可能提高稿件的质量。编辑不能把自己的意志强加给作者，不能滥用删改权，更不能随意将自己不了解不熟悉的学科知识进行删改。

4. 按照合同约定的出版质量、期限出版图书期刊，并及时向作者支付稿酬、发送样刊的义务

就期刊而言，将作者的稿件在期刊上刊登后，应及时支付作者稿酬，一般在刊物刊载后的一个月内为宜。发送样刊时间也不晚于发稿酬，数量应不少于两册。

5. 重版、再版作品的，应当通知著作权人，并支付报酬的义务

图书的重印是指以该图书的同种文字的原版再复制发行，再版是指对图书同种文字的原版做不同程度的修改后，复制发行。我国《著作权法》第 32 条第 3 款规定：图书的重印与再版，图

书出版者要通知著作权人，并要支付报酬。

在图书脱销的情况下，著作权人有权要求图书出版者重印或再版。如这一要求被拒绝，著作权人有权终止出版合同。一旦合同终止，就意味着图书出版者的专有出版权丧失了，著作权人可以与其他的出版者就同一图书签订出版合同。

6. 出版改编、翻译、注释、整理已有作品而产生的作品，应当取得演绎作品的著作权人和原作品的著作权人许可，并支付报酬的义务

7. 对出版行为的授权、稿件来源的署名、所编辑出版物的内容等尽合理的注意义务，避免出版行为侵犯他人的著作权等民事权利

二、典型案例评析

（一）对相同作品翻译产生的不同作品的著作权侵权案

【基本案情】

2002 年 1 月，A 出版社出版了《圣经的故事》，根据译者王某、刘某的授权，该社在 5 年内享有该书的专有出版权。2002 年 10 月，B 出版社与龙某、彭某签订《图书自费出版合同》，同年 12 月也出版了一本同样名为《圣经的故事》的书籍，署名为龙某、彭某编译。龙某、彭某在合同中保证该作品若侵犯了他人权利，愿意承担由此产生的一切法律责任，并约定由此两人承担各种费用共 2.8 万元，在签约时付清。

2003 年 11 月，A 出版社从北京市场购得 B 出版社的《圣经的故事》，发现两本图书中存在大量相同或相似的内容，其中有超过 50% 的内容相同。A 出版社认为 B 出版社侵犯了其专有出

版权。遂与之交涉，但未果。

2004年1月，A出版社向北京市朝阳区人民法院诉称，B出版社侵犯了其专有出版权，请求判令B出版社立即停止侵权、公开赔礼道歉、赔偿其经济损失人民币42万余元、承担诉讼费用和其他合理开支。A出版社提交了以下证据：（1）A出版社和B出版社出版的涉案图书；（2）涉案图书相同内容比照材料。

B出版社辩称：（1）根据与译者龙某、彭某签署的协议，其对出版的《圣经的故事》尽到了合理的注意义务，不存在侵犯他人权利的故意，如果涉案图书侵权，也应当按合同由此两人承担法律责任；（2）根据我国《著作权法》的规定，出版社享有的专有出版权须与作者特别约定才能取得，A出版社不享有涉案图书的专有出版权。请求法院驳回其诉讼请求。

北京市朝阳区人民法院开庭审理后作出了一审判决：B出版社立即停止发行由其出版的《圣经的故事》；B出版社于判决生效后10日内赔偿A出版社经济损失2万元；驳回A出版社的其他诉讼请求。双方皆服此判决。

【案件评析】

首先，必须明确一点，出版社须与作者特别约定才能取得图书的专有出版权。

出版社对图书享有的专有出版权，是出版社排除他人以相同方式出版同一作品的权利。以与专有出版相同的方式完整出版或者出版该作品实质部分的，均构成侵犯专有出版权。但是必须强调指出的是，出版社的专有出版权，是与作者特别约定取得的，如果没有特别约定，则出版社对该图书不享有专有出版权，无权禁止他人出版内容相同的图书。专有出版权的内容，有约定的按照约定，没有约定或者约定不明的，出版社享有在合同有效期限内、在约定的地域范围内，以同种文字的原版、修订版出版图书的权利。专有出版权的期限由合同约定。

在专有出版权的规定上，我国现行《著作权法》和《著作权法实施条例》以2001年10月27日为界，前后存在不同规定：2001年10月27日之前，出版社对其出版的图书自动享有专有出版权。专有出版权的内容不限于原版、修订版，还包括缩编版。专有出版权的期限最长不得超过10年，但合同期满可以续订。出版社在此之前出版的图书适用修订前的规定；反之，适用修订后的规定。本案图书均系2001年10月27日后出版，故本案适用修改后的《著作权法》和《著作权法实施条例》。

本案中，根据译者王某、刘某的授权，可以认定A出版社对其出版的《圣经的故事》享有专有出版权。B出版社出版《圣经的故事》的时间晚于A出版社该书的出版时间，且在A出版社享有专有出版权的权利期限内；两书有超过50%的内容相同，足以认定B出版社对该部分文字的使用构成侵犯专有出版权。

其次，必须澄清一个常见误区，《图书出版合同》只对签约出版社和作者具有约束力，而不及于任何第三人。

虽然B出版社与译者龙某、彭某签订的《图书自费出版合同》中，明确约定了著作权保证条款和违约责任（即龙某、彭某在合同中保证该作品若侵犯了他人权利，愿意承担由此产生的一切法律责任）。但是依照合同相对性理论，B出版社与龙某、彭某签订的该合同仅仅在B出版社与龙某、彭某合同当事人之间有效，对A出版社不具有约束力。事实上这也是目前图书出版行业经常存在的一个误区，部分出版社存在这样的法律认识错误：有了这样的约定，出版社就不侵权，或者不应承担法律责任；如果图书侵权，应当由作者承担责任，和出版社没有关系。这种认识显然是非常错误的。

按照我国的法律规定和司法实践，如果本案构成侵权，B出版社与龙某、彭某应当承担连带侵权责任。龙某、彭某作为侵权图书的“始作俑者”，承担法律责任自不必说；侵权图书虽是自费出版，但B出版社在该书的出版过程中获得了利益，B出版社也同样应当承担法律责任。另外，根据我国关于连带侵权责任的法律规定，B出版社承担了法律责任后，可以依据《图书自费出版合同》追究龙某、彭某的违约责任。但这将是另一个法律关系，和本案原告无关了。

再次，出版社在图书出版过程中必须尽到“合理的注意义务”。

B出版社作为经新闻出版行政部门审批成立的专业出版单位，按照《出版管理条例》的规定，应当严格注意出版的图书不得侵犯他人的权利，即法律对其规定了“合理的注意义务”。在其应当有能力审查出版的图书与A出版社在先出版的图书书名相同且实质内容相同的情况下，B出版社疏于审查而导致侵权图书的出版，其过错明显。

这里说句题外话，一直以来，关于“合理的注意义务”无论在法律理论界还是在实务界都颇有争论，出版社在尽到什么样的责任后才算尽到了“合理的注意义务”？出版社在多大程度上做什么样的事情才算尽到了“合理的注意义务”？由于涉及专有出版权的每个案子各有特点，要给出一个统一的“合理注意义务的标准”基本是不可能的，只能具体问题具体分析。而且关于“合理注意义务”目前的司法实践给人的感觉，对出版社要求偏严、对其审查能力要求偏高。毕竟，在图书出版爆炸的今天，在茫茫书海中，出版社对其出版的每一本图书都要求知道是否已有内容相同或者相似的图书存在，多少有些天方夜谭，而且实践中多有作者和出版社签订《图书出版合同》时故意隐瞒抄袭剽窃的情况发生（如本案）。但是，出版社作为经营者，应当有其经营风险，在其获利的时候不谈风险，在其承担法律责任的时候谈风险，这种做法的确有待商榷。因此，在目前的法律框架下，出版社为避免本案情形的出现，除了加强相关法律学习及严格审稿外，别无选择。

最后，本案中，译者王某、刘某对自己翻译作品的著作权如何维护？

如前文所述，出版社对图书享有的专有出版权，实际上是作者著作权的一种衍生权利，无论出版社是否向他人主张侵犯专有出版权，作者都有权利向侵权者（侵权图书的出版社和作者）主张侵犯著作权。

在本案中，译者王某、刘某可以向B出版社主张侵犯其对《圣经的故事》享有的著作权，如果认定出版社侵犯了王某、刘某的著作权，出版社应当承担停止侵权、赔礼道歉、消除影响和赔偿损失的法律责任。注意在赔偿损失的问题上，有两个问题：一是如果被侵权的作者和出版社已经约定，出版社是一次性向作者付酬，鉴于侵权事实并未给作者带来实际或者预期的经济损失，作者则不能再获得经济赔偿，但不影响被侵权的出版社获得赔偿。二是如果被侵权的作者和出版社约定按照基本稿酬加印数稿酬或者版税方式付酬，则侵权的出版社应当向被侵权的作者赔偿稿酬损失，向被侵权的出版社赔偿其出版侵权图书所获得的利润。

（二）教科书使用作品的著作权案

【基本案情】

被告人民教育出版社2002年4月出版的九年义务教育六年制小学教科书语文第十一册中使用了于某的作品《争画》（作品原标题为《毛泽东与齐白石》，反映毛泽东、齐白石、郭沫若争画的奇闻轶事。因责任编辑认为“争画”作为标题更突出作品主题而改）。《毛泽东与齐白石》一文刊登在《东方艺术》2000

年第3期上。按照《著作权法》第23条的规定，九年义务教育教科书中使用他人已发表作品适用法定许可使用制度，因此，在使用作者于某的作品之前，人教社未与其联系，作品使用费通过中国作家协会权益保障委员会转付。使用之后，人教社和于某取得联系。于表示同意人教社修改作品标题。

2004年11月11日，原告冯某起诉至山东潍坊市中级人民法院，称其作品《争画》于1994年4月27日发表在《中国文化报》上，并在其他报刊上有转载。人民教育出版社2002年4月出版的九年义务教育六年制小学教科书语文第十一册中未经许可使用其作品《争画》，并将作者署名改为于某，侵犯了其著作权。要求人民教育出版社停止侵害、公开赔礼道歉、赔偿损失516 600元并承担本案的诉讼费用。本案于2004年12月23日在潍坊市中级人民法院开庭审理。

在法庭调查阶段，一审法院对两篇文章是否构成抄袭进行了审理，合议庭要求原告举证于某的《争画》（以下简称“于文”）抄袭了冯某的《争画》（以下简称“冯文”）。并在法庭调查结束后，确立了法庭审理的三个焦点问题：1. 冯某是否享有《争画》的著作权；2. 人教社是否侵权；3. 侵权赔偿的数额。

冯某认为：1. 于某的《争画》是抄袭作品，因为自己作品发表时间最早，而且由于《争画》是其虚构的故事情节，历史上无此事，因此，以后任何人再以此故事作为素材发表的作品均是抄袭。除了于某以外，还有其他人也发表过和《争画》内容相近的作品，都是抄袭。因此，教科书上的《争画》就是他的作品。2. 被告使用了于某的抄袭作品，根据《最高人民法院关于审理著作权民事纠纷案件适用法律若干问题的解释》第20条的规定，人民教育出版社未尽合理注意义务，侵犯了其著作权，应当承担民事责任。3. 人教社应赔偿其版税516 600元。

被告人民教育出版社认为：1. 本案存在两篇《争画》，于文是否对冯文构成侵权应由冯某和于某通过法律程序确认，在于某是否侵犯冯某的著作权未通过法律程序作出生效裁判之前，两位作者就其作品分别享有著作权。2. 人民教育出版社依法使用于某的作品，不构成对任何人的侵权。《著作权法》规定，为实施九年制义务教育和国家教育规划而编写出版教科书，除作者事先声明不许使用的外，可以不经著作权人许可，在教科书中汇编已经发表的作品片段或者短小的文字作品、音乐作品或者单幅的美术作品、摄影作品，但应当按照规定支付报酬，指明作者姓名、作品名称，并且不得侵犯著作权人依照本法享有的其他权利。因此，人教社在选用于某发表在《东方艺术》上的作品时，因作者没有事先声明不许使用，就不经其许可直接使用了。3. 人教社在使用《争画》一文时，已依法尽了合理注意义务。《东方艺术》是全国发行的正式出版物，因此，教科书上的《争画》一文来源正当。教科书在使用《争画》一文时，按照《东方艺术》的署名方式署名为于某。因此，人民教育出版社法定许可使用该作品，并已对稿件来源和署名、所编辑出版物的内容等尽到了合理注意义务，没有侵犯他人的著作权。另外，我国《民法通则》和《著作权法》未规定侵害著作权适用无过错原则，因此，出版社只有在有过错并造成损害后果的情形下才承担侵权责任。本案中，人民教育出版社依法使用他人的已发表作品，不存在任何过错，因此不应承担任何侵权责任。因此，不论于文是否抄袭冯文，人教社都不构成侵权，也不应承担任何侵权责任。

潍坊市中级人民法院于2005年5月9日做出一审裁定，驳回原告的起诉，理由是被告不适格。

【案件评析】

本案有两个值得探讨的问题。

首先是诉讼主体问题。

乍看起来，这个问题属于民事诉讼法中诉讼主体适格问题，与本书主旨关联不大，实则不然，从诉讼主体的分析中，一斑窥全豹，可以为图书期刊出版社遇到类似案例提供可能的案件抗辩思路。

原告并没有起诉教科书中所使用的《争画》一文的作者于某，只起诉了出版者。因此，教科书中所使用的于文是否侵犯了冯文的著作权成为法院无法审理的内容。因为法院不能超过当事人的请求范围进行审理，也不能在于某未放弃也未行使诉讼权利的情形下判决于某侵权并承担侵权责任。我国《民事诉讼法》第 8 条规定，民事诉讼当事人有平等的诉讼权利；人民法院审理民事案件，应当保障和便利当事人行使诉讼权利；对当事人在适用法律上一律平等。第 12 条规定，人民法院审理民事案件时，当事人有权进行辩论，等等。在于某未出庭行使辩论权和其他诉讼权利的情形下，如果法院就其作品是否侵权进行了审理，在于某不出庭的情况下，就无法查清于某是否侵权的事实，即使法院认为于文抄袭了冯文，也不能判决于某承担侵权责任。

因此，本案冯某应当起诉于某，或在起诉时将于某和人民教育出版社作为共同被告，也可以在开庭审理时申请追加于某为共同被告。按照我国《民事诉讼法》第 108 条的规定，原告的起诉必须有明确的被告，所谓“明确的被告”是指原告的起诉必须明确指出被告是谁，也就是要明确谁侵害了他的民事权益，或者谁与他发生民事权益的争议。本案中，教科书中《争画》一文的署名作者是于某，如果冯某认为教科书中的《争画》一文是侵权作品，他应当首先起诉于某，但冯某只起诉了人民教育出版社。在庭审中，冯某认为是于某抄袭了其作品，人民教育出版社未尽合理注意义务，但始终没有申请追加于某为共同被告。因此，冯某没有起诉他认为侵害了他权益的人，或者说在冯某的起诉中，被告不明确。因此，根据我国《民事诉讼法》和司法解释的相关规定，人民法院应当驳回冯某的起诉。

事实上，一审法院确实是以被告不适格为由，驳回了冯某的起诉，冯某未就这个裁定提起上诉，裁定已生效。这一裁判，可供涉及类似案件的出版者借鉴。

其次是出版社的合理注意义务问题。

上文案例已提及，要给出一个统一的“合理注意义务的标准”基本是不可能的，只能具体问题具体分析。就本案的情况而言，在法定许可使用的情形下，人民教育出版社对教科书所使用的《争画》的创作过程一无所知（这个不同于出版社与作者签订专有出版权合同的情形），两篇《争画》的表达方式又有很多不同，由于于某没有参加诉讼，不通过法庭辩论无法确认于文是否抄袭冯文。但是就出版社在法定许可使用情形下的合理注意义务而言，即使于文构成对冯文的剽窃，人民教育出版社作为出版者，也不应当承担侵权责任。

根据《最高人民法院关于审理著作权民事纠纷案件适用法律若干问题的解释》第 20 条的规定，出版物侵犯他人著作权的，出版者应当根据其过错、侵权程度及损害后果等承担民事赔偿责任。出版者对其出版行为的授权、稿件来源和署名、所编辑出版物的内容等未尽到合理注意义务的，依据《著作权法》第 49 条的规定承担赔偿责任。出版者应当知道其出版涉及侵权的，依据《民法通则》第 117 条第 1 款的规定，出版者承担停止侵权、返还其侵权所得利润的民事责任。出版者所尽合理注意义务情况，由出版者承担举证。

依据上述规定，人民教育出版社按照法定许可使用该作品，并已对稿件来源（《东方艺术》）和署名（于某）、所编辑出版物的内容（表现伟人和名人深厚的文化底蕴、渊博的文学知识和敏捷的才思，反映出伟人毛泽东和文学家、艺术家之间的深情厚谊。无论从文章的思想性方面还是文学性方面，都非常适于教学使用，不属于《著作权法》禁止出版的内容）等尽到了合理注意义务。

冯某认为，其作品公开发表后，人民教育出版社就应当看到，没有看到就是未尽合理注意义务。这个观点在本案中显然要求过高，每个人（包括冯某本人）、每个组织的能力都是有限的，不可能看遍所有的已发表作品，法律要求能力有限的个人或组织承担人类能力以外的责任是不公平的、不应该的，也是不可能的，因此冯某对合理注意义务的理解不符合司法解释。

当然，如果法院认定于文抄袭冯文，在人民教育出版社尽了合理注意义务的前提下，还是应当承担一定的法律后果，即人民教育出版社应当在教科书中去掉《争画》一文，因为教科书不应当使用侵权作品，并且将《争画》的稿酬付给冯某。

（三）自然人也可以享有专有出版权案

【基本案情】

2005 年 6 月 25 日，A 与 B 两人签订了《图书代理出版协议书》，约定作者 B 将小说《镜·龙战》的中文简体本图书在中国内地出版发行的权利授予 A；作品一经出版，A 在无违反协议的情况下，B 不得将其作品中文简体本的著作权再授予其他自然人或组织；合同有效期四年。之后，A 授权 C 出版社于 2006 年 1 月和 2006 年 2 月分别出版了《镜·龙战》（上、下）两书。但随后，B 以 A 拖欠稿酬为由，将上述图书授权另一出版社出版。2007 年 4 月，A 与 B 就履行上述协议发生纠纷，A 向北京市海淀区人民法院提起诉讼，要求 B 继续履行协议并赔偿损失；B 反诉要求解除协议，并要求 A 支付拖欠稿酬。2007 年 6 月 29 日，B 向 A 发出《解除〈图书代理出版协议〉通知书》。2008 年 4 月 7 日，海淀法院作出判决，判令自该判决生效之日起解除上述协议，A 上诉到北京市第一中级人民法院，但又于同年 7 月 3 日撤回了上诉。一中院裁定准许。

2007年8月30日，B与D公司签订《委托出版合同》，其中包括《镜·龙战》，D公司获得联合一家中国内地出版社以图书形式出版《镜·龙战》中文简体本的专有权利。同年11月2日，D公司授权E出版社在中国独家出版、印制、发行《镜·龙战》，2007年11月，E社出版发行了《镜·龙战》。2008年4月23日，A从市场上购得了E出版社出版的涉案图书。

A向北京市东城区人民法院诉称，E出版社未经其同意，出版图书《镜·龙战》，侵犯了其对该书享有的专有出版权，请求判令E出版社停止侵权、赔礼道歉、赔偿损失50万元等。E出版社辩称，A与B履行协议过程中存在根本违约行为，B有权将著作权授予他人，且B已于2007年4月在与A的诉讼中提出解除协议，并于同年6月份发出了解约通知，故不同意A的上述诉讼请求。

基于北京市海淀区人民法院的判决书和北京市第一中级人民法院的裁定书，东城区人民法院认定，A和B的《图书代理出版协议书》于2008年7月3日起解除，在此之前，A基于协议享有《镜·龙战》的专有出版权。故判决E出版社停止侵权、赔偿A各项经济损失5万元。

【案件评析】

专有出版权，被很多人认为是出版社的专有权利，但其实不然，自然人、法人和其他组织也可以享有专有出版权，并依法受到保护。正确认识这一问题，对于出版社取得授权，尤其是在和书商或者自然人合作出版图书时，具有重要意义。本案中，A作为自然人，享有涉案图书的专有出版权，E出版社虽然取得了B的授权，但不合法。

首先，我们来谈谈自然人对图书享有专有出版权的法律依据。

我国《出版管理条例》规定，图书等出版物应当由出版单位出版，出版单位包括报社、期刊社、图书出版社、音像出版社和电子出版物出版社等，我国对设立出版单位采取审批制，只有经过新闻出版总署批准并领取出版许可证后，才能向工商行政管理部门登记，领取营业执照。由此可见，出版属于国家行政管理的范畴，《出版管理条例》所规定的出版权属于出版单位专有，属于行政特许权利，来源于国家特许，即非出版单位不享有出版报纸、期刊、图书等的权利。这也是很多人误认为专有出版权是出版社的专有权利的重要原因之一。

但是如前文所述，我国《著作权法》第31条还规定：图书出版者对著作权人交付出版的作品，按照合同约定享有的专有出版权受法律保护，他人不得出版该作品。由此可见，专有出版权是基于作者的著作权而产生的一种权利，是作者授予出版者的权利。

因此，根据我国现行法律，在出版行政管理中，出版权专属于出版社所有；在民事法律关系中，出版权包含的复制权和发行权均属于著作权，专属于作者所有。换言之，虽然名称都叫出版权，但是依据的法律规定不同，权利的主体不同，权利的内容也不同。出版社基于行政特许享有的出版权和基于作者授权享有的出版权不能混淆。

另外，我国其他的民事法律也未对自然人、其他法人和组织享有专有出版权作禁止性规定，依据“法无禁止即许可”的民事法理原则，自然人基于合同约定享有的专有出版权也有效。所以在上述案例中，A基于《图书代理出版协议书》享有的专有出版权依法受到保护。

然后，我们来分析一下为什么说E出版社侵犯了A的专有出版权。

本案中，基于A与B签订的《图书代理出版协议书》，A享有《镜·龙战》一书的专有出版权，期限为2005年6月25日至

2009年6月24日，在此期间内，B不得将此作品的著作权再授予其他自然人和组织。因此E出版社之所以被判侵权，正是由于B授权D公司所导致的。

虽然E出版社辩称，A对B存在根本违约行为，B已于2007年4月在与A的诉讼中提出解除协议，并于同年6月29日向A发出了解约通知。但此通知并没有导致双方协议的解除。尽管A拖欠了B的稿酬，对B构成了根本违约，B可以单方解除合同，但是，单方解除合同有程序要求——《合同法》第96条明确规定，当事人一方依照第94条的规定主张解除合同的，应当通知对方，合同自通知到达对方时解除。对方有异议的，可以请求人民法院或者仲裁机构确认解除合同的效力。因此B的解约通知没有达到解约目的，由于是在诉讼过程中，B反诉要求解除协议，同时要求A支付拖欠稿酬，并在诉讼期间的2007年6月29日，发出《解除〈图书代理出版协议〉通知书》。在此情况下，解除合同的效力只能由法院确认。

2008年4月7日，海淀区人民法院作出一审判决，判令自该判决生效之日起解除协议，A不服，向北京市第一中级人民法院提起上诉，但又于同年7月3日撤回了上诉，这就意味着2005年6月25日A和B签署的《图书代理出版协议书》于判决生效之日2008年7月3日起解除。

而在此之前，2007年8月30日，在自认为与A签署的协议已经解除的情况下（实际上这时B与A的诉讼正在进行），B与D公司签订了《委托出版合同》，将涉案图书的专有出版权授予了该公司。同年11月2日，D公司又授权了E出版社。这些行为均存在明显过错，共同侵犯了A的专有出版权。

最后，我们来注意一下与书商或自然人合作出版时，出版社应当注意的问题。

本案中，E出版社被判侵权，并赔偿损失5万元。那么，出版社应如何避免此类事件的发生呢？

出版实务中，出版社与文化公司甚至专事出版的个人（即书商）合作出版的情形很常见，大部分书商从作者处取得授权，再转授给出版社出版。此时出版社一定要审查书商与作者签署的协议，重点审查书商从作者处取得的权利种类以及行使期限，以确保书商有合法出版权。

一般而言，书商从作者处取得的权利包括出版权和使用权两类。由于依《著作权法》规定出版权包含于使用权之中，因此，若书商取得了作品的使用权，出版社也可以出版该作品。而如果在书商与作者签署的协议中，作者没有许可和转让的权利，未经作者同意，书商不得行使，自然出版社也不能行使。

如果作者与书商签署的协议中没有“专有出版”或“专有使用”字样，根据合同内容也看不出“专有”内容的，则书商享有的是“非专有出版权”或“非专有使用权”，在此情况下，即使书商许可出版社“专有出版”该作品，出版社也无权禁止其他社出版相同的作品。

另外，从本案可以看出，出版合同的解除是非常重要的问题，其不仅有实质上的要求，还有程序上的要求。在与享有专有出版权的书商合作出版图书时，出版社应当注意所涉作品是否已经出版，若已经出版，出版合同是否已解除等问题，以避免自己出版的图书有侵权之虞。

当然，出版社享有依法追偿的权利。如在本案中，E出版社在承担了法院判令的侵权责任后，可以依据合同，向D公司和B进行追偿，追偿的数额包括赔偿A的数额以及其他合理损失。

（四）再版作品稿酬纠纷案

【基本案情】

1998年10月13日，姚某与科学技术文献出版社签订图书出版合同一份，合同的主要内容是：姚某授予科学技术文献出版社在合同有效期内，在全国地区以图书形式出版《汽车故障快速排除手册》（以下简称《手册》）中文版的专有使用权。《手册》字数为20万字，若《手册》超过约定字数，双方应重新商定。合同第7条约定，科学技术文献出版社向姚某支付稿酬的方式和标准为基本稿酬加印数稿酬，即25元/千字×千字数+印数×基本稿酬%（按国家规定的标准）；第8条约定，科学技术文献出版社在《手册》出版后一次付清稿酬；第10条约定，作品重印、再版应按第7条的约定向姚某支付报酬；第18条约定，双方因合同的解释或履行发生争议，由双方协商解决，协商不成，由国家版权局指定的著作权仲裁机构仲裁；第20条约定，合同自签订之日起生效，有效期为10年，期满后，如双方未提出异议，视为合同有效期延期5年。

合同订立以后，姚某向科学技术文献出版社交付了书稿，科学技术文献出版社于2000年4月第一次出版发行《手册》，字数为289千字，印数为5 000册，定价为20元。2000年6月15日，科学技术文献出版社向姚某支付了6 049.06元稿酬（其中基本稿酬为6 550元，印数稿酬按基本稿酬的4%计算为262元，共计6 812元，扣除应缴的税款，实际支付6 049.06元）。

2001年4月，科学技术文献出版社将《手册》第二次印刷，印数为5 000册，定价为20元。2001年8月，科学技术文献出版社通知姚某领取第二次印刷的稿酬。2001年9月19日，姚某领走第二次印刷的稿酬225.32元（印数稿酬262元扣除14%的税）。

2003年2月，科学技术文献出版社将《手册》第三次印刷，印数为5 000册，定价为20元。科学技术文献出版社于2003年8月通知姚某领取第三次印刷的稿酬，姚某以科学技术文献出版社未按照约定支付稿酬为由，拒绝领取，双方发生争议。

姚某遂于2004年向北京市海淀区人民法院起诉，要求科学技术文献出版社支付稿酬13 398元，并要求解除与科学技术文献出版社的合同。其诉称：合同订立以后，自己全部履行了合同义务，科学技术文献出版社也于2000年4月第一次出版发行《手册》，并按照合同约定了稿酬。但其后科学技术文献出版社又分别于2001年4月和2003年2月两次重印了《手册》，没有如约支付稿酬，与科学技术文献出版社多次交涉均无结果。

被告科学技术文献出版社辩称：我社于2000年4月第一次出版了《手册》，即刻如约将稿酬6 049.06元支付给了姚某，姚某已经领取了该稿酬。对于书籍的重印或再版时支付的稿酬，根据国家版权局有关基本稿酬和印数稿酬的相关规定，作品重印时只付印数稿酬而不付基本稿酬，我社系按照规定进行操作。2001年4月和2003年2月，我社将《手册》第二次、第三次出版，各应向原告姚某支付印数稿酬225.32元，姚某领取了第二次的稿酬，但拒绝领取第三次的稿酬。我社不同意姚某要求支付稿费的诉讼请求，但同意解除与姚某的合同。

北京市海淀区人民法院于2004年11月19日做出一审判决，原告姚某与被告科学技术文献出版社签订的图书出版合同解除，同时被告科学技术文献出版社向原告姚某支付稿酬人民币11 872.80元。

【案件评析】

首先，本案必须明确一点，就是图书重印、再版，出版者同样应当支付稿酬。

如前文所述，出版者对作者的基本义务之一就是支付稿酬的义务。我国《著作权法》第32条明确规定，图书出版者对图书进行重印、再版时，同样有义务通知著作权人，并支付报酬。图书脱销后，在图书出版者拒绝重印、再版的情况下，著作权人可以终止合同。

其中，重印，是指将以出版物的形式发表的作品不作任何改变而重新印刷。再版，也称重版，即利用原有的纸型、图版或底片再次印刷。再版时，作者可以对作品内容作少量的修改，图书出版者也可以改变版本种类。至于"脱销"，我国《著作权法实施条例》第29条有明文规定："著作权人寄给图书出版者的两份订单在6个月内未能得到履行，视为著作权法第32条所称图书脱销。"

其次，本案的争议焦点在于，双方对合同关于"报酬"的约定存在不同理解。

原告姚某认为，合同第10条约定"乙方重印、再版应按第7条的约定向甲方支付报酬"，而第7条约定稿酬为"基本稿酬加印数稿酬"，故科学技术文献出版社重印、再版时不仅应支付印数稿酬，还应再支付基本稿酬。而被告科学技术文献出版社则认为第10条的"支付报酬"，根据出版业的通常做法，重印时只支付印数稿酬，不再支付基本稿酬，故应仅指支付印数稿酬。其理由是1999年4月国家版权局制定发布的《出版文字作品报酬规定》第4条规定，支付报酬可以选择基本稿酬加印数稿酬，或版税，或一次性付酬的方式；其中，基本稿酬加印数稿酬，指出版者按作品的字数，以千字为单位向作者支付一定报酬（即基本稿酬），再根据图书的印数，以千册为单位按基本稿酬的一定比例向著作权人支付报酬（即印数稿酬）；而作品重印时只付印数稿酬，不再付基本稿酬。

然而，本案的图书出版合同与国家版权局的标准样式合同并不完全相同。后者标准样式如下：

1999年3月，国家版权局修订的《图书出版合同》（标准样式）第11条规定，乙方采用下列方式及标准之一向甲方支付报酬：①基本稿酬加印数稿酬：________元/千字×千字数+印数（以千册为单位）×基本稿酬%；②一次性付酬：________元；

③版税：________元（图书定价）×________%（版税率）×印数。第15条规定，乙方重印、再版，应将印数通知甲方，并在重印、再版后________日内按第11条的约定向甲方支付报酬。

本案中，原被告签订的图书出版合同明确选定了一种报酬支付方式，而标准样式合同第11条仍存在不同报酬支付方式的选定问题，故其第15条也只能对选定付酬方式后重印、再版问题如何解决概括地作出表述，各个出版社在与作者签订的合同中，还需要对此具体加以明确。

科学技术文献出版社主张将《出版文字作品报酬规定》中的有关规定也纳入合同，但其未在合同中予以具体明确的约定，也未向法院提供任何证据证明曾明确告知姚某和姚某对此知晓并同意。在此情况下，应认为《出版文字作品报酬规定》的有关规定并未订入合同。而且，《出版文字作品报酬规定》中只涉及了重印的问题，并不涉及再版时稿酬如何支付，实践中再版一般要重新支付基本稿酬加印数稿酬。

另外，还有一个关键问题，本案涉及的图书出版合同是被告科学技术文献出版社为了重复使用而预先拟定的，并在拟定合同时未与对方协商，属于格式合同。而根据我国《合同法》的规定，对格式合同的解释，应考虑到多数订约者而不是个别订约者的意志和利益，以订约者的可能平均、合理的理解进行解释。本案图书出版合同第7条约定，支付稿酬的方式和标准为基本稿酬加印数稿酬；第10条约定，乙方重印、再版应按第7条的约定支付报酬。从法律逻辑上进行推演，一般人都会根据第7条、第10条的逻辑关系，得出再版、重印时还会获得基本稿酬和印数稿酬的结论。被告科学技术文献出版社所谓第10条的支付报酬仅指印数稿酬的说法可能为出版行业的专业人士所知晓和理解，但却不能为个别作者所理解，在此情况下，法院也只能将合同第10条“按照第7条的约定支付报酬”中的报酬理解为指向全部稿酬，不仅包括印数稿酬，也包括基本稿酬，而不是仅指向印数稿酬。因此，法院判决被告承担全部稿酬是完全正确的。

另外，原告姚某要求解除合同，被告科学技术文献出版社对此亦表示同意，法院对此当然也不会持任何异议。

（五）出版合同纠纷及侵犯修改权、保护作品完整权纠纷案

【基本案情】

《正阳门外》是沈某创作的系列京味长篇小说，共九卷。其中前六卷《鬼亲》、《活祭》、《老铺》、《药王》、《鼓妞》、《典身》均由北京出版社出版发行。1999 年 11 月 25 日，双方就出版、发行《正阳门外》最后三卷小说《坤伶》、《戏神》、《闺梦》订立图书出版合同。合同的主要条款是："沈某（甲方）授予北京出版社（乙方）在国内外各地区以图书形式出版、发行上述三卷作品中文本的专有使用权；乙方应于收到上述作品的誊清稿后 7 个月（即 2000 年 6 月底前）出版上述作品，并按 8% 版税支付作者稿酬；乙方尊重甲方确定的署名方式，为达到出版要求，经甲方同意并授权乙方对上述作品进行必要的修改、删节，最后定稿由甲方签字认可；上述作品的校样由甲方审校一次，并按乙方要求的日期签字后将校样退还乙方……"

在上述三部作品出版之前，北京出版社依合同让沈某审校了一次书稿校样，但并未将书稿的最后定稿交付沈某进行书面确认。2000 年 6 月 30 日，《坤伶》、《戏神》、《闺梦》三本书由北京出版社出版发行各 8 000 册。2000 年 7 月 3 日，北京出版社向沈某支付了三部作品的稿酬。

2000 年 7 月，沈某看到出版样书后发现北京出版社未经其同意，对《闺梦》、《坤伶》、《戏神》进行了修改和删减，而且出现了许多文字、语言、标点符号等方面的差错，遂向北京出版

社进行了反映。2000 年 8 月，北京出版社向沈某表示道歉，并承诺对库存的《闺梦》不再销售，集中销毁，校改再版时保证质量。嗣后，沈某于 2000 年 8 月到 2001 年 4 月分别在北京市花市新华书店、南京市新华书店、北京春季书市上购得未加修正的《闺梦》。

经查，在《闺梦》一书中共出现文字、语言、标点符号等方面的差错 179 处；《坤伶》一书存在错字、漏字现象及标点符号错误有 12 处；《戏神》一书亦有 12 处差错。除此之外，沈某认为，很多文字经修改，作品原有的京味儿神韵消失殆尽，例如，将“姥姥，您怎么这么说话呐”修改为“姥姥，您怎么这么说呀”；“成了狗食吗”修改为“成狗食了吗”；“一天到晚地坑人”修改为“一天到晚坑人”；等等。这样一来，虽然意思表示与原文完全一致，但是原文特有的京味儿风韵荡然无存。

2000 年 9 月 27 日，沈某以北京出版社侵犯了自己的修改权、保护作品完整权，毁坏自己作为京味儿小说作家的声誉为由向北京市第一中级人民法院提起诉讼，请求法院判令：解除双方的出版合同，被告停止侵权行为，销毁《闺梦》一书；为《坤伶》、《戏神》发勘误表；向原告赔礼道歉；重印《闺梦》8 000 册，《坤伶》、《戏神》各 2 000 册，支付稿酬 7 360 元以及取证费；赔偿原告精神损失 6 万元。

被告北京出版社答辩称：原告指控本社未经其许可，擅自对《坤伶》、《戏神》两本书的京味儿特色语言进行修改，侵犯了其修改权、保护作品完整权是不成立的，对这两本书的编辑并未超出责任编辑的职责范围。对《闺梦》一书存在的质量问题本社领导非常重视，已提出改正意见，纠正错误需要一定期限，而原告仅在提出意见半个月后买到此书就起诉是站不住脚的。《坤伶》、《戏神》属于合格产品，不应重印。故请求法院驳回原告的诉讼请求。

北京市第一中级人民法院做出一审判决：被告北京出版社立即停止销售《闺梦》一书，销毁库存的《闺梦》一书，修改后重印 8 000 册；在《新闻出版报》上就《闺梦》一书的侵权行为向沈某公开赔礼道歉；为《坤伶》、《戏神》两书印发勘误表；向原告沈某支付《闺梦》一书 380 册稿酬 729.6 元及合理损失 56.8 元；驳回原告沈某其他诉讼请求。

沈某不服一审判决，提起上诉。二审法院北京市高级人民法院经审理后认为，一审法院判决认定事实清楚，适用法律正确，应予维持。故作出终审判决：驳回上诉，维持原判。

【案件评析】

首先，本案涉及的主要法律问题就是图书出版者、报社、期刊社对作品的修改权。

根据我国《著作权法》第 34 条第 1 款规定，在作者许可的情况下，图书出版者有权对作品进行修改、删节。这一规定和著作权法规定的著作权人所享有的修改权和保护作品完整权并非矛盾，因为一件作品是否符合出版的标准，出版者往往比作者更有发言权。出版者接受和使用作品，既要对作者负责，不改变作者的意愿，不破坏作品的完整性；同时还要对广大社会公众负责，出版者有责任在经作者许可后，将不符合出版标准的作品，在内容、结构、文字及各种符号等方面进行必要的修改、加工、删节。但是，对出版周期相对较长的图书而言，出版者如果需要对作品进行修改、删节，最适当的方式应是由作者自己修改。如果确需出版社修改的，也必须获得作者的许可。这种许可，既可以是书面许可，也可以是口头许可。这种修改，既包括文字性修改，也含有内容的修改。文字性修改主要包括对作品中词语的增删、同义和近义词替换、语法或者修辞上的改动、对语句顺序的调整等；而对内容的修改，主要包括语句的增删、段落的调整，甚至可以设置或者删去一些不违背作者本意的人物、对话、场景、情节、论述等。

而本条第 2 款规定，报社、期刊社享有可以不经作者许可对作品文字性修改、删节的权利，但是对内容的修改，必须经作者许可。与图书出版情况不同的是，报纸、期刊出版周期相对较短，因而法律规定相对较为宽松一些，对于文字性修改、删节可以不经作者许可。但是，出于对作者著作权的尊重，对于内容上的修改，则必须经作者许可。

无论是图书出版者经作者授权后享有修改权还是报社、期刊社享有的非经作者许可的文字性修改权，都来源于作者对其作品享有的修改权及保护作品完整权。所谓修改权，即修改或者授权他人修改作品的权利；所谓保护作品完整权，即保护作品不受歪曲、篡改的权利。修改权、保护作品完整权与发表权、署名权同属于著作权中的人身权，即作者基于作品依法所享有的以人身利益为内容的权利。

然后，就本案的具体情节而言，法院的判决是正确的。

本案原告沈某与被告北京出版社于 1999 年 11 月 25 日签订的《闺梦》、《戏神》、《坤伶》三本书的图书出版合同，是有效合同。依法成立的合同，对双方当事人均具有法律约束力。依照合同的约定，被告北京出版社应当在涉案图书出版前，将付印书稿交由原告沈某书面认可。根据合同的约定，为使作品达到出版要求，沈某同意北京出版社对三本书进行必要的修改、删节。这表明，沈某通过签订合同，已经将自己作品的修改权授予北京出版社，即北京出版社有权根据出版的需要，对沈某的作品进行必要的修改和删节，但最终定稿应由沈某签字认可。实际履行中，北京出版社并未按照约定将三本书的定稿交付沈某书面认可，导致三本书出版发行后，使沈某认为其对作品享有的修改权和保护作品完整权受到侵犯，这正是引发本案纠纷的主要原因。根据我国《著作权法》和《合同法》的相关规定，被告北京出版社既然违反了合同的约定，应当根据其违约行为给各本书造成的不同后果，承担相应的违约责任。换言之，根据合同约定，书稿的最终定稿应由沈某签字认可。但在实际履行合同的过程中，北京出版社在其出版之前并未按照合同约定将上述作品的定稿交付沈某书面认可，北京出版社的上述行为已经违反了合同约定，构成违约。

因被告的违约行为造成《闺梦》一书存在大量错误，图书存在质量问题，该书属于不合格产品。因此一审法院判决北京出版社承诺停止销售并销毁库存的《闺梦》一书，并在修改后重印 8 000 册，是完全正确的，同时满足了沈某要求北京出版社在此书重印后应另支付稿酬的请求（本案中，北京出版社已就该书向沈某支付了 8 000 册的稿酬，经一审法院查明，截至 2000 年 10 月 18 日，该书库存 7 620 册，已发行了 380 册，因此北京出版社应在重印 8 000 册的基础上，按照合同约定的稿酬计算方式，向沈某另行支付 380 册的稿酬 729.6 元）。而且，由于《闺梦》一书存在严重的质量问题，该书在社会上发行后，必然使作为该书作者的沈某的社会评价度有所降低，使原告沈某的声誉受到影响。北京出版社出版发行该书时出现的质量问题，不仅构成违约，同时对沈某对该作品所享有的保护作品完整权造成侵害，故北京出版社除应承担相应的违约责任外，还要承担公开赔礼道歉的侵权责任。

沈某的其他诉讼请求——要求解除双方的图书出版合同，并不符合双方合同约定的情形及法律规定解除合同的情形，因此一审法院对该请求不予支持；《坤伶》、《戏神》两书，根据新闻出版署 1997 年《图书质量管理规定》，图书中差错率仅超过万分之一，不属于不合格产品，无须重印，但北京出版社应为上述两书印发勘误表。因此一审法院对沈某关于重印《坤伶》、《戏神》两书各 2 000 册并支付稿酬的请求，也不予支持；精神损害赔偿，由于沈某不能举出充分证据证明该侵害造成严重的精神损害后果，故一审法院对沈某所提出的6万元精神损失赔偿的请求也没有支持。

至于被告对于书中文字的修改，是否冲淡了原作的京味儿，构成侵犯作者的修改权和保护作品完整权呢？就本案而言，几本小说中的老北京风格即原告所述的京味儿小说，更多的是体现在故事表现的内容、历史背景、描述的手法及整体文风上，并不唯一体现在作品的遣词造句中。北京出版社编辑根据合同的授权，以《现代汉语词典》为依据，对部分文字进行的修改，并未改变作品的风格。故沈某认为北京出版社的修改改变了该书的京味儿风格、侵犯了其保护作品完整权及修改权的主张，理由并不充分。

最后，虽然沈某认为被告侵犯自己修改权及保护作品完整权的主张并未被法院认可，但是本案仍然对出版者有借鉴意义。

我国《著作权法》赋予了作者基于作品依法所享有的以人身利益为内容的四大权利，即发表权、署名权、修改权、保护作品完整权，并且，作者的署名权、修改权、保护作品完整权的保护期不受限制。法律之所以赋予作品这四项权利，是因为作品是作者智力创作的成果，作品反映了作者的思想和情感，但是随着时间的推移和作者自身认识水平和分析能力的提高，作者的思想和情感可能会有所改变，为了更好地反映这种改变，作者应当有权修改自己的作品。人过留名，雁过留声。一部作品与作者的声誉、声望等人身权益密切相关，如果作品被他人以违背作者意愿的方式进行修改或破坏，必须要承担相应法律责任。因此，出版者在编辑出版过程中，不仅要注意不能侵犯作者的使用权和获得报酬权，而且要尊重作者的人身权益，避免本案类似纠纷的发生。

三、风险提示与防范措施

从前文几个典型案例来看，可以说出版者面临的诉讼风险是多种多样的，其中，如何避免因作者的违法或违约行为导致出版者侵犯他人的著作权或专有出版权无疑是相当有意义的（前三个案例均有所涉及，至于后两个案例，更多涉及出版者的技术层面）。

实践中，少数作者无视法律规定或合同约定，为达到个人的某种目的，侵犯他人的著作权或专有出版权，同时连带出版者侵权的发生，给出版者造成名誉和经济上的损失，可谓屡见不鲜。那么在图书期刊出版过程中，出版者如何才能预防侵权行为的发生呢？

（一）因作者侵权行为导致出版者侵权的几种常见情形

作者侵权实践中多为作者为达到出版作品的目的，无视有关法律、法规规定或合同约定，故意或过失造成对他人人身权利和物质权利（包括著作权和专有出版权）侵害。这种行为常导致出版者在不知情的情况下，受其牵连，承担连带责任。常见的有以下 3 种情形：

1. 作者故意隐瞒抄袭、剽窃的事实真相，造成出版者发生侵权行为

我国《著作权法》第 47 条规定的侵权行为包括剽窃、抄袭他人作品的行为。剽窃、抄袭均指在未征得原著作人的同意，而将他人的作品或者作品的一部分据为己有。在出版工作中经常遇到这样的情况，作者将自称为独著的、专业性较强的书稿送给出版者要求出版，编辑对该书稿的水准和合法性进行审定，在对作

者提供的参考书目和相关书籍核查后，没有发现抄袭或剽窃现象。但在出版后，却被告诉侵权，原因是书中大量抄袭和剽窃了某个专业出版社内部出版发行的图书内容，而作者故意隐瞒了侵权真相，致使出版者蒙受不白之冤。前文所述第一个案例即是类似情形。

2. 作者侵犯他人姓名权或其他著作权人署名权导致出版者发生侵权行为

依据《著作权法》第 10 条规定，署名权是表明作者身份、在作品上署名的权利。任何不经作者许可影响作者署名权的行为都属侵权行为。这种情况在集体创作的书籍中最为常见。例如，某一作者代理一部集体创作书稿的出版事宜，编辑在审阅书稿时发现有几位名人、专家，同时也要求代理人提供了有名人、专家签名的授权书。一切手续齐备后，图书出版了，不幸的是，被挂名为主编的专家将出版者告上法庭，原因是他并没正式授权任何人出版图书，虽有过口头承诺，后又改变初衷，负责图书出版事宜的作者仅以主编专家口头承诺为据，擅自伪造授权书，故而侵犯了专家的姓名权，致使出版者负连带责任。

3. 作者将国外著作权人未经出版或发表的作品翻译后据为己有导致出版者发生侵权行为

《著作权法》第 46 条规定，未经著作权人许可，翻译他人作品，视为侵权行为。个别作者将国外学者未经出版或发表的研究课题或讲义内容，擅自翻译成册，并交付出版者出版，导致出版者在根本无法查重的情况下发生侵权行为。

4. 作者违反出版合同关于专有出版权的约定，擅自将作品授权其他出版者出版，导致出版者发生侵权行为

专有出版权如前文详述。这种情形在实践中也是经常发生的，或者作者恶意违反合同约定，或者认为合同已经解除，在合同实际仍然生效的情况下，将作品授权其他出版者出版，从而侵

犯了享有专有出版权的出版者的权益。前文所述第三个案例，即是类似情形。

（二）作者侵权导致出版社负连带责任的原因

作者故意侵权，致使出版社负连带责任，这类事件的发生，既有作者主观愿望方面的原因，又有客观条件的影响。

1. 作者主观方面的原因

个别作者出于某种目的，如营利或评定职称，只要图书能出版，不择手段，甚至采取欺骗行为故意隐瞒侵权真相，为查重和预防工作设置障碍，图书出版后，没被查出侵权行为，即可大捞一笔，或达到自己的某种目的。

2. 客观条件的原因

由于我国幅员辽阔，人口众多，改革开放以后，出版业发展迅猛，每年的各类出版物数以万计，堪称浩瀚书海，就连被公认图书备案最全的国家版本图书馆，也还是有一些系统内部发行的书籍不办理再版编目，成为漏网之鱼，给查重工作带来极大困难。另外，出版行业没有实现管理工作的系统化、信息化、科学化，导致存在各种漏洞和薄弱环节，使出版社在对选题和图书内容进行甄别时，困难重重。如出版界没有实现行业计算机联网化，不能通过网络这个快捷的途径进行查重工作。

3. 立法方面的原因

在起草《著作权法》时，大部分参与立法的专家在制定具体法条时，对于保护著作权人权益方面相对考虑得较多，而对于出版者利益相对考虑得较少。凡有侵权案件发生，往往不问青红皂白，对于故意侵权者和无辜出版者均各打五十大板。这显然是不公平的，前文屡屡提及的出版者的“合理注意义务”规定不合理、含糊不清即属此类。这不仅打击了出版者的积极性，使出版者在出版过程中缩手缩脚，不敢大胆地开发好的选题，而且纵容了一些作者侵权行为的发生，因为他们往往会心存侥幸，没被发现便万事大吉，一旦被发现，反正有出版者垫底，还可以拉个垫背的。

（三）预防措施

1. 通过社会舆论呼吁补充立法

现行出版法中，虽然规定出版社只负连带责任，但在处理侵权行为时，由于许多侵权人个人经济承受能力有限，往往由出版社赔付大头，成了主要责任承担者，这是不合理的。出版立法应该明确补充故意与过失的不同责任，不应由过失方承担主要责任。同时，出版者与著作权人之间的关系是相对独立的法律关系，是出版活动中的两个不同主体，各自应承担自己不同的法律责任与义务。出版者与著作权人相关的权利与义务之一是责任编辑负责把好图书的质量关，提高图书的效益，向作者宣传著作权法方面的内容，避免发生侵权问题，并且通过出版合同规范这种义务关系。出版者在图书出版过程中，如果对上述工作均予实施的情况下，由于是作者故意隐瞒作品的事实真相，以欺诈的方式造成出版者侵权，出版者不应负连带责任。只有通过立法，才能有效地保护出版者的合法利益，不给违法作者以空子可钻。

2. 出版者应采取的具体措施

为防患于未然，杜绝侵权发生，出版者在图书出版前，应通过以下几种方式对书稿有无侵权行为进行审定：

（1）首先必须加强责编的法律意识，加强学习出版者的权利与义务。毕竟，出版者的权利与义务是通过编辑的职务行为具体实施的，不少人认为著作权法仅仅是保护著作权人的，其实，著作权法是平衡和保护作者、出版者、知识消费者三方权益的准则和武器。法律对出版者权益的保护可分为外在与内在两个方面：版权管理部门解决著作权纠纷或人民法院审理著作权纠纷案件是对专有使用权人权益的外在保护；出版单位的内部工作人员（主要是编辑）正确行使权利与履行义务，则是对专有使用权人权益的内在保护。在许多情况下，由于编辑法律意识淡薄，未能正确行使编辑的权利与履行的义务，才使侵权人有可乘之隙。可见，明确编辑的基本权利与义务，是正确维护出版者权益的必要前提。出版者的权利与义务也是通过编辑的职务行为具体实施的。编辑的法律意识强弱及法律知识水平的高低，决定了出版者的合法权益能否由内而外地得到有效的保护。

（2）对于书稿选题，要注意看选题是否常见，并参照作者提供的参考书目，核实所有参考内容的比例，使之处于合法状态，如有可能，最好与所参考、引用的书籍的著作权人取得联系，得到肯定和授权；如果选题较为少见，且作者没有提供参考书目，则必须与之签订合同，明确造成侵权由作者负全部责任。

（3）如果是出版社约稿，要求字数较多，而作者交稿周期又偏短，就要考虑作者是否有现成的东西作为参考，参考的作品有无版权问题。如有，妥善处理后方可引用。尤其是引用国外作品，有些作者不懂著作权法，以为翻译国外一些学者专家未经出版发表的作品，不构成侵权。因此责编要向作者宣传著作权法，以避免造成不必要的损失。

（4）凡集体协作的书稿，由于作者人数多，水平参差不齐，出现侵权的几率相应也较大，责编应通过书稿主编同所有作者签署有关侵权责任的法律文书。

（5）对于集体协作的书稿，受主编委托，代理人经办出书事宜的，出版者应当要求其出具该书主编及其他作者亲笔签名的授权委托书。经办人应对委托书的真实性承担法律责任。如遇虚假委托书导致著作权人被侵权或其他问题发生，该经办人应承担相应的法律责任。另外，作为出版方，责编为确保委托书的真实性，可在出版之前与主编联系、确认。

（6）涉及与书商合作出版图书时，由于大部分书商从作者处取得授权，再转授给出版者出版。此时出版者一定要审查书商与作者签署的协议，重点审查书商从作者处取得的权利种类以及行使期限，以确保书商有合法出版权。当有作者曾经将专有出版权授予他人的情形时，还必须注意之前的出版合同是否已解除等问题，以避免自己出版的图书有侵权之虞。

3. 侵权发生后的补救办法

首先，出版者不要谈侵权色变。出版者要自觉地遵纪守法，做到出版程序规范合法，出版合同对双方的权利义务规定明确，一旦出现侵权问题或其他有损出版者的利益现象，就可以通过法律途径理直气壮地依法维权。

其次，由于侵权纠纷要耗费大量人力，因此出版者最好能成立专门机构，集中专业人员，专职应付处理侵权问题。除侵权发生后的应诉工作及追究其他出版者侵犯本出版社权益的工作外，还可协助编辑做一些预防侵权发生的工作。

最后，依法对侵权事实进行核查，分清责任，据理力争。有些被侵权者因为种种原因，只是向出版社要求巨额赔偿而忽视责任的主次。这种情况下应当据理力争，尽力使自己的损失降至最小。

总之，出版工作法制化是出版行业发展的必由之路，依法出版、依法维权是出版工作的主旨，不论是在出版过程中，还是在发生侵权事件后，出版者唯一正确的选择就是充分运用国家的法律和政策，维护自身的合法权益，打击违法侵权活动。

参考文献

1. 黄勤南. 知识产权法. 北京：中央广播电视大学出版社，2003

2. 熊英. 知识产权法案例题解. 北京：法律出版社，2004

3. 姚欢庆等. 知识产权法典型案例. 北京：中国人民大学出版社，2003

4. 李明德，许超. 著作权法. 北京：法律出版社，2003

5. 江平，王家福. 民商法学大辞书. 南京：南京大学出版社，1998

6. 徐德敏. 知识产权法学. 北京：中国政法大学出版社，2002

7. 乔生. 信息网络传播权研究. 北京：法律出版社，2004

8. 徐家力. 知识产权律师实务. 北京：人民法院出版社，2006

9. 干清，著作权限制制度比较研究. 北京：人民出版社，2007

10. 吴汉东. 著作权合理使用制度研究. 北京：中国政法大学出版社，1996

11. 郑成思. 知识产权法. 北京：法律出版社，2003

12. 李响. 美国版权法：原则、案例及材料. 北京：中国政法大学出版社，2004

13. 郑成思. 知识产权法：新世纪初的若干研究重点. 北京：法律出版社，2004

14. 梁慧星. 中国物权法研究（上）. 北京：法律出版社，1998

15. 王利明. 民法（第三版）. 北京：中国人民大学出版

社，2007

16. 郑成思. 知识产权研究. 北京：中国方正出版社，1999

17. 吴汉东. 论著作权作品的“适当引用”. 法学评论，1996. 3

18. 钟瑞栋. 版权穷竭制度研究. 中国民商法律网，2003. 6

19. 罗昉宣. 著作权侵权行为及其法律责任. 上海戏剧，2003. 2

20. 蒋志培. 著作权司法保护与展望. 著作权，1999. 1

21. 王亚莉. 谈侵犯版权的法律责任. 兰州商学院学报，2002. 3

22. 孙光伟. 论著作权法上的出版者权. 政法论丛，2004. 5

23. 赵燕瑚，高云鹏. 浅析出版者著作权纠纷. 出版参考，2006. 9（下旬刊）

24. 李娜. 论期刊编辑与著作权保护. 民主与法制，2006. 9

25. 伏春兰. 期刊出版者的著作权及其维护. 天津职业院校联合学报，2007. 6